O LIVRO VERMELHO

DE C.G. JUNG

PARA O NOSSO TEMPO

Dados Internacionais de Catalogação na Publicação (CIP)
(Câmara Brasileira do Livro, SP, Brasil)

O Livro Vermelho de Jung para o nosso tempo : Em busca da alma sob condições pós-modernas : vol. 2 / Murray Stein, Thomas Arzt, (orgs.) ; tradução de Markus A. Hediger. – Petrópolis, RJ : Vozes, 2022.

Vários autores.
Título original: Jung's Red Book for our time
Bibliografia.
ISBN 978-65-5713-376-7

1. Jung, C.G. (Carl Gustav), 1875-1961 2. Psicologia junguiana
I. Stein, Murray. II. Arzt, Thomas.

21-79345 CDD-150.1954

Índices para catálogo sistemático:
1. Psicologia junguiana 150.1954

Cibele Maria Dias – Bibliotecária – CRB-8/9427

O LIVRO VERMELHO DE C.G. JUNG PARA O NOSSO TEMPO

Em busca da alma sob condições pós-modernas

Volume 2

MURRAY STEIN e THOMAS ARZT
(organizadores)

Tradução de Markus A. Hediger

Tradução realizada a partir do original em inglês intitulado *Jung's Red Book for Our Time: Searching for Soul Under Postmodern Conditions Volume 2*

Diagramação: Raquel Nascimento
Revisão gráfica: Alessandra Karl
Capa: Editora Vozes

ISBN 978-65-5713-376-7 (Brasil)
ISBN 978-1-63051-578-2 (Estados Unidos)

Editado conforme o novo acordo ortográfico.

Este livro foi composto e impresso pela Editora Vozes Ltda.

Sumário

Introdução

Murray Stein e Thomas Arzt

Para que os leitores não se confundam com os termos usados no título desta série, *O Livro Vermelho de Jung para o nosso tempo – Em busca da alma sob condições pós-modernas*, os organizadores querem oferecer alguns esclarecimentos. A obra publicada em 2009 e intitulada de *O Livro Vermelho: Liber Novus* é, na verdade, muito mais do que a obra que Jung criou e intitulou de *Liber Novus*. Como explica o editor do *Livro Vermelho*, ao criar essa obra, Jung "registrou primeiramente essas fantasias em seus *Livros Negros*. Depois revisou esses textos, acrescentou reflexões sobre eles e os copiou em escrita caligráfica num livro intitulado *Liber Novus* encadernado em couro vermelho, acompanhado por quadros pintados por ele mesmo. Sempre foi conhecido como *Livro Vermelho*".[1] O volume que temos agora, que foi editado e publicado com uma introdução extensa de Sonu Shamdasani em 2009, inclui um fac-símile do *Liber Novus* de Jung e material adicional. Jung nunca completou o *Liber Novus*. Parte considerável de material do texto editado e revisado dos *Livros Negros* não foi incluída, e esse material foi acrescentado ao texto transcrito (e traduzido) na obra publicada. Isso inclui os últimos capítulos de "Liber Secundus" e a seção intitulada de "Aprofundamentos" na tradução para o português ("Prüfungen" no original alemão).

Como esclarecimento aos leitores e a fim de evitar equívocos, os organizadores decidiram grifar *Livro Vermelho*, mas não o artigo precedente, quando o autor está se referindo ao livro que o próprio Jung criou, e grifar *O Livro Vermelho*, com o artigo, quando o autor se refere ou cita a obra publicada. *Liber Novus* se refere ao todo da obra pretendida por Jung, mas que ele não terminou de copiar para o seu *Livro Vermelho*.

Os outros termos no título que exigem algum esclarecimento e explicação são "nosso tempo" e "condições pós-modernas". Estes se referem ao mesmo período histórico, o tempo em que vivemos agora no século XXI.

Em seu artigo de abertura no volume 1, Thomas Arzt discute a fundo o entendimento atual do termo "pós-modernidade" e seu significado nos estudos culturais. O tempo em que Jung escreveu o *Liber Novus* costuma ser chamado "modernidade". O "espírito do tempo" que Jung deixa para trás quando segue o chamado do "espírito das profundezas" é o espírito da modernidade – racional, científico, positivista, irreligioso. O "espírito do tempo" em que vivemos hoje é o espírito da pós-modernidade – desordeiro, confuso devido a uma aceleração insuportável em todas as áreas da vida, tecnológico, interconectado – um *interim* de "fluxo incessante e complexidade irresolúvel [...] e desorientação metafísica", como Richard Tarnas observou em sua obra *Cosmos and Psyche*.[2] Nosso "espírito do tempo" atual é ainda mais sedutor, convincente e onipresente na psique contemporânea do que o "espírito do tempo na era da modernidade de Jung. Num nível global, estamos mais conectados uns aos outros do que as pessoas têm sido em qualquer tempo anterior na história humana.

Quando pedimos aos autores desta série que refletissem sobre o tema *O Livro Vermelho de Jung para o nosso tempo: Em busca da alma sob condições pós-modernas*, estávamos pedindo que eles voltassem nossa atenção para como "o espírito das profundezas", que chamou Jung para a sua jornada pelo mundo interior e para os processos de incubação e iniciação, que lhe permitiram entrar em contato com sua alma e o transformaram de modo decisivo, pode ser acessado por nós em nosso tempo por meio de uma leitura profunda do *Liber Novus*. O conceito de "O Livro Vermelho de Jung para o nosso tempo" é trazer sua obra e seu significado para o nosso tempo, para a estrutura temporal da pós-modernidade. O que o *Liber Novus* de Jung tem a dizer para o nosso tempo? Apesar de ter sido criado cem anos atrás, ele tem uma mensagem perene. Por quê? Nós argumentaríamos que é porque ele fala com a voz do "espírito das profundezas". Isso nos leva à pergunta intrigante: Quem escreveu *Liber Novus*? Foi Carl Gustav Jung, residente de Küsnacht/Zurique, psiquiatra em consultório privado, pai de cinco filhos e marido de Emma

Rauschenbach? Ou foi outra pessoa, outra personalidade? Jung fala das personalidades 1 e 2 em *Memórias, sonhos, reflexões*,[3] onde a personalidade nº 1 fala em nome da consciência do ego em todas as suas idades e fases da vida; e a personalidade nº 2, em nome do si-mesmo.

Já próximo ao fim de *Liber Novus*, Jung confessa: "sei que Filêmon me embriagou e me inspirou uma linguagem estranha a mim mesmo e um outro sentir. [...] A grande maioria do que escrevi nas primeiras partes deste livro foi Filêmon que me inspirou. Por isso fiquei como que embriagado".[4] O editor acrescenta uma nota de rodapé intrigante: "O esboço manuscrito de "Aprofundamentos" continua: '~~dito através de mim~~'".[5] É igual à pergunta: Quem escreveu a Bíblia? É simplesmente a obra de muitas mãos, autores e redatores humanos de vários períodos históricos, ou será o Espírito Santo o autor oculto nos bastidores? A resposta faz uma diferença, pois com a resposta vem a capacidade de ouvir a mensagem mais profunda da Bíblia ou não. O mesmo vale para o *Liber Novus*. Essa obra é um reflexo do "espírito do tempo" (a modernidade de Jung) ou é uma mensagem do "espírito das profundezas" (atemporal e eterna)?

É importante observar que o título verdadeiro dessa obra não é *O Livro Vermelho*. Esse nome casual só foi dado ao livro por causa da cor de sua capa. O título verdadeiro, *Liber Novus* – que, em latim, significa "O Livro Novo" – é uma referência deliberada ao Novo Testamento bíblico, como argumentei em "How to read *The Red Book*, and why" [Como e por que ler *O Livro Vermelho*].[6] E como a obra canônica daquela era, o *Liber Novus* traz uma nova mensagem do "espírito das profundezas" para os tempos atuais e, como seu precursor, oferece uma nova imagem de Deus.

Uma aura de sacralidade paira sobre os ensaios deste segundo volume da série *O Livro Vermelho de Jung para o nosso tempo*. Em seu artigo, o psicanalista junguiano italiano Romano Madera fala sobre a imagem arquetípica da "busca", a busca por significado neste tempo de caos que caracteriza o mundo pós-moderno em que vivemos. É uma busca empreendida não com leviandade, como ilustra o *Liber Novus* de forma tão ampla, e os problemas anteriores a aventurar-se em uma jornada como essa são quase insuperáveis. Em vista da turbulência destes tempos e da atração intensa do espírito deste tempo, somente os esclarecidos e corajosos se aventurarão para além dos limites desta cultura.

Mas as apostas são altas! O que está em jogo é o próprio significado, e isso é uma necessidade arquetípica na base da psique. Assim, como argumenta David Tacey no ensaio seguinte, "O retorno do sagrado numa era de terror", a fome inegável de espiritualidade também é um aspecto notável do nosso tempo. Novas formas de busca espiritual e trilhas que buscam o sagrado são exploradas. As incríveis construções arquitetônicas em todas as partes do mundo testificam dessa busca pela transcendência, seja em aeroportos, museus ou *shopping centers*.

O *Liber Novus* de Jung é um precursor da versão da Nova Era da busca arquetípica por significado e despertamento espiritual. Lionel Corbett, o conhecido autor de muitos livros e artigos sobre psicologia e espiritualidade, aceita o desafio de argumentar que o *Liber Novus* é um texto religioso e que ele deveria ser visto e estudado como tal. A força de seu argumento provém das definições de Jung do "religioso" e de sua valorização de experiências numinosas na vida. Em *Liber Novus*, o leitor pode ler o testemunho de Jung sobre a experiência religiosa e os mistérios do numinoso.

Ann Ulanov retoma esse tema em seu artigo "Interferindo na obra de redenção", no qual essa autora de quase incontáveis obras sobre psicologia e religião ao longo de sua carreira como professora no Union Theological Seminary em Nova York segue a trilha de Jung no *Liber Novus* à medida que ele encontra seu caminho que o leva ao seu mito pessoal. Há muitas lições que podemos aprender seguindo a trilha de Jung, e a professora Ulanov é um guia especializado nesse território.

John Dourley, respeitado psicanalista junguiano canadense e professor de teologia, reflete sobre as implicações teológicas mais profundas do pensamento de Jung expresso em histórias, imagens e reflexões do *Liber Novus*. Seu artigo "Jung, o nada e o todo", tem como foco a natureza profundamente mística das experiências de Jung registradas nessa obra. O leitor atento do *Liber Novus* será atraído para essa profundeza juntamente com seu autor, como Dourley demonstra, e experimentará a dissolução de construtos mentais fixos e ganhará uma visão de totalidade.

Após a contribuição de Dourley, J. Gary Sparks, psicanalista junguiano norte-americano e professor, lança luz sobre o significado da figura gnóstica de Abraxas como um símbolo da totalidade. Na cosmologia do *Liber Novus*, Abraxas é um deus que emerge do todo, do pleroma e antecede divisões entre os opostos que afligem nossa cultura e causam conflitos ferozes entre povos que projetam e atacam os recipientes de suas partes separadas. O *Liber Novus* nos ajuda a entender essa dinâmica em nós mesmos individual e coletivamente e, talvez, oferece um caminho para unir os opostos e assim evitar as consequências terríveis da separação e identificação com apenas um lado do todo.

O *Liber Novus* tem muito a ver com a emergência de uma nova imagem de Deus para o nosso tempo pós-moderno. Keiron Le Grice discute o pano de fundo e fundamentos astrológicos dessa emergência da nova imagem de Deus que testemunhamos no *Livro Vermelho*. Seu artigo insere a obra de Jung na visão maior da evolução da cultura e consciência humana.

John Beebe, psicanalista eminente, que reside em San Francisco, acredita que ele consegue identificar a emergência de uma atitude religiosa em Jung no *Liber Novus*, que encontra seu paralelo no nascimento de uma nova imagem de Deus para Jung pessoalmente e para a cultura sua e nossa. A análise de Beebe de atitudes culturais no *Livro Vermelho* e suas reflexões sobre tipologia psicológica conduzem o leitor a uma nova percepção de como esses fatores podem se desenvolver em todos nós, também sob condições pós-modernas.

A tarefa à mão, como argumenta a psicanalista junguiana Gražina Gudaitė da Lituânia, não consiste apenas em deixar para trás "o espírito do tempo" e seguir o "espírito das profundezas", mas também em reuni-los numa unidade. Seu artigo prático sugere que o objetivo das nossas lutas pela alma sob condições pós-modernas deve resultar em ação, em benefícios oferecidos ao mundo do presente e do futuro. Isso é um chamado para integrar as duas dimensões e para dar seguimento a isso com ações apropriadas.

Em seu artigo "Sobre Salomé e a emancipação da mulher no *Livro Vermelho*", o psicanalista junguiano alemão Joerg Rasche explora as fontes do conceito de *anima* de Jung. Ao mesmo tempo em que concede que as imagens do inconsciente coletivo são autônomas e tem uma vida e personalidade própria, independente da vontade e intenção da consciência do ego, Rasche argumenta que as experiências de Jung com mulheres reais em sua vida exerceram um papel importante em moldar seu pensamento sobre o arquétipo de *anima*.

Kate Burns, que trabalha como psicanalista junguiana em Houston, no Estado do Texas, continua esse tipo de exploração biográfica em seu artigo sobre temas de iniciação no *Liber Novus*. Em seu trabalho, ela destaca o elemento do sofrimento necessariamente incluído no tecido dos processos de iniciação e ilustra isso com passagens do *Liber Novus*.

QiRe Ching, psicanalista junguiano e professor em San Francisco, oferece uma declaração pessoal sobre a luta com o envelhecimento ao experimentar esse processo inevitável em sua vida e revela como o *Liber Novus* tem sido um recurso para aceitar limitações e a finitude humanas.

Um aspecto essencial dessa série de artigos sobre "O Livro Vermelho de Jung para o nosso tempo" é seu escopo internacional. Pedimos que autores de muitas partes do mundo relacionassem *O Livro Vermelho* às suas próprias culturas. Ann Chia-Yi Li, nascida no Taiwan, que atualmente vive e pratica a psicanálise junguiana em Zurique, ao mesmo tempo em que leciona em Taiwan e Singapura, aceita o desafio de analisar paralelos com a alquimia e filosofia taoista chinesa.

Segue, então, o artigo de Lev Khegai sobre a recepção do *Livro Vermelho* na Rússia e sua ressonância com movimentos culturais importantes na Rússia no período da composição do *Liber Novus* por Jung.

Noa Schwartz Feuerstein, uma psicanalista junguiana israelense, investiga os muitos fios que ligam o *Livro Vermelho* à Índia em termos temáticos e espirituais. O leitor se surpreenderá com suas descobertas.

Os três artigos remanescentes neste volume contemplam questões públicas, políticas e culturais do nosso tempo e as relacionam ao *Liber Novus*. O psicanalista junguiano alemão Günter Langwieler reflete sobre como a obra de Jung fornece uma lição em pacificação nos temas proeminentes da obra de autossacrifício.

Randy Fertel, erudito, professor e autor reconhecido, introduz o *Liber Novus* na esfera da política norte-americana, comparando e contrastando Donald Trum e Jung como “trickster”, ambos empenhados em improvisação, o tema do brilhante estudo de Fertel *A Taste of Chaos*.[7] Suas conclusões são altamente instrutivas como lições sobre como se relacionar a essa importante figura arquetípica.

Finalmente, Al Collins, um estudioso junguiano e psicólogo clínico em Anchorage, no Alaska, volta sua atenção para um tema crucial no *Liber Novus*. Ele pergunta: o que os mortos buscam hoje? Seu ensaio oferece um desafio espiritual para o nosso tempo pós-moderno.

É com grande prazer e imensa gratidão aos autores dos artigos contidos nesta obra que oferecemos ao público o segundo volume desta série *O Livro Vermelho de Jung para o nosso tempo*.

Notas

1. Sonu Shamdasani. “Prefácio”, em C.G. Jung, *O Livro Vermelho: Liber Novus. Edição sem ilustrações, org.* Sonu Shamdasani, trad. Edgar Orth (Petrópolis: Vozes, 2015), p. xi.

2. Richard Tarnas. *Cosmos and Psyche: Intimations of a New World View* (Nova York, NY: Viking, 2006), p. 483.

3. C.G. Jung. *Memories, Dreams, Reflections*, org. Aniela Jaffé (Nova York, NY: Vintage Books, 1963), 33ss.

4. Jung. *O Livro Vermelho,* p. 426.

5. Ibid., anotação 42.

6. Murray Stein. “How to read *The Red Book* and why”, *Journal of Analytical Psychology*, 57:3, 2012, 280-298.

7. Randy Fertel. *A Taste for Chaos: The Art of Literary Improvisation* (Nova Orleans, LA: Spring Journal Books, 2015).

I
A busca por significado após a morte de Deus numa era de caos

Romano Màdera

Numa passagem excepcionalmente significativa de suas palestras de Terry, Jung apresenta seu diagnóstico da nossa era:

> [...] talvez pudéssemos dizer como Nietzsche: "Deus está morto". Todavia, mais acertado seria afirmar: "Ele abandonou a imagem que havíamos formado a seu respeito e nós, onde iremos encontrá-lo de novo?" O interregno é cheio de perigos, pois os fatos naturais farão valer os seus direitos sob a forma de diversos "ismos", dos quais nada resulta senão a anarquia e a destruição; e isto porque, em consequência da inflação, a *hybris* humana escolhe o eu, em sua miserabilidade visível, para senhor do universo. Tal é o caso de Nietzsche, prenúncio incompreendido de uma época.
>
> O eu humano é demasiado pequeno e seu cérebro demasiado débil para assimilar todas as projeções retiradas do mundo. Numa eventualidade dessas, o eu e o cérebro romper-se-iam em pedaços (que os psiquiatras chamam de esquizofrenia). Ao dizer: "Deus está morto", Nietzsche enunciou uma verdade válida para a maior parte da Europa. Os povos sofreram sua influência, não porque ele tinha constatado tal fato, mas porque se tratava da confirmação de um fato psicológico universalmente difundido. As consequências não tardaram em aparecer: o obscurecimento e a confusão trazida pelos "ismos" e a *catástrofe*. Ninguém soube tirar a conclusão do que Nietzsche anunciara.[1]

Jung estava falando da Primeira Guerra Mundial quando se referia ao caos produzido pelos vários "ismos", mas ele fez essas palestras Terry, em

Yale, em 1937, e a edição ampliada foi publicada em 1940, durante a Segunda Guerra Mundial!

A enorme importância do anúncio de Nietzsche da morte de Deus exige que retornemos precisamente à sua formulação em *Gaia Ciência*. O título do capítulo, "O louco", em si já é revelador:

> Acaso você ouviu falar daquele louco que acendeu uma lanterna nas claras horas da manhã e correu à praça do mercado gritando incessantemente, "Eu procuro Deus! Eu procuro Deus!" Como muitos dos que não acreditam em Deus estavam por lá naquele momento, ele provocou muito riso. "Por que, ele se perdeu?", disse um. "Terá sido esquecido pelo caminho como uma criança?", disse outro. "Quem sabe está se escondendo?", "Será que tem medo de nós?", "Talvez tenha ido viajar?", "Ou emigrado?" Assim eles gritavam e riam. O louco pulou no meio deles perfurando-os com seus olhos.
>
> "Aonde foi Deus", gritou ele. "Eu lhes direi. *Nós o matamos* – vocês e eu. Todos nós somos seus assassinos. Mas como o fizemos? Como fomos capazes de beber o mar? Quem nos deu a esponja para apagar todo o horizonte? O que fizemos quando desacorrentamos esta terra do seu sol? Para onde ela estará se movendo? Para longe de todos os sóis? Não estaremos afundando continuamente? Para trás, para os lados, para frente, em todas as direções? Terá restado algum 'acima' ou 'abaixo'? Não estaremos vagando como que por um infinito nada? Não sentimos o sopro do espaço vazio? Já não está mais frio? Não estará a noite e mais noite vindo com toda força? Não deveríamos acender lanternas pela manhã? Acaso não ouvimos nada do barulho dos coveiros que estão enterrando Deus? Acaso não sentimos o fedor da decomposição de Deus? Deus também apodrece. Deus está morto. Deus permanece morto. E nós o matamos. Como nós, os maiores assassinos dentre os assassinos, nos confortaremos? O que era mais sagrado e mais poderoso que tudo aquilo que o mundo jamais possuiu sangrou até a morte sob as nossas facas. Quem limpará este sangue de nós? Que água será capaz de nos lavar? Que festivais de reconciliação, que jogos sagrados teremos de inventar? Não será a grandeza deste feito grande demais para nós? Acaso não devemos, nós mesmos, nos tornar deuses simplesmente para parecer dignos disto? Jamais houve um feito maior; e todo aquele que nascer depois de nós será, em razão deste feito, parte de uma história maior do que toda história até então".[2]

A resposta de Jung em *Psicologia e religião* é clara: podemos encontrar no arquétipo cristão e em muitas outras tradições religiosas a imagem do Deus que morre e se transforma, e o "próprio Cristo representa o tipo do Deus que morre e se transforma".[3] O drama da morte de Deus anunciada por Nietzsche "antecipa-se [...] de modo perfeito"[4] na vida de Cristo. Jung continua:

> A situação psicológica da qual partimos corresponde às palavras: "quid quaeritis viventem cum mortuis? *Non est hic*". (Por que buscais entre os mortos aquele que vive? Não está aqui.) (Lc 24,5). Mas onde voltaremos a encontrar o Ressuscitado? [...] Não me dirijo também aos *beati possidentes* (felizes donos) da fé, mas às numerosas pessoas para as quais a luz se apagou, o mistério submergiu e Deus morreu. [...] Para compreender as coisas religiosas acho que não há, no presente, outro caminho a não ser o da psicologia; daí meu empenho de dissolver as formas de pensar historicamente petrificadas e transformá-las em concepções da experiência imediata [...]
>
> A morte de Deus (ou seu desaparecimento) não constitui de modo algum um símbolo exclusivamente cristão. [...] A ampla difusão desse símbolo é uma prova da presença universal de um processo típico da alma: a perda do valor supremo, que dá vida e sentido às coisas. Tal processo constitui uma experiência típica muitas vezes repetida [...]. Esta morte ou perda deve repetir-se: Cristo sempre morre e sempre torna a nascer. Comparada com a nossa condição de seres vinculados ao tempo, a vida do arquétipo é intemporal. Escapa ao meu conhecimento determinar as leis que regem a manifestação efetiva, ora deste, ora daquele aspecto do arquétipo. Sei unicamente – e o que sabe um grande número de outras pessoas – que estamos numa época ou de morte ou de desaparecimento de Deus. Diz o mito que Ele não foi encontrado onde seu corpo havia sido depositado. O "corpo" corresponde à forma externa, visível da versão até então conhecida, mas passageira, do valor supremo. Pois bem, o mito acrescenta ainda que o valor ressuscita, mas transformado de um modo miraculoso. Isto parece um milagre, pois toda vez que um valor desaparece, a impressão é de que foi perdido para sempre. Por isso, sua volta é um fato completamente inesperado. A descida aos infernos, durante os três dias em que permanece morto, simboliza o mergulho do valor desaparecido no inconsciente, onde vitorioso sobre o poder das trevas, estabelece uma nova ordem de coisas e de onde volta, para elevar-se até o mais alto dos céus, ou seja, até à claridade suprema da

> consciência. O pequeno número de pessoas que veem o Ressuscitado é uma prova de que não são poucas as dificuldades com que se tropeça quando se aspira a reencontrar e a reconhecer o valor transformado.[5]

Essa passagem, que afirma a dificuldade de reconhecer a nova forma do Ressuscitado, é uma referência críptica ao último capítulo do Evangelho de São Marcos, em que o autor diz que ele apareceu aos discípulos "de outra forma". Esse processo mítico é, portanto, o contexto em que a narrativa dramática de Nietzsche da morte de Deus deve ser inserida. *O Livro Vermelho* expressa diretamente o pensamento de que a morte de Deus significa a perda de razão e valor supremo. O próprio livro, juntamente com seu paratexto (as miniaturas e a escrita gótica e as dimensões e a preciosidade da capa), parece um manuscrito medieval iluminado, e não é à toa que ele abre com quatro citações bíblicas. Estas são seguidas por uma dramatização de "sentido" (*Sinn*), em oposição a "contrassenso" (*Widersinn*) e "absurdo" (*Unsinn*, "não sentido"), e sua conjunção em "sentido supremo" (*Übersinn*).[6] A terminologia de Jung é moldada segundo Nietzsche e contra ele, enquanto o "super-humano" de Nietzsche se transforma aqui em "sentido supremo".

Minha tese é simples. Ela resulta da conclusão da síntese entre *O Livro Vermelho,* Nietzsche e *Psicologia e religião*: "Sentido" representa o velho Deus moribundo; "contrassenso", a crítica que o derruba e aniquila; "absurdo", o resultado desse conflito; e "sentido supremo", o reaparecimento de Deus numa forma diferente capaz de conter sentido e absurdo na complexidade da relação entre os opostos, unidos, mas ainda também distintos dentro do processo do qual eles são funções dinâmicas.

Nietzsche proclamou o advento do sobre-humano, "o sentido da terra", contra o cristianismo e a filosofia grega a partir de Sócrates em sua reconstrução unilateral e enfática dessas grandes histórias que não podem ser reduzidas a fórmulas. No terceiro capítulo do "Prólogo" a *Assim falava Zaratustra* (na tradução de Thomas Common, a tradução usada por Jung em seus seminários sobre esse texto),[7] Nietzsche escreve: "Eis, eu vos ensino o além-

-homem! O além-homem é o sentido da terra. Assim fale a vossa vontade: possa o além-homem tornar-se o sentido da terra!"[8]

Essa passagem mostra como o sentido é o herdeiro do Deus morto, mas, dessa vez, é o sentido da terra, o sentido deste mundo e não do outro, não de um mundo no além, que é uma imagem da ilusão miserável dos fracos, do ressentimento, de "escravos". Isso pode ser visto como uma reação necessária à ampla decadência e hipocrisia que domina as Igrejas cristãs e também contra a intelectualização anêmica da filosofia pelas universidades. Jung nos lembra repetidas vezes de que Nietzsche, como ele também, era filho de um pastor protestante; sua reação a uma atmosfera sufocante em casa e a fórmulas e doutrinas vazias era inevitável. A interpretação da mensagem de Nietzsche por Jung está ciente do movimento reativo que obriga aqueles que experimentam a morte de seu deus a encontrar um substituto: eles fazem deuses de si mesmos, uma autoinflação por meio de uma identificação parcial com a imagem de Deus. Sob esse ponto de vista, a doutrina de Nietzsche e sua vida, que o levou a esse mesmo tipo de insanidade, andam em paralelo. A exaltação da terra é compensatória e inconsciente: tanto nas imagens do texto – o voo incongruente da águia com a serpente presa ao seu pescoço, que, involuntariamente, mostra uma posição absurda da serpente – como em suas ideias, o sentido da terra é precisamente aquilo que falta a Nietzsche, apesar de suas proclamações proféticas. Essa falha é a chave para a crítica de Nietzsche por Jung no *Livro Vermelho*.

O capítulo intitulado de "O caminho da cruz" é uma das partes mais melodramáticas do livro, e nela o Zaratustra de Nietzsche é evocado e reconhecido continuamente como identificação inconsciente com o crucificado, que é dominado por uma fúria violenta.

Aquele que aspirava ser um profeta da terra ficou sem terra sob seus pés. Nesse capítulo, podemos encontrar tudo que é essencial sobre a relação de Nietzsche com a morte de Deus:

> Eu vi como a serpente negra se enroscou no alto do lenho da cruz. Ela entrou no corpo do crucificado e novamente saiu, transformada, da boca dele. Havia ficado branca. Ela se enrolou em torno da cabeça do morto como um diadema, e uma luz

> brilhou sobre a cabeça, e no Oriente surgiu esplendoroso o sol. Fiquei estático e olhei desorientado, e a carga pesada oprimiu minha alma. Mas o pássaro branco que estava pousado em meu ombro disse-me: "Deixa chover, deixa o vento assobiar, deixa que as águas corram e que o fogo arda em chamas. Deixa a cada um seu crescimento, deixa ao que se vai tornando seu tempo".
> Realmente, o caminho passa pelo crucificado, isto é, por aquele a quem não foi pouco viver sua própria vida e que, por isso, foi elevado à glória. Não ensinou conhecimento nem coisas dignas de serem conhecidas, mas ele viveu isto. Não dá para dizer quão grande deve ser a humildade daquele que toma sobre si a tarefa de viver sua própria vida. Difícil é dimensionar o nojo daquele que deseja penetrar em sua própria vida. Adoece frente à aversão. Vomita sobre si mesmo. [...] Excogita todo tipo de ardil que lhe possibilite a fuga, pois nada se compara ao tormento do próprio caminho. [...]
> Quem vai ao encontro de si mesmo desce. Ao grande profeta, que precedeu esta nossa época, apareceram figuras lamentáveis e ridículas; elas eram as figuras de seu próprio ser. Ele não as aceitou, e as remeteu a outro. Mas finalmente viu-se obrigado a fazer uma ceia com sua própria pobreza e aceitar por compaixão aquelas figuras de seu próprio ser, compaixão essa que é a aceitação do ínfimo em nós. Mas, então, enfureceu-se o leão de seu poder e afugentou o perdido e devolvido para a escuridão da profundeza. E, como um poderoso, quis aquele com o grande nome irromper à semelhança do sol, do seio das montanhas. Mas o que lhe aconteceu? Seu caminho o levou para diante do crucificado, e ele começou a esbravejar. Ele enfureceu-se contra o homem do escárnio e das dores, porque a força do seu próprio ser o obrigou a seguir este caminho, assim como o fez o Cristo antes de nós. Mas ele anunciou em voz alta seu poder e sua grandeza. Ninguém falava mais alto de seu poder do que aquele de quem fugia o chão sob os pés. Finalmente foi atingido pelo ínfimo nele, a impotência, e esta crucificou seu espírito, portanto, como ele mesmo predisse, que sua alma morreria antes que seu corpo.[9]

O sacrifício de si mesmo, identificável em forma teórica em *Wandlungen und Symbole der Libido* (*The Psychology of the Unconscious* na tradução inglesa de 1916), livro mais antigo de Jung, é efetuado aqui por meio de uma dialética de renovação com o símbolo cristão moribundo. Como escreve Shamdasani em seu comentário sobre as evidentes semelhanças estruturais entre *O Livro Vermelho* e *Assim falava Zaratustra*: "[...] enquanto Zaratustra proclamava a morte de Deus, *Liber Novus* desenha o renascimento de Deus na alma".[10]

A outra forma do Ressurreto que aparece a Jung contém em si todas as transformações necessárias para reavivar o símbolo de Cristo.[11] A metamorfose inclui o papel ativo da serpente, o símbolo ctônico *par excellence*, mas o anúncio é feito pelo pássaro branco – esse par tem uma história própria nas imagens do *Liber Novus* – que é um símbolo para a dimensão da alma e, na iconografia cristã, para o Espírito Santo. No entanto, a crítica a Nietzsche pretende ressaltar a natureza ilusória da derrubada dessa imagem do divino. Como se vê nos últimos episódios do *Zaratustra*, em que a vida comum, as necessidades do dia a dia e a aceitação daquilo que é comum e desvalorizado pela inteligência da aristocracia dos espíritos são desprezadas, não acontece nenhuma conjunção real entre o alto e o baixo, e a sombra é excluída da mania profética. Além do mais, e isso aparecerá trágica e sintomaticamente em suas "cartas da loucura", às vezes assinadas por "Dionísio, o Crucificado", a identificação inconsciente com o Cristo rejeitado e o retorno do reprimido teve um efeito devastador sobre o equilíbrio mental do filósofo. Jung, por sua vez, insiste na aceitação do mais baixo e do mais desprezado como *conditio sine qua non* de cada resposta possível à morte de Deus e, daí, de cada caminho possível da individuação e de uma relação com o si-mesmo. Uma passagem no *Liber Primus* diz o seguinte:

> O espírito dessa época em mim queria muito conhecer a grandeza e amplidão do sentido supremo, mas não sua pequenez. Mas o espírito da profundeza venceu este orgulho, e eu tive de engolir o pequeno como um remédio da imortalidade. Ele queimou naturalmente minhas entranhas, pois era inglório, não heroico, e era até mesmo ridículo e repugnante. Mas a tenaz do espírito da profundeza me segurou, e eu tive de tomar a mais amarga de todas as bebidas.[12]

Diferentemente de Nietzsche, poderíamos dizer, o sentido supremo deve permanecer ciente de sua comunhão indelével com a essência do "verme". No terceiro parágrafo do "Prólogo" ao *Assim falava Zaratustra*, o arauto da morte de Deus urge com os homens a se livrarem de seus aspectos compartilhados com o "verme": "Percorrestes o caminho que vai do verme ao homem, tendes ainda em vós muito do verme".[13]

Que distância entre ele e Jung! O *Liber Novus* começa com uma citação de Isaías, que anuncia a profecia do homem das dores: "Era desprezado e abandonado pelos homens, um homem sujeito à dor, familiarizado com a enfermidade, como uma pessoa de quem todos escondem o rosto; desprezado, não fazíamos caso nenhum dele".[14] Nas interpretações cristãs da Bíblia, isso é uma profecia da paixão de Jesus.[15] Isso está muito próximo daquilo que Jó diz sobre si mesmo: "depois que minha pele foi assim lacerada, já sem a minha carne, verei a Deus".[16] Nos episódios finais de *Liber Novus*, Filêmon forma um tipo de silogismo: o verme e a serpente são iguais, são o diabo; Cristo é como a serpente; Cristo e satanás são irmãos.

> "Não sei", respondeu Filêmon, "só sei de uma coisa: aquele que é o hospedeiro do verme precisa também de seu irmão. O que me trazes, meu belo hóspede? Lamento e horror foi o presente do verme. O que nos darás tu?"
> Respondeu a sombra: "Eu te trago a beleza do sofrimento. É disso que precisa quem é hospedeiro do verme".[17]

Creio que esta seja uma grande intuição para o nosso tempo e para os tempos vindouros. A dialética da *enantiodromia* inverte a relação entre Cristo e satanás: agora, Cristo será a sombra de uma era de cultura que não consegue mais reconhecer a beleza do sofrimento. Negamos a presença do diabo e projetamos o mal sobre bodes expiatórios sempre diferentes. Na citação acima, Jung diz: "Quem vai ao encontro de si mesmo, desce". Essa é a tradução de "*steigt herunter*", ou seja: você precisa escalar, mas para baixo. Essa expressão é um eco da retórica de Paulo na famosa passagem na *Epístola aos Filipenses*, que declara que Cristo "esvaziou-se a si mesmo, assumindo a condição de escravo",[18] onde "esvaziou-se a si mesmo" traduz a palavra grega *kenosis*. Esse é um movimento na direção oposta do sobre-humano de Nietzsche, no sentido de se opor ao seu unilateralismo. A resposta de Jung poderia ser formulada da seguinte forma: Nietzsche esqueceu que, a fim de ascender ao sobre-humano, ele precisa descer para abaixo do homem e se reconhecer no verme. Falta-lhe a "extrema humildade" necessária para alcançar a si mesmo.[19] Em outras palavras, o caminho passa pela sombra e o assassinato necessário do herói.

Retraduzido para as imagens do mito cristão, após sua morte, o herói precisa passar pelo inferno. No início do sexto capítulo de *Liber Novus*, "Divisão do espírito", Jung escreve: "Eu gritei: 'Descer ao inferno é o mesmo que tornar-se inferno'".[20] Isso me lembra de outro versículo de Paulo: "Deus o fez pecado por nós".[21] A jornada para o inferno é, para Jung, acima de todas as outras descidas míticas para o submundo, a jornada de Cristo: "Por isso, o Cristo teve de descer ao inferno após sua morte, caso contrário sua subida ao céu se teria tornado impossível. O Cristo teve de se tornar antes seu anticristo, seu irmão subterrâneo."[22] A descida ao inferno, a ressurreição e a ascensão ao céu alcançam sua consumação em Pentecostes e suas consequências: "A ação contínua e direta do Espírito Santo sobre os homens convocados à condição de filhos de Deus é, de fato, uma encarnação que se realiza permanentemente. Enquanto filho gerado por Deus, Cristo é o primogênito ao qual se seguirá um grande número de irmãos nascidos depois dele".[23] Isso significa, como Jung escreve na última página de *Resposta a Jó*:

> Com a inabitação da terceira pessoa divina, isto é, do Espírito Santo no homem, opera-se uma cristificação de muitos, surgindo daí o problema de saber se estes são homens deuses em sentido pleno. Uma transformação desta espécie, entretanto, levaria a choques dolorosos, para não falarmos da inevitável inflação, à qual sucumbiriam os mortais ainda não liberados do pecado original. Neste caso, o mais aconselhável é lembrarmo-nos de Paulo e da cisão que se operou em sua consciência: ele se sente, de um lado, como apóstolo iluminado e chamado diretamente por Deus, e, de outro, como homem pecador que não consegue libertar-se do "espinho fincado na carne" e do anjo de satanás que o esbofeteia". Isto significa que até mesmo o homem iluminado permanece aquilo que é, nada mais do que o seu próprio eu colocado em face daquele que habita em seu íntimo, cuja figura não tem limites definidos e reconhecíveis, e que o envolve por todos os lados, profundo como os fundamentos da terra e o imenso como a vastidão dos céus.[24]

A "cristificação de muitos"[25] foi precisamente o que Jung percebeu por intuição muitos anos antes, já durante seu período do *Livro Vermelho*, vinculando o "homem das dores" de Isaías a Cristo e à necessidade de tornar-se Cristo, realizando a cristificação, mas, ao mesmo tempo, evitando a inflação subsequente à morte de Deus como no caso de Nietzsche. Em seu *Livro Vermelho*, ele escreveu:

> Vosso Deus não deve ser um homem do deboche, mas vós mesmos sereis homens do deboche. Vós deveis caçoar de vós mesmos e vos revoltar contra isso. Se ainda não o aprendestes dos velhos livros sagrados, ide, bebei o sangue e comei o corpo do escarnecido e torturado por causa de nossos pecados, para que vos torneis totalmente sua natureza, negando seu estar-fora de vós, deveis ser ele mesmo, não *christiani*, mas *Christi*, caso contrário não servireis para o Deus que virá.[26]

No simbolismo cristão, isso é equivalente à individuação já expressada em *O Livro Vermelho* com estas palavras: "*Só existe um caminho e este é o teu caminho*".[27] Depois da era da imitação, a individuação está claramente conectada com as imagens do Pentecostes cristão:

> A imitação foi um caminho da vida, quando o ser humano ainda precisava do exemplo heroico. A maneira de ser do macaco é um caminho da vida para o macaco, e para o ser humano, enquanto é amacacado. O amacacado do ser humano dura por um espaço de tempo colossal, mas chegará o tempo em que vai cair um pedaço do amacacado do ser humano.
> Será um tempo de salvação e de descida da pomba e do fogo e salvação eternos.[28]

Uma pomba branca aparece num sonho relatado por Jung em *Memórias, sonhos, reflexões* e se transforma numa pequena garota, para então transformar-se de volta em uma pomba.[29] O sonho segue à famosa pergunta que Jung fez a si mesmo sobre o mito no qual o homem, e ele mesmo, vive nos dias de hoje. Como sabemos, a resposta foi que ele não vivia mais no mito cristão. Mas por volta do Natal de 1912, ele teve o sonho da garota-pomba, em que possíveis amplificações conectam a *Tabula Smaragdina* com Hermes Trismegistos e a alquimia. Torna-se necessário encontrar uma nova resposta para a morte de Deus – ou para os 12 mortos no sonho (obviamente, isso nos lembra dos *Sete sermões aos mortos*, que ele imprimiu particularmente em 1916), uma resposta que pode ser anunciada pela pomba,[30] e sabemos que, de acordo com Jung, a Anunciação da Virgem Maria é um bom símbolo daquilo que pode acontecer na análise.[31] Certamente a pomba do sonho anunciou o processo que o levou às visões do *Livro Vermelho* um ano mais tarde. Em "Interpretação psicológica do Dogma da Trindade", o Espírito Santo é um *complexio oppositorum*, que deu origem a vários movimentos heréticos, e "o duplo caráter do 'Pai' [...] volte a aparecer na pessoa do Espírito Santo, e que este adquira então o significado de uma restauração do estágio do 'Pai'".[32] Uma *apocatastasis* é uma reabsorção do mal, até mesmo de satanás, na última transformação, no apocalipse, na criação segundo Orígenes, citado por Jung na mesma página. Essa era também a interpretação de Jung da profecia do estágio Trinitário nas obras de Joaquim de Fiore. Essa é uma esfera histórica e, ao mesmo tempo, escatológica, que, para Jung, é uma combinação de Orígenes e Joaquim e que poderia ser entendida psicologicamente como a necessidade de completar a Trindade cristã com o quarto elemento (terra, o feminino e o mal). Originalmente, o aspecto feminino esteve presente no Espírito Santo e seus símbolos, incluindo a pomba, o animal sagrado também de Afrodite.

Sabemos que Jung concebeu a ideia da *incarnatio continua* e que ele a discutiu com estudiosos, tais como Victor White, Erich Neumann e outros, mas uma fonte decisiva para suas intuições era a figura medieval do abade Joaquim de Fiore. A imagem de Deus e o desenvolvimento de consciência e responsabilidade na história humana estão profundamente enraizados naquilo que, de maneiras diferentes, a tradição católica, ortodoxa e herética atribui à recepção e ação do "Espírito Santo". Segundo Jung, para entendermos o nosso presente, devemos entender o que está acontecendo inconscientemente, num esforço de reconciliar e reunir os opostos revelados pela imagem arquetípica do Espírito Santo e sua relação com o futuro.

No volume 11 da *Obra Completa* de Jung, que se dedica ao tema "Psicologia e religião", não encontramos nenhuma menção a Joaquim de Fiore, mas Jung o cita em *Aion*[33] e numa carta muito importante a Victor White,[34] em que ele supõe que Joaquim vislumbrou intuitivamente a passagem do símbolo de Cristo para uma imagem mais completa de Deus por meio do terceiro estado da revelação, que é o estágio do Espírito Santo: "o *adventus diaboli* não anula o símbolo cristão do si-mesmo, ao contrário, ele o complementa – é a transformação misteriosa de ambos".[35] A interpretação de Joaquim de Fiore por Jung está longe de ser convincente, certamente não o é filologicamente, mas essa não é a questão para nós. A questão é que Jung buscava uma ponte para conectar a tradição antiga e medieval do Espírito Santo ao nosso tempo e à nossa falta de transcendência, isto é, traduzido para termos psicológicos, à nossa falta de sentido.[36]

De acordo com Jung, o significado histórico e psicológico desses eventos arquetípicos seria alcançar uma unificação complexa dos opostos, do bem e do mal na consciência humana. Caso contrário, projeções do mal sobre o outro eventualmente levarão a uma era de "genocídio universal".[37] Nesse sentido, a profecia de Joaquim de Fiore da era vindoura do Espírito Santo teria sido uma intuição inconsciente de uma era de reconciliação.[38]

Um membro do grupo ecumênico de Marburg, inspirado por Rudolf Otto, era Ernst Benz, um palestrante em Eranos, de 1953 até 1978. Poderíamos dizer que a tradição do Espírito Santo foi continuada por Benz como discípulo e sucessor de Buonaiuti.[39] Entre suas muitas contribuições em Eranos, escolhi *Norm und Heiliger Geist in der Geschichte des Christentums*[40] ("Norma e o Espírito Santo na história do cristianismo"), porque acredito que esta contém o resumo de seus pensamentos sobre este assunto e muito tem a dizer também para o presente.

Primeiramente, tentei examinar essa afirmação ambivalente típica do Espírito Santo e quero resumir essa ambivalência em duas orações antitéticas:

O Espírito Santo cria normas, cria direitos:

O Espírito Santo destrói normas existentes, destrói direitos existentes.

Poderíamos dizer também:

O Espírito Santo é um Espírito da ordem.

O Espírito Santo é um Espírito da revolução.[41]

Nessas quatro sentenças se concentram as muitas pesquisas desse grande estudioso da história do papel do Espírito Santo na Igreja, e me parece que elas correspondem à formulação conceitual da ideia de Jung do Espírito Santo como uma união de opostos do ponto de vista da psicologia profunda.

Isso poderia ser também uma transposição histórica da ideia teológica da encarnação contínua (*incarnatio continua*) que Jung compartilhava com o Mestre Eckhart.[42]

O Espírito Santo cria normas por causa de sua autoridade e sua legitimidade interna. Mas quando essas normas são uma casca externa, que ameaça encrustar a vida do Espírito, ele rompe a casca e cria novas formas em que ele possa realizar sua vida de maneira mais apropriada e livre. A criar normas e destruí-las, ele permanece o *Spiritus creator* e a única oração certa do cristão pode ser:

Veni Creator Spiritus![43]

Se essa invocação pode ser significativa para um cristão que enfrenta a esclerose institucional de muitas igrejas, ela pode parecer de pouca importância para o diagnóstico da condição atual do espírito ocidental. Mas podemos argumentar que, na tradição cristã, o Espírito Santo é o equivalente simbólico ao possível desenvolvimento de discernimentos diferentes e mais profundos das mudanças necessárias. Hoje está claro que os opostos de normas e mudanças, tradição e inovação, ordem e liberdade, solidariedade e individualidade etc. estão em guerra uns com os outros desde o final do século XIX. Poderíamos chamar esse processo de fim e queda do patriarcado, entendido como constelação histórico-cultural de longa duração, cuja crise lenta remonta aos fundamentos do mundo moderno e do capitalismo. Basta perceber a conexão profunda entre as estruturas patriarcais e as estruturas das Igrejas cristãs, especialmente das Igrejas Católica e Ortodoxa. Basta lembrar a terminologia: Deus Pai, Santo Pai, o Papa (que deriva etimologicamente de um termo grego para "pai"), os patriarcas, os padres em ordens religiosas. É difícil negar que havia um tipo de identificação entre a cultura do patriarcado e a instituição das Igrejas cristãs. Ao mesmo tempo, o conceito de Deus e sua imagem se tornou o conceito e símbolo da imutabilidade do ser e das leis morais. A fórmula de Nietzsche: "Deus está morto", encontrou grande ressonância justamente por causa disso: ela resume o fim do merecimento de confiança de cada ideia e valor que depende dessas suposições patriarcais tradicionais. A guerra espiritual contra o fundamento de "tudo que é sólido" foi vencida: na verdade, ele "se desmanchou no ar", como Marx diz no *Manifesto do Partido Comunista*, uma citação usada por Marshall Berman como título de seu livro sobre "a experiência da modernidade".[44] Mas nenhuma nova ordem está à vista, nenhum novo equilíbrio entre os opostos da tradição e inovação, normas e mudanças. Uma falta universal de sentido parece estar se espalhando como uma epidemia no nosso mundo. Como escreveram em seu "Prefácio" Adolf Portmann e Rudolf Ritsema, os organizadores do *Eranos Jahrbuch* de 1974: "a palavra 'norma' [e] os problemas que ela levanta tocam no fundamento da vida social contemporânea, que, mais do que qualquer outra antes dela, questiona a autoridade do passado".[45] Suponho que não seja mera coincidência que o primeiro artigo daquele anuário tenha sido "Der Nihilismus als religiöses Phänomen" [O niilismo como fenômeno religioso], de Gershom Scholem. Ele escreveu: "Em 'A vontade de poder', Nietzsche proclamou que o niilismo, 'o mais misterioso dos convidados', está à porta; agora, esse convidado entrou e conquistou espaço suficiente para si mesmo à mesma mesa que ele deveria ter derrubado".[46] Visto, porém, que a humanidade não pode sobreviver sem nenhuma imagem de orientação, isto é, sem nenhum sentido, eu especularia que, em nosso tempo da pós-modernidade, o sentido parece ser representado pela imagem-palavra do "caos".[47] A nova norma, a nova ordem, é viver sem normas e valores reais, num ambiente de normas, ideias, valores e gostos que mudam continuamente. A reação feroz a essa derrubada de todas as tradições é a onda fundamentalista contemporânea de violência. Precisamos de um novo equilíbrio, e a Europa pode fazer uma contribuição decisiva para uma nova cultura de equilíbrio devido à sua experiência das duas guerras mundiais em seu território. Infelizmente, o ímpeto criativo para a união agora está sendo sufocado por uma atmosfera espiritual e política de interesses particulares, nacionalismo anacrônico e burocracia sufocante.

Nossas esperanças em relação ao Espírito Europeu se tornaram fracas, quase mortas. A Igreja Católica Romana, por sua vez, a instituição patriarcal mais tradicional e esclerótica que sobreviveu ao mundo moderno, depois do Concílio Vaticano II e, especialmente agora após a eleição do Papa Francisco, parece estar sendo reavivada pelo sopro do Espírito. Gostaria de lembrar aqui apenas o grito do Papa Francisco: a rejeição de migrantes em fuga da violência é um "ato de guerra". Falando a um grupo de jovens, ele disse que a situação em que migrantes desesperados eram empurrados de um país para outro à procura de um refúgio era "um conflito irresolvido... e isso é guerra, isso é violência, chama-se homicídio".[48] Essa é a voz do profeta antigo, a voz do Espírito que alerta as instituições políticas e todos nós a tentarmos parar "o genocídio universal" que continua a se estender, centímetro por centímetro, sob os olhos dos poderes cegos deste mundo.[49]

Notas

1. C.G. Jung. "Psicologia e religião", em *OC*, vol. 11/1 (Petrópolis: Vozes, 2012), § 144-145.

2. Friedrich Nietzsche. *The Gay Science*, trans. Thomas Common (New York, NY: Dover Mineola, 2006), p. 168.

3. C.G. Jung. "Psicologia e religião", § 146.

4. Ibid.

5. Ibid., § 147-149.

6. C.G. Jung. *O Livro Vermelho: Liber Novus*, org. Sonu Shamdasani, trad. Edgar Orth (Petrópolis: Vozes, 2015), p. 106.

7. C.G. Jung. *Nietzsche's Zarathustra. Notes of the Seminar Given in 1934-1939*, 2 vols. (Princeton, NJ: Princeton University Press, 1988).

8. Friedrich Nietzsche. *Assim falava Zaratustra*, trad. Mário Ferreira dos Santos (Petrópolis: Vozes, 2008), p. 19.

9. C.G. Jung, *O Livro Vermelho* (Petrópolis: Vozes, 2015).

10. Ibid., p. 28.

11. Sobre a diferenciação de cristianismo, cristandade, cristianidade e "epifania crística", veja Raimon Panikkar. "Christianity. The Christian Tradition", em *Opera Omnia*, Vol. III, parte I (Nova York, NY: Orbis Book, 2015).

12. C.G. Jung, *O Livro Vermelho* (Petrópolis: Vozes, 2015), p. 110.

13. Nietzsche. *Assim falava Zaratustra*, p. 19.

14. Is 53,3.

15. Em seu excelente guia ao *Livro Vermelho de Jung*, Sanford L. Drob segue Walter Odajnyk, que interpreta a primeira citação de Isaías como referência à natureza do chamado profético de Jung, mas, ao fazê-lo, deixa de reconhecer a ressonância profunda com a diferenciação da ideia do sobre-humano de Nietzsche e a transformação junguiana positiva do símbolo do crucificado. Cf. Sanford L. Drob. *Reading the Red Book. An Interpretative Guide to C.G. Jung's Liber Novus* (Nova Orleans, LA: Spring Journal Books, 2012), p. 2 e V. Walter Odajnyk. "Reflections on 'The Way of What is to Come'", *Psychological Perspectives* 53:4 (outubro de 2010): p. 437-454.

16. Jó 19,26.

17. C.G. Jung. *O Livro Vermelho* (Petrópolis: Vozes, 2015), p. 488.

18. Fl 2,7.

19. C.G. Jung. *O Livro Vermelho* (Petrópolis: Vozes, 2015), p. 122.

20. Ibid., p. 141,

21. 2Cor 5,21.

22. C.G. Jung. *O Livro Vermelho* (Petrópolis: Vozes, 2015), p. 150.

23. C.G. Jung. *Resposta a Jó*, in *OC*, vol. 11 (Petrópolis: Vozes, 2012), § 658.

24. Ibid., § 758.

25. Essa expressão poderia nos lembrar da doutrina central da fé ortodoxa, que é *theosis*, literalmente "deificação", mas "Jung comentava constantemente sobre as limitações do cristianismo, mas o cristianismo que ele contemplava era a realidade das denominações cristãs ocidentais. É incrível que ele tenha ignorado toda a tradição do Oriente cristão, a Igreja Ortodoxa Oriental". Renos K. Papadopoulos. "The other other: when the exotic other subjugates the familiar other", *Journal of Analytical Psychology* 47, 2002, p. 175.

26. C.G. Jung. *O Livro Vermelho* (Petrópolis: Vozes, 2015), p. 124.

27. Ibid., p. 339.

28. Ibid., p. 155.

29. No início do sexto capítulo, "Confronto com o inconsciente," de *Memórias, sonhos, reflexões*, org. Aniela Jaffé (Nova York, NY: Vintage Books, 1963), p. 170ss., Jung escreve: "Eu tinha escrito um livro sobre o herói, o mito no qual o homem sempre viveu. Mas em qual mito o homem vive nos dias de hoje? A resposta poderia ser, no mito cristão. 'Você vive nele?' eu me perguntei. Para ser honesto, a resposta era não. [...] 'Então não temos mais nenhum mito?' 'Não, evidentemente não temos mais nenhum mito'. 'Mas então qual é o seu mito – o mito em que você vive?' A essa altura, o diálogo comigo mesmo se tornou desconfortável e parei de pensar. Eu tinha chegado num beco sem saída. Então, por volta de Natal de 1912, eu tive um sonho. [...] Eu estava sentado numa cadeira dourada da Renascença; à minha frente, estava uma mesa de beleza rara. Era feita de pedra verde, como esmeralda. [...] De repente, um pássaro branco desceu, uma pequena gaivota ou uma pomba. Graciosamente, ela pousou na mesa [...]. Imediatamente, a pomba se transformou numa pequena menina, de mais ou menos oito anos de idade, de cabelos dourados. Ela saiu correndo com as crianças e brincou com elas entre as colunas do castelo. [...] Então, de repente, ela desapareceu; a pomba estava de volta e falou lentamente em voz humana: 'Somente nas primeiras horas da noite posso me transformar em um ser humano; enquanto o pombo se ocupa com os doze mortos'".

30. Veja Greg Mogenson. *The Dove in the Consulting Room. Hysteria and the Anima in Bollas and Jung* (Londres: Routledge, 2004).

31. No *Seminário* de 1925, Jung disse que, se ele pudesse ter escolhido simbolizar a experiência analítica, a Anunciação teria lhe parecido o símbolo mais apropriado. Cf. C.G. Jung. *Analytical Psychology. Notes of the Seminar given in 1925*, org. W. McGuire (Princeton, NJ: Princeton University Press, 1991), p. 111.

32. C.G. Jung. "Interpretação psicológica do Dogma da Trindade", em *OC*, vol. 11 (Petrópolis: Vozes, 2013), § 279.

33. C.G. Jung. *Aion. Estudos sobre o simbolismo do si-mesmo*, em *OC*, vol. 9/II (Petrópolis: Vozes, 2013), § 137-141.

34. Numa carta a Victor White de 24 de novembro de 1953 (Gerhard Adler. C.G. *Jung Letters*. Trad. R.F.C. Hull. Vol. 2, 1951-1961 (Princeton, NJ: Princeton University Press, 1975)), Jung escreve que a união dos opostos, Cristo e satanás, o bem e o mal, será realizada na "Unidade do Espírito Santo", numa era futura já descrita por Joaquim de Fiore (1132-1202) como a Era do Espírito.

35. Ibid., 136.

36. "Parece-me que paralelamente à decadência da vida religiosa o número de neuroses vai aumentando consideravelmente. [...] Mas uma coisa me parece certa: o estado de espírito geral do europeu mostra mais ou menos por toda parte uma ausência inquietante de equilíbrio. Não se pode negar que vivemos em uma época de grande agitação, de nervosismo, de atividade mais ou menos desordenada e de notável desconcerto em tudo que se refere às concepções do mundo. No seio de minha clientela que provém, sem nenhuma exceção, dos meios cultos, figura um número considerável de pessoas que me consultaram, não porque sofressem de uma neurose, mas porque não encontravam um sentido para suas vidas ou porque se torturavam com problemas para os quais a filosofia e a religião não traziam qualquer solução. [...] Por isso, constitui quase um alívio da consciência para qualquer pessoa séria saber que o próprio médico nada tem a dizer, *a priori*, sobre o assunto. E assim a pessoa se consola, sabendo que não errou o alvo que estava a seu alcance. É muitas vezes por meio deste contato que se abre o caminho da confiança em relação ao médico. Descobri que há no homem moderno uma resistência invencível contra as opiniões pré-fabricadas e as verdades tradicionais que se pretende impor. O homem moderno é como um bolchevista para o qual todas as formas e normas espirituais anteriores perderam de algum modo a validez, e assim ele quer experimentar com o espírito o que o bolchevista faz com a economia", em C.G. Jung. "Relações entre a psicoterapia e a direção espiritual", em *OC*, vol. 11/6 (Petrópolis: Vozes, 2012), § 514-516.

37. "Genocídio universal" é uma citação de Jung (1957) em "Jung e a fé religiosa", em *OC*, vol. 18/2 (Petrópolis: Vozes, 2012), § 1661. John Dourley escreve: "Jung alertou que o fracasso da humanidade ao não unir os opostos divinamente fundamentais só poderia levar ao 'genocídio universal'", (John Dourley. "The Jung-White Dialogue and why it couldn't work and won't go away", em *Journal of Analytical Psychology*, vol. 52, issue 3 (2006): p. 275-295).

38. O *Evangelium Aeternum* não é uma obra de Joaquim; na verdade, o título é *Liber Introductorius in Evangelium Aeternum* e foi escrito por Gerardo da Borgo San Donnino, um companheiro de Giovanni da Parma, João de Parma, general da ordem franciscana de 1247 a 1257. "Consistia nas três obras principais de Joaquim, juntamente com um Liber Introductorius e uma glosa escritos pelo próprio Gerard" (Marjorie Reeves. *Joachim of Fiore and the Prophetic Future* (Londres: SPCK, 1976), p. 33).

39. Curioso é que Buonaiuti e Benz pertenciam aos lados opostos do espectro político: Buonaiuti era um antifascista perseguido pelo regime; Benz, por sua vez, era membro da SA e do partido nazista.

40. Ernst Benz. "Norm und Heiliger Geist in der Geschichte des Christentums", em Rudolf Ritsema e Adolf Portmann, orgs. *Norms in Changing World*. Eranos 43-1974 (Leiden: E.J. Brill, 1977), p. 137-182.

41. Ibid., p. 139.

42. "Como o Espírito Santo representa a terceira pessoa da Trindade e como Deus está presente por inteiro em cada uma das três pessoas, a inabitação do Espírito Santo nada mais é do que uma aproximação do crente ao *status* de Filho de Deus. Por isso, compreende-se facilmente a referência: 'Vós sois deuses'" (Jo 10,34)"; cf. Jung. *Resposta a Jó*, *OC* 11/4, § 656.

43. Benz. "Norm und Heiliger Geist in der Geschichte des Christentums", p. 182.

44. Marshall Berman. *All That Is Solid Melts into Air. The Experience of Modernity* (Nova York, NY: Verso, 1983).

45. Portmann e Ritsema. *Norms in a Changing World*. Eranos 43-1974, Introdução.

46. Gershom Scholem. "Der Nihilismus als Religiöses Phänomen", em Adolf Portmann e Rudolf Ritsema, orgs. *Norms in a Changing World*. Eranos 43-1974, p. 1.

47. Sobre a imagem e o conceito de caos no *Livro Vermelho*, veja Drob. *Reading the Red Book*, p. 6, 13, 22-32, 46.

48. Papa Francisco. *The Independent*, 10 de agosto de 2015.

49. "Why, only now, a pope named Francis?" (Bruce Chilton, em www.bibleinterp.com). Não é uma pergunta esquisita, pois Francisco de Assis não era apenas o santo popular ao qual costumamos nos referir, mas até mesmo em sua própria ordem ele era visto como um emblema da renovação da Igreja e do mundo apocalíptico. Os movimentos dos "*spirituali*" e "*fraticelli*" eram acusados de heresia. Sua profecia que anunciava um "papa angelical" que lideraria a Igreja na era do Espírito foi ecoada no início da Sociedade de Jesus por alguns jesuítas, também condenados como hereges (veja Reeves. *Joachim of Fiore and the Prophetic Future*). Outra curiosidade é a sequência de nomes, de Bento a Francisco: é uma sequência típica de Joaquim.

2
O retorno do sagrado numa era de terror

David Tacey

> [...] quando um fato interior não se torna consciente, ele acontece exteriormente, sob a forma de fatalidade [...] o mundo deve configurar o conflito e cindir-se em duas partes opostas.
>
> *C.G. Jung*[1]

O Livro Vermelho de Jung lança muita luz sobre a situação do sagrado em tempos pós-modernos. Quando o sagrado retorna, ele causa perturbações na ordem social e pessoal. Em 20 de janeiro de 1914, a alma de Jung emerge das profundezes e pergunta se ele aceitará guerra, destruição e revolução.[2] Sua alma lhe mostra imagens de armas militares, restos humanos, navios naufragados e estados destruídos. Jung luta para integrar essas imagens e diz que "meu espírito não conseguia captar o monstruoso, imaginar a abrangência do vindouro". "Eu sentia o peso do trabalho mais terrível dos tempos vindouros".[3] A alma traria a "libertação do caos e de suas forças" e o "aprisionamento do caos". A principal das dádivas da alma será a "dádiva da religião". Aqui, *religião* não se refere à afiliação a uma igreja, mas a "uma determinada experiência de caráter *numinoso* e na mudança de consciência que daí resulta".[4] Ele está se referindo a um encontro com o numinoso em seu aspecto mais poderoso e existencial. Essa "dádiva", reflete Jung, "A religião ainda não é manifesta, mas será. [...] Eu fiquei sentado por longas noites, olhava para o vindouro e ficava horrorizado".[5]

Nós também ficamos horrorizados quando contemplamos a paisagem do sagrado nos dias de hoje e "o vindouro". Nosso mundo se afastou tanto do sagrado que qualquer abordagem a essa realidade é experimentada como aterrorizante. Não só a nossa resistência transformou o sagrado numa força hostil, como o sagrado também mostra seu rosto negativo neste tempo. Rudolf Otto chamou o sagrado um *mysterium tremendum et fascinans*.[6] É um mistério que fascina, mas, como *tremendum*, evoca terror, pois se apresenta como poder ominoso esmagador. Numa era secular em que a única autoridade que reconhecemos é a nossa vontade humana e o desejo, o sagrado pairia sobre nós como uma nuvem. Devido à nossa postura, é a escuridão do sagrado que eclipsa seus elementos positivos e criativos, e isso lhe dá uma aparência de destrutividade.

Por isso, quando o sagrado retorna, o efeito psicológico é que nosso mundo se sente ameaçado, e há de fato muito que o sagrado procura desmantelar. Dizem que o divino espelha o rosto que se volta para ele, e se denunciarmos o sagrado, ele, por sua vez, adotará uma atitude agourenta. Quando fugimos, ele nos persegue, e nós não vemos isso como algo amoroso, mas experimentaremos sua raiva e ira. Vivemos numa era do terrorismo, e isso é significativo para a nossa situação espiritual. Nossas vidas interior e exterior apresentam certa semelhança neste momento, mas poucos têm observado essa sincronicidade – pois as vozes prevalecentes são seculares e não olham para além das aparências. É preciso uma atitude simbólica para ler o significado interno dos sinais do tempo. Sincronicidade é um princípio conector não causal; não estou dizendo que o clima espiritual esteja *causando* terrorismo, apenas que existe um paralelismo significativo.

Hoje, o sagrado é um campo complexo em que raiva, violência, terrorismo e conflito se misturam com possibilidades redentoras de amor, esperança e transformação. O sagrado está vinculado à guerra e à vingança, fundamentalismo, doutrinas moribundas, uma epidemia de abuso sexual clerical e perda de crença. No entanto, em meio a todo esse caos, o sagrado está retornando. Segundo o filósofo Jacques Derrida, essa é uma realidade urgente, e a sociedade precisa se ajustar às novas condições:

> Qualquer seja o lado que se escolhe nesse debate sobre o "retorno do religioso" [...] é preciso responder. E sem esperar. Sem esperar demais.[7]

Como Derrida, não acredito que temos tempo para procrastinar, pois o retorno do sagrado exige uma resposta, independentemente das nossas crenças.

Quando penso no retorno do sagrado, surgem imagens de cheias no leito do Rio Todd em Alice Springs, na Austrália, na cidade em que cresci. Normalmente, o rio é seco, mas, após tempestades, o Rio Todd se transforma em um turbilhão, mas as águas que emergem não são cristalinas. A água é escura, lamacenta, turbulenta, e à sua frente empurra uma parede de lodo e destroços. As águas que emergem mais tarde nessa paisagem deserta são menos turvas, mas sempre há uma sensação de que as águas permanecem poluídas.

O sagrado emergente é como esse rio. Suas águas pretendem reabastecer nossa vida, mas há uma impureza presente. O sagrado é uma realidade paradoxal e ambivalente, associada tanto ao mal quanto ao bem. Entendo por que tantos se tornaram ateus diante dessa turbulência de violência, ira e terrorismo. Muitos não querem ser associados com o sagrado, vendo-o como fonte do mal, como têm argumentado Richard Dawkins, Sam Harris e Christopher Hitchens.[8] Entendo seu ponto de vista, e visto através de determinada lente, realmente parece que o sagrado é o que polui e acrescenta o fedor da decomposição à nossa vida.

Os novos ateus revertem a visão religiosa de que o sagrado é a fonte da bondade e da luz e que o mal deriva de nós e das nossas distorções pecaminosas. Pessoalmente, sempre tenho defendido ambas as visões, por mais estranho que possa parecer. Acredito que o sagrado é a fonte de bondade e luz, mas entendo que, em nosso tempo distorcido, o sagrado é associado à parede de lodo, destroços e escuridão como vanguarda da enchente.

Em *Aion*, Jung escreveu: "[...] os símbolos tradicionais já não exprimem aquilo que o fundo do inconsciente quer ouvir, como resultado dos vários séculos da evolução da consciência cristã. [...] É assim que se nos afigura o espírito pós-cristão", e comentou que sua aparência era tudo, menos sagrada.[9] Disse que o sagrado tinha sido reprimido por tanto tempo que se contaminara com os conteúdos turvos que o inundaram durante seu exílio no inconsciente. Quando retornar, ele agirá como uma torrente, cheio de fúria e ira:

> A abertura do inconsciente significava a explosão de um tremendo sofrimento da alma, [...] como se campos férteis fossem abandonados à fúria avassaladora das águas.[10]

Jung escreveu como um profeta quando alertou contra a contaminação continuada do sagrado e suas consequências na psique e sociedade:

> Não admira que o mundo ocidental se sinta constrangido, pois não sabe o quanto está implicado no submundo revolucionário e o que perdeu com a destruição do numinoso. Perdeu seus valores espirituais normais em proporções desconhecidas e muito perigosas. Sua tradição moral e espiritual foi ao diabo e deixou atrás de si uma desorientação e dissociação universal.[11]

Era o que os profetas hebreus diziam: se o sagrado não for nutrido, o submundo revolucionário irromperá, contaminando o mundo com o tipo errado de espíritos, gerando assim uma situação perigosa: "Nossa época demonstrou o que significa quando as portas do submundo psíquico são abertas".[12] Jung disse que nutrir o sagrado tem um efeito terapêutico e age como fortaleza contra as forças destrutivas do inconsciente. Em outro lugar, ele personifica o numinoso como poder cheio de ira:

> [P]or trás de seu mundo racionalmente ordenado, uma natureza espera, ávida de vingança, pelo momento em que ruirá a parede de separação, para se expandir, destruidoramente, na existência consciente. Desde os tempos mais recuados e primitivos, o homem tem consciência deste perigo – o perigo da alma; e é por isso que ele criou ritos religiosos e mágicos para proteger-se contra esta ameaça ou para curar as devastações psíquicas que daí decorrem. É por isso que o curandeiro, entre os povos primitivos, é sempre e ao mesmo tempo sacerdote, o salvador tanto do corpo como da alma, e que as religiões formam sistemas de cura dos sofrimentos da alma.[13]

As religiões foram desenvolvidas para aplacar os poderes que, como sentia a humanidade primitiva, poderiam atropelar a vida e causar destruição. Embora o cristianismo tivesse refinado seu entendimento do sagrado para ressaltar seus aspectos bons e bondosos, os judeus tinham um entendimento diferente do divino, e a ferocidade fazia parte de seu caráter. O cristianismo acredita que sua revelação supera a história judaica, mas é possível que ele tenha perdido algo integral quando rejeitou a imagem de Deus do "Antigo" Testamento. Em *Êxodo*, Javé diz aos judeus: "Enviarei na tua frente o meu terror, confundirei todos os povos aonde chegares e farei que todos os inimigos te voltem as costas.".[14] Em *Provérbios, Salmos* e nos escritos proféticos, vemos uma ênfase na ira divina, que choca os cristãos porque perderam contato com esse aspecto do numinoso.

Séculos antes do cristianismo, os gregos tinham uma compreensão cruel da face destrutiva do divino. Esse aspecto se mostrava quando as pessoas se afastavam do sagrado e não se viam mais obrigadas a expressar reverência pelo mistério da vida. Essa condição, que os gregos chamavam de *húbris*, era severamente punida pelos deuses. O drama e a literatura gregos estão cheios da ira aterrorizante que os deuses do Olimpo despejavam sobre aqueles que os desprezavam.[15] Talvez tenha chegado a hora de reivindicar essas heranças antigas, o hebraísmo e o helenismo, que moldaram a cultura ocidental. Ao mesmo tempo em que é importante não perder de vista o sagrado como fonte de iluminação, que é a esperança do cristianismo, num tempo sombriamente turbulento em que o sagrado está retornando após seu exílio, devemos nos ajustar à natureza paradoxal da realidade divina.

Existe, porém, uma maneira alternativa de ver isso, que não depende de especulações sobre a natureza do divino. Talvez não seja tanto que "Deus" se torne mau, mas que a figura interior dentro do nosso ser, da alma, se torne maligna quando deixamos de nos conectar com o divino. A alma é a "terceira" coisa entre humanidade e divindade, e seu trabalho é facilitar a conexão entre o céu e a terra. Quando nos negamos a dar atenção a essa relação, a alma como órgão da mediação se torna sórdida e se opõe à nossa resistência. De onde nós estamos, parece que Deus levantou as armas contra nós, mas é a nossa alma que nos encara com ira e terror. A alma "substitui" o divino nessa situação, e talvez estejamos cometendo um erro quando supomos que esse aspecto assustador seja o próprio divino. Não devemos supor que podemos contemplar o Totalmente Outro ou lhe atribuir atributos que surgem do intermediário. A natureza verdadeira de Deus permanece um mistério insondável.

A alma, diz Rilke, é como um anjo que se coloca contra nós, mas que oferece transformação se nos rendermos a ele. A alma é "o início do terror que mal conseguimos suportar/e estamos maravilhados porque ela serenamente despreza aniquilar-nos".[16] "Cada anjo é terrível, e assim me controlo e engulo o grito de um soluço sombrio".[17] Isso, suspeito eu, é o que a maioria de nós faz; recuamos diante da escuridão da alma, engolimos nossa angústia e nos recusamos a interagir. Em outro poema, Rilke escreve que aquele que é golpeado pelo anjo emerge fortalecido; o que devemos buscar não é a vitória, mas "sermos derrotados decisivamente por seres constantemente maiores" – é assim que nos desenvolvemos como seres espirituais.[18] Nos mesmos anos em que Jung começou seu *Livro Vermelho* (1913-1914), uma obra épica sobre a irrupção da alma em tempos modernos, Rilke estava escrevendo poesia sobre as forças aniquiladoras e transformadoras que eclipsam o ego.

Há algo na epidemia de terrorismo religioso que exige nosso escrutínio. Visto superficialmente, o terrorismo nada tem a ver com o retorno do sagrado. Na verdade, é um sinal da dessacralização do mundo e do abuso de ideias religiosas colocadas à serviço de propósitos ideológicos. Comentaristas seculares costumam oferecer explicações baseadas em economia, política e condições culturais. Mas o terrorismo possui uma dimensão que está sendo ignorada. Não estou querendo dizer que os jihadistas são inspirados por Deus, como acreditam, mas que existe um elemento simbólico em seu comportamento que é importante entender. Eles não são os executores de justiça divina nem emissários do sagrado, mas portadores de uma patologia que tem suas origens na crise religiosa do nosso tempo. Há um sentido no terrorismo não por causa de sua ideologia hedionda, mas por causa daquilo que está por trás dele.

Soando como Jung, que ele não reconhecia, Derrida escreveu do "retorno do religioso" e definiu isso como a "vinda do outro",[19] onde o "outro" se refere a tudo que é diferente do ego. A "força explosiva" do religioso, disse ele, pode "interromper a história" e "dilacerar a história". Nessa interrupção "do curso comum da história", devemos estar "preparados para o melhor e para o pior, pois um nunca vem sem a possibilidade do outro".[20] Derrida disse que a religião voltaria com violência porque ela tinha sido reprimida com violência. Ele falou da emergência da religião como um tumor na sociedade, pois tanto havia sido ignorado em nossa relação com a realidade. Uma pressão se forma na alma, que pode explodir a qualquer momento:

> A ressurgência religiosa se impõe a nós para sugerir o redobramento de uma onda que se apropria até daquilo que parece ser oposto. É levado embora, às vezes em terror e terrorismo. Aliando-se ao inimigo, hospitaleiro aos antígenos, levando consigo o outro, essa ressurgência cresce e incha com o poder do adversário.[21]

Originalmente associado ao pós-modernismo niilista e ainda alegando ser um ateu, Derrida foi levado à profecia no fim de sua vida. Como era estranho, disse ele, encontrar "o retorno do religioso [...] não sem relação com o retorno do mal radical". Os ateus-celebridade pós-11 de setembro argumentariam que a religião e o mal são aspectos da mesma coisa, mas não é isso que Derrida quer dizer. O que ele quer dizer é que o impulso religioso se tornou mau pelas condições em que ele foi violado. Dois mil anos atrás, esse mesmo ponto teria sido feito em termos metafísicos: provocamos a ira de Deus porque nós o traímos. Muitos rejeitariam essa linguagem hoje em dia, no entanto, quando olhamos para os terroristas, vemos algo do nosso próprio rosto desconhecido. Sua maldade expressa a escuridão que cresceu na alma.

Slavoj Zizek, o lacaniano mais importante da Europa, observou isso após 11 de setembro e falou da necessidade do Oriente de encarar a realidade da escuridão:

> A esfera de segurança norte-americana é agora vivenciada por seus cidadãos como sendo ameaçada por uma exterioridade de atacantes terroristas, que são bárbaros autossacrificadores e covardes, astutamente inteligentes e primitivos. Sempre que encontramos uma exterioridade tão puramente maligna, devemos reunir a coragem para lembrar a lição hegeliana: nessa exterioridade pura, devemos reconhecer a versão destilada de nossa própria essência.[22]

Um século antes de Derrida e Zizek, Jung estava fazendo os mesmos pronunciamentos. Em seu *Livro Vermelho*, Jung escreveu do terror da Primeira Guerra Mundial:

> Mas o espírito da profundeza quer que esta guerra seja entendida como uma divisão na própria natureza de cada pessoa.[23]

A modernidade nos encoraja a viver no confinamento do ego, disse Jung, e a alma, excluída e ignorada, é forçada a desenvolver um aspecto ambivalente. A alma se arma contra nós "[...] como algo que quer outra coisa, como algo estranho e até hostil e inconciliável".[24] A alma "quer outra coisa do que o exterior e a consequência é o conflito conosco mesmos". Ele afirmou que "[...] quando um fato interior não se torna consciente ele acontece exteriormente, sob a forma de fatalidade".[25] Em que extensão, então, o flagelo do terrorismo é uma externalização de uma dinâmica interna? Jung disse: "o mundo deve configurar o conflito e cindir-se em duas partes opostas".[26] Não estou alegando nenhuma conexão *causal* entre a nossa situação espiritual e a crise global. Na sincronicidade, "é impossível descobrir uma conexão causal recíproca entre os acontecimentos paralelos. [...] A única ligação reconhecível e demonstrável entre eles é o *significado comum* (ou uma equivalência)".[27]

De acordo com textos sufistas, a noção de uma "guerra santa" se aplica mais à esfera interior do que à exterior. O significado verdadeiro de *jihad*, segundo Hazrat Inayat Khan, se refere à luta psicológica "para superar o ego falso".[28] Ao retornar da batalha contra os infiéis, o Profeta Maomé disse: "Retornamos da Guerra Santa Menor para a Guerra Santa Maior". Seus companheiros perguntaram: "Qual é a Guerra Santa Maior?" Maomé respondeu: "A guerra contra o ego".[29] Shahid Athar explica que, na tradição sufista, o ego é o inimigo do espírito e que a conquista da ascendência do ego é a melhor forma de *jihad*, pois permite ao sufista estar em paz consigo mesmo e próximo ao Criador.[30] De acordo com Thomas Cheetham, os terroristas entenderam errado a natureza simbólica de sua busca e do chamado ao *jihad* e estão externalizando essa batalha.[31] Wolfgang Giegerich observa que "é muito mais fácil recorrer ao ressentimento e culpar outros pelas condições insatisfatórias em que você se encontra [...] do que se empenhar numa luta de longo prazo, é muito mais fácil agir detonando bombas do que interiorizar, integrar".[32]

Parece que o equívoco em relação ao *jihad* é provocado pela recusa do Ocidente de se envolver com o sagrado. O Ocidente se tornou o "infiel" em virtude de sua postura existencial profana. O sagrado foi forçado a assumir o papel de adversário, do qual falam Derrida e Jung. É significativo que o aspecto sombrio do sagrado, ignorado pelo cristianismo, está sendo lembrado pela filosofia pós-moderna e pela psicologia profunda, como que para resgatar o que tem sido reprimido. Jung disse que é impossível imaginar que a religião, que tem significado tanto para tantos ao longo dos milênios, desapareça sem deixar rastros simplesmente porque o secularismo assumiu o controle. Ele comparou o impulso religioso com um instinto, e, "[...] como todo instinto, [possui] a sua energia específica, que ele não perde ainda que sua consciência o ignore".[33] Esse instinto retornaria, como tudo que é inconsciente, com força considerável assim que as condições permitissem. Retornaria não só com poder explosivo, mas em formas distorcidas, já que conteúdos psíquicos adotam aspectos desordeiros quando reprimidos.

A sociedade basicamente aceitou a teoria de Freud de que a sexualidade retorna em formas distorcidas, tais como neurose, histeria e criminalidade, quando não é conscientizada nos indivíduos. Já concedemos isso à psicanálise, mas a teoria de Jung é vista como suspeita porque ele trata da realidade menos tangível do impulso religioso. Se, no tempo de Freud, o "grande reprimido" era a sexualidade, no nosso, é a religião. Religião é a vida não vivida da modernidade. Jung argumenta que a religião retornará com consequências devastadoras, assim como a sexualidade retornou com impacto chocante no tempo de Freud. Filósofos pós-modernos têm ignorado o trabalho de Jung, mas o que estão dizendo é idêntico ao seu pensamento de cem anos atrás. Gianni Vattimo, colega de Derrida, escreveu:

> Em espírito, algo que considerávamos irrevogavelmente esquecido se faz presente novamente, um traço dormente é despertado, uma ferida é reaberta, o reprimido retorna, e aquilo que acreditávamos ser uma superação nada mais é do que uma longa convalescença.[34]

Os secularistas imaginavam que o espírito tinha morrido com o declínio da religião institucional. Para eles, o espírito é uma ideia obsoleta, derrotada pela ciência. Mas como argumenta Vattimo, o espírito não foi derrotado, ele estava adormecido. A "virada secular" colocou o espírito num estado de animação suspensa, e a *intelligentsia* acreditava que a humanidade tinha entrado num novo mundo. Mas não era esse o caso; o espírito esteve em coma, mas agora está retornando. A mente moderna teve seu surto de progresso e provou da liberdade e agora precisa lutar com realidades arcaicas na alma – que não podem ser explicadas pelo materialismo secular. Já na década de 1950, o filósofo italiano Romano Guardini fez esta observação presciente:

> O homem moderno buscou respostas dentro de sua alma. Poderes enigmáticos despertaram do espírito religioso; a força do numinoso invadiu o espírito humano, ou a partir do espírito ou do mundo afora. O impacto do numinoso foi não só benéfico, mas também desorientador e até mesmo destrutivo.[35]

Esse sentido, de que o sagrado pode ser uma força destrutiva que precisa arrancar o tecido secular, é encontrado na filosofia, psicologia e poesia. Um dos relatos mais poderosos dessa destrutividade se encontra na obra do filósofo judeu Emmanuel Levinas, em *God and Philosophy*, onde Deus é imaginado como antagonista que destrói as estruturas defensivas do ego.[36]

Alguns acharam Jung estranho quando, em 1929, ele anunciou que "os deuses tornaram-se doenças",[37] mas, três gerações mais tarde, Derrida sentiu que "o retorno do religioso" estava vindo à tona na mente coletiva como um tsunami. A religião, disse Derrida, não é algo que fazemos, mas algo que é feito a nós. Surge de uma fonte misteriosa que precisa ser explorada. Usando a linguagem da psicanálise, Derrida escreveu:

> Como podemos explicar esse "retorno do religioso" introduzir ao jogo algum tipo de lógica do inconsciente?[38]

O secularismo não tinha levado em conta o inconsciente. Havia uma vida não vivida que explodiria o secularismo. Os secularistas acreditavam que, se a religião pudesse ser denunciada e se a ciência pudesse mostrar que suas afirmações eram erradas, a religião desapareceria e nunca retornaria. No entanto, o impulso religioso é indelével, e "o perigo do inconsciente cresce na mesma proporção de sua repressão".[39]

Hoje testemunhamos a ascensão do fundamentalismo em todas as religiões – no cristianismo, no judaísmo, no islã e no hinduísmo e até mesmo no budismo. Vivemos num mundo em que religião e violência se associaram permanentemente, o que é uma ironia chocante, visto que as escrituras de todas as religiões pregam amor e paz.[40] Mas uma vez que o espírito é contaminado, ele emerge em formas distorcidas, e nada senão uma mudança de atitude, um novo ajuste de contas ou aliança, alterará seu curso destrutivo. Christopher Koch escreveu: "O espírito não morre, é claro, ele se transforma em um monstro".[41] Fragmentos do sagrado são encontrados nas formas religiosas distorcidas de hoje, e os agentes do terror citam passagens das escrituras ao mesmo tempo em que lançam aviões contra o World Trade Center ou atacam ferrovias, ônibus, hotéis, shows e redações da imprensa.

Essa ira não é de origem exclusivamente política, mas tem sua fonte num caráter arquetípico. É por isso que a "guerra contra o terror" nunca conseguirá erradicar essa violência, pois não estamos falando apenas sobre portadores humanos do mal, mas sobre uma pré-disposição ao mal na própria psique. Mas não é como se os terroristas estivessem visando apenas as pessoas não religiosas ou antirreligiosas. Um processo irracional foi desencadeado em qualquer direção, muitas vezes contra outras tradições islâmicas. Há uma perturbação na psique do mundo, e ela causará grandes danos a todas as civilizações. A mensagem para nós é que a vida religiosa se tornou patológica. Grupos islâmicos militantes assumiram o fardo de lembrar o Ocidente, ao qual eles se referem como os "infiéis", dos perigos do sagrado. Não se pode brincar com essa realidade, e analisar a condição pós-secular é uma prioridade urgente.

Grupos extremistas ou "células de violência" se opõem à modernização e suas consequências. Não é tanto ao "Ocidente" que esses grupos se opõem, mas ao campo da modernidade. Derrida nos lembra de que "é preciso discernimento: islã não é islamismo, e nunca devemos nos esquecer disso, mas este segundo opera em nome do primeiro".[42] Grupos militantes operam em nome de religiões, mas devem ser diferenciados delas. Um comentarista diz: "Quando uso a expressão 'violência religiosa' não me refiro à violência causada pela religião, mas à violência associada a ela".[43] Estamos testemunhando uma religiosidade mutante que tem mais a ver com violência do que com culto.

No entanto, a separação entre islã e terrorismo pode ir longe demais. Alguns líderes islâmicos negam que o islã esteja envolvido nessas atrocidades. Alegam que o islã é uma religião pacífica que se preocupa com justiça e verdade. Em sua obra em defesa do islã, *The Secret of Islam: Love and Law in the Religion of Ethics* [O segredo do islã: amor e lei na religião da ética], Henry Bayman escreve: "Essa despedida drástica daquilo que tem sido a norma islâmica por 14 séculos só pode ser explicada por uma falta ou distorção – não um excesso – de sensibilidade islâmica". Ele continua:

> Ataques suicidas não são apenas não islâmicos, são profundamente anti-islâmicos. Historicamente, eles não tinham nenhum espaço na cultura islâmica. Homens-bomba foram inventados por outros e começaram a ser usados por supostos "muçulmanos" apenas durante as últimas décadas. Seu uso no Oriente Médio se deve não a uma disputa religiosa, mas política.[44]

Outros apologistas negam descaradamente que o terrorismo seja um problema islâmico e dizem que é, em vez disso, um problema humano. Entendo seu ponto de vista, mas ele não me convence. Não acredito que negação total seja útil. Ao contrário daqueles que desejam estabelecer uma divisão definitiva entre terrorismo e islã, Wolfgang Giegerich, de Berlim, escreve:

> Muitos estudiosos do islã e muitas pessoas bem-intencionadas no Ocidente alertam que não devemos confundir os atos e a ideologia dos terroristas islâmicos com o islã em si. O verdadeiro islã, alegam eles, é uma religião pacífica, e apontam que o "*jihad*" possui, na verdade, um significado religioso muito estrito e muito diferente daquele encontrado no uso que os terroristas fazem dele. Por mais justificado que seja esse alerta em termos acadêmicos, ele também é irrelevante na situação concreta em que nos encontramos. [...] O que os terroristas fazem reflete no islã como tal; talvez não no "islã verdadeiro (autêntico, original) como deveria ser entendido", mas certamente no islã real.[45]

Giegerich confronta o politicamente correto do nosso tempo com sua incapacidade de encarar os fatos. Qualquer crítica ao islã nos dias de hoje é refutada como islamofobia.[46] Minha visão é que o islamismo militante é uma versão traumatizada do islã. Esse é um lado sombrio do islã que precisa ser integrado. Cada cultura religiosa deve reconhecer seu lado sombria e não enterrá-lo sob adoções de bondade e piedade. O psiquiatra Henry Krystal afirma que o trauma produz uma regressão no afeto, um déficit na capacidade de representação simbólica e um aumento na formação de fantasias.[47] Existe um déficit de percepção simbólica e formação de fantasias nos terroristas, muitos dos quais são inspirados pela ideia de recompensas irreais no céu. O Ku Klux Klan não representa o cristianismo; no entanto, tampouco pode ser completamente separado dele; representa o rosto mal e demoníaco dessa cultura. A primeira regra da psicologia é não renegar a escuridão quando ela aparece: "Essa coisa da escuridão, eu a reconheço como minha".[48]

Giegerich tem argumentado que a onda de violência terrorista não é uma luta de classes entre ricos e pobres, tampouco é uma batalha entre islã e cristianismo. É, em vez disso, uma batalha entre uma mentalidade moderna e uma mentalidade medieval.[49] O Ocidente tem tido uma batalha longa com seu sistema religioso tradicional, de modo que a tendência natural de qualquer religião de se considerar superior às outras tem sido combatida e derrotada. É isso que torna o Ocidente "moderno": uma longa crítica histórica e filosófica ao seu sistema religioso, em que a hegemonia teológica foi destruída e os direitos individuais emergiram como uma poderosa força moral. "Um desenvolvimento equivalente não ocorreu no mundo islâmico". "A luta crítica com, ou melhor, contra si mesmo e sua própria ortodoxia não aconteceu".[50] Como resultado, encontramos aspectos pré-modernos ainda em funcionamento: a prevalência das antigas emoções de vergonha e honra numa cultura em que os direitos humanos estão submersos. Vergonha e honra são mais importantes do que vidas individuais, razão pela qual vidas podem ser sacrificadas tão prontamente. O maior pecado não é tirar vidas, mas criticar as reivindicações santificadas do sistema religioso islâmico.

Isso se expressou no *fatwa* contra o romancista Salman Rushdie. Em 1989, o Aiatolá Khomeini decretou um *fatwa* ordenando que os muçulmanos matassem Rushdie pela suposta blasfêmia nos *Versos satânicos*. O *fatwa* de Khomeini foi condenado por governos de todo o mundo ocidental por violar os direitos de liberdade de expressão e liberdade de pensamento. No entanto, os direitos humanos não eram aceitos como uma base para a justiça no Irã. A questão separou os muçulmanos dos ocidentais ao longo da fronteira cultural.[51] Disse o Aiatolá em 1990: "Mesmo que Rushdie se arrependa e se torne o homem mais piedoso de todos os tempos, cabe a cada muçulmano empregar tudo que tem, sua vida e seus bens, para mandá-lo ao inferno". Temos aqui um exemplo do atrito entre o medieval e o moderno: "O problema por trás do terrorismo islâmico é o conflito entre duas fases históricas diferentes de desenvolvimento cultural".[52]

É o experimento moderno que é visto como decadente pelo islã, pois abalou radicalmente as certezas de todos os sistemas religiosos. O moderno indignou e enfureceu a mentalidade medieval com sua relativização dos valores, a aniquilação de estruturas tradicionais e a arbitrariedade que resulta de uma sociedade livre e aberta. Como forma de defesa, a mentalidade medieval se volta contra o moderno e tenta destruí-lo. Sua fúria contra o moderno que estamos testemunhando, incluindo o ódio contra elementos que provocam sentimentos de insegurança no mundo medieval, tal como a perda da superioridade masculina e o código de honra, o declínio do patriarcado, a dissolução de papéis sexuais fixos e as novas liberdades concedidas às mulheres; tudo isso, em conjunto com a desestabilização da autoridade religiosa, faz com que a mente medieval veja a modernidade como decadente e perversa. O que encontramos na "irmandade" terrorista é um "protesto masculino" contra um novo mundo que o mundo velho rejeita.

O Ocidente conseguiu reprimir sua própria reação negativa ao desprezo da religião pela modernidade. Perda de religião no Ocidente não é registrado como trauma; ao contrário, os ocidentais, em geral, têm mostrado muita disposição de largá-la, vendo a religião como um encargo sem o qual conseguem viver muito bem. De acordo com o roteiro da modernidade, a religião é um remanescente de uma mentalidade supersticiosa que o Ocidente superou. Somente quando os ocidentais sofrem algum trauma pessoal ou coletivo, que desafia sua encapsulação egoica, é que a religião aparece como algo importante que se perdeu. Nesse contexto, é a religião traumatizada do islamismo que suporta o fardo que o Ocidente não conseguiu aceitar. Existe uma parte em nós que é abalada pelo moderno, mas isso se manifesta no palco do mundo em forças hostis. Como Goya o expressou: "O sono da razão produz monstros".[53] Em seu encontro com o islamismo, o Ocidente colide com seu si-mesmo opositor que deseja retornar para a visão medieval do mundo. Os terroristas gritam: "Allahu Akbar", Deus é Maior, quando cometem atrocidades, e isso pode ser visto como a retribuição do instinto religioso ferido. Esse instinto se tornou psicótico em sua forma terrorista.

É difícil saber como qualquer coisa pode ser remida dessa situação. Irrupções psicóticas levam de uma atrocidade para a próxima e nada fazem para nos oferecer a possibilidade de cura ou uma reintegração do sagrado. Os terroristas apresentam "Deus" numa forma que deve ser refutada pela civilização. Isso aumenta o fardo de desespero e confusão enfrentado pelo Ocidente. Secularistas e humanistas veem no islamismo a imagem de uma religião que mais odeiam. Veem a impossibilidade de integrar uma sacralidade que arde de raiva, furiosa com a negligência e anárquica com supressão. O sagrado selvagem não pode ser assimilado pela modernidade, e nenhuma síntese se anuncia no horizonte se virmos isso como um drama da alma do mundo. A "guerra contra o terror" reforça o impasse e perpetua a perspectiva que pode ter precipitado a crise. Assim, estamos condenados a andar em círculos, o que, então, será o interruptor? É mais fácil formular a pergunta do que encontrar uma resposta. Mas sabemos que há outros fatores envolvidos além dos fatores sociais e políticos.

O moderno não pode capitular diante de uma exigência pré-moderna de que uma expressão totalitária do sagrado seja cultuada. Não podemos nos curvar diante do Deus dos terroristas, embora alguns entusiastas alienados considerem isso uma proposição atraente. O islamismo apresenta o sagrado de maneiras que não podem ser assimiladas pela modernidade. A consciência ocidental enfrenta um grande problema: como assimilar o religioso de modo palatável, de modo que a consciência seja transformada? Derrida insistiu que o impulso religioso não se encaixaria perfeitamente em formas existentes, mas, muito provavelmente, as explodiria:

> O tal "retorno do religioso" não é um retorno simples, pois comporta, como uma de suas duas tendências, uma destruição radical do religioso. Isso torna tarefa ainda mais urgente e problemática.[54]

O retorno do religioso não encherá os bancos das igrejas nem se desdobrará de acordo com qualquer plano evangélico. Derrida sentiu que aquilo que despertou na consciência é mais arcaico do que qualquer religião tradicional reconheceria como religioso. Assim, continuaria a existir uma falta de encaixe entre formas religiosas existentes e impulsos atávicos.

O secularismo também está entrincheirado demais para permitir qualquer "retorno simples" à religião. As pessoas não retornarão às tradições se isso significa abandonar liberdades seculares, tais como dúvida, questionamento e interação com a religião numa atmosfera crítica e aberta. Somente uma religião que respeita descrença, ateísmo e agnosticismo conseguirá atrair o Ocidente. Alguns estarão dispostos a adotar vários tipos de fundamentalismo, mas isso não está de acordo com o espírito do tempo, que busca uma solução pós-secular. É isso que torna o *Livro Vermelho* de Jung uma obra importante para o nosso tempo. Ela reconhece que o secularismo nos deixou na mão, assim como a religião tradicional também. Só se recorrermos ao espírito da profundeza conseguiremos encontrar uma cosmologia adequada para o futuro. Tal cosmologia recorrerá a fontes antigas, ciência contemporânea e experiência pessoal. A religião futura só será formada no caldeirão da experiência.

Notas

1. C.G. Jung. *Aion. Estudo sobre o simbolismo do si-mesmo*, em *OC*, vol. 9/2 (Petrópolis: Vozes, 2013), § 126.

2. C.G. Jung. *O Livro Vermelho: Liber Novus*, org. Sonu Shamdasani, trad. Edgar Orth (Petrópolis: Vozes, 2015), p. 331.

3. Ibid., p. 332.

4. C.G. Jung. "Psicologia e religião" em *OC*, vol. 11/1 (Petrópolis: Vozes, 2012), § 9.

5. Jung. *O Livro Vermelho*, p. 332.

6. Rudolf Otto. *The Idea of the Holy*, trad. John W. Harvey (Oxford: Oxford University Press, 1950).

7. Jacques Derrida. "Faith and Knowledge: The Two Sources of 'Religion' at the Limits of Reason Alone" (1996), em Jacques Derrida e Gianni Vattimo, orgs., *Religion* (Stanford, CA: Stanford University Press, 1998), p. 38.

8. Richard Dawkins. *The God Delusion* (Londres: Bantam Press, 2006); Christopher Hitchens, *God is Not Great: How Religion Poisons Everything* (Nova York, NY: Hatchette Book Group, 2007); Sam Harris, *The End of Faith: Religion, Terror and the Future of Reason* (Nova York, NY: W.W. Norton, 2004).

9. Jung. *Aion, OC* 9/II, § 67.

10. C.G. Jung. "Relações entre a Psicoterapia e a Direção Espiritual", em *OC*, vol. 11/6 (Petrópolis: Vozes, 2012), § 531.

11. C.G. Jung. "Símbolos e interpretação dos sonhos", em *OC*, vol. 18/1 (Petrópolis: Vozes, 2013), § 581.

12. Ibid.

13. C.G. Jung. "Relações entre a Psicoterapia e a Direção Espiritual", em *OC*, vol. 11/6 (Petrópolis: Vozes, 2012), § 531.

14. Ex 23,27.

15. René Girard. *Violence and the Sacred* (Baltimore, MD: Johns Hopkins University Press, 1979).

16. Rainer Maria Rilke. "The First Elegy", *Duino Elegies*, trad. Stephen Mitchell (Boston, MA: Shambhala Publications, 1992), encontrado em: http://www.homestar.org/bryannan/duino.html.

17. Ibid.

18. Rainer Maria Rilke. "The Man Watching", em *Selected Poems of Rainer Maria Rilke*, trad. Robert Bly (Nova York, NY: Harper & Row, 1981); também em: http://www.poetry-chaikhana.com.

19. Jacques Derrida. "Faith and Knowledge", p. 2 e 18.

20. Ibid., p. 18.

21. Jacques Derrida. em Gil Anidjar, org. *Acts of Religion* (Londres e Nova York: Routledge, 2002), p. 82.

22. Slavoj Zizek. "The Desert of the Real: Is this the end of fantasy?" em: http://inthesetimes.com/issue/25/24/zizek2524.html.

23. Jung. *O Livro Vermelho*, p. 178.

24. C.G. Jung. "O problema psíquico do homem moderno", em *OC*, vol. 10/3 (Petrópolis: Vozes, 2013), § 160.

25. Jung. *Aion, OC* 9/2, § 126.

26. Ibid.

27. C.G. Jung, "Sincronicidade" em *OC*, vol. 8/3 (Petrópolis: Vozes, 2014), § 985.

28. Hazrat Inayat Khan, *The Sufi Message*, vol. 1 (Deli: Motilal Banarsidass Publishers, 2011), p. 21.

29. Martin Lings. *What is Sufism?* (Londres: George Allen & Unwin, 1975), p. 27.

30. Shahid Athar. "Inner Jihad: Striving Toward Harmony", *The Sufism Journal* 10:3, 2010, disponível em: www.sufismjournal.org/practice/practicejihad.html.

31. Thomas Cheetham. *The World Turned Inside Out: Henry Corbin and Islamic Mysticism* (Nova Orleans, LA: Spring Journal Books, 2003), p. 82.

32. Wolfgang Giegerich. "Islamic Terrorism", em *Soul-Violence, Collected English Papers, vol. 3* (Nova Orleans, LA: Spring Journal Books, 2008), p. 428.

33. C.G. Jung. "O arquétipo com referência especial ao conceito de anima", em *OC*, vol. 9/2 (Petrópolis: Vozes, 2014), § 129.

34. Gianni Vattimo em Derrida and Vattimo, orgs. *Religion*, p. 79.

35. Romano Guardini. *The End of the Modern World* (Wilmington, DE: ISI Books, 1998), p. 48-49.

36. Emmanuel Levinas. "God and Philosophy", em Sean Hand, org. *The Levinas Reader* (Oxford: Basil Black well, 1989).

37. C.G. Jung. "Comentário a 'O segredo da flor de ouro'", em *OC*, vol. 13 (Petrópolis: Vozes, 2013), § 54.

38. Derrida. *Acts of Religion*, p. 89.

39. C.G. Jung. "A aplicação prática da análise dos sonhos", em *OC*, vol. 16/2 (Petrópolis: Vozes, 2012), § 329.

40. Gil Bailie. *Violence Unveiled: Humanity at the Crossroads* (Nova York, NY: Crossroad Publishing, 1996).

41. Christopher Koch. *The Year of Living Dangerously* (Londres: Michael Joseph, 1978), p. 236.

42. Derrida. "Faith and Knowledge", p. 6.

43. Mark Juergensmeyer. *Terror in the Mind of God: The Global Rise of Religious Violence* (Oakland, CA: University of California Press, 2017), p. xiv.

44. Henry Bayman. *The Secret of Islam: Love and Law in the Religion of Ethics* (Berkeley, CA: North Atlantic Books, 2003), p. 56.

45. Giegerich. "Islamic Terrorism", p. 418-419.

46. Chris Allen. *Islamophobia* (Farnham, Surrey: Ashgate, 2011).

47. Henry Krystal. *Integration and Self-Healing: Affect, Trauma and Alexithymia* (Hillsdale, NJ: Analytic Press, 1988), p. 28.

48. Próspero em A Tempestade, de Shakespeare, ato 5, cena 1, linhas 274-275.

49. Giegerich. "Islamic Terrorism", p. 422-427.

50. Giegerich. "Islamic Terrorism", p. 425.

51. Kenan Malik. *From Fatwa to Jihad: The Rushdie Affair and its Aftermath* (Nova York, NY: Melville House, 2010).

52. Giegerich. "Islamic Terrorism", p. 432.

53. "O sono da razão produz monstros", título de uma gravura de 1798 do artista espanhol Francisco Goya.

54. Derrida. *Acts of Religion*, p. 78.

3
O Livro Vermelho como texto religioso

Lionel Corbett

Em sua introdução ao *Livro Vermelho: Liber Novus*, Sonu Shamdasani cita vários aspectos centrais dessa obra, um dos quais é "[...] uma tentativa de compreender a futura evolução religiosa do Ocidente".[1] É esse elemento do texto de Jung que rastrearei no que segue. Defenderei que, por várias razões, *O Livro Vermelho* é um texto religioso, não só por tratar de múltiplos temas religiosos, mas também no sentido da compreensão do próprio Jung da natureza da religião. Baseando-se parcialmente na etimologia dessa palavra, Jung vê a religião como atenção cuidadosa às manifestações numinosas da psique objetiva.[2] No *Livro Vermelho*, esse nível de psique aparece na forma de figuras como Filêmon e Salomé.

A proclamação de uma nova religião

Minha alegação de que *O Livro Vermelho* seria um texto religioso se apoia, em parte, em um dos diálogos de Jung com sua alma, em que ele é informado de que seu chamado é a proclamação de uma nova religião.[3] (Discuti isso mais detalhadamente em outro lugar.[4]) A alma conta a Jung que ele recebeu uma revelação que não deve esconder. Essa é sua vocação e prioridade. Jung se surpreende com isso e diz que não faz ideia de como realizar tal tarefa, mas a alma lhe diz que ele possui o conhecimento necessário e deve publicar seu material. A alma acrescenta: "O caminho é simbólico",[5] não racional. Ao longo de todo *O Livro Vermelho*, a alma se comporta como um conteúdo autônomo do inconsciente, talvez até como uma personificação do próprio inconsciente. Ou, nas palavras de Jung: "Deus e a alma são essencialmente o mesmo quando vistos como personificações de um conteúdo inconsciente".[6] Visto que Jung acredita que a experiência de Deus é indistinguível das manifestações do inconsciente, escritores como Edward Edinger acreditam que Jung está proclamando uma nova forma de espiritualidade baseada no contato direto com a psique objetiva.[7]

O Livro Vermelho nos diz com frequência que precisamos de uma nova abordagem a verdades religiosas antigas e, como Jung observará mais tarde numa carta, "o cristianismo da atualidade não é a verdade final".[8] Algumas das sementes dessa atitude se mostram durante a conversa de Jung com o anacoreta Amônio. Essa figura sábia diz a Jung que não conhecemos o sentido oculto dos evangelhos nem o sentido do vindouro. De acordo com Amônio: "Cada forma religiosa subsequente é o sentido das anteriores".[9] A implicação é que só podemos conhecer o sentido de um específico estágio de religião quando já estamos no estágio seguinte, de modo que agora podemos olhar para trás para o cristianismo tradicional e vê-lo com novos olhos.

No *Livro Vermelho*, a assimilação da tradição existente é experimentada como um processo ritual, quando, com muito horror e resistência, Jung é ordenado a comer o fígado de uma criança divina que acaba de ser sacrificada. No simbolismo tradicional, o fígado era considerado um órgão sagrado, frequentemente usado na divinação. Representa a força vital ou, às vezes, a sede da alma. Ao participar nesse assassinato maligno, Jung diz: "[...] retomei as forças originárias para dentro de mim e as acrescentei à minha alma".[10] Esse ato simboliza a encarnação ou incorporação literal do espírito da criança divina nele mesmo. Jung acreditava que esse ato era redentor no sentido de que era um ato de cura analógico ao sacrifício da Missa.

Alguns dias depois, Jung aprende que a nova religião só se expressa na "transformação das relações humanas"[11] e, no nível visível, religião consiste numa "reorganização das condições de vidas humanas".[12] Numa nota de rodapé, Shamdasani observa que, num seminário no ano seguinte, Jung diz: "As relações individuais estabelecem a forma da Igreja invisível".[13] São comentários interessantes, visto que a abordagem subsequente de Jung à religião costuma se concentrar nas experiências do si-mesmo e da psique objetiva e não ressalta a importância religiosa do relacionamento.

A natureza profética da obra

Ao usar "O caminho do que há de vir" como título do *Liber Primus*, Jung dá ao leitor uma noção da natureza profética da obra. Shamdasani observa que, embora a obra se apresentasse como obra profética, aparentemente, isso não correspondia ao gosto de Jung. Ele estava mais interessado na relação entre psicologia e religião, nas maneiras em que a experiência numinosa é traduzida para doutrinas e dogmas, na importância da religião para a personalidade e no processo de criar religião.

Jung começa com quatro profecias sobre a vinda de Cristo, de modo que o livro passa a ter um estilo profético, independentemente de o conteúdo subsequente ser profético ou não. Grande parte desse conteúdo mostrou-se profético para Jung pessoalmente, embora ainda não se saiba quanto disso pode ser generalizado.[14] Certamente nem tudo no livro pode ser aplicado a outros, e ao longo do texto Jung insiste consistentemente que cada um deve encontrar seu próprio caminho. "Meu caminho não é o vosso caminho [...]. Cada qual anda o seu caminho".[15] Ele rejeita a noção da imitação: "O novo Deus ri da imitação e do seguimento",[16] e ele rejeita a ideia de seguir um redentor: "Ai daqueles que vivem segundo exemplos!"[17] Devemos viver nossa própria vida: "Esta vida é o caminho, o caminho de há muito procurado para o inconcebível, que nós chamamos divino",[18] e "Não quero ser para vós nenhum salvador, nenhum legislador, nenhum educador".[19] "Cada um tem de fazer sua própria obra de redenção".[20] Jung observa que Cristo "não imitou ninguém", de modo que, "Se eu, portanto, seguir verdadeiramente o Cristo, não sigo a ninguém [...], mas trilho meu próprio caminho".[21]

Jung cita passagens de Isaías que os teólogos cristãos acreditam ser referências à vinda de Jesus. A teologia cristã insiste que o "servo sofredor" e o "homem de dores" de Isaías se referem a Jesus, que, segundo a profecia, "é desprezado e rejeitado". Jung parece acatar essa interpretação, pois ele continua com uma passagem que se refere ao nascimento de Jesus (Jo 1,14). Segue, então, a descrição de Isaías das glórias da era messiânica, durante a qual o deserto florescerá, os cegos verão, os surdos ouvirão e a terra ressecada produzirá fontes de água. Como observa Shamdasani,[22] Jung menciona essa passagem em outro lugar como exemplo da união dos opostos dos poderes destrutivos e construtivos do inconsciente.[23] O tema da união de opostos ocupa um lugar de destaque no *Livro Vermelho* e na escrita posterior de Jung, por isso talvez Jung acredita que esse processo será uma parte da nova revelação. Como discutirei abaixo, o tema da união dos opostos se torna importante na discussão de Jung sobre a nova imagem de Deus e o lado sombrio do si-mesmo.

A nova imagem de Deus

Jung menciona Deus inúmeras vezes no *Livro Vermelho*, como o faz também em sua *Obra Completa*. No *Livro Vermelho*, obviamente, ele se preocupa com a noção de que uma nova imagem de Deus está emergindo, que ele menciona em vários lugares, por exemplo, como "Deus que virá" na forma da criança divina.[24] Depois da visão da morte de Siegfried, ele se conscientiza do nascimento de uma nova imagem de Deus, que "nasceu como criança de minha própria alma humana",[25] embora concebida com resistência. Esse novo Deus só poderia nascer após a morte do herói, pois o herói é perfeição e, portanto, um inimigo de Deus, porque a perfeição não precisa de Deus. Em seu seminário de 1925, ao comentar sobre essa passagem, Jung diz que o herói se referia ao seu intelecto ou à função superior.

Andreas Schweizer acredita que a anunciação do nascimento de Deus na alma é "a mensagem central e mais profunda do *Livro Vermelho*".[26] De que maneira Deus nasce na alma? Para Jung, a alma é o órgão de percepção que "apreende o conteúdo do inconsciente [...] e dá à luz o seu *dynamis* na forma de um símbolo".[27] O nascimento de Deus na alma significa uma nova consciência do divino ou o desenvolvimento de uma nova imagem de Deus na psique. Essa ideia é antitética às noções tradicionais de um salvador ou redentor externo. De acordo com Jung, "o Ungido dessa época é um Deus que não aparece na carne, não é pessoa humana, e assim mesmo é um Filho do Homem, não na carne, mas no espírito e por isso só pode nascer através do espírito do ser humano na condição de útero concebedor de Deus".[28] Ao seguir a noção de Eckhart do nascimento do divino dentro da alma do indivíduo, que, para Jung, ocorre durante o processo vitalício da individuação, Jung está claramente assumindo uma posição oposta à proclamação de Nietzsche de que Deus está morto. Para Jung, uma nova imagem de Deus está emergindo.

Uma das queixas dos espíritos dos mortos que visitam Jung em sua casa, em 1916, é que eles não conseguiram encontrar o que procuraram em Jerusalém. Em *Memórias, sonhos, reflexões*, Jung relata que esses mortos representam "as vozes do não respondido, não resolvido e não remido".[29] Em outras palavras, essas são as vozes daqueles que não conseguiam encontrar soluções espirituais na religião tradicional, aumentando a urgência da necessidade de uma nova imagem de Deus. Como Jung observa mais tarde, em sua correspondência com Victor White, a verdade religiosa deve ser imaginada como "uma coisa que vive na alma humana e não como uma relíquia abstrusa e insensata do passado".[30] Religiões exigem renovação: "Os representantes do cristianismo se consomem com a mera conservação do patrimônio recebido, sem dar continuidade à construção da própria casa, para torná-la mais espaçosa".[31] Ele acredita que tal estagnação ameaça a tradição com um fim letal.

Jung insiste que nossos deuses exigem renovação: "Quando o Deus fica velho, ele se torna sombra, tolice, vai para baixo".[32] Declara que a imagem do Deus "que está por vir" aparece como sentido supremo e "aqueles que o adoram devem adorá-lo na imagem do sentido supremo".[33] Ressalta que: "É o Deus que vem – não é o próprio Deus, mas sua imagem que se manifesta no sentido supremo".[34]

Aqui, a ênfase de Jung em Deus é uma imagem intrapsíquica que prenuncia sua insistência posterior na distinção entre o divino em si e nossas imagens do divino.[35] Ele ressalta dois pontos nessas passagens. Um é que uma nova imagem de Deus emergirá. Outro parece ser que o divino aparece na forma daquilo que é mais significativo para o indivíduo ou que aquilo que é mais significativo para nós se torna o Deus que adoramos. Como ele dirá de forma mais clara mais tarde, nosso Deus é aquilo que é de valor mais alto na personalidade.[36] Jung ressalta a importância de sentido em vários lugares em sua obra posterior, especialmente em *Memórias, sonhos, reflexões*, onde ele observa que sentido permite que um sofrimento, que normalmente seria insuportável, seja suportável.

Durante o encontro com Elias e Salomé, Jung é informado que a alma traz notícias da nova imagem de Deus e os mistérios de seu serviço.[37] Nessa imaginação ativa, uma serpente negra se enrola no corpo de Jung como se ele estivesse crucificado, sua cabeça assume a forma da cabeça de um leão (representando o deus mitraico Aion) e seu sangue é espremido de seu corpo, numa imitação de Cristo. É importante que ele observa que a serpente é a "natureza terrena do ser humano da qual não tem consciência [...] o segredo que lhe aflui da mãe-terra nutriz".[38] Isto é, esse símbolo complexo expressa uma combinação de imagens mitraicas e cristãs e, ao mesmo tempo, Jung é tomado pela mãe-terra, um aspecto ctônico do divino que tem sido negligenciado pelo cristianismo. Tudo isso significa que, no processo de dar à luz a nova imagem de Deus, todos esses mistérios devem ser contidos nela.

Elias conta a Jung que ele e Salomé têm sido "um desde eternidades".[39] Essas são figuras importantes para Jung; ele foi instruído a anunciar a nova imagem de Deus, mas Elias era um defensor feroz da imagem de Deus tradicional, e Salomé era responsável pela morte de João Batista, o arauto da nova imagem de Deus cristã. Mais tarde, no início do *Liber Secundus*, Jung cita uma passagem de Jeremias que alerta contra falsos profetas e adverte as pessoas a não confiarem em sonhos e revelações pessoais.[40] Já que ele insere essa passagem no meio de suas próprias revelações, parece que Jung pode estar lutando com a noção de que uma nova imagem de Deus nascerá na alma.[41]

Mesmo assim, Jung descreve o nascimento de um novo símbolo dentro de si mesmo. Esse símbolo é "[...] o Filho divino, que é o sentido supremo, o símbolo, a passagem para uma nova criatura".[42] Isso é um desenvolvimento notável, e mais tarde ele observará que o desenvolvimento do símbolo redentor ocorre onde é menos esperado e num lugar improvável.[43] Ele insiste que ele não é ele mesmo o sentido supremo, mas "[...] o símbolo torna-se em mim, de tal forma que ele tem sua substância, e eu a minha. Assim estou eu, como Pedro, em adoração diante do milagre da transformação e do tornar-se realidade de Deus em mim".[44] Ele diz que ele não é o filho de Deus, mas que representa esse filho como alguém que era uma mãe para o Deus, pois simbolicamente deu à luz o filho de Deus em si mesmo.

Portanto, ele é aquele "a quem por isso foi dado, em nome de Deus, a liberdade do atar e desatar. O atar e desatar acontece em mim". Essa declaração se refere a Mateus 18,18, que diz que tudo que os apóstolos permitirem ou proibirem (desatarem ou atarem) será ratificado no céu se for a vontade de Deus. Esse atar e desatar ocorre nele, mas não acontece de acordo com sua vontade pessoal. Ele insiste que é o servo dessa transformação, como o Papa. Não acredito que essa seja uma tentativa grandiosa de ver-se como Papa de uma nova religião, pois acrescenta que é "[...] muito desvairamento acreditar isto de si mesmo. Não se aplica a mim, mas ao símbolo".[45] Ele percebe que não está à altura de suas visões e que corre perigo de acreditar que ele mesmo é significativo porque vê o significativo.[46] Nesse contexto, é importante que Jung disse a Carry Fink que ele acreditava que Filêmon foi a mesma figura que inspirou Buda, Mani, Cristo e Maomé, que todos comungaram com Deus.[47] Mas Jung queria permanecer um psicólogo que entendia esse processo em vez de se identificar com tal figura. Vale observar que, ao lado da pintura de Jung de Filêmon, Jung insere uma citação do Bhagavadgita, em que Krishna diz que ele encarnará sempre que o mundo precisar dele.[48] A implicação é que Filêmon pode ser um avatar divino ou o arauto de um.

Devemos nos perguntar se esse material revelador inspirou o mandala na página 125 do *Livro Vermelho*, que retrata um ser humano suspenso entre a esfera humana abaixo e a esfera transpessoal acima. Ele parece estar segurando um vaso na coroa de sua cabeça, no qual se derrama uma substância que emerge do símbolo do si-mesmo acima dele. A impressão dessa imagem é a de uma infusão de energia divina no chacra coronário.

Em seu encontro com a figura mítica de Izdubar, que está morrendo, Jung reconhece que a nossa imagem de Deus pode estar doente. Ele tenta curar o lamentável Izdubar, que foi ferido pelo advento da ciência, que reduz nossa capacidade de crer nos deuses. Jung insiste que devemos curar nosso Deus.[49] Quando lemos isso, somos lembrados de que Jung se refere às mitologias do deus moribundo e ressurgente como a representação de "uma transformação de atitude" que resulta numa "nova manifestação de vida".[50]

Ele sugere que a cura ou renovação de Deus (para nós, a imagem de Deus) ocorre na "esfera divina, i.e., no inconsciente".[51]

A implicação é que a renovação da imagem de Deus é um processo psicológico que emerge do inconsciente, que foi o processo que Jung experimentou enquanto escrevia seu *Livro Vermelho*. Para curar Izdubar, Jung decide que Izdubar só é real como fantasia; paradoxalmente, ao declará-lo um produto da imaginação, Izdubar é salvo. "Enquanto deixarmos o Deus visível e palpável fora de nós, ele é incarregável e sem esperança. Mas se transformarmos o Deus numa fantasia, estará em nós e leve de se carregar".[52] Essa ideia é testemunho tanto da importância religiosa da *imaginatio* como maneira de dar vida nova à nossa imagem de Deus como da insistência de Jung de que o si-mesmo é experimentado profundamente dentro da nossa própria subjetividade, e não como uma divindade externa e transcendente. Jung acredita que pode levar essa ideia para o Ocidente, e isso é importante para o desenvolvimento religioso no Ocidente. A ideia de que os deuses são produtos da psique torna crucial a noção da realidade da psique. Nesse contexto, vale observar que Elias aponta que ele e Salomé são reais. A visão de que a psique é um domínio legítimo contrasta com a crença atual de que a psique é apenas um epifenômeno do cérebro, o que significaria que os deuses não possuem nenhuma realidade ontológica independente.

Uma das imagens de Jung da nova imagem de Deus como a criança divina é retratada numa pintura do deus Fanes,[53] que Shamdasani descreve numa longa nota de rodapé baseada na descrição de Jung nos *Livros Negros*.[54] O nome significa "portador da luz" ou aquilo que faz aparecer. Fanes era um antigo deus da procriação e vida nova na tradição órfica, em que ele é um deus moribundo e ascendente de luz e bondade, que é masculino e feminino ao mesmo tempo. Ele é um ser primordial que emergiu do ovo do mundo no início do tempo, por isso representa um novo começo.[55] Shamdasani acredita que Fanes é o deus de Jung. Talvez ele seja importante para Jung não só porque ele dá a Jung um senso de renovação, mas também porque representa o princípio cosmogônico de amor e de força criativa.[56] A legenda dessa imagem diz: "Esta é a imagem da criança divina. Significa a plenitude de uma longa trajetória. [...] Eu o chamei Fanes, porque ele é o deus recém-aparecendo".[57] É significativo que Fanes nasceu de Aion, o deus solar dos mistérios mitraicos, que é o deus com cabeça de leão que apareceu na visão de Jung durante seu encontro com Salomé.

Deus e o lado sombrio do si-mesmo

O Livro Vermelho revela um pressentimento claro da noção posterior de Jung de uma imagem de Deus inata na psique. Já no início do livro ele diz que a "profundeza em mim é também ao mesmo tempo o senhor da profundeza do que acontece no mundo".[58] Mais adiante, afirma que "através da união com o si-mesmo, chegamos ao Deus".[59] Ele se mostra preocupado porque, embora essa percepção tenha sido totalmente inesperada e difícil de acreditar e, talvez, até doente ou ilusória, a experiência se apoderou dele e inabalável. Mais tarde, ele descreve o si-mesmo como "a experiência mais próxima do divino que se possa exprimir em termos da psicologia".[60]

A noção do lado sombrio do si-mesmo, desenvolvido completamente não antes de *Resposta a Jó*, aparece já cedo no *Livro Vermelho*. Por exemplo: "A imagem de Deus tem uma sombra. [...] A imagem de Deus lança uma sombra que é tão grande quanto Ele próprio";[61] essa sombra é absurda como é também significativa, e "o sentido supremo é grande e pequeno". Ou: "O sentido precisa do absurdo, e o absurdo, do sentido".[62] "o pequeno, o estreito e o cotidiano não é nenhuma tolice, e sim uma das duas essências da divindade".[63] Nessas e outras passagens semelhantes, Jung alude à noção que desenvolverá mais tarde, de que a nossa imagem do divino deve incluir todos os opostos e não pode ser considerado exclusivamente luz, como acontecia no cristianismo tradicional. A realidade da experiência do divino inclui a experiência do absurdo e caótico. A imagem emergente de Deus conterá uma mistura de qualidades positivas e negativas; é um paradoxo. Assim, o novo Deus "opôs-se a mim a partir do tremendamente ambíguo, do feio-bonito, [...] do inumano-humano e do não divino-divino".[64] Esse Deus não é encontrado "no belo, bom, sério, elevado, humano, nem mesmo no divino absolutos"; ao contrário: "A ambiguidade é o caminho da vida", pois um Deus inequívoco "[...] é unilateralidade e conduz à morte".[65] A nova imagem de Deus é encontrada no relativo, não só no absoluto, e a fim de abranger a plenitude da vida, ela deve incluir aquilo que é "belo e feio, bom e mau, ridículo e sério, humano e inumano".[66] O Deus absoluto não pode abranger a plenitude da vida, que é uma mistura de opostos tais como o bem e o mal. Em vez de fazer a tradicional distinção radical entre bem e mal, é importante aceitarmos o mal, reconhecendo que ele existe e que "precisa ter sua parte na vida";[67] se aceitarmos o mal, "tiramos dele a força para nos vencer". É importante que tais opostos devem ser imaginados não só em termos puramente cognitivos ou lógicos que eventualmente poderão ser reconciliados; são experiências vividas.

Jung nos diz que "Deus é terrível. Cristo ensinou: Deus é amor. Mas deveis saber que também o amor é terrível".[68] Deus pode até ser perigoso: "Quando Deus se aproxima de ti, pede que conserve tua vida, pois o Deus é terror amoroso".[69] Deus "aparece como nossa doença [...]. Temos de curar-nos de Deus, pois Ele também é nossa pior ferida".[70] Mais tarde, essa ideia aparece na expressão incisiva de Jung de que "os deuses tornaram-se doenças".[71]

No terceiro sermão aos mortos de Filêmon, ele diz que Abraxas (Jung usa esse nome para descrever o Deus supremo) extrai do sol o *summum bonum* e do diabo *o infimum malum*.[72] Isto é, Abraxas gera verdade e mentira, o mal e o bem, luz e trevas [...]. Por isso ele é terrível e a cruel contradição da natureza".[73] Tudo isso para dizer que o mal é um aspecto do divino, e o divino deve conter todas as polaridades. Segundo Filêmon, Abraxas pode ser conhecido, mas não entendido.[74] Jung deve se libertar da imagem de Deus tradicional, "o Deus que eu experimentei é mais do que amor, ele é também ódio; mais do que beleza, ele é também horror; mais do que sabedoria, ele é também insensatez".[75]

Em vista de tudo isso, do ponto de vista do pensamento cristão tradicional ou do ponto de vista do espírito da época, não surpreende que Jung se imagina sendo internado num manicômio, onde ele é pronunciado verdadeira e completamente louco por um professor de psiquiatria, que representa o espírito da época. Essa seção pode representar a ansiedade de Jung em relação à sanidade ou validade de suas experiências. Mas a sua é uma loucura divina, uma embriaguez divina, uma "loucura que não deve ser incorporada à sociedade hodierna".[76] Como ele diz, essa aparente irracionalidade é o que acontece quando entramos no mundo da alma e quando o espírito das profundezas subjuga o espírito da época. Isto é, devemos superar o pensamento convencional se quisermos perceber realidades espirituais autênticas, que, como grande parte do *Livro Vermelho*, não fazem sentido em termos comuns. Consequentemente: "Na medida em que o cristianismo deste século sente falta da loucura, sente falta da vida divina".[77]

Objeções à interpretação do *Livro Vermelho* como texto religioso

Neste artigo, interpretei as experiências de Jung em seu *Livro Vermelho* como uma forma de revelação pessoal e assino embaixo a noção de Jung sobre a realidade da psique, de modo que figuras como Filêmon são ontológica e legitimamente reais. Visto que essas figuras são tão importantes, eu gostaria de discutir algumas das objeções que foram levantadas a entendê-las literalmente, como produtos autóctones da psique objetiva. Giegerich, por exemplo, afirma: "Não nos tornamos psicólogos para ouvir revelações".[78] Ele vê tais figuras apenas como a "*simulação* de uma representação autêntica de um processo inconsciente".[79] Giegerich se recusa a ver tais figuras como produtos autênticos da psique objetiva porque elas refletem o que Jung estava lendo enquanto escrevia seu texto. A seu ver, essas figuras são adquiridas e não produtos espontâneos da psique. Minha própria visão é que o elemento de surpresa e numinosidade que Jung experimenta nesses encontros apoia a ideia de que elas não surgem do ego. O fato de reconhecermos uma imagem arquetípica não a torna menos arquetípica. Filêmon, por exemplo, pode representar receptividade diante da esfera divina, já que esse era seu papel mítico. Muitas vezes, o arquétipo se expressa em imagens culturalmente reconhecíveis.

O Livro Vermelho também tem sido criticado por ser uma sequência de especulações e imaginações, sem argumento nem evidência.[80] No entanto, a numinosidade de uma experiência direta da psique objetiva *é* evidência, mesmo que não seja replicável nem falsificável no sentido científico, e diante de tal experiência, o argumento não é necessário. Nesse contexto, é uma ironia interessante que, em seu primeiro encontro, Filêmon reclama que Jung julga tudo do ponto de vista do seu intelecto.[81] Filêmon diz a Jung que a racionalidade só pode entender a parte da realidade que é racional, mas grande parte da realidade é não racional e "nosso caminho precisava não só da razão, mas também da insensatez".[82] Eventualmente, Jung admite que ele considera "o brilho incandescente de Deus significa para mim uma vida maior e mais plena do que a cinza da racionalidade".[83] Para Jung, algo irracional não é contrário à razão, mas "algo além da razão [...] não fundamentado em razão".[84] Aqui ele está se referindo a uma visão do mundo excessivamente racional e materialista (e, acrescentaria eu, cientificista), que ameaça "os bens espirituais e psíquicos da humanidade de violenta destruição".[85]

O escopo de visões inspiradas pelo *Livro Vermelho* é um tanto revelador. Obviamente, o livro foi escrito e encadernado com grande cuidado e devoção. A visão cética é que isso foi apenas uma tentativa grandiosa de simular um livro sagrado, mas eu acredito que sua aparência impressionante realmente reflete a experiência de Jung do numinoso de seus conteúdos e sua tentativa de captar essa qualidade. De outro lado, David Hart vê *O Livro Vermelho* como "um exercício essencialmente tolo [...] repleto dos tipos de simbolismo berrante e antinomianismo pomposo que se espera de uma mente mais adolescente".[86] Hart chama o livro um sintoma do "desejo de transcendência sem transcendência". Ele vê o *Livro Vermelho* como algo que preserva "os aspectos mais deselegantes do gnosticismo antigo",[87] pois é entediante em suas digressões, pretencioso, egocêntrico e eticamente estéril. De acordo com Hart, o livro "passa a sensação de uma expressão de pubescência represada"[88] e Jung estava manufaturando "soporíferos espirituais: sedativos terapêuticos para uma era terapêutica".[89] Hart continua: "O anseio humano por Deus, porém, persiste de era em era".[90] Tragicamente, ele não enxerga que esse anseio é exatamente o tema do *Livro Vermelho*. *O Livro Vermelho* é um texto mítico ou mitopoético com importância psicológica e espiritual. Não é um texto filosófico. É uma obra xamânica ou uma obra de misticismo, no sentido de Jung de que um místico é uma pessoa que tem "uma vivência particularmente aguda do inconsciente coletivo".[91]

Conclusão

Vejo *O Livro Vermelho* como uma das fontes do mito de Jung e, como John Dourley, vejo o mito de Jung minando muitas das afirmações dos monoteísmos dominantes, um processo que recebeu forte destaque com o *Livro de Jó*.[92] Acredito que isso possa motivar inconscientemente alguns dos críticos de Jung. Há vários afastamentos da tradição no *Livro Vermelho*, como, por exemplo, a tentativa de Jung de sintetizar o bem e o mal como componentes do si-mesmo, a necessidade de uma renovação da imagem de Deus ocidental, a noção do lado sombrio do si-mesmo e a ênfase no nascimento de Deus na alma, e não no domínio transcendente.

Outro aspecto do mito de Jung é que todos precisam desenvolver seu próprio mito. Não existe mais uma verdade salvadora exclusiva ou uma única estrada para a salvação. O inconsciente é infinitamente criativo e pode produzir uma variedade infinita de imagens numinosas. Vale observar que Jung sugeriu que seus pacientes criassem seu próprio *Livro Vermelho*, e "para você será sua igreja – sua catedral".[93] Aqui ele dá a entender claramente que o material que surge da psique objetiva é sagrado, consistente com sua crença de que o contato com a psique objetiva é um processo religioso. Esperamos que o *Livro Vermelho* seja apenas o início de inúmeros livros analógicos, baseados na interação individual com a psique objetiva.

Notas

Agradecimento: quero agradecer à dra. Pat Katsky por seus comentários úteis sobre um esboço inicial deste artigo.

1. C.G. Jung. *O Livro Vermelho: Liber Novus*, org. Sonu Shamdasani, trad. Edgar Orth (Petrópolis: Vozes, 2015), p. 43.
2. C.G. Jung. "Psicologia e religião", em *OC*, vol. 11/1 (Petrópolis: Vozes, 2012), § 6.
3. Jung. *O Livro Vermelho*, p. 211.
4. Lionel Corbett. "Jung's *The Red Book* Dialogues with the Soul: Herald of a New Religion?" em *Jung Journal Culture & Pysche*, 2011, p. 63-77.
5. Jung. *O Livro Vermelho*, p. 56.
6. C.G. Jung. *Tipos psicológicos*, em *OC*, vol. 6 (Petrópolis: Vozes, 2013), § 421.
7. Edward Edinger. *Ego and Archetype* (Baltimore, MD: Penguin Books, 1973).
8. Gerhard Adler. *C.G. Jung Letters*. Trad. by R.F.C. Hull. Vol. 2, 1951-1961 (Princeton, NJ: Princeton University Press, 1975), p. 575.

9. Jung. *O Livro Vermelho*, p. 56.

10. Ibid., p. 287.

11. Ibid., p. 55.

12. Ibid. Isso é especialmente interessante em vista da virada para formas relacionais da psicoterapia.

13. Ibid., 56.

14. Sanford L. Drob. *Reading the Red Book: An Interpretive Guide to C.G. Jung's Liber Novus* (Nova Orleans, LA: Spring Journal Books, 2012).

15. Jung. *O Livro Vermelho*, p. 114-115.

16. Ibid., p. 155.

17. Ibid., p. 114.

18. Ibid., p. 116.

19. Ibid., p. 115.

20. Ibid., p. 478.

21. Ibid., p. 294.

22. Ibid., p. 108 anotação 4.

23. C.G. Jung. *Mysterium Conjuntionis*, em *OC*, vol. 14/1 (Petrópolis: Vozes, 2012), § 258.

24. Jung. *O Livro Vermelho*, p. 124.

25. Ibid., p. 154.

26. Andreas Schweizer. "Red", em *Jung Journal Culture and Psyche*, 5, 3, 2011, p. 25-37.

27. Jung. *Tipos psicológicos*, *OC* 6, § 426.

28. Jung. *O Livro Vermelho*, p. 313.

29. C.G. Jung. *Memories, Dreams, Reflections,* ed. Aniela Jaffé (Nova York, NY: Vintage, 1963), p. 191.

30. Adler. *C.G. Jung Letters*, Vol. 2, 1951-1961, p. 387.

31. C.G. Jung. *Aion. Estudo sobre o simbolismo do si-mesmo*, em *OC*, vol. 9/2 (Petrópolis: Vozes, 2013), § 170.

32. Jung. *O Livro Vermelho*, p. 147.

33. Ibid., p. 109.

34. Ibid.

35. C.G. Jung. *Símbolos da transformação*, em *OC*, vol. 5 (Petrópolis: Vozes, 2012), § 95.

36. Jung. *Tipos psicológicos*, *OC* 6, § 47.

37. Jung. *O Livro Vermelho*, p. 160, anotação 163.

38. Ibid., p. 162.

39. Ibid., p. 159.

40. Ibid., p. 189.

41. Ibid., p. 471, anotação 123.

42. Ibid., p. 169.

43. Jung. *Tipos psicológicos*, *OC* 6, § 439.

44. Jung. *O Livro Vermelho*, p. 169.

45. Ibid., p. 169-170.

46. Ibid.

47. Ibid., p. 61.

48. Ibid., p. 364, anotação 281.

49. Ibid., p. 273.

50. Jung. *Tipos psicológicos, OC* 6, § 325.

51. Ibid., § 300.

52. Jung. *O Livro Vermelho*, p. 169.

53. Ibid., p. 113.

54. Ibid., p. 317, anotação 211.

55. Imagens de ovo são muitos comuns nas pinturas do *Livro Vermelho*.

56. Jung. *Símbolos da transformação, OC* 5, § 198.

57. Jung. *O Livro Vermelho*, p. 317, anotação 211.

58. Ibid., p. 113.

59. Ibid., p. 423.

60. C.G. Jung. "O símbolo da transformação na missa", em *OC*, vol. 11/3 (Petrópolis: Vozes, 2012), § 396.

61. Jung. *O Livro Vermelho*, p. 110.

62. Ibid., p. 147.

63. Ibid., p. 110.

64. Ibid., p. 150.

65. Ibid., p. 153.

66. Ibid., p. 150.

67. Ibid., p. 278.

68. Ibid., p. 126.

69. Ibid., p. 257.

70. Ibid., p. 424.

71. C.G. Jung. "Comentário a 'O segredo da flor de ouro'", em *OC*, vol. 13 (Petrópolis: Vozes, 2013), § 54.

72. Jung. *O Livro Vermelho*, p. 456. Em ibid., p. 456, anotação 93, Shamdasani cita Jung dizendo que Abraxas é idêntico ao demiurgo gnóstico, a deidade suprema ou criador do mundo.

73. Ibid., p. 459.

74. Ibid., p. 461.

75. Ibid., p. 425-426.

76. Ibid., p. 300.

77. Ibid., p. 135.

78. Wolfgang Giegerich. "*Liber Novus*, That is, The New Bible: A First Analysis of C.G. Jung's *Red Book*", *Spring: A Journal of Archetype and Culture* 83 (Spring 2010), p. 376.

79. Ibid., p. 411.

80. Robert A. Segal. "Reply to Sanford Drob", em *International Journal of Jungian Studies* 6, 1, 2014.

81. Jung. *O Livro Vermelho*, p. 358.

82. Ibid., p. 357.

83. Ibid., p. 425.

84. Jung. *Tipos psicológicos*, *OC* 6, § 774.

85. C.G. Jung. "Aspectos psicológicos do arquétipo materno", em *OC*, vol. 9/1 (Petrópolis: Vozes, 2014) § 195.

86. David B. Hart, "Jung's Therapeutic Gnosticism", *First Things* (2013), p. 27.

87. Ibid., p. 28.

88. Ibid., p. 29.

89. Ibid., p. 30.

90. Ibid., p. 31.

91. C.G. Jung. "Fundamentos da psicologia analítica", em *OC*, vol. 18 (Petrópolis: Vozes, 2013), § 218.

92. John Dourley. "Jung and the Recall of the Gods", em *Journal of Jungian Theory and Practice*, 8, 1, 2006, p. 43-53.

93. Jung. *O Livro Vermelho*, p. 69.

4
Interferindo na obra de redenção

Ann Belford Ulanov

É difícil escrever sobre o *Livro Vermelho.* Você o toca em um lugar, e todos os outros lugares grudam em seus pés – como piche! O Coelho Brer que enganou o lobo agora nos engana. Como encontrar palavras para a aventura em *Liber Novus* sem esvaziar sua vida e sem esvaziar a jornada evocada em nós, seus leitores – nosso próprio drama de mistério. Nós nos distraímos com nossas interpretações ou submergimos nas correntes inconscientes que nos arrastam para o alto-mar. É claro, os críticos de Jung querem dizer que ele é louco. Essa é a melhor proteção contra sermos iniciados em nossa própria tarefa de conectar o inferior ao superior. Jung está vivendo essa experiência e é fiel à seu voto de levar a sério cada andarilho que encontrar.[1] Ele não enxuga o texto, mas permite que seus complexos se mostrem em toda sua luta e angústia. Tampouco resume sua aventura com uma conclusão clara, mas para abruptamente, dizendo, no primeiro caso, que precisa voltar para a Idade Média para lidar com o bárbaro dentro dele e, no segundo, parando no meio da oração, que deve ir adiante "com a ajuda da alquimia" para "deter a força dominadora das experiências originais".[2]

Este artigo se concentra em três aspectos de um tema central que se tece ao longo do livro e sobre o modo de Jung de abordá-lo: "se cairá na obra redentora [...] não é bonito nem agradável [...] tão difícil e angustiante que a gente deve contar-se entre os doentes e não entre os supersadios que querem doar a outros sua superabundância".[3] Jung se sente enojado, vazio, um mendigo,[4] seu caminho apresenta uma profundeza de mais de mil pés, na verdade, uma "profundeza cósmica" que o leva para além para onde "a tenaz do espírito da profundeza me segurou, e eu tive de tomar a mais amarga de todas as bebidas".[5] Redenção significa ser salvo, reclamado, aperfeiçoado, recuperado, regenerado, reformado, aquilo que Jung chama de "refundido".[6] Seu modo de aprender é cair.

I. Tentação do bem

A obra redentora de Jung começa a partir de um ângulo original: "Cristo venceu a tentação do demônio, mas não a tentação de Deus para o bem e o razoável. Cristo está, pois, submetido à tentação".[7] O bem é aquilo com que nos identificamos como nosso valor supremo, nosso herói com o qual precisamos nos desidentificar e até matar, assim como Jung mata Siegfried com a ajuda de um pequeno homem moreno, uma figura de si mesmo: "O heroico em ti é que és comandado pelo pensamento de que isto ou aquilo seja o bem, [...] indispensável, [...] alcançado pelo trabalho ambicionado lá adiante, que este ou aquele prazer deva ser reprimido [...]. Com isso pecas contra o não poder. Mas o não poder existe. Ninguém deve negá-lo, criticá-lo ou levantar a voz contra ele".[8] Jung chama esse herói também de nosso princípio governador e identifica o seu como intelecto, razão, logos, raciocínio, força, eficiência, masculinidade, ciência. Deus passou a ser identificado apenas com o bem de nosso princípio governador desenvolvido, que exclui em nós e na nossa cultura o mal, entregando-o à mercê da putrefação.[9] Jung desce para o seu inferno pessoal, tão entediante se comparado com a diversão e audácia do inferno de todos os outros. Lá, ele precisa lidar com os destroços de tudo que ele jogou da mesa como ruim, estúpido, pecaminoso e que agora o leva a desenvolver sua incapacidade, da qual emergem agora inteligência paradoxal, conhecimento do coração, Eros, sentimento, o feminino e aquilo que ele chama de magia, que precisamos "receber ou chamar [...] a comunicação do não compreensível".[10] Jung ouve: "*Acreditais que estais aprendendo no sem sentido, no eterno desordenado. Tendes razão! Nada vos redime do desordenado e insensato, pois esta é a outra metade do mundo*".[11] "Para quem viu o caos, não há mais ocultação, mas ele sabe que o chão treme..."[12] Até Jung, trabalhando duramente em seu *Livro Vermelho*, é repreendido pela alma, e nós também, os autores labutando nos capítulos para três volumes sobre o livro: "Ainda não sabes que não escreves um livro para alimentar tua vaidade, mas para que fales comigo?"[13] Jung precisa de 25 noites no deserto para despertar sua alma "para a própria vida e ter podido vir ao meu encontro como ser separado".[14]

Jung aborda a redenção a partir de uma nova perspectiva: "Assim como Cristo subjugou a carne através do sofrimento da santificação, também o Deus dessa época martirizará o espírito através da carne", "Deus [...] não aparece na carne, [...] mas no espírito. [...] A este Deus é feito o que tu fazes ao menor em ti mesmo [...]. Quem deve encarregar-se do mais ínfimo em ti se tu não o fazes?"[15] A aceitação radical de todas as partes em nós reivindica o que tem apodrecido em nós no "mais íntimo" – na nossa psique, alma – não fora de nós nos deuses, leis, ensinamentos ou ideais de arte, justiça, razão.[16] "O começo é sempre a coisa menor, ele inicia no nada. [...] Vejo a gota "algo" que cai no mar do nada. [...] Onde o nada se amplia em liberdade ilimitada".[17]

Jung ressalta a conexão inextricável das dimensões pessoal e coletiva da nossa vida. Quando servimos ao bem para a expulsão do mal, isso recai sobre nossos vizinhos; em nome do bem, tentamos matar o mal, assim destruindo comunidade. Nas relações pessoais, descobrimos o "tigre sedento de sangue" que nosso vizinho nega: "tu, só consciente de tua bondade, estendes tua mão para o cumprimento. [...] Senti de repente uma corda escorregadiça em torno do pescoço, que sufocava sem dó, e uma martelada atroz cravou-me um prego na testa".[18] No nível coletivo, Jung descobre que a obra de redenção inclui a aceitação de que nós também podemos imaginar pretender e querer atrocidades (e esperamos nunca praticá-las). Não podemos nos agarrar no bem como proteção contra essa consciência. Entendo que isso indica que nossa tarefa é manter-nos conscientes de nossa capacidade de exercer atitudes e ações terríveis em tensão com o bem que amamos e ao qual servimos. Conscientemente, sofremos essa tensão feroz, sem exercer nem reprimir o mal, sofrendo assim a dissolução de uma distinção definida do bem e do mal.[19] Assim contribuímos pessoalmente para a harmonia comunal sabendo que podemos ferir uns aos outros. Esse conhecimento radical com o coração chega a Jung por meio de modos de apreensão associados ao feminino, pois é isso que ele negligenciava.[20]

II. Mudança de gênero

Jung muda de gênero em seu *Livro Vermelho*, retornando à sua identificação masculina ampliada e mais fluida. Seu modo de experimentar deve estar *em* cada encontro e não removido em classificações abstratas, mas sitiado por loucura, exposto aos sermões de sua alma, entoando encantações lamentando os sofrimentos de Izdubar, excitado ao descobrir a realidade de Izdubar como uma fantasia *real*, dolorosamente emaranhado em sua própria identificação com a crucificação de Cristo. Se um modo feminino de se relacionar deve ser palpável, imediato, Jung está visivelmente presente, mesmo como andarilho solitário e ignorante. Apenas aos poucos ele resgata a habilidade de estar no meio e refletir simultaneamente, prevendo uma capacidade ampliada para modos masculinos e femininos ao mesmo tempo.

Jung engravida; sua alma como ventre gesta e dá à luz um novo deus.[21] Mais tarde, ele engravida de novo com outra criança que pode ser compreendida como seu trabalho, do qual ele precisa se diferenciar para deixar "tudo brotar; o filho cresce por si mesmo. O mito entoa só para a vida, não para o canto, ele canta para si mesmo".[22] Ele contribui o filho, seu trabalho, para a vida coletiva; Jung retorna para o seu jardim.[23] Por um tempo, ele é uma mulher que gesta e dá à luz uma criança, ele mesmo se torna uma criança para o deus, um estado que ele percebe como "humilhante e destruidor", mas que alcança também uma consciência livre de pressuposições, cheia de espanto divino, preferida à "cinza da racionalidade".[24] Essa consciência de criança livre de pré-juízos limitantes não é a morte fulminante da infantilidade, mas o caminho de entrada daquilo que está por vir. O deus é uma criança, e Jung é uma criança que serve a esse deus. Ele vê tudo em nós – "o espírito do homem" – como um útero concebedor de Deus.[25]

A alma de Jung é feminina e não é materna nem algum tipo de recipiente materno. Em reação às queixas de Jung de adversidade, dor e devaneios, ela exclama: "Não sou tua mãe!"[26] Ela é outro ponto de vista dentro dele e uma legítima presença real e livre, que desafia sua vaidade, ambição, absorção própria e seu vício em palavras. Muitas vezes, quando não concorda com ela, ele recua, mas nem sempre. Ela, como parte das origens primordiais que, mais tarde, ele chamará de Mães da profundeza e a mãe que retorna como princípio criativo fértil, é o local de nascimento dentro dele do novo deus.[27]

Jung reconhece que um homem precisa se tornar mulher para ser capaz de enxergar a alteridade da alma e de não se tornar escravo das mulheres. Todos nós devemos ir além do gênero, mas não como regra dura. Ao contrário, cada pessoa deve responder apropriadamente à sua situação atual, abrindo espaço para a diversidade dos caminhos.

A identificação de Jung com sua parte feminina nasce quando ele reconhece como ela está emaranhada e ele tenta redimi-la.

A princípio, Salomé aparece como louca, cega, assassina, sanguinária e se transforma numa presença feminina sã e de visão perfeita. Ela deseja dar seu amor a Jung. Ele recua! Ele teme que a intimidade com outra limitaria sua liberdade e imporia o fardo da vida dela a ele. Ele insiste que cada um deve carregar sua própria vida.[28] Ele encorajou sua esposa e sua amante a encontrarem seus caminhos singulares. No entanto, enquanto escrevia e vivia sua experiência do *Livro Vermelho*, Jung se apoiava fortemente em Emma Jung, que criou seus cinco filhos, sustentou um lar firme, dirigiu uma casa grande, os funcionários, as finanças, se tornou analista e ajudou a inaugurar o Clube de Psicologia Analítica, dando a Jung a liberdade para criar sua nova visão de psicologia. Nesse ponto, ele dependia absolutamente de Toni Wolff, que recebia e interpretava suas fantasias e colaborava na criação de novas ideias da psique (para o qual ela não recebeu nenhum crédito oficial, nem mesmo uma nota de rodapé). Jung disse de sua experiência do *Livro Vermelho*, você precisa de outro, provavelmente de uma mulher, e sobre sua alma ele disse: "Somente através da alma da mulher encontrei-te novamente".[29] Toni Wolff foi sua companheira de alma por um tempo (e como isso pode ser reconhecido na capa de um livro?), se tornou analista e força decisiva na vida do Clube de Psicologia Analítica. Dependendo dessas duas mulheres simultaneamente, os três em particular e em público sofreram e desfrutaram da união, tão inconvencional à época, com tristeza e ganho para cada um.

Em seus seminários, Jung apresentou material sobre seu *Liber Novus*, para que os participantes recebessem e validassem suas experiências psicológicas. Jung confiou nas reações de algumas colegas as partes de seu manuscrito. Ele elogia muitas mulheres, cujo trabalho em análise ajudou a reunir em articulação teórica uma capacidade feminina no homem de iniciar uma relação entre o consciente e o inconsciente.

Um encontro incisivo com o feminino é a descoberta de Jung de um corpo decapitado de uma garotinha largada no mato. Uma figura velada diz que ela é a alma da criança e ordena que Jung ingira um pedaço do fígado da criança para expiar sua violação e morte. Fora de si e repugnado, Jung resiste, e então cede quando reconhece que ele, como homem, tem parte no piro da depravação humana e assim pode ter participado na profanação e morte da menina. Agora, a figura velada se revela como alma de Jung. Portanto, sua alma é feminina e é também a alma dessa menina morta, e Jung expia a violação de ambas. Ele reconhece que, ao ingerir a carne da menina, ele destrói sua "formação" de Deus, que era um ato do amor criativo mais elevado, e agora recebe dentro de seu corpo brasas ardentes do Deus vivo, do qual não há como fugir.[30] Esse Deus é real e quer morar com Jung em seu dia a dia. A gravidade da mudança da imagem de Deus e sua inserção no corpo do si-mesmo também muda radicalmente a imagem da distinção do bem e do mal e da relação do si-mesmo e o outro.

III. Si-mesmo e Deus

A. Bem e mal

A alma de Jung é também a alma dessa menina violentada, uma imagem de seu feminino não desenvolvido como parte de sua "incapacidade" – os destroços que ele rejeita como maus e que ele não desenvolve em seu inferno pessoal. Jung descobre que, no fundo da nossa incapacidade, está o "mal, que te encara fixamente e com frieza".[31] Assim remimos a nossa imagem da distinção do bem e do mal. O Deus não é só nosso ideal supremo do bem, nem reside apenas fora de nós. As brasas do Deus vivo são colocadas dentro de nós, no mais íntimo da nossa psique por meio da qual temos qualquer imagem do si-mesmo, de Deus ou dos outros. Se colocamos toda a nossa força (energia) no Deus bom ideal fora de nós, nosso si-mesmo humano é drenado de vivacidade e permanece atolado no mal que tentamos expelir.[32] Então, Deus é somente do em cima e exclui o embaixo. Devemos trazer essa energia de volta para o nosso si-mesmo e reconhecer a psique em nós como ponte que nos leva ao Deus que nos transcende. Esse Deus inclui o embaixo e o em cima. Nossa imagem antiga de sua divisão nítida se dissolve. O bem e o mal se unem em nosso crescimento do embaixo para o em cima. Se pararmos de crescer, eles se separam em concorrência hostil, mas "o calor da vida, que contém o bem e o mal indistintos e indistinguíveis. Este é o caminho da vida [...]. Mas isto não é objetivo, e sim caminho e passagem [...] e começo da cura".[33]

B. Imagem de Deus

Jung se concentra na distinção entre Deus e imagem de Deus. Confrontado com a tentação do bem, Jung reconhece que não podemos excluir o mal, e isso muda a nossa imagem de Deus. Se é verdade que a alma não é um recipiente materno para nós, mas, antes, aquele outro ponto de vista dentro de nós, visto que "Deus está onde vós não estais", para Jung, esse outro local desafia sua vaidade ambiciosa e sua modalidade feminina não desenvolvida, que está relacionada ao feminino.[34] O ponto é que a divindade é também o outro dentro de nós, na forma de imagens de Deus que a alma cria por meio da nossa psique, e não alguma deidade distante e idealizada sem conexão com nosso si-mesmo demasiadamente humano. Nós não criamos ou encontramos Deus, mas sempre lidamos com nossas imagens de Deus, que também existe fora de nós mesmos.

A nova imagem de Deus se manifesta como "*o sentido supremo [...] a ponte para o porvir. É o Deus que vem – não é o próprio Deus, mas sua imagem que se manifesta no sentido supremo. Deus é uma imagem, e aqueles que o adoram devem adorá-lo na imagem do sentido supremo*".[35] Esse sentido inclui imagens do embaixo, também – tolices, o absurdo, feiura, ambiguidade – e também imagens do belo, bom e verdadeiro. Não podemos inserir em Deus apenas o bem e deixar de fora o mal, caso contrário drenamos as energias da nossa vivacidade e jogamos o mal sobre o nosso vizinho. Deus deseja "sentar-se à mesa comigo, trabalhar comigo. Quer estar presente sempre". Jung objeta: "O divino me parece uma ilusão irracional", que se infiltra na atividade humana sensata e significativa.[36] Esse é o Deus vivo e real. Quando Jung ingere o fígado da menina, certamente uma imagem do embaixo, sua imagem de Deus idealizada como o bem é destruída, mas coloca as brasas ardentes de Deus no si-mesmo, um Deus do qual ele não pode escapar e o qual ele enfrentará no caos do dia a dia. Quando trazemos de volta para o "mais íntimo" a nossa imagem de Deus, devolvemos toda aquela força à psique humana, derrubando nossa imagem anterior e domesticada no cristianismo do "espírito da época". Enfrentamos a tentação do bem para fugir da proximidade divina do transcendente no nosso próprio corpo do si-mesmo idealizando o bem num Deus distante fora de nós.

Mas Jung reconhece que, sozinho, ele não pode destruir sua formação (imagem) do Deus supremo que nos cativou. Clinicamente, vemos imagens de Deus se apegando a tudo que chamamos de bens – dinheiro, poder político, substâncias que encontramos em drogas, bebidas, comidas, aquilo que vemos como nossos ideais supremos de conhecimento, arte, ciência, amor – qualquer coisa que aja como um deus em nossa personalidade, em volta dos quais giramos como valor último, sejam os efeitos positivos ou negativos. Eu vejo isso como uma imagem fundamental, cuja destruição nos faria sentir como se estivéssemos enlouquecendo, como se estivéssemos perdendo a orientação e como se a loucura estivesse nos dominando. Não podemos querer destruir a nossa imagem de Deus do bem supremo por conta própria, mas somente numa dependência chocante do mal, para que ele o faça por nós e conosco.

Jung diz: "Não podes diluir bem com bem. Só podes diluir o bem com o mal".[37] Essa diluição nos leva a perguntar o que devemos fazer na face do mal. Nosso problema pessoal com o mal levanta o problema humano de como a destrutividade pode encontrar um lugar na vida. Jung chega a esta resposta incrível: o bem e o mal só se unem no crescimento do embaixo para o em cima; quando o crescimento para, eles se separem em rivalidade violenta. Nós também devemos desenvolver soluções para o lugar da devastação na existência.

C. Outros e si-mesmo

O vínculo entre vida individual e coletiva é inevitável. Trabalhar em nosso problema individual pessoal de o que fazer com o mal se revela como nossa contribuição ao problema coletivo impessoal com o mal. Não importa quão pequeno seja nosso trabalho com o mal, é a nossa contribuição para o enorme problema humano de encontrar um lugar para a aniquilação na vivacidade. Estamos ligados uns aos outros, e o pequeno está inextricavelmente ligado ao grande. O mal dissolve a formação do Deus supremo. Aquilo que tentamos redimir, por mais falho que seja, contribui para a tarefa humana de reconhecer a distinção e a interpenetração das nossas tarefas pessoais e coletivas de encarar as tentações do bem e do mal.

D. Deus e si-mesmo

O Livro Vermelho começa e termina com referências diretas a Deus e à relação entre Deus e o si-mesmo. No início do livro, Cristo é aquele que as Escrituras descrevem: "Era desprezado e abandonado pelos homens; um homem sujeito à dor"; "um menino nos nasceu [...] Conselheiro-maravilhoso", "o verbo se fez carne". No final do livro, no jardim, Cristo é a sombra que traz a "beleza do sofrimento", que eu entendo como a possibilidade de que o sofrimento, por pior que possa ser por causa de sua relação com o "verme" (mal), pode incluir uma reação criativa.[38]

Jung perdeu a conexão com sua alma para a imagem de deus prevalecente no "espírito da época". Na busca pela sua alma, ele encontrou imagens de Deus diferentes de seu Deus consciente, mas que eram reais, que ele conhecia por causa da "certeza da experiência".[39] O terror se apodera dele porque as imagens "daquilo que está por vir" divergem radicalmente daquilo que é familiar. Hag designa "o outro polo de Deus", da noite, da carne e do espírito-sangue, dos fluídos do corpo, do esperma, das entranhas, das juntas, dos olhos, dos ouvidos, dos pés, dos excrementos.[40]

Jung luta com sua alma que, embora um guia cansativo, mas firme, também pretende fugir para o céu para a sua própria salvação com o tesouro do amor humano. Não, diz Jung, o amor humano pertence a ele e é o sangue vital da humanidade, e ela deveria trabalhar para o bem da humanidade nesse ponto. Ela cede! Inicia-se uma diferenciação entre as necessidades dos mortos e as necessidades dos vivos, entre a preciosa vida do ego *versus* a vida no além.

Filêmon fala aos mortos e a Jung sobre outra imagem de Deus, Abraxas, como força criativa, sem forma e em formação, como corrente de vida, impulso criativo, forma e formação e "garganta eternamente sugadora do vazio" e aconselha que devemos viver nossa vida contra a força de Abraxas, pois a nossa individuação se opõe ao poder destruidor de Abraxas.[41]

Os mortos se reúnem por causa das suas pressões não vividas da vida. Eles não se individuam, mas, infantilmente, lançam o fardo de sua redenção sobre Cristo, cujo mandamento do amor ao próximo eles não seguiram e mataram. Negaram o animal em si mesmos; deixaram de expiar a "rês de olhos aveludados" e de fazer penitência pelo "metal reluzente".[42]

Filêmon diz a Jung que não devemos ingenuamente colocar nosso pequeno si-mesmo na grandeza de Deus, "pois o Deus é um movimento inconcebivelmente forte que arrasta consigo o si-mesmo para o ilimitado, para a dissolução". Jung teme que essa ameaça o lançará em psicose: "Um Deus vivo é a doença de nossa razão. Ele enche a alma de êxtase. Ele nos enche de caos oscilante. A quantos Deus vai quebrar?"[43]

No entanto, Jung sobrevive ao influxo do Deus com mera força bruta e com uma percepção nascente e desagradável de que "o pequeno, o estreito e o cotidiano não é nenhuma tolice, e sim uma das duas essências da divindade" que vive conosco todos os dias na vida comum do ego no mundo.[44] Jung reconhece que devemos estabelecer nosso si-mesmo, puxar nosso si-mesmo de Deus para o nosso lado, "temos que aspirar a libertar o si-mesmo de Deus, para que possamos viver".[45] Mais tarde, porém, Filêmon diz que devemos viver no Deus, não o Deus em nós. Jung percebe: "O si-mesmo não é o Deus, ainda que cheguemos a Deus através do si-mesmo. O Deus está atrás do si-mesmo, acima do si-mesmo, também é o próprio si-mesmo quando ele aparece [...] nossa pior ferida".[46] Quando adquirimos um senso do si-mesmo, podemos então decidir entregá-lo (ou não) a Deus: "Eu acredito que tenhamos a escolha: eu preferi as maravilhas vivas do Deus [...], pois quero viver. Minha vida se quer ela mesma toda inteira".[47] Mas a maneira em que isso acontece é vivendo sua própria vida plenamente: "Só existe um caminho, e este é o vosso caminho".[48]

IV. Devoção

Jung, que luta com seu sentimento não desenvolvido de vida, se enche de ardor – não por outra pessoa, mas pelo Amor em si; não pela fama e ambição, mas por seu próprio caminho, cuidando humildemente de seu jardim. A partir de sua experiência de dar à luz, Jung alcança "devoção voluntária", livrando-se da mistura de sua ambição de fama pessoal com amor, redimindo assim sua função de sentimento. Embora esse desmembramento seja doloroso, ele produz a decisão de Jung por aquilo que "tinha obrigação de fazer. Assumi toda a alegria e todo o sofrimento de minha natureza e fiquei fiel ao meu amor para sofrer aquilo que sobrevém a cada um a seu modo. Fiquei sozinho e com medo".[49]

Em lealdade sincera à alma que se expressa por meio de sua psique, ele confessa mais tarde que nossa libido, que ele chama de energia serpente no *Livro Vermelho*, é o "*pneuma* divino" em nós e que ele buscava um sinal "que me mostrasse que o espírito da profundeza em mim é também ao mesmo tempo o senhor da profundeza do que acontece no mundo".[50] Imagine o sentimento de Jung dedicando 16 anos à pintura cuidadosa de suas experiências cruciais para mostrar os mistérios que o viveram. Veja, por exemplo, as imagens Fol.i, 22, 29, 54; veja também as imagens com referências de páginas no texto: 71 (288 anotação 141), 117 (303 anotação 222), 123 (307 anotação 33), 135 (309 anotação 248), 155 (317 anotação 283). Esse empreendimento particular demarca "o que está por vir", publicado apenas décadas após sua criação.

Viver nossa vida plenamente inclui nossa vida não vivida: "Vive também aquilo que nunca viveste [...]. A vida que eu ainda poderia viver, eu deveria viver e o pensar que eu ainda poderia pensar, eu deveria pensar".[51] Isso alimenta a comunidade e não a drena imitando nosso próximo e negligenciando nosso próprio devir, nem impondo nos outros o que queremos que eles sejam em vez de acolher sua alteridade: "Cada qual procure seu caminho. O caminho conduz ao amor mútuo em comunidade".[52] "Quando [...] preenchemos a necessidade do si-mesmo, [...] tornamo-nos conscientes das necessidades do geral e podemos satisfazê-las".[53] Mas, "Se desistes de teu si-mesmo, vais vivê-lo em outra pessoa; tu te tornarás egoísta em relação a ela [...] contaminas a outra pessoa [...]. Viver a si mesmo significa: ser tarefa para si mesmo [...] um longo sofrimento, pois precisas tornar-te teu próprio criador".[54] O caminho de Jung é lutar com o si-mesmo e com Deus e, por meio disso, servir aos outros. Para a surpresa de Jung, seu caminho significa tornar-se Cristo, não só seguir Cristo, mas enfrentar a tentação do bem, não só do mal como Cristo fez, sofrer a tortura do espírito pela carne, não só a tortura da carne pelo espírito como Cristo fez. Jung reconhece que ele deve sofrer seu próprio drama de mistério, não imitar o de outro; tampouco devemos nós, pois "vós tendes os vossos. [...] Bem pobre, miserável, humilde, ignorante, passa pela porta".[55] Jung não se identifica com Deus, mas permanece ele mesmo: "Você não se torna Deus [...] mas Deus se torna humano [...] como uma criança"; "Eu me torno Cristo no *Mysterium* [...] fui transformado em Cristo [...], no entanto ainda sou inteiramente eu mesmo, de modo que eu podia ainda duvidar".[56]

Dizer que seguir Cristo é ser Cristo significa que Jung e nós buscamos nosso caminho singular da mesma forma como Cristo buscou o seu e que aceitamos o sofrimento que vem quando fazemos isso – com bem e mal, com o si-mesmo e outros, com o pessoal e o coletivo, com imagens de Deus. Exige tudo, e Jung aceita até ampliar seu gênero ao dar à luz esse novo senso de Deus, redimindo o feminino sem o qual ele não poderia empreender seu *Livro Vermelho* e sobreviver a ele.

Viver nosso caminho singular com tudo que ele exige significa aceitar a morte na vida. Ao tornar-se como que um homem morto, sacrificando ambição, renunciando ao que tinha sido seu objetivo e modo de vida dominante – saber ao invés de participar da ambiguidade – Jung aceita que, nas profundezas, "ser aquele que tu és é [...] crescimento infinitamente vagaroso",[57] com conhecimento do coração, que não pode ser encontrado "em nenhum livro e em nenhuma boca de professor, mas ele nasce de ti como o grão verde, da terra preta".[58] Trazer a escuridão da morte do além para o dia a dia esvazia o além, porque vivemos tudo que podemos aqui. A morte é uma dose de adrenalina para viver neste momento, lembrando-nos de que não vivemos para sempre: "Quando aceito a morte reverdece minha árvore"; "limitação faz com que possas realizar teu ser"; "desapareceram as reivindicações dos mortos, pois ficaram saciados".[59]

Os mortos representam também a sabedoria das eras, não só a vida pessoal não vivida. Quando aceitamos os limites da finitude, podemos recorrer aos sábios do passado para a vida que deve ser vivida agora. A união com a serpente sufoca a influência do diabo que passa "pela própria natureza serpentina, que nós atribuímos normalmente ao diabo, em vez de a nós mesmos". "Minha parte da degradação e submissão eu a tomei sobre mim" e ganhei uma estabilidade de modo que "pude resistir às oscilações do pessoal. Desta maneira foi salvo em mim o imortal".[60]

Jung alcança sua imagem de Deus pessoal e diz que isso é possível para todos; somos anfitriões dos deuses. Nossa imagem de Deus, concebida por nossa alma, forma nossa resposta pessoal a Abraxas, que produz "verdade e mentira, o mal e o bem, luz e trevas na mesma palavra e no mesmo ato. Por isso ele é terrível".[61] Nosso processo de individuação diferenciado para encontrar e criar nossa imagem de Deus é a porta para o Deus e nossa resposta a Abraxas: "a cega libido criadora vê-se transformada [...] através da individuação; e deste processo, que se assemelha à gravidez, surge uma criança divina, um Deus renascido, já não mais disperso, [...]mas sendo um só e este indivíduo e ao mesmo tempo todos os indivíduos [...] nascido concretamente em muitos indivíduos, mas estes não o sabem. [...] Um espírito em muitas pessoas, e no entanto um só e o mesmo em toda parte".[62]

Filêmon aconselha: "Este Deus único é o bondoso, o amoroso, o guia, o terapeuta. A ele é devido todo teu amor e veneração. A ele deves orar, com ele és um, ele está perto de ti, mais perto do que tua alma".[63] A meu ver, isso significa que, quanto mais devotos formos a essa imagem de Deus curadora mais participaremos no todo que deseja nossa contribuição; se formos menos devotos, mais seremos destruídos pela força do ser (Abraxas). Devoção ao nosso mais próprio caminho enriquece a totalidade do todo.

Filêmon descreve "a mãe celestial", a intimação final do feminino no livro, como: "A espiritualidade concebe e acalenta, ela é feminina".[64] Jung pode ficar sob a égide dela quando ele completa a separação da mistura que surge por meio de amor não vivido, onde ele ainda interage com homens e coisas. Jung se submete à destruir motivos que competem com sua devoção voluntária de "ficar fiel ao amor, e pela dedicação espontânea a ele sofro [...] só assim chego [...] ao meu si-mesmo mais autêntico e mais íntimo".[65]

"Agora chega o tempo em que cada um tem de fazer sua própria obra da redenção".[66]

Notas

1. C.G. Jung. *O Livro Vermelho: Liber Novus*, org. Sonu Shamdasani, trad. Edgar Orth (Petrópolis: Vozes, 2015), p. 208.

2. Ibid. p. 489.

3. Ibid., p. 422.

4. Ibid., p. 206.

5. Ibid., p. 110; William McGuire, org. *C.G. Jung. Analytical Psychology* (Princeton, NJ: Princeton University Press, 1991), p. 63.

6. Ibid., p. 161.

7. Ibid., p. 126; um analisando, um abade, sonhou que estava presente na morte de Jesus e ouviu um grande segredo que o assustou e fortaleceu: Jesus blasfemando contra Deus. Veja Ann Belford Ulanov. *Picturing God* (Einsiedeln: Daimon, 1986/2002), p. 174.

8. Ibid., 141.

9. Ibid., p. 366.

10. Ibid., p. 357.

11. Ibid., p. 126.

12. Ibid., p. 312.

13. Ibid., p. 131.

14. Ibid., p. 132.

15. Ibid., p. 313.

16. Ibid., p. 155 anotação 91, p. 184 anotação 240, p. 115 anotação 27.

17. Ibid., p. 374.

18. Ibid., p. 282.

19. Ibid., p. 347.

20. Ibid., p. 173

21. Ibid., p. 160-161.

22. Ibid. p. 400. Cf. também Sanford L. Drob. *Reading the Red Book. An Interpretive Guide to C.G. Jung's Liber Novus* (Nova Orleans, LA: Spring Journal, 2012), p. 198-199.

23. Ibid., p. 438.

24. Ibid., p. 401, 425.

25. Ibid., p. 313.

26. Ibid., p. 130.

27. Veja C.G. Jung. "Psicologia e poesia", em *OC*, vol. 15 (Petrópolis: Vozes, 2013), § 159.

28. Ibid., p. 425.

29. Ibid., p. 119 anotação 49.

30. Ibid., p. 285-286.

31. Ibid., p. 315.

32. Ibid., p. 318.

33. Ibid., p. 326.

34. Ibid, p. 123.

35. Ibid., p. 109.

36. Ibid., p. 289.

37. Ibid., p. 277.

38. Ibid., p. 107-108, 488.

39. Ibid., p. 424.

40. Ibid., p. 427.

41. Ibid., p. 459.

42. Ibid., p. 465.

43. Ibid., p. 424.

44. Ibid., p. 110.

45. Ibid., p. 425.

46. Ibid., p. 424.

47. Ibid., p. 425.

48. Ibid., p. 115.

49. Ibid., p. 479.

50. Ibid., p. 115.

51. Ibid., p. 121.

52. Ibid., p. 115.

53. Ibid., p. 154.

54. Ibid., p. 169.

55. Ibid., p. 160.

56. Ibid., p. 183 anotação 238, p. 184 anotação 240.

57. Ibid., p. 213.

58. Ibid., p. 121.

59. Ibid., p. 237, 238, 382.

60. Ibid., p. 382.

61. Ibid., p. 459.

62. Ibid., p. 471 anotação 123.

63. Ibid., p. 515.

64. Ibid., p. 466.

65. Ibid., p. 476-477.

66. Ibid., p. 478.

5
Jung, o nada e o tudo

John Dourley

Nas primeiras páginas de *O Livro Vermelho: Liber Novus,* Jung identifica a separação do espírito "dessa época" do "espírito da profundeza" como patologia primária do indivíduo e da cultura em seu ambiente.[1] Confessa que ele mesmo tem sido sua vítima. "Eu tinha de entender que havia perdido minha alma".[2] Ele tinha transformado a alma em objeto em nome da psicologia como ciência. Ele a removeu da totalidade da experiência humana, reduzindo-a a mente em interação com os sentidos e a uma abordagem acadêmica estéril às profundezas de seu próprio ser. Tal pesquisa o transformou em nada menos do que em assassino da alma.[3] Mais adiante em *Liber Novus,* seu retrato de um estudioso da ciência é uma imagem deprimente de um homem preso em sua biblioteca num castelo isolado no meio de um pântano. O eremita é praticamente insensível à aproximação de Jung e à presença de sua própria filha num quarto próximo.[4] Na imaginação de Jung, o distanciamento do estudioso de sua *anima* e de sua alma se torna o mesmo distanciamento. Dificilmente poderia haver um retrato mais poderoso da vida num intelecto em quarentena daquelas vitalidades acessadas apenas no fluxo de uma vida psíquica e espiritual mais profunda.

A experiência pessoal e social descrita aqui resultou numa relação ambivalente com a ciência, que se expressa tanto em *Liber Novus* como nas obras posteriores publicadas na *Obra Completa.* De um lado, cedendo ao cientismo de seu tempo, Jung descreveria seu trabalho como "científico" e a si mesmo como cientista. Em seu *Livro Vermelho*, porém, em diálogo com um gigante oriental imaginário em busca de sabedoria no Ocidente, ele acusa a ciência do crime de ser "veneno" da sociedade.[5] Ela tem conhecimento apenas de "coisas externas" e pouco ou nada sabe do mundo interior do divino vivificador. Removeu de sua constituição a capacidade de crer, não no sentido de um compromisso com uma crença ou doutrina formal, mas no sentido de uma experiência não mediada das profundezas da própria razão. Ela consiste totalmente em "palavras" e é uma magia extremamente prejudicial ao seu ambiente. Esse veneno paralisou os "esclarecidos", que tanto beberam dele. Em sua pobreza autoimposta, a pesquisa científica perdeu sua capacidade de lidar com a "vida real" e reduziu a psique a uma mente alienada do vigor e jogo de todo o escopo da psique total.[6]

Essa crítica não foi amenizada em seus escritos posteriores, quando a história dos fatores que contribuíram para tal deficiência psicológica se tornou mais clara para ele. Ele continuou sua crítica à ciência como religião dominante de seu tempo e, assim, como novo "ópio do povo".[7] A ciência era, particularmente, a droga preferida dos devotos da Deusa da Razão e do racionalismo iluminista, cuja clareza superficial era tão suscetível à possessão arquetípica e à violência coletiva.[8] Embora essa crítica continuasse incessante e insistente, devemos deixar o mais claro possível que Jung de forma alguma se opunha à ciência, ao Esclarecimento ou à razão em si. O que provocou sua causticidade foi a redução perversa da cognição e do afeto humanos à "ciência" como única atividade válida do consciente. Seu inimigo real era o Urizen de Blake. A história mais recente da mente tinha produzido uma soberania da razão tendendo à ciência e tecnologia diante da qual a oposição de uma religião basicamente fundamentalista e literal era facilmente refutada. A consequência era uma sociedade baseada em uma insignificância racional e superficial, uma ciência reduzida a uma parafernália impressionante e uma religião fundamentada em "ilogicidade chocante".[9] *Liber Novus* documenta o primeiro diagnóstico de Jung do problema em antecipação de sua obra posterior.

Felizmente, a alma de Jung perdida a uma consciência removida dela se recusou a ceder a tal doença. A alma efetivamente se impôs a Jung, e a interação com ela se tornou uma jornada incrível em direção ao "inconcebível, que nós chamamos divino".[10] As profundezas insistiram em seu reconhecimento pela consciência e, embora a cura que realizaram nunca fosse livre de sofrimento, a vida que restauraram em Jung, como descrito no *Livro Vermelho,* se tornaria a estrutura rudimentar e o poder de seus escritos posteriores mais discursivos. Tanto veio a mudar. Quando a profundeza emergiu, sua natureza sagrada veio com ela. Era possível orar a ela: "reza para a tua profundeza, desperta os mortos".[11] Jung a viu revelada na revelação pessoal do sonho que apontava e viabilizava uma vida muito mais plena do que o "sistema doutrinário morto" de sua psicologia anterior totalmente intelectual.[12] Ele afirmaria que o ego heroico precisava ser dispensado se a profundeza devesse impactar a mente consciente. Insistiria que somente a recuperação da conexão doadora de vida da mente com a profundeza da psique criaria aquela simpatia mais universal capaz de minar as animosidades trágicas e muitas vezes letais que existem entre nações e comunidades. Na verdade, ele veio a perceber que as hostilidades da Primeira Guerra Mundial eram externalizações das hostilidades psíquicas dentro de sua psique e da psique das massas envolvidas no conflito.[13] Mas, talvez, a conclusão mais importante dessas observações continua sendo a confissão franca de Jung no início e no fim de seu *Livro Vermelho* de que sua descrição da recuperação de sua alma em imagens pré-racionais tão vívidas continha a matéria primordial que ele viria a expor com deliberação mais comedida em sua obra "científica" posterior.[14] Essa confissão nos leva a duas perguntas importantes que nossa cultura atual enfrenta:

1) A separação do espírito da nossa época da profundeza da humanidade coletiva e individual não seria tão prevalecente em nosso tempo como era no tempo de Jung e, portanto, seu esforço de reintegrá-los não seria tão importante agora como era quando ele escreveu seu *Liber Novus*? Essa percepção não faria da *Obra Completa* um recurso valioso, em teoria e terapia, se a humanidade quiser se salvar de sua própria remoção da fonte interior e única capaz de unir suas muitas expressões arquetípicas conflitantes em diversas comunidades ligadas religiosa e politicamente pelos poderes latentes naquela profundeza?

2) Ao longo de suas reflexões no *Livro Vermelho*, Jung veio a reconhecer que a necessária recuperação da alma é um processo religioso. A obra, então, não incentiva uma nova perspectiva religiosa cultural, uma perspectiva que pode gerar tensões consideráveis com as principais ortodoxias religiosas,

uma tensão que explica sua admiração das sensibilidades religiosas de Jung e sua recusa de aceitar o caminho pelo qual, como ele vê, o impulso religioso avança para um futuro além das reivindicações monoteístas?[15]

As perguntas podem se fundir numa análise dos *Septem Sermones ad Mortuos* ("Sete sermões aos mortos") na última seção do *Livro Vermelho*, "Aprofundamentos".[16] Aqui temos, na forma de um mito gnóstico, atribuído em outro lugar a Basilides,[17] uma tentativa de mostrar como o espírito da profundeza pode vir a permear o espírito dessa época com uma religiosidade comunal e individual ao mesmo tempo mais profunda internamente e mais abrangente externamente do que qualquer perspectiva cultural existente na época ou agora. Jung insistiria que, quanto mais profunda a interioridade para a qual o espírito da profundeza nos conduz, mais inclusiva se tornaria nossa aceitação do além, pois no interior, na profundeza, está a fonte viva da totalidade do além. E sua *anima* insiste, muito ao contrário de sua própria preferência, que ele deve, de fato, ser o portador de uma nova perspectiva religiosa para a sua cultura.[18]

O primeiro da série de sermões pregados por Filêmon, o porta-voz de Jung, aos mortos decepcionados, que retornaram sem o esclarecimento que esperavam receber do outro lado,[19] começa com aquilo que é, efetivamente, a corrosão do prólogo de João: no início não é o Verbo. Aqui, no início é o nada. O nada parece preceder o Verbo e estar fora do alcance de toda atividade mental. No entanto, esse nada é, ao mesmo tempo, uma plenitude, um pleroma, e a fonte da criação e da consciência. Aqui, Jung começa a brincar com um conceito metafísico sofisticado de participação. É da "essência" ou natureza da criatura finita viver separada e distinta do pleroma, mas a criatura e tudo que é participa ou "faz parte" do pleroma. Essencialmente removida do eterno, a criatura finita continua sendo parte do pleroma, pois a fonte da criatura permeia o todo.[20] Neste sentido, Jung ecoa as palavras de Marguerite Porete, uma mística do século XIV, que insistia que, se ela não conseguisse alcançar o Nada, ela não poderia ser o Todo.[21] Mais tarde, Jung chega a praticamente citá-la literalmente quando se refere à validade de uma espiritualidade contemporânea como tendo "diante de si o nada, do qual tudo pode surgir".[22]

A essa altura no início do desdobramento do mito, esperaríamos alguma alusão ao retorno da criatura para o pleroma, mas não a encontramos aqui. Ao contrário, por sua natureza, a criatura é levada a se diferenciar do pleroma e, ao fazê-lo, a estabelecer sua individualidade ou singularidade. Na época em que escreveu *Liber Novus,* Jung avaliava o retorno da criatura para o pleroma negativamente, como uma "dissolução" para recuar da criação continuada da individualidade e, portanto, como traição de sua essência.[23] O Jung maturo reverteria essa posição em seu tratamento de Eckhart, cuja dissolução na deidade era precisamente o que Jung abomina aqui.[24] No contexto de *Liber Novus*, Jung se preocupa principalmente com a processão da criatura do pleroma e com seu desenvolvimento finito continuado. Para tal fim, ele empresta uma expressão medieval, *principium individuationis*, o princípio da individuação, para descrever o impulso em direção a ser um indivíduo que se afasta progressivamente de uma dissolução regressiva na riqueza de sua fonte, o pleroma, para um envolvimento cada vez mais profundo nas exigências da vida finita e a formação do indivíduo.[25] Jung aplica a mesma expressão a Jesus como representante da vida divina latente no inconsciente e levada à consciência na formação do indivíduo divino/humano.[26]

Nos "Sete sermões aos mortos", Jung se mostra impressionado pelos opostos. Paradoxalmente, ele os descreve como não reais no pleroma, mas como simplesmente arquetipicamente potenciais, mas muito reais na consciência finita como uma expressão do potencial dentro do pleroma. Jung alerta contra uma identidade unilateral com um dos opostos separado do outro. Por exemplo, o belo sempre deve incluir o feio. A estratégia psíquica exige uma atenção a essa situação, uma distância ciente da possessão psíquica por qualquer membro dos opostos sem a inclusão do outro.[27] Nessa formulação, Jung se refere a uma "parte" no pleroma e na consciência finita, mas não ressalta essa observação, tão poderosa em seus escritos posteriores e especialmente em sua *Resposta a Jó*.[28] Aqui, ele afirma simplesmente que a "parte" eterna no pleroma, que é a fonte da consciência finita, busca a resolução de sua divisão[29] na consciência finita que gera. A fissura é curada por meio da redenção mútua do divino e humano em tempo, espaço e história conscientes.

Nessas primeiras passagens, o pensamento do Mestre Eckhart é mencionado, como é mencionado também várias vezes em suas obras posteriores.[30] Mais tarde, Jung escreveria um texto sobre Eckhart, que é uma das melhores contribuições para a integração plena do significado religioso e psicológico da experiência e expressão religiosa.[31] Nessa obra e em grande parte de seus escritos posteriores, o pensamento de Jung é, ao mesmo tempo, teológico, filosófico e psicológico sem ser redutível a qualquer uma dessas fragmentações da mente quando vistas isoladamente. Jung e Eckhart apreciam o retorno cíclico da mente para uma identidade com sua origem e a ressonância da mente com tais momentos de identidade na vida subsequentes à experiência.[32] Essa união de verdade epistêmica, ontológica, psicológica e teológica ilustra a pobreza da cena contemporânea, que carece de uma categoria tão abrangente quanto a perspectiva de Jung em sua resistência a toda fragmentação tradicional das disciplinas que pode ser imposta à sua psicologia.

Em suma, em sua obra inicial, aspectos do mito de Jung já são compatíveis com Eckhart, ao mesmo tempo em que permanece alguma tensão com o Eckhart total apropriado de forma mais completa em obras posteriores. Eckhart discerniu duas dimensões na divindade entre as quais ele traçou uma diferença um tanto estrita. O Deus de Eckhart era trinitário e tão imbuído de vida interior que era chamado uma *bullitio*, "uma fervura". Na verdade, a fervura interior era tão férvida que se tornou uma *ebullitio*, "uma ebulição". No início, Deus ebuliu, uma mente junguiana poderia dizer. A "ebulição" primordial resultou na criação e na queda. Na criação, o ego existencial percebeu que estava removido de sua fonte, e essa remoção se tornou o motivo para o impulso para sua recuperação.[33] A experiência da remoção de uma fonte de origem da vida como base para um impulso para sua reapropriação cada vez mais plena ressoa, pelo menos em parte, com o sofrimento derivado do reinado de Abraxas como governante de um mundo de contradição e a necessidade de afirmar seu si-mesmo singular no meio dele. No mito inicial de Jung, embora profundamente paradoxal, o pleroma pode muito bem ser entendido como impulsionado a se expressar para além de si mesmo na vida de cada indivíduo e criatura, todos os quais participam nele e em seu impulso para a individuação na criatura que se autoafirma. Assim, os

Sete sermões mais do que aludem a uma plenitude primordial impulsionada a se expressar para além de si mesma como base do impulso e fardo de cada indivíduo de realizar uma medida da conclusão divina em sua conclusão pessoal. Esse tema ocupa o núcleo de *Resposta a Jó*, de Jung. Religiosa e teologicamente, o livro levanta a séria pergunta da necessidade que leva o Criador a criar e buscar sua conclusão na história da consciência humana. No entanto, Eckhart se referiu também a uma dimensão diferente de Deus, chamada *Gottheit*, ou Deidade. O ego é conduzido para dentro da Deidade e para uma conquista (*Durchbruch*) e uma identidade, uma fusão total ou absorção do indivíduo com o divino. O retorno total para essa dimensão do divino está por trás da oração de Eckhart repetida duas vezes: "Rezo a Deus para que Ele me livre de Deus".[34] Esse é um ponto crucial na obra posterior de Jung sobre Eckhart. Significa que, em determinado ponto na psique, cada indivíduo é investido com uma participação ontológica no ser do divino e que sua realização significaria identidade não qualificada com a divindade, e Jung torna isso explícito em seu ensaio posterior sobre Eckhart. "Como resultado desse processo retrógrado, o estado original de identidade com Deus é reestabelecido e um novo potencial é produzido." Nessa passagem, Jung se refere a uma identidade psíquica num sentido real e literal. Nos *Sete sermões*, ele é muito menos radical. Aqui, um momento de identidade sem diferença deve ser evitado como uma forma de dissolução regressiva, que destrói a individualidade progressiva e aquela plenitude de vida que o pleroma exige de todos. Um Jung posterior poderia sugerir que um momento de identidade com o divino ou de uma aproximação com ele é o fundamento da mais verdadeira afirmação como indivíduo.

Como já mencionei de passagem, um agente poderoso e paradoxal no impulso para a individualidade é Abraxas, descrito como a Divindade além dos opostos, mas também sua fonte e senhor de sua inevitabilidade neste mundo. Um resumo da atitude de Jung em relação a Abraxas nunca pode ser totalmente satisfatória. Basicamente, Jung incentiva o indivíduo a buscar sua verdade mais individual na face de Abraxas e do sofrimento das contradições que ele impõe a cada vida finita. Diante dos conflitos inescapáveis que Abraxas impõe ao indivíduo na finitude, é preciso se curvar diante dele, mas nunca ao custo de abandonar sua verdade individual mais profunda e a singularidade de vida que ela exige.[35] Nem fuga nem capitulação são aceitáveis. Jung sugere que o preço que Jesus pagou em sua subjugação a Abraxas demonstra a crueldade deste, mesmo assim, no fim, Jesus destilou a situação na "beleza do sofrimento".[36]

Os mortos cristãos, aos quais essas palavras se dirigem, percebem corretamente que sua percepção de uma divindade totalmente transcendente e autossuficiente está sendo minada e se revoltam contra tal visão, mesmo que eles e sua era tenham superado tal divindade, alcançando uma maturidade que acredita apenas aquilo que pode experimentar num nível inferior.[37] Mesmo assim, Filêmon/Jung se recusa a apaziguá-los com uma simples substituição daquilo que já ultrapassaram. O pregador proclama que Deus não está morto: "está vivo como sempre".[38] Mas sua vida é muito diferente da vida de qualquer Deus que os cristãos têm compreendido. Na verdade, Deus se manifesta em cada criatura. Jung/Filêmon está propondo uma sacralidade universal em que cada ser existente participa no pleroma como sua expressão, e a humanidade pode e deve se conscientizar disso. Em obras posteriores, Jung identificará os opostos no pleroma e em suas expressões passando para a integração na consciência humana. Mas em sua obra inicial, ele fala menos da união dos opostos e insiste mais numa simples percepção de sua realidade.[39] Na verdade, ele alerta contra uma união excessivamente superficial, talvez excessivamente racional de Cristo e satanás. Sua verdade mais do que intelectual se encontra num "médio", numa união mais do que intelectual. Mais tarde, Jung parece ter chegado a uma percepção incipiente de que os opostos precisam não só ser reconhecidos c aceitos, mas que o movimento mais profundo da psique consiste em uni-los. Em seu ensaio sobre a Trindade, ele sugere, fortemente, que os filhos da luz e da escuridão do mesmo Pai, Cristo e satanás, devem alcançar uma aceitação ou resolução na psique e, portanto, na história.[40] Já em seu *Livro Vermelho*, ele sinaliza que essa unidade não é um trabalho da razão, mas de um mediador que une opostos por meio de um processo transracional comparável a uma nova percepção alimentada pela psique como uma nova revelação.

Novamente, uma elaboração mais minuciosa da reflexão de Jung/Filêmon sobre a essência da humanidade revela que talvez ela não esteja tão presa na finitude como algumas formulações parecem sugerir. Como já mencionamos, Jung está lidando com uma concepção dialética da essência da humanidade como participante no pleroma e do pleroma nela. Esse lado de seu entendimento da essência é uma evidência forte do essencialismo e da sensibilidade platônica de Jung. Na elaboração do pleroma, há um senso em que ele não existe; no entanto, recebe também o aspecto da "efetividade". Isso significa que o potencial arquetípico tende em direção à sua própria realização. Isso é semelhante ao que Jung apreciaria mais tarde no místico Jacob Böhme: o impulso de Deus para encontrar expressão manifesta e, por meio dela, autoconsciência divina na criação e na consciência humana.[41] Cada indivíduo se torna uma expressão do pleroma. Tal expressão é sua essência mais verdadeira. A conclusão é que cada humano é potencialmente divino e que o processo de amadurecimento, individuação, consiste em realizar esse potencial real no processo de viver a vida da forma mais plena.[42] Retornaremos para uma elaboração dessa concepção no sexto sermão, em que ela é relacionada a uma estrela ou luz azul fundamentada no pleroma que segue e conduz o indivíduo na jornada da vida, apoiando delicada e poderosamente a verdade mais profunda do indivíduo.

Não é difícil reconhecer nesses temas um prenúncio da concepção posterior de Jung da "forma primordial" do indivíduo. Durante uma doença, seu médico apareceu a Jung em sua forma primordial como "o *basileus* de Kos", "um avatar de Kos, a encarnação temporal da forma primordial que existiu desde o início".[43] Como emissário da cura da humanidade, o médico convocaria Jung de volta para as exigências da terra. Ele morreria no dia em que Jung se levantou do seu leito de enfermidade numa troca misteriosa entre vida recuperada e vida perdida, algo que Jung nunca explicou.[44] Mas a imagem do evento possui claramente uma energia semelhante ao si-mesmo eterno como verdade subjacente do indivíduo que busca sua realização no tempo a ser alcançada plenamente somente em sua realidade eterna. Jung alega ter testemunhado algo semelhante a esses eventos apenas uma outra vez. Depois de sua morte, a esposa de Jung apareceu a ele em sua verdade primordial ou "objetiva" além da emoção e projeção vestida como que num "retrato" que levou Jung de volta aos momentos particulares de sua vida conjunta até o sentido mais profundo que permeava tudo. A vida inteira dela tinha sido guiada por sua verdade mais profunda, e agora ela estava em sua realização eterna como plenamente ela mesma.[45] Para ilustrar os muitos lados da vida no mundo do além, Jung observaria mais tarde que, em certa ocasião, ele despertou com a percepção de que tinha passado um dia com sua esposa após a morte dela e que ela tinha continuado a trabalhar na morte no seu projeto sobre o graal, como que ainda completando a si mesma.[46] Parece que a realização da forma primordial e algum tipo de desenvolvimento continuado não são incompatíveis no mundo do qual retornam os mortos no *Liber Novus*.

Sob essa perspectiva do sentido da vida como autoafirmação, a figura de Cristo pode ser vista como o protoindivíduo, pois ele representa para Jung o homem que viveu sua verdade individual até mesmo na morte cruel imposta por Abraxas.[47] Em sua obra posterior, Jung descreve Jesus como um "*principium individuationis*".[48] Em *Liber Novus*, Jung postula: "Não devemos carregar Cristo, pois ele é incarregável, mas devemos ser cristos".[49] Ser um cristo é diferente de ser um cristão, e isso significa que o indivíduo percebe que ele deve imitar ninguém: Cristo viveu sua vida em lealdade total à sua verdade essencial.[50] Jung confessa que ele tinha sido um cristão, mas não um cristo. Os imitadores de Cristo são acusados: "Eles bem que o imitaram, mas não viveram sua própria vida assim como tu viveste a tua. [...] cada qual tinha de tomar sobre si sua própria vida, fiel à sua própria natureza e a seu próprio amor".[51] Aqui a premonição do si-mesmo se torna a essência do indivíduo e a base do amor verdadeiro.

A imagem de uma vida vivida para além da imitação a partir da profundeza da continuidade com o pleroma é, de fato, aliciante. Chama atenção para vários atributos da figura de Cristo que não são proeminentes nas retratações tradicionais. Dá prioridade a um relacionamento interno como substância experiencial não só do cristianismo, mas de todas as religiões. Mais tarde, o ponto reaparece na insistência de Jung no fato de que a aproximação inicial do divino ao humano ocorre sempre por dentro.[52] Sugere também fortemente que a confiança na vida interior para além da imitação traz consigo uma aceitação compassiva maior de tudo que se encontra além de tal interioridade profunda. A jornada para dentro é também a jornada para fora.

Ao refletir sobre a relação da religião com as leis psíquicas que controlam o desenvolvimento histórico, Jung afirmará que a unilateralidade inicial do cristianismo exigiria, eventualmente, sua própria transcendência.[53] A bondade não qualificada de Cristo separou a figura de seu próprio oposto, satanás, que se tornou o irmão sombrio de Cristo. Em seu trabalho após o *Livro Vermelho*, Jung se refere à separação como "uma fatalidade inerente à disposição cristã, fatalidade que leva necessariamente a uma mudança de mentalidade, e isto não por obscura causalidade, mas por uma lei psicológica".[54] Esse lado da psicologia junguiana aponta para a presença de uma filosofia da história em que a base arquetípica da consciência busca sua realização plena na consciência histórica com uma necessidade verdadeiramente hegeliana. A partir dessa passagem, Jung identifica a inversão inevitável da unilateralidade cristã no Renascimento, no Esclarecimento e na Revolução Francesa.[55]

No *Livro Vermelho*, que descreve a figura de Cristo como vivendo plenamente a sua interioridade individualizante ao ponto da morte, Jung antecipa um tema fundamental posterior de que a divindade deve expressar sua totalidade para além de si mesma para ser totalmente ela mesma. Essa convicção levaria Jung de um paradigma trinitário para um paradigma quaternário em termos de um sentido muito mais inclusivo do sagrado no Espírito da quaternidade do que o Espírito cristão pode oferecer. Tal Espírito uniria em sua vida as realidades divinas de Cristo e satanás, masculino e feminino, espírito e matéria. Atualmente, o si-mesmo apoiaria essa consciência como uma expressão de muito mais do que da simples união de Pai e Filho num Espírito cristão relativamente pálido. Somente nessa área, a alegação de que Jung era o portador de uma nova religião é bem-fundamentada, assim como o é também sua reivindicação em seu diálogo com Victor White, O.P., de que ele era um Joaquim de Fiore moderno.[56] Joaquim, o monte do final do século XII e início do século XIII, viu o advento iminente de um novo espírito religioso que realmente veio a florescer nas ordens mendicantes e na escolástica dos meados do século XIII. Sua ampliação do sentido do sagrado também se manifestaria no interesse de Jung por Mercurius como um irmão mais velho de Cristo, que viveu elementos rudimentares de uma humanidade dificilmente apreciada por visões tradicionais.[57] Quando Jung afirma Mercurius como *capax utrius* (capaz de ambos), ele aponta para uma figura cuja vida espiritual está integrada com sua vida animal em medida maior do que o âmbito cristão.

É, porém, crucial reconhecer que a insistência de Jung no impulso do pleroma para encontrar sua expressão na criatura individual como o sentido da criação fala de um indivíduo livre de todas as formas de individualismo. O indivíduo que a fonte busca é aquele cuja individualidade é a base de uma relação com a totalidade. Mais tarde, Jung tornaria esse ponto explícito na psicologia do *unus mundos*. Seguindo os passos de Gerhard Dorn, ele descreve um processo que começa num ascetismo tão rigoroso que se assemelha à morte, passando para um senso de ressurreição num *caelum* ("céu") do corpo glorificado.[58] O desenvolvimento culmina na experiência da continuidade do indivíduo com a totalidade por meio "da Razão eterna de todo ser empírico" como razão do ser pessoal. A psicologia do *unus mundos*, assim descrita, envolveria a integração dos muitos complexos dentro do indivíduo em conjunto com a relação empática do indivíduo com a totalidade, já que o indivíduo e a totalidade compartilham da mesma razão. Em *Liber Novus*, essa psicologia é latente na participação do indivíduo no pleroma como poder subjacente e generativo em cada criatura. Tal compaixão universal e participação plena na razão só pode ser aproximativa na psique finita.

No entanto, por mais limitado que possa ser, é impossível escapar do impulso para tal profundeza e extensão. Como mencionado acima, nas primeiras páginas de *Liber Novus* Jung descreve a essência do indivíduo como confinada pelo finito e impulsionada a afirmar sua individualidade naquele contexto.[59] Mas no "Sétimo sermão aos mortos", ele parece ampliar essa noção da essência da humanidade em imagens que prenunciam a realidade do si-mesmo. Aqui, ele fala de uma virada para dentro para a esfera de uma estrela azul: "Este é o único Deus desse ser humano, este é seu mundo, seu Pleroma, sua Divindade".[60] A estrela pode ser o objeto de oração. Sua luz azul guia o indivíduo através da vida e em direção a uma individualidade que a própria estrela coroa.[61] É a "natureza estelar" do indivíduo e "meu si-mesmo mais autêntico e mais íntimo, que é simples e único".[62] Acessar a estrela envolve uma atitude astuta em relação a Abraxas como senhor deste mundo: não se pode fugir dele nem abraçá-lo, tampouco, porém, pode-se capitular diante dele e ainda assim permanecer sob a influência da estrela azul. Ao contrário, sofrer Abraxas é a chave para viver a vida espiritual e moral em direção à estrela azul e, de certo modo, tornar-se Abraxas na liberdade conquistada.[63] O servo da estrela azul é um "mediador", um indivíduo que sofre os opostos naquilo que poderíamos chamar de redenção de Deus, apreciada por Deus e pela humanidade como conclusão do esforço divino na criação. Nesse contexto, "mediador" significa alguém em quem os opostos se encontram numa integração autêntica de uma divindade total com uma humanidade total.[64]

Mas se a individuação deve ser identificada com a divinização atualizada no indivíduo que vive em direção da verdade da estrela azul, quais seriam as consequências sociais e políticas para uma sociedade composta de tais indivíduos? Não haveria uma ameaça constante à ordem social pelos possuídos pela sua estrela em conflito com a cultura dominante? Em *Liber Novus,* Jung mostra que ele está pelo menos ciente do problema e volta a se ocupar com ele em suas obras posteriores. No quinto sermão, Filêmon opõe a comunidade à "individualidade". Em termos simples: "A vida solitária se opõe à comunidade".[65] Ao amplificar essa oposição, Filêmon alega que comunidade é necessária como um tipo de defesa coletiva contra as importunidades dos deuses e demônios – i.e., "compulsões arquetípicas". Parece que a comunidade protege seus membros da invasão de poderes que poderiam dominar os indivíduos cuja "individualidade" inflada ameaça a sociedade.

Aqui ele reconhece a necessidade de comunidade como imposta à humanidade pelo divino, como proteção contra deuses e demônios. Mas ele observa também que, quando a comunidade faz mais do que isso, "mais do que isso vem do mal".[66] O perigo é que a comunidade sempre exige submissão a outros e, assim, se encontra em tensão permanente com o impulso para a singularidade que ele tanto respeita. Na singularidade, o indivíduo se coloca acima dos outros para evitar a "escravidão". Assim, nos *Septem Sermones* e também em sua obra mais ampla, as tensões entre comunidade e indivíduo permanecem identificadas, mas dificilmente são resolvidas – se é que isso é possível. Nessa fase inicial, restrição em submissão à escravidão da comunidade permanece em tensão com a autoafirmação como exigência divina.[67]

Embora ainda sensível à tensão entre a submissão comunal e a singularidade retratada em *Liber Novus*, um Jung posterior parece conceder certa prioridade à singularidade. Na verdade, ele pode ser interpretado como inserindo-a em categorias quase morais baseado em fidelidade ao si-mesmo e todas as circunstâncias – individuais ou coletivas. Em discussões posteriores sobre a questão, Jung tinha se familiarizado plenamente com a realidade da possessão social arquetípica. Tais "sistemas político-sociais delirantes"[68] podiam levar populações vastas a neuroses e formas de "insanidade" social, que Jung via em seu mundo contemporâneo e que somente um "místico louco" seria capaz de prever em seu advento.[69] Na verdade, qualquer forma de "ismo", religioso ou político, tinha o poder arquetípico de prender seus membros em paroxismos do inconsciente coletivo.[70] Parece que o papel da comunidade de proteger seus membros da possessão divina pode, muitas vezes, submetê-los a ela.

O conflito entre comunidade e indivíduo que Jung reconheceu em sua sociedade na época em que escreveu o *Livro Vermelho* está, certamente, ocorrendo também na nossa. A extrema direita retorna com um senso de autoridade absoluta que pode avançar para a violência. Tal despotismo em conjunto com o nacionalismo e populismo representa também uma atitude problemática em relação aos direitos humanos. Ele é especialmente insidioso em sua rejeição de uma comunalidade humana subjacente como base para a rejeição de excepcionalismo e supremacia em qualquer esfera significativa do espírito humano.

O que Jung sugere em nome da "singularidade" que ele descreve em *Liber Novus*? Sua resposta é nobre. No entanto, devemos nos perguntar também se, como tudo que é nobre, isso não é também frágil. Em face de movimentos de comunidade em massa acima do indivíduo singular, ele escreve: "*Somente aquele que se encontra tão organizado em sua individualidade quanto a massa pode opor-lhe resistência*".[71] A organização individual aqui celebrada é obviamente o efeito do si-mesmo que alcança uma proeminência maior na psique do indivíduo. Mas tal drama excepcional pode ocorrer em face de uma população possuída? Quantos eram "tão organizados" quanto a Gestapo no período nazista? Quantas vítimas de qualquer holocausto em qualquer lugar eram tão organizadas quanto os agressores? No entanto, após uma reflexão continuada, quais outros recursos são disponíveis senão o poder da resistência interior que, no mínimo, informa e humaniza o zelo do ativista? Muitas vezes, o próprio ativismo na esperança de mudança é possuído arquetipicamente. Por exemplo, em algumas das maiores histórias como no marxismo, fascismo, comunismo e a aliança estranha entre democracia e capitalismo irrestrito, o ativismo se tornou o opressor que ele esperava derrubar. *Liber Novus* tem sido descrito como portador de uma nova religiosidade, ou, no mínimo, como esforço para "compreender a futura evolução religiosa do Ocidente".[72] Talvez isso seja mais evidente no campo social/político. Em continuidade com a passagem acima sobre a necessidade do indivíduo de ser tão organizado quanto as massas, Jung escreve: "O indivíduo que não estiver ancorado em Deus não conseguirá opor nenhuma resistência ao poder físico e moral do mundo, apoiando-se apenas nos seus próprios meios. Para concretizar essa resistência, o homem precisa da evidência transcendente de sua experiência interior, pois esta constitui a única possibilidade de se proteger da massificação".[73] O que significa estar "ancorado em Deus"? Em *Liber Novus*, significava ser guiado pela estrela azul. No contexto da citação posterior, significa uma consciência impregnada pelo si-mesmo.

Muito está em jogo nessa questão aparentemente arcana, possivelmente a própria sobrevivência da humanidade. Se a consciência não se ancorar em Deus, o Jung tardio alerta que a humanidade está "ameaçada pelo genocídio universal, se não pudermos obter nossa salvação através de uma morte simbólica".[74] Nesse contexto, Jung está se referindo à morte do símbolo que domina atualmente, em seu tempo, a imaginação da monomente, seja religiosa e/ou secular, e o nascimento de um símbolo mais capaz de sustentar toda a gama do espírito humano e sua razão. Mas como isso se apresentaria na prática? O sentido de sonhos voltaria a ser levado a sério como a revelação de um mundo interior grandemente ampliado e assim induziria compaixão com tudo que existe no mundo externo. Opostos no interior e no exterior poderiam ser vistos como válidos, cada um com um lugar legítimo numa reunião consciente muito mais ampla. O poder do arquetípico poderia ser reconhecido e, em seu reconhecimento, ele poderia ser despido de seu poder atual de convocar comunidades de ódio em conflito profundamente arraigado. O reformador social se tornaria ciente dos "horrores que acompanham o renascimento de um Deus" e seria repreendido em seu zelo.[75]

Com seu medo de um genocídio, Jung era sensível ao lado sombrio, mas conseguia escrever palavras de esperança em face dos conflitos ideológicos/arquetípicos do seu tempo: "O entardecer da humanidade, que se situa ainda num futuro longínquo, pode suscitar um ideal diferente. Com o passar do tempo talvez nem sequer se sonhe mais com conquistas".[76] Aqui Jung reconhece que a conquista se apoia no conflito de opostos psíquicos, e ele busca sua abolição em sua derrota mútua ou aceitação para além de sua antipatia. Em suas obras posteriores, Jung retratou o impulso básico da psique em direção da resolução do conflito interior como única base real para a resolução dos conflitos que destroem vidas físicas em campos de batalha externos. No espírito da nossa época, que também está separado do espírito da profundeza, o conflito ideológico busca a fragmentação entre indivíduos infectados com um individualismo e entre comunidades políticas e nacionais que afirmam sua própria realidade limitada como melhor ou única. O entardecer de uma humanidade livre de conquistas realmente parece distante. No entanto, na psicologia de Jung, que está enraizada em seu próprio tipo de ontologia e filosofia de história, vive uma esperança contra a qual nenhuma escuridão pode prevalecer. Ela transparece num lugar tão surpreendente como seu entendimento de um sentimento religioso em evolução que cresce no nosso meio, ou seja, que ser humano é ser divino ou ser movido em direção da divindade pela própria divindade.[77] Para Jung, tal percepção começou no *Livro Vermelho,* quando percebeu que aqueles que viviam a vida plenamente por insistência de Deus se tornariam seus próprios deuses.

Se a separação entre o espírito da época e o espírito da profundeza permanece o maior desafio da nossa época, que consciência traria sua cura para o nosso dia? Tal consciência seria religiosa no sentido de que estaria ciente da profundeza do espírito e da alma humanos e do poder numinoso que reside na comunalidade criativa que pertence a todos e produz todas as religiões. Mas tal consciência não poderia se reduzir a uma religião como é compreendida por instituições tradicionais e aquelas que se formam fora delas. Tal consciência seria teológica. Estaria ciente de que o referente da revelação religiosa, afirmação dogmática e representação moral e ritual é o poder do inconsciente que se expressa nelas. Mas tal consciência não poderia ser reduzida à teologia que, no fim, deve saudar a variante como a totalidade. Tal consciência seria uma metafísica que consiste em ontologia, epistemologia e filosofia da história. Estaria ciente de que aquilo que é um poder arquetípico interior que cria a experiência de um poder último está destinado a nascer exaustivamente na história humana. Mas tal consciência não poderia ser reduzida a uma metafísica e seu medo continuado e atual do profundamente subjetivo. Tal consciência seria científica. Mas seria uma ciência informada por uma subjetividade legítima ciente de uma dimensão mais profunda da cognição humana do que a ciência, corretamente fiel a si mesma, pode acomodar. Tal consciência não poderia ser reduzida à ciência como se costuma entender. Na verdade, tal consciência também estaria relacionada à medicina, psiquiatria, física, mitologia comparativa, antropologia e outras. Seria semelhante à *reductio* medieval, uma afirmação de que todas as disciplinas retornam ao divino quando suas profundezas são sondadas. Mas tal consciência não poderia ser reduzida a nenhuma disciplina ou a uma união forçada e artificial de todas elas. Ao curar o abismo entre mente e alma, Jung está buscando uma nova forma de consciência, uma consciência que libertaria os plenos poderes da alma numa consciência inclusiva de todos os domínios fragmentados da mente agora presos em distinções de disciplinas e departamentos discretos nos corredores do conhecimento do nosso tempo. Seria uma consciência nascida da "experiência primordial, a única capaz de convencer".[78] Jung está citando Buda aqui e oferece alguma noção daquilo que a nova consciência abrangeria. Mas já que tudo seria tão rico e novo, é difícil expô-la ponto por ponto. Jung reconheceu a dificuldade de fazê-lo quando, em relação à nova noção de interioridade agora exigida na recuperação da alma, ele escreveu: "Por isso não sabemos que novas abordagens estão abertas para o homem, que experiências interiores ele ainda pode realizar e que fatos psíquicos se encontram à base do mito religioso".[79] Quaisquer que sejam os fatos subjacentes ao novo mito, eles se reuniriam em torno da descrição mais abrangente que Jung oferece: "Só muito tardiamente é que os homens se deram conta (e continuam a ocupar-se disto) de que Deus é um ser real por excelência e, consequentemente, também homem. Esta percepção da realidade constitui um processo que se prolonga através dos séculos".[80] Ela até pode ser milenar, mas a percepção de que ser humano significa ser divino no caminho para sua verdade singular começou, para Jung, já nas páginas do *Livro Vermelho*.

Notas

1. C.G. Jung. *O Livro Vermelho: Liber Novus*, org. Sonu Shamdasani, trad. Edgar Orth (Petrópolis: Vozes, 2015), p. 109.

2. Ibid., p. 117.

3. Ibid., p. 114.

4. Ibid., p. 193.

5. Ibid., p. 249.

6. Ibid., p. 152-250.

7. C.G. Jung. "Notas marginais sobre a História contemporânea", em *OC*, vol. 18/2 (Petrópolis: Vozes, 2012), § 1366 e 1373.

8. C.G. Jung. "O espírito Mercurius", em *OC*, vol. 13 (Petrópolis: Vozes, 2013), § 294.

9. C.G. Jung. "Interpretação psicológica do Dogma da Trindade", em *OC*, vol. 11/2 (Petrópolis: Vozes, 2013), § 170.

10. C.G. Jung. *O Livro Vermelho*, p. 116.

11. Ibid., p. 127.

12. Ibid., p. 117.

13. Ibid., p. 178 anotação 221.

14. Ibid., p. 161.

15. Sonu Shamdasani, org. *O Livro Vermelho*, p. 56-57.

16. Jung. *O Livro Vermelho*, p. 447-472. Veja também a versão similar em C.G. Jung. *Memories, Dreams, Reflections*, org. Aniela Jaffé (Nova York, NY: Vintage, 1963), p. 378-390.

17. Jung. *Memories, Dreams, Reflections, p.* 378.

18. Jung. *O Livro Vermelho*, p. 332.

19. Jung. *Memories, Dreams, Reflections*, p. 449.

20. Jung. *O Livro Vermelho*, p. 449-450.

21. Marguerite Porete. *The Mirror of Simple Souls*, org., E.L. Babinsky (Nova York, NY: Paulist Press, 1993), p. 129, 193.

22. C.G. Jung. "O problema psíquico do homem moderno", em *OC*, vol. 10/3 (Petrópolis: Vozes, 2013), § 150.

23. Jung. *O Livro Vermelho*, p. 451.

24. Veja referências de Jung a Eckhart em ibid., p. 425 anotação 39 e p. 449 anotação 82.

25. Jung. *O Livro Vermelho*, p. 449.

26. C.G. Jung. *Aion. Estudo sobre o simbolismo do si-mesmo*, em *OC*, vol. 9/2 (Petrópolis: Vozes, 2013), § 120.

27. C.G. Jung. *O Livro Vermelho*, p. 450.

28. C.G. Jung. *Resposta a Jó*, em *OC*, vol. 11/4 (Petrópolis: Vozes, 2012), § 553 a § 758.

29. Jung. *O Livro Vermelho*, p. 450.

30. Veja a anotação 25.

31. C.G. Jung. *Tipos psicológicos*, em *OC*, vol. 6 (Petrópolis: Vozes, 1971), § 452 a § 479.

32. J.P. Dourley. "Jung on the Moment of Identity and Its Loss as History", em *International Journal of Jungian Studies*, 2017, vol. 10, 1, fevereiro de 2018, p. 34-47.

33. J.P. Dourley. *Jung and his Mystics: In the End It All Comes to Nothing* (Londres e Nova York, NY: Routledge, 2014), p. 88-91.

34. Meister Eckhart. "Sermon, 'Blessed Are the Poor'", em Reiner Schurmann, trad. (Bloomington, IN: Indiana University Press, 1987), p. 216, 219.

35. Jung. *O Livro Vermelho*, p. 513-514.

36. Ibid., p. 488.

37. Ibid., p. 456.

38. Ibid., p. 455.

39. Veja ibid., p. 452 anotação 86, onde esse ponto também é mencionado.

40. Jung. "Interpretação psicológica do Dogma da Trindade", em *OC*, vol. 11/2 (Petrópolis: Vozes, 2013), § 258.

41. Dourley. *Jung and his Mystics: In the End It All Comes to Nothing*, p. 115-123.

42. Jung. *O Livro Vermelho*, p. 450-453.

43. Jung. *Memories, Dreams, Reflections*, p. 292.

44. Ibid., p. 293.

45. Ibid., p. 296.

46. Ibid., p. 309.

47. Veja a anotação 38.

48. Jung. *Aion. Estudo sobre o simbolismo do si-mesmo*, *OC* 9/2, § 118.

49. Jung. *O Livro Vermelho*, p. 264.

50. Ibid., p. 294.

51. Ibid., p. 477-478.

52. Jung. *Tipos psicológicos*, *OC* 6, § 430.

53. Jung. *Aion. Estudo sobre o simbolismo do si-mesmo*, *OC* 9/2, § 78.

54. Ibid.

55. Ibid.

56. C.G. Jung. Carta a Victor White, 24 de novembro de 1953, em Gerhard Adler. *C.G. Jung Letters*. Trad. R.F.C. Hull. Vol. 2, 1951-1961 (Princeton, NJ: Princeton University Press, 1975), p. 138.

57. Jung. "O Espírito Mercurius", *OC* 13, § 271 e 289.

58. C.G. Jung. *Mysterium Coniunctionis*, em *OC*, vol. 14/1 (Petrópolis: Vozes, 2012), § 762.

59. Veja as anotações 21 e 24.

60. Jung. *O Livro Vermelho*, p. 471.

61. Ibid.

62. Ibid., p. 476-477.

63. Ibid., Apêndice C.

64. Ibid., p. 483.

65. Ibid., p. 467.

66. Ibid.

67. Ibid., 467-469.

68. C.G. Jung. "Sobre os arquétipos do inconsciente coletivo", em *OC*, vol. 9/1 (Petrópolis: Vozes, 2014), § 49.

69. C.G. Jung. "O conceito de inconsciente coletivo", em *OC*, vol. 9/1 (Petrópolis: Vozes, 2014), § 98.

70. C.G. Jung. "O arquétipo com referência especial ao conceito de anima", em *OC*, vol. 9/1 (Petrópolis: Vozes, 2014), § 125.

71. C.G. Jung. "A autocompreensão do indivíduo (Presente e futuro)", em *OC*, vol. 10/1 (Petrópolis: Vozes, 2013), § 540.

72. Jung. *O Livro Vermelho*, p. 43.

73. Jung. "A religião como contrapeso à massificação", *OC* 10/1, § 511.

74. C.G. Jung. "Jung e a fé religiosa", em *OC*, vol. 18/2 (Petrópolis: Vozes, 2012), § 1661.

75. Jung. *O Livro Vermelho*, p. 479.

76. C.G. Jung. "Comentário psicológico sobre o Livro Tibetano da Grande Libertação", em *OC*, vol. 11/5 (Petrópolis: Vozes, 2013), § 787.

77. Jung. *Resposta a Jó*, *OC* 11/4, § 645.

78. Jung. "O problema psíquico do homem moderno", *OC* 10, § 192.

79. Jung. "A autocompreensão do indivíduo", *OC* 10, § 542.

80. Jung. *Resposta a Jó*, *OC* 11, § 631.

6
Abraxas: Então e agora

J. Gary Sparks

O antigo deus gnóstico Abraxas tem uma mensagem para os séculos XX e XXI. Embora a violência acompanhe o retorno de Abraxas, a destruição que ele personifica contém, paradoxalmente, a possibilidade de transformação.[1]

O Abraxas gnóstico

O deus exerce um papel importante no *Livro Vermelho* de Jung.[2] Jung discute Abraxas também nas visões de uma paciente 20 anos mais tarde.[3] Outros 30 anos depois, o nome Abraxas aparece na capa de um LP homônimo gravado pelo guitarrista Carlos Santana, e a arte na capa é psicologicamente importante.[4] Depois de outros quase 50 anos, uma série de três sonhos recentes de um profissional na segunda metade da vida retrata de forma sugestiva o deus gnóstico.[5] Em cada ponto da análise que segue, os sonhos mostram a relevância prática e persistente de Abraxas, que apareceu a Jung primeiro no *Livro Vermelho* e, subsequentemente, continuou a absorvê-lo ao longo de sua vida. Abraxas e tudo que ele pressagia nunca deixaria Jung em paz durante sua vida, e o deus também não se despedirá do nosso tempo – como mostram três sonhos recentes.

O Livro Vermelho

A alma de Jung não mede palavras. Ela lhe diz: "Vou pôr mãos à obra. Mas tu deves construir o lugar do derretimento. Coisa velha, quebrada, gasta pelo uso, imprestável e destruída joga no tacho do derretimento, para que se renove e sirva para novo uso".[6] *O Livro Vermelho* diz respeito à reavaliação. Visões religiosas, morais, éticas e filosóficas de longa data que não são mais adequadas às exigências da época devem ser descartadas, destruídas e remoldadas. De importância primária entre essas visões é a interpretação prevalecente do cristianismo. Jung alega que a forma desgastada da religião ocidental tem sido incapaz de proteger a civilização contra a destruição gigantesca dos dois piores banhos de sangue na história do mundo.[7]

Que *O Livro Vermelho* e as preocupações da alma devem ser vistos no contexto dessa história é estabelecido por outra das declarações da alma a Jung: "Eu vejo a superfície da terra e a fumaça se estende sobre ela – um mar de fogo vem rolando do Norte".[8] O mar de fogo é a catástrofe iminente da Primeira Guerra Mundial que estava assaltando o mundo interior de Jung em 1913.[9] Os eventos da guerra e a reformulação de valores e entendimento são fios de um tecido comum.

"Os sete sermões aos mortos"

Abraxas recebe atenção considerável nos "Sete sermões aos mortos",[10] publicados no *Livro Vermelho* intitulado de "Aprofundamentos".[11] Nos "Sete sermões", "os mortos" retornam de Jerusalém e procuram Jung pedindo ajuda em sua luta. Eles "gritaram em uníssono: 'Nós voltamos de Jerusalém, onde não encontramos o que procurávamos. Pedimos entrada junto a ti. Tu ansiaste por nós. Não teu sangue, tua luz'".[12]

Estão buscando "luz", isto é, entendimento – mas de quê? Uma primeira ideia está contida na autoria que Jung atribui às primeiras edições dos "Sete sermões" – Basilides, um mestre gnóstico que viveu no século II d.C.[13] Os gnósticos cristãos defendiam uma visão da cosmologia cristã que, eventualmente, foi declarada uma heresia pela Igreja.[14] A visão gnóstica afirmava que, na criação do mundo, Deus (ou Sofia, a parte feminina de Deus) ficou preso no mundo. Os gnósticos se interessavam mais pela experiência emocional direta de Deus a partir de dentro do mundo do que por meio da Igreja como intercessora entre eles e Deus.

Os mortos anseiam por uma relação significativa com Deus. Em certo sentido, os mortos são um retrato do desespero que inundou a Europa como resultado da matança da guerra: "Como Deus pôde permitir que isso acontecesse?" as pessoas se perguntavam.[15] Em termos mais gerais, os mortos simbolizam o anseio de recuperar aquilo que o cristianismo "oficial" declarou herético em seu repúdio ao gnosticismo, resultando, em nossa época, numa perspectiva estéril, ineficaz e intragável para um número cada vez maior de pessoas.[16] Os mortos anseiam por uma experiência e um entendimento completos de Deus que os satisfarão. Filêmon, uma figura que representa a sabedoria nos "Sete sermões", admoesta: "esses mortos [...] não conheciam o caminho para além daquilo que a fé lhes destinou. [...] Ensino-lhes dessa forma porque sua fé cristã renegou e perseguiu certa vez precisamente essa doutrina. Mas eles mesmos renegaram a fé cristã e por isso se tornaram aqueles que a fé cristã também renegou. Isto eles não sabem, e por isso devo ensinar-lhes".[17]

Entra Abraxas

Abraxas é o retrato mais completo do sagrado, contendo aquilo que os mortos buscam e o que a imagem de Deus prevalecente em nossa época deve recuperar. Novamente Filêmon: "Abraxas é um deus difícil de se conhecer. Seu poder é maior, pois o ser humano não o vê. Do sol tira o *summum bonum*; do demônio tira o *infimum malum*".[18] Uma seleção de seus atributos ilustra a complexidade de Abraxas. Ele é o vazio, ele desmembra, é opostos conflitantes. Ele é o Pã grande e pequeno. É Príapo. É um monstro. É hermafrodita. Ele é os opostos ainda unidos que gerarão a consciência. Abraxas é: bom, mau, a plenitude do sol, a garganta sugadora do vazio, vida, morte, criação, nada, verdade, mentira, luz, trevas, o leão que ataca, o calor do dia de primavera, amor, assassinato, doença, sabedoria, deleite, horror, paralisia, inquestionável, diferenciação, fala, enganação.[19]

Um sonho moderno da série de três, considerada aqui, transmite que Abraxas ainda está bem vivo. "Estou num grande festival ao ar livre. Há uma área de esculturas de areia. As esculturas de areia estão abaixo de mim em caixas de areia. Entre as esculturas vejo formas informes. Deslizo para dentro da caixa. Veja a imagem de um deus feroz composto de muitos deuses: leões e javalis e outros animais ferozes. Dou forma a essa escultura. Deslizo para a segunda caixa de areia e vejo a forma do Super-Homem deitado de lado em agonia. Dou forma também a essa imagem". O "deus feroz composto de muitos deuses" é uma imagem de Abraxas. Esses "deuses" devem ser reconhecidos, conceitualizados (ser formados e moldados) para que possam ser incluídos no fluxo da divindade e da vida.

Os detalhes do sonho são instrutivos. Um *festival* é um evento social. A palavra tem sua origem no século XIV e inicialmente designava uma observância religiosa social.[20] Um festival reúne uma comunidade para uma celebração comum. Os eventos no sonho se referem, portanto, à nossa vida coletiva e não apenas à vida pessoal do sonhador.

O *deus feroz* é composto de uma variedade de animais selvagens. Esses deuses não são forças amorosas, mas consistem em forças intensas e potencialmente perigosas. Não existe nenhum Pai protetor aqui, mas um turbilhão de intensidade que possui o poder de destruir vida. Aceitar essas forças, como faz o sonhador no sonho e como sugere a figura de Abraxas na visão de Jung, é a tarefa religiosa atual da nossa época. *Areia* é uma substância maleável, e o sonho sugere que encarar, simbolizar e entrar num relacionamento com os animais selvagens não é uma tarefa impossível para as mãos humanas. Areia também pode ser um ingrediente em concreto, daí a fundação de uma construção que possui força e resistência.[21]

Como na experiência visionária junguiana de Abraxas, o deus selvagem no sonho espera ser reconhecido e incorporado na vida religiosa pessoal e coletiva desta época.

Força dominadora das experiências

Filêmon tem outra coisa essencial a dizer sobre Abraxas. Ele chama Abraxas a "força dominadora das experiências".[22] Se Deus criou a humanidade à sua imagem, então o entendimento de si mesma e o entendimento de Deus são paralelos.[23] O que se exclui da imagem de Deus é também o que será excluído do entendimento do crente de si mesmo. As qualidades emocionais e psicológicas que não são reconhecidas como pertencentes a Deus são as qualidades emocionais e psicológicas pessoais que os indivíduos não podem reconhecer em si mesmos e sobre as quais, portanto, não têm controle no dia a dia. A implicação imediata da declaração sobre "a força dominadora das experiências" é que as qualidades não reconhecidas de Abraxas, excluídas de uma teologia geral e da percepção psicológica pessoal, são exatamente o que uma geração vive na guerra – na verdade, aquilo que se manifestou nas duas guerras mundiais.

O ponto principal é que *aquilo que os membros de uma sociedade excluem de sua imagem de Deus comum é, na verdade, aquilo que determina as experiências.* Abraxas representa grande parte daquilo que se diz que Deus não é, mas que, na verdade, Deus é. Semelhantemente, Abraxas representa tudo que os ideais de uma época excluem da percepção típica, mas que, na verdade, irrompe em comportamento selvagemente destrutivo das massas. Isso é Abraxas.

O seminário sobre visões

Duas décadas depois, Jung volta para Abraxas e a transformação do Deus[24] nas visões de Christiana Morgan, uma mulher norte-americana de 28 anos de idade, que trabalhou analiticamente com Jung em 1926.[25] Visto que Abraxas contém aquilo que foi excluído da imagem de Deus cristã e assim também os aspectos da constituição pessoal com os quais o indivíduo não pode se relacionar consciente e responsavelmente, a presença da imagem de Abraxas em nossa época levará, naturalmente, a uma irrupção violenta de energia que tem sido excluída num mundo controlado por um Deus bom, por um Deus que é apenas "luz", um Deus que exclui a complexidade representada por Abraxas. As visões de Christiana evidenciam essa irrupção.

Esta é uma delas: "Vi uma mulher crescida na terra. [...] Seu cabelo estava numa poça d'água estagnada e balançava lentamente. [...] Ela estava em trabalho de parto, e eu fiquei de pé enquanto ela dava à luz. De uma placenta branca emergiu uma criatura com a forma de uma criança. [...] Ela tinha quatro olhos. [...] Suas mãos eram clavas, suas mãos eram garras. [...] Os seios da mulher estavam secos. Assim a criatura (i.e., a criança) rastejou até um lobo de ferro próximo e o lobo a amamentou".[26]

A imagem inicial fala de estagnação, que se refere ao sentimento da paciente de que a vida e o crescimento estão estagnados. O balanço da figura onírica elucida que a paciente sente uma coisa num momento e outra no momento seguinte, sem nenhum avanço. No entanto, a aceitação consciente do sentimento de se sentir presa permite que, com o tempo, o nascimento ocorra, o que significa um desenvolvimento no interior da sonhadora. O dilema, porém, é que a criança que nasce é muito problemática.

A criança nasce da placenta. Jung interpreta que a criança é uma criança espiritual. O fato de ser uma criança espiritual e não uma criança "literal" é ressaltado pelos quatro olhos. Tal simbolismo marca a criança como uma imagem de totalidade, de completude futura. Mesmo assim, permanece o fato angustiante de que a criança é uma imagem violenta. Jung vincula essa criança a Abraxas.[27]

O monstro

Assim, o nascimento se dá em meio a atributos altamente destrutivos. Jung continua: "O novo desenvolvimento começa praticamente com o nascimento de uma criança, mas o parto é uma criatura muito monstruosa".[28] As clavas e as garras são prova disso. O parto mostra "uma coisa altamente agressiva e perigosa, como a que foi sugerida pela [...] visão de Abraxas. [...] Abraxas sempre é representado com um chicote ou uma espada e um escudo, o deus é realmente bélico, suas armas são como o sinal de poder; ele pode usar o chicote com você. [...] O inconsciente da paciente aponta para o nascimento de um espírito bélico altamente perigoso".[29] Parecido ao potencial de violência no sonho moderno dos animais ferozes, o inconsciente de Christiana apresenta um retrato semelhante. Assim como o festival no sonho sugere um sentido coletivo da imagem dos animais ferozes, Jung faz uma interpretação semelhante da visão de sua paciente a partir daquele horizonte mais amplo.

Correspondentemente, a substância da discussão de Jung contempla o nascimento dessa criança a partir de uma perspectiva coletiva. O nascimento na vida pessoal de Christiana, que também recebe sua atenção, é, ao mesmo tempo, um retrato de um desenvolvimento coletivo na humanidade como um todo. Jung comenta:

> Acabamos de sair da guerra mais sangrenta da história humana e certamente não estamos deitados num leito de rosas. Não sabemos como um novo espírito pode ser. Quando o espírito muda, normalmente precisamos lidar com perguntas muito desagradáveis. Portanto, devo dizer que estou bastante interessado nessa criança. [...] O monstro [Abraxas] simboliza ou personifica o sentido oculto de uma situação ou época da história e, também, do ser humano. [...] Ele [o monstro] fará coisas terríveis, ele andará em sangue; esse também é o aspecto negativo de um novo conceito de Deus. Tudo que podemos dizer sobre essa figura monstruosa é que ela é o sentido oculto de um Deus que se encontra num estado de desenvolvimento. Pois ele se encontra no estado de ser nutrido pelo lobo, é um Deus recém-nascido em seu aspecto negativo. A ideia de um novo Deus sempre passa a existir quando um conceito antigo começa a desmanchar, então o inconsciente prepara uma nova ideia. Sempre há períodos na história em que o conceito de Deus é válido e aceito unanimemente; e então segue outro período em que essa imagem se desfaz, e nesses tempos tais criações podem ser encontradas no inconsciente. [...] Poderíamos dizer que é mais um sintoma do todo da humanidade atual do que de um paciente específico.[30]

Como já foi observado e ressaltado aqui, Abraxas representa todas aquelas qualidades, todos aqueles aspectos da vida que são excluídos da ideia do sagrado de uma época, ou seja, do entendimento de Deus de uma era. Não se permite que esses aspectos entrem na consciência normativa; assim, nunca se assume responsabilidade por eles. *Mas esse caos está a serviço de um novo entendimento do funcionamento, sentido e propósito da vida* – honrando como sagrados aqueles aspectos da vida que a crença religiosa convencional designa como pecaminosos. Abraxas e as qualidades que ele representa estão agora exigindo inclusão à nossa imagem de Deus. Mas os primeiros estágios desse processo são terríveis e se desdobraram de forma violenta.

Por maior que tenha sido a destruição com que Abraxas emergiu no último século, sua presença pode ser criativa. O segundo sonho na série do sonhador contemporâneo apresenta isso com clareza sucinta. "Estou numa igreja. Aqui, a religião busca o sagrado em coisas descartadas e ignoradas". Como sugere o anseio dos mortos, a Cristandade tem excluído mundos inteiros de experiência emocional e espiritual em sua rejeição do gnosticismo. Isso não é apenas um reconhecimento antiquado, estéril e inconsequente. Uma colega relata que ela tinha planejado participar de uma conferência sobre gnosticismo e a imagética dos primeiros gnósticos. A conferência foi cancelada por causa de ameaças de morte ao organizador – um teólogo respeitado e uma autoridade internacional em assuntos relacionados à Igreja primitiva. Tal fúria homicida tenta afastar da consciência as "coisas descartadas e ignoradas", no entanto, ironicamente, a emoção vulcânica – compreendida conscientemente – é parte daquilo que exige um lugar no Deus da "luz".

Em suma: a tarefa do nosso tempo, vista primeiro no *Livro Vermelho* e continuando sua presença em sonhos e eventos contemporâneos, consiste em retornar para aquilo que, na experiência humana do divino, foi historicamente rejeitado, reprimido e difamado. Assim, permanece o desafio de encontrar o sagrado nisso, ampliando e redefinindo – novamente dando à luz – nossa experiência e compreensão de Deus.

Sexualidade

Depois do nascimento da criança na visão de Christiana Morgan, imagens de sexualidade começam a aparecer em suas visões subsequentes. Jung comenta: "O primeiro problema que surge após aquele evento espiritual do segundo nascimento [a aparição de Abraxas como iniciando o processo da transformação da imagem de Deus] é o problema de libertar a sexualidade".[31] A visão seguinte de Christiana Morgan é crucial: "Um grande calor passou por mim e quando levantei meu pé vi uma marca na sola, um dragão chinês enrolado numa cruz e acima da cruz a cabeça de um leão".[32]

Na história de Caim e Abel, Abel era um pastor, Caim, um agricultor. Javé não gostou do sacrifício de Caim – favoreceu o sacrifício de Abel.

Assim, o Caim invejoso matou Abel. Javé, então, reverte sua posição e promete a Caim que Ele, Javé, protegerá Caim ("a marca de Caim").[33] Vemos a ambivalência de Javé nesse ponto. Primeiro, Ele persegue Caim ao rejeitar o sacrifício de Caim, depois Ele protege Caim. Jung acrescenta: "Caim tinha sentimentos de inferioridade em relação à sua inovação [...], por isso matou Abel, um garoto bom e piedoso, aparentemente sem nenhuma ideia, que seguia os caminhos aprovados".[34]

Jung vincula a marca de Caim à marca chinesa na sola do pé de sua paciente. Aquela marca é a culpa que um inovador sente por ser um pioneiro. Correspondentemente, a presença do "monstro" na psique de Christiana é um caso singular do desafio social de considerar todas aquelas forças que foram excluídas dos valores conscientes da Cristandade. Essa complicação no inconsciente de Christiana é o registro individual do que está querendo ocorrer também numa escala mais ampla como resposta à crise religiosa contemporânea dos séculos XX e XXI. Ela está passando pela mudança em sua vida individual que está pronta para ocorrer numa escala social muito mais ampla. Ela está sendo pressionada para ir além dos "não deves" e preconceitos, das leis sagradas, das suposições de longa data e das supostas delineações do sagrado.[35]

Sobre esses novos começos e a marca em seu pé, Jung comenta: "A cabeça de leão no topo e o dragão embaixo na cruz é uma condição muito especial: é a condição do começo, quando as coisas ainda se encontram na forma inconsciente, ainda não feitas ou percebidas conscientemente. [...] Há um símbolo gnóstico muito significativo em que a cabeça do leão está em cima, e a serpente, embaixo".[36] Essa imagem é, evidentemente, Abraxas. "Normalmente, Abraxas é representado com a cabeça de uma ave, o corpo de um homem e o rabo de uma serpente".[37] Jung observa:

> Este simbolismo primitivo [...] ocorre neste símbolo em nossa fantasia; temos [...] um deus não com uma mente humana, mas com uma mente animal [isto é, o entusiasmo sexual, a mente animal], que não se conforma às nossas expectativas espirituais, mas aos nossos piores medos. Isto é, se alguém fosse permeado por aquela onda de calor [erotismo], ele sentiria aquela cegueira absoluta, aquela falta de orientação, aquela ausência caótica de forma e definição; apresentaria uma imagem que só encontra

> um paralelo na imagem mental do mundo de hoje. Perdemos completamente a nossa orientação, não temos certeza de nada, há apenas um impulso cego, mas não sabemos para quê. Assim, esse símbolo é apropriado não só para um caso especial, é um símbolo também para o nosso tempo.[38]

A discussão passou da monstruosidade para o erotismo.

Mati Klarwein e Carlos Santana

A análise de uma pintura moderna (1961), *Annunciation*,[39] de Mati Klarwein,[40] elucida o tema do Eros. O fato de que essa pintura tocou num nervo vivo é confirmado pela sua presença na capa do álbum *Abraxas*, do guitarrista latino Carlos Santana. O LP, publicado em 1970, vendeu 3,8 milhões de cópias.[41] Muitos olhos absorveram a arte de Klarwein.

O artista escreve sobre sua pintura: "Carlos Santana viu uma reprodução de *Annunciation* numa revista e a quis para a capa de seu álbum campeão de vendas *Abraxas*. [...] Vi a capa presa na parede de uma cabana de lama de um xamã na República do Níger e dentro do caminhão de um rastafari na Jamaica".[42] O comentário no site de Klarwein confirma que a pintura *Annunciation* representa o anjo Gabriel anunciando a Maria que ela se tornaria mãe do Filho de Deus. Em outras palavras, um novo entendimento de Deus se encontra no processo de parto.[43]

As mudanças feitas à representação ortodoxa do evento são notáveis. Gabriel está tatuado e está montado num tambor. Maria é de pele escura, linda, sexy e sensual. O Espírito Santo entra em Maria não pelo ouvido,[44] mas visita sua vagina, repousando diante de seu órgão sexual, celebrando sua fertilidade e feminilidade biológica. À esquerda, estão dançarinas wodaabe e, entre elas, há uma imagem do próprio artista. Todos os anos, as dançarinas do Níger "participam de uma série de danças de feitiço e beleza julgadas exclusivamente por mulheres. Durante a semana, as mulheres identificam os homens mais desejáveis. Como parte do ritual, os homens wodaabe decoram seus rostos para agradar às espectadoras".[45] Os homens dançam e são julgados pelas mulheres.

Anunciação, Mati Klarwein, 1961 óleo sobre tela © Família Klarwein

Observações adicionais sobre a pintura no site do artista elucidam o tema de Abraxas: "Embora o título, em combinação com a retratação da Virgem Maria como uma moça negra sensual e voluptuosa, seja um desafio claro às nossas preconcepções, essa pintura pode ser vista também como uma celebração visual da vida na terra em toda a sua riqueza e diversidade: música, cheiros, sexo e sensualidade, cor, sabores, textura, o erotismo das flores, a sensualidade da pedra, a beleza natural das paisagens e todas as frutas da natureza estão representados aqui".[46]

A mudança da monstruosidade para o Eros é celebrada na *Annunciation* de Klarwein e sua afinidade natural com Abraxas. O nascimento do novo Deus – o nascimento de um novo entendimento de Deus que incorpora elementos anteriormente rejeitados e representados por Abraxas, a criança que a Maria negra trará ao mundo – é conduzido numa atmosfera de Eros e natureza. A celebração do Eros pela pintura confirma acima o fio que se desenvolve ao longo das décadas desde o *Livro Vermelho* (monstruosidade) até o seminário *Visions* (emergência do tema do Eros), ressaltando que o novo nascimento religioso está inserido em erotismo e natureza.

O último sonho na série do sonhador contemporâneo revela um detalhe importante no tema erótico da *Annunciation* de Klarwein: "Vejo uma mulher num vestido, metade de sua blusa é preta, a outra metade é branca, metade da saia é branca, metade é preta. Eu a chamo a mulher yin-yang". Novamente, o Eros está presente na figura da mulher, no sentido de que a mulher interior é a expressão do Eros de um homem. O detalhe crítico é o móvito do branco e preto. A mulher yin-yang contém ambos, o branco e o preto, como acontece também na pintura de Klarwein, que contrasta a pomba branca com a Maria negra. As sombras contrastantes no terceiro sonho refletem a mesma polaridade entre a pomba branca e a escura mãe de (um novo entendimento de) Deus na *Annunciation.*

O sentido desse detalhe comunica muito sobre a pertinência da imagem de Abraxas, especialmente em sua importância para o século XXI. Como vimos, uns cem anos atrás, Abraxas começou como uma monstruosidade para Jung e então Eros entrou nas visões de Christiana e nos comentários astutos de Jung sobre elas. Então, numa expressão cativante de um artista visual, a importância desse Eros é ressaltada na pintura de Klarwein.

O contraste de luz e sombra é retratado na obra de Klarwein, especialmente quando comparado com o contraste no sonho moderno. Isso sugere que a solução para o problema de integrar as qualidades abomináveis de Abraxas não só terão algo a ver com Eros, mas também – e mais especificamente, como evidenciado no sonho e na pintura – com os *aspectos "branco" e "preto" do Eros, a polaridade de Eros.*

Opostos

Qual é o significado desse preto e branco? Em seu ensaio, Jung descreve que essa energia psicológica é como um espectro com dois polos: um instintual e outro arquetípico – podemos imaginar também que essa energia psicológica é como um continuum com dois polos.[47] O polo *instintual* consiste nos impulsos, desejos e inclinações da natureza; em outras palavras, no aspecto animal do corpo. O polo *arquetípico* é a capacidade do instinto de formar imagens, imagens criadas para retratar as dinâmicas físicas da energia instintual. A integração da energia instintual e de seus padrões sempre ocorre por meio do polo de energia arquetípico criador de imagens, que forma as imagens daquilo que assalta uma pessoa.[48] A consciência, então, por meio do entendimento daquela imagem, pode entrar em diálogo com aquilo que ela precisa reconhecer, apropriar e pelo qual deve assumir responsabilidade para entender o assalto instintual. O processo criador de imagens do arquétipo parece possuir uma presciência vaga do padrão de vida de um indivíduo, de modo que o caráter do arquétipo só pode ser descrito como espiritual.[49]

A polaridade de energia, aqui da energia do Eros, é pertinente a entender o significado da mulher yin-yang e da *Annunciation* de Klarwein. É um passo pequeno para ver a relação do instinto com a terra escura da Maria negra ou as cores pretas da mulher yin-yang. Um passo igualmente pequeno pode reconhecer a ressonância criadora de imagens e geradora de presciência do arquétipo com a pomba branca do espírito na *Annunciation* e o polo branco da mulher yin-yang. Os portadores do Eros, tanto na pintura de Klarwein como no sonho moderno, comunicam essa relação recíproca entre claro e escuro, espírito e instinto, tão fundamental ao processo terapêutico.

Um exemplo

Um sonho da prática analítica oferece um exemplo prático daquela relação recíproca entre claro e escuro, entre imagem arquetípica e instinto.

Às vezes, durante a jornada junguiana interior, vemos esse *continuum* "preto" e "banco" da energia do Eros presente em sentimentos eróticos que podem surgir entre analista e analisando.[50] A experiência de consultório afirma que o aspecto "preto" (instintual, terreno) do Eros é a *experiência* física da sexualidade, enquanto o aspecto "branco" (a pomba como espírito) do Eros contém o *sentido* da experiência dos impulsos sexuais.

O seguinte relato é da jornada psicológica de uma mulher de trinta e poucos anos. Após uns dois anos de trabalho analítico, caracterizado por uma forte atração sexual entre nós dois, a mulher sonhou: "Em meu quarto toca o telefone. Eu atendo e reconheço a voz, Gary, sou capaz de ver seu rosto. Sua voz é muito suave. Parece que ele está me dando algo, mas também pedindo algo. Sua feição está mudando. Aos poucos, seu rosto se transforma em coruja. Agora estamos juntos nesse quarto. Seu rosto voltou ao normal, ele está ajoelhado diante de uma coruja. Não tenho certeza se Gary está me instruindo a abrir meus olhos para que eu possa ver ou observar até a coruja abrir seus olhos". No sonho, primeiro ela vê o analista, eu, como uma coruja, e depois descobre a coruja em si mesma – ou, mais precisamente, como algo nela mesma que o sonho retrata como uma imagem de seu inventário pessoal ao qual ela consegue se relacionar.[51] Em outras palavras, primeiro ela tem uma imagem de mim como coruja, depois ela encontra a "coruja interior" dela como uma imagem onírica com a qual ela consegue estabelecer um relacionamento. O que ela vê inicialmente em mim ela descobre como simbolizado como uma entidade separada no sonho, representando suas próprias capacidades de "coruja" que ela pode desenvolver. Alimentada pela nossa atração erótica, ela encontra sua força psicológica e o próximo passo nas feições do meu rosto.

Esse é um exemplo vívido de que a maneira em que vemos outra pessoa que nos fascina eroticamente é uma representação proposital do próximo passo no nosso próprio desenvolvimento psicológico. A analisanda está fascinada comigo porque eu tenho uma certa característica *na percepção dela*. Mas logo essa característica se torna a possibilidade de reconhecer a parte de sua própria personalidade que é análoga à sua percepção de mim. Éramos atraídos por Eros e então, no fogo da atração, ao mesmo tempo em que tivemos o cuidado de observar os limites profissionais, viemos a ver como aquele desejo transportava uma mensagem para a crescente maturidade dela no trabalho onírico. Essa mensagem é o que significa o aspecto espiritual de Eros, o aspecto-mensagem do desejo instintual – o branco da pomba e o branco da mulher yin-yang. O desejo biológico em si é a escura conexão terrena entre o analista e a analisanda, a Maria negra, a metade escura da roupa da mulher yin-yang. A partir de sua experiência da nossa conexão e de seu significado, a sonhadora recupera sua capacidade de ver partes desconhecidas de si mesma – e é o conhecimento dessa capacidade que edificará sua confiança e a capacitará a avançar na vida.

Uma vez que o significado do desejo é compreendido, o impulso instintual ameniza e se torna humano. Sua energia encontra um lugar em novas qualidades e atributos pessoais dentro do inventário pessoal cada vez mais profundo da sonhadora. Isso significa que a energia instintual é integrada. O lado instintual (preto) é integrado na totalidade da personalidade e seu crescimento por meio da consideração do sentido (branco) da experiência erótica expressada por uma imagem.

T.S. Eliot diz o mesmo:

> Tivemos a experiência, mas ignoramos o sentido,
> E a abordagem ao sentido restaura a experiência
> Em forma diferente, para além de qualquer sentido
> Que podemos atribuir à felicidade.[52]

Quando a sublimidade do sentido se encontra com a fertilidade da terra, quando percepção e desejo se misturam, a integração dos animais ferozes dos deuses, como aqueles que compõem Abraxas, se torna uma realidade humana.

Abraxas invade a esfera humana enriquecendo e transformando nossos valores mais apreciados – e sagrados.

Conclusão

O Abraxas que emergiu na visão de Jung libera um nexo de eventos psicológicos ainda intensamente relevante no século XXI. A atual perda da capacidade de crer busca respostas – às vezes, na voz do desespero, às vezes, na frieza do cinismo, às vezes, na inquietação da ganância. A resposta alternativa de Jung gira em torno do assalto de Abraxas e seu retorno problemático. Vimos como esse retorno problemático se desenvolveu em polaridade da integração a partir da monstruosidade e passando pelo Eros. Por meio dessa imagem, do espírito no entendimento de Jung dele, encontramos retratos daquilo que nos assalta para que a intensidade de Abraxas não nos esmague. A posição de Jung referente ao instinto e a imagem foi ressaltada: "A percepção da realidade do instinto e sua assimilação nunca se dão [...] pela absorção e mergulho na esfera instintiva, mas apenas por assimilação da imagem, que significa e ao mesmo tempo evoca o instinto, embora sob uma forma inteiramente diversa daquela em que o encontramos no nível biológico".[53] Por meio de nossas imagens interiores geradas em tempestades emocionais, recuperamos o sagrado perdido na vida, negado por séculos de rejeição. Isso é o renascimento e a transformação da imagem de Deus.

Então Abraxas se torna criativo. Ele aperfeiçoa nosso reconhecimento de quem somos. Ele remodela nossa vida e nosso tempo, como escreveu Eliot:

> Em forma diferente, para além de qualquer sentido
> Que podemos atribuir à felicidade.[54]

Notas

1. ClipArt ETC Commercial License. "Normalmente, Abraxas é retratado com a cabeça de uma ave, o corpo de um homem e o rabo de uma serpente..." C.G. Jung. *Visions: Notes of the Seminar Given in 1930-1934*, 2 vols., org. Claire Douglas (Princeton, NJ: Princeton University Press, 1997), p. 1041-1042. Outras retratações de Abraxas seguem abaixo.

2. C.G. Jung. *O Livro Vermelho: Liber Novus*, org. Sonu Shamdasani, trad. Edgar Orth (Petrópolis: Vozes, 2015).

3. Jung. *Visions*.

4. Carlos Santana. *Abraxas*, Columbia Records, 1970, LP.

5. O homem não conhecia o conteúdo do *Livro Vermelho* nem a imagem de Abraxas.

6. Jung. *O Livro Vermelho*, p. 445.

7. "O deus dos cristãos se mostra demasiado fraco para salvar a cristandade de uma matança fratricida". Veja C.G. Jung. "Wotan", em *OC*, vol. 10 (Petrópolis: Vozes, 2012), § 384.

8. Jung. *O Livro Vermelho*, p. 446.

9. C.G. Jung. *Memories, Dreams, Reflections*, org. Aniela Jaffé (Nova York, NY: Vintage Books, 1963), p. 175-176.

10. Jung. *O Livro Vermelho*, p. 448-472.

11. Esses capítulos foram inseridos após o fim formal do *Livro Vermelho* e foram publicados com ele. A redação dos "Aprofundamentos" por Jung continua no dia após a redação da última página do *Livro Vermelho*. "Os sete sermões aos mortos" fazem parte dos "Aprofundamentos".

12. Jung. *O Livro Vermelho*, p. 448.

13. Ibid., p. 38 anotação 128, p. 448 anotação 81.

14. Para uma introdução ao gnosticismo, veja Elaine Pagels. *The Gnostic Gospels* (Nova York, NY: Vintage Books, 1989).

15. Como exemplo de uma resposta convincente, Elie Wiesel, sobrevivente de Auschwitz, disse numa entrevista: "É porque eu acreditava em Deus que fiquei com raiva de Deus, e ainda estou. [...] Nunca duvidei da existência de Deus. Tenho um problema com a aparente ausência de Deus. [...] Já que Deus é Deus e Deus está em toda parte, isso vale também para o mal? Vale também para o sofrimento? Ele está lá também? [...] No fim dessas perguntas, não podemos evitar de dizer: e onde estava Ele...?" Krista Tippett, entrevista com Elie Wiesel, "Elie Wiesel: The Tragedy of the Believer", On Being with Krista Tippett, texto do podcast, 13 de julho de 2006, https://onbeing.org/programs/elie-wiesel-tragedy-believer/ (acessado em 1º de setembro de 2017).

16. "Ideias existencialistas surgiram num tempo na sociedade quando havia um senso profundo de desespero após a Grande Depressão e a Segunda Guerra Mundial. [...] Esse desespero foi articulado pelos existencialistas ainda na década de 1970". Veja "Existentialism", All About Philosophy, http://www.allaboutphilosophy.org/existentialism.htm (acessado em 1º de setembro de 2017).

17. Jung. *O Livro Vermelho*, p. 453.

18. Ibid., p. 458.

19. Ibid., p. 459.

20. Merriam-Webster, https://www.merriam-webster.com/dictionary/festival (acessado em 1º de agosto de 2017).

21. Uma discussão completa da imagem do super-homem ultrapassa o escopo deste artigo – Jung gastou 1544 páginas discutindo o além-humano em seminários sobre *Assim falava Zaratustra*, de Friedrich Nietzsche. Num resumo simplificado, o super-homem é, no melhor dos sentidos, a pessoa que é completamente humana, ao contrário do entendimento de Nietzsche, que o vê como a pessoa perfeita. Novamente, no melhor dos sentidos, entendo que o Super-Homem em agonia no sonho se refere ao sofrimento causado pelo reconhecimento de que somos um reflexo fraco daquilo que a nossa humanidade realmente oferece. C.G. Jung. *Nietzsche's Zarathustra: Notes of the Seminar Given in 1934-1939*, 2 vols., org. James L. Jarrett (Princeton, NJ: Princeton University Press, 1988), p. 47, 52, 55, 61, 71, 90, 205, 336.

22. Jung. *O Livro Vermelho*, p. 489.

23. Gn 1,27.

24. O termo usado para descrever o processo pelo qual a nossa experiência e nosso entendimento de Deus se amplia e aprofunda. Ele é efetuado em nossos encontros com a vida quando somos submetidos a emoções e eventos esmagadores. Quando começamos a levá-los a sério, eles transformam nosso entendimento da nossa constituição essencial e da de Deus. Jung se refere a esse processo como a transformação da imagem de Deus – isto é, a transformação da nossa imagem (e, portanto, do nosso entendimento) de Deus e do sagrado.

25. Jung. *Visions*, p. x, xiii.

26. Jung. *Visions*, p. 823-824, 828, 842.

27. "Na última visão, Abraxas estava armado [...]. Aqui temos a mesma ideia; garras são as armas naturais de um animal, enquanto as clavas são feitas pelo homem. Assim isso aparenta ser uma criatura muito bélica". Jung. *Visions*, p. 803-807, 829.

28. Jung. *Visions*, p. 839.

29. Jung. *Visions*, p. 830, 844.

30. Jung. *Visions*, p. 844, 850-851.

31. Jung. *Visions*, p. 883.

32. Jung. *Visions*, p. 1037.

33. Gn 4,15. "Pois bem. Se alguém matar Caim, será vingado sete vezes".

34. Jung. *Visions*, p. 1037.

35. Jung. *Visions*, p. 1039-1040.

36. Jung. *Visions*, p. 1041.

37. Jung. *Visions*, p. 1041-1042.

38. Jung. *Visions*, p. 1042.

39. *Annunciation*, Mati Klarwein, 1961, óleo sobre tela, ©Klarwein Family. Reproduzido com permissão da família Klarwein.

40. "Abdul Mati Klarwein," Mati Klarwein Art, http://www.matiklarweinart.com/en/ (acessado em 1º de agosto de 2017).

41. Russell Sanjek. *American Popular Music and Its Business: The First 400 Years, Volume III, From 1900 to 1984* (Nova York, NY: Oxford University Press, 1988), p. 516.

42. "Annunciation by Mati Klarwein - 1961 (Abraxas)", Mati Klarwein Art, http://www.matiklar weinart.com/en/gallery/annunciation-1961.htm (acessado em 1º de agosto de 2017).

43. http://www.matiklarweinart.com/en/gallery/annunciation-1961.htm.

44. Jerome H. Neyrey. "Mary: Mediterranean Maid and Mother in Art and Literature," University of Notre Dame, https://www3.nd.edu/~jneyrey1/MaryM&M.htm (acessado em 1º de agosto de 2017).

45. http://www.matiklarweinart.com/en/gallery/annunciation-1961.htm.

46. http://www.matiklarweinart.com/en/gallery/annunciation-1961.htm.

47. C.G. Jung. "A natureza da psique", em *OC*, vol. 8/2 (Petrópolis: Vozes, 2013), § 406, 414.

48. Ibid., § 414.

49. Ibid., § 398, 402-406.

50. O termo técnico "transferência" não faz jus ao mistério e objetivo do fogo erótico.

51. Por exemplo, a coruja representaria sua capacidade de "ver no escuro", ou seja, de entender melhor o seu sofrimento e os passos necessários para curá-lo a partir desse ponto de vista do inconsciente escuro do mundo onírico.

52. T.S. Eliot. "Four Quartets", em *The Complete Poems and Plays 1909-1950* (Nova York, NY: Harcourt, Brace and World, 1971), p. 133.

53. Jung. "A natureza da psique", *OC* 8/2, § 414.

54. Eliot. "Four Quartets", p. 133.

7
A metamorfose dos deuses
Astrologia arquetípica e a transformação da imagem de Deus no *Livro Vermelho*

Keiron Le Grice

Uma consideração mais ampla do significado do *Livro Vermelho* de Jung deve levar em conta o momento histórico em que ele foi criado. Se ele é relevante não só para o próprio Jung como a articulação de uma mitologia pessoal, mas também para a civilização ocidental como um todo, então devemos voltar nosso foco para a evolução do Ocidente moderno como ele se revela em seus momentos históricos e suas transições religiosas importantes. Uma maneira em que isso pode ser feito de acordo com as doutrinas da Psicologia Analítica é considerar os fatores arquetípicos que impactam a psique ocidental e o espírito da época cultural no final do século XIX e início do século XX, desde o momento do nascimento de Jung até a criação do *Liber Novus*. Fazendo isso, podemos ganhar alguma perspectiva sobre o significado do nosso próprio tempo e a evolução das nossas concepções da dimensão espiritual da experiência.

Cosmologia arquetípica

A visão do teórico de sistemas Erich Jantsch de um universo auto-organizador governado por princípios "homólogos" e "dinâmicas naturais" interconectadas que funcionam em todos os níveis da vida pode nos ajudar a apreciar que a experiência humana está sujeita às mesmas leis e princípios que orientam o próprio universo.[1] Esses princípios estão operando por meio de nós, animando e padronizando nossas experiências individuais, ao mesmo tempo em que também encontram expressão no nível coletivo na história cultural. Há muito tempo, essa percepção tem sido reconhecida na prática da astrologia, um sistema simbólico que busca entender as formas dinâmicas de expressão de princípios universais por meio do estudo dos ciclos dos planetas no sistema solar e também do sol e da lua. Após a Revolução Copernicana, aos poucos, a astronomia se separou de considerações do significado simbólico de fenômenos astronômicos para a experiência humana, mas até hoje astrólogos estudam os movimentos dos planetas em suas órbitas e os alinhamentos geométricos que fazem uns com os outros, interpretando o significado de tais alinhamentos para a vida individual e para o mundo como um todo. A emergência recente da disciplina da Cosmologia Arquetípica, em que eu mesmo estou envolvido, tem procurado colocar a astrologia sobre um fundamento teórico e empírico mais firme, recorrendo extensamente à psicologia junguiana – em relação a outras perspectivas tais como o platonismo, a cosmologia evolucionária e as ciências do novo paradigma – para entender e articular a base arquetípica da astrologia e sua capacidade de iluminar as dinâmicas da psique humana. Astrologia Arquetípica é o nome dado à metodologia e a abordagem específica à análise astrológica pesquisada no campo. As ideias de Jung foram essenciais no desenvolvimento dessa abordagem. Ele via a astrologia como "soma de todo conhecimento psicológico da antiguidade" e acreditava que a "astrologia, como o inconsciente coletivo com o qual a psicologia se ocupa, consiste em configurações simbólicas: os 'planetas' são os deuses, símbolos dos poderes do inconsciente".[2] Especialmente relevante aqui é a visão de Jung de que a psicologia dos arquétipos pode ajudar a explicar a "conexão interior entre eventos históricos" e as "leis universais" subjacentes ao desenvolvimento individual, pois essas são as duas áreas primárias de aplicação da astrologia.[3]

Na Astrologia Arquetípica, cada planeta está associado com um princípio universal específico e um conjunto relacionado de temas arquetípicos. A Vênus, por exemplo, está associada com amor, beleza, prazer e harmonia, enquanto Saturno está associado com morte, julgamento, amadurecimento, limitação, estrutura e separação. Quando os planetas formam relacionamentos significativos uns com os outros (incluindo ângulos de 0, 60, 90, 120 e

180 graus), os "arquétipos planetários" correspondentes entram em relação, gerando conjuntos de temas e complexos arquetípicos evidentes em padrões discerníveis de história cultural e biografia individual. Vemos a combinação Vênus-Saturno no amadurecimento lento de uma relação amorosa ao longo de muitos anos de devoção e trabalho, por exemplo, ou numa maneira reservada e contida de expressar afeto, ou em juízos de beleza e num apreço da tradição clássica na arte.

Existem três tipos principais de análise que são empregados na Astrologia Analítica. Em primeiro lugar, pode-se estudar o significado do posicionamento dos planetas no momento do nascimento, como retratado no mapa natal astrológico, que permite ver como os arquétipos planetários se manifestam em traços da personalidade e nos temas importantes da biografia. Em segundo lugar, como ilustra a análise abaixo neste artigo, pode-se estudar relacionamentos formados entre os planetas enquanto se deslocam em suas órbitas, dia após dia, ano após ano, para iluminar mudanças na experiência humana coletiva – um método conhecido como *análise de trânsito global*. E, em terceiro lugar, pode-se explorar a relação entre trânsitos globais e mapas natais para entender como os arquétipos estão impactando a experiência de vida de um indivíduo em determinado momento – esses são os *trânsitos pessoais*.

Uma análise astrológica pode ajudar a esclarecer os padrões arquetípicos subjacentes aos eventos de determinada era, para revelar os princípios universais que se expressam nos detalhes concretos da experiência humana naquele tempo. Uma visão arquetípica pode voltar a atenção para uma ordem de segundo plano ou uma causa formal em que as sequências de eventos históricos se desdobram e nos capacitam a "enxergar" o pano de fundo mítico e as razões arquetípicas dos eventos da história. James Hillman descreve bem essa perspectiva: "Fatos históricos externos são coloridos arquetipicamente e revelam significados psicológicos essenciais. Fatos históricos revelam os mitemas eternamente recorrentes da história e da nossa alma individual. A história nada mais é do que o palco em que encenamos mitemas da alma".[4]

O ciclo Netuno-Plutão

Em 1875, o ano do nascimento de Jung, os planetas Netuno e Plutão, com períodos orbitais de 165 e 148 anos, respectivamente, entraram no início de uma rara conjunção em que ocuparam a mesma seção de espaço dentro do grande ciclo do zodíaco, uma faixa simbólica inscrita em torno da Terra, abrangendo os doze signos conhecidos desde Áries até Peixes. O zodíaco é a estrutura primária de referência usada na astrologia para mapear os movimentos dos planetas. Vistos da Terra, os planetas estavam posicionados em um ângulo de aproximadamente 20 graus um do outro (a gama operativa para uma conjunção entre os planetas exteriores), inicialmente no signo de Tauro, por um período de apenas pouco mais de 30 anos, de 1875 a 1908. Uma conjunção desses planetas só ocorre uma vez a cada 500 anos. O que era ainda mais incomum, nesse caso, a conjunção Netuno-Plutão também coincidiu com uma oposição (um alinhamento de 180 graus) com Urano, primeiro entre Urano e Plutão (1896-1907) e, depois, entre Urano e Netuno (1899-1918). Períodos históricos em que esses três planetas formam os principais "alinhamentos axiais" (ou seja, conjunções e oposições) uns com os outros são realmente raros. Por exemplo, como observou Richard Tarnas, é preciso voltar para a Era Axial para encontrar uma conjunção de todos os três planetas, quando eles estavam posicionados em 20 graus uns dos outros (de 594 a 560 a.C.) – a única conjunção desse tipo na história registrada.[5] Esse período, que se estendeu de 800 a 200 a.C., mas se concentrou no século VI, foi diferente de todos os outros na história humana, testemunhando a emergência do budismo, do jainismo, do confucionismo, do taoismo, do zoroastrismo e do platonismo, como também de desenvolvimentos importantes no judaísmo e hinduísmo. Mais recentemente, para dar dois outros exemplos discutidos por Tarnas, os três planetas formaram outro alinhamento altamente significativo conhecido como quadratura T – com Urano em oposição a Netuno e ambos os planetas em alinhamentos de 90 graus com Plutão – nos anos do nascimento de Shakespeare em 1564.[6] E em 1769-1770, os três planetas entraram em alinhamentos "trinos" de 120 graus uns com os outros – um Grande Trino – que, novamente, é uma ocorrência astronômica raramente testemunhada. Notavelmente, como observa Tarnas, o período desse alinhamento testemunhou a coincidência singular dos nascimentos de vários gênios criativos e figuras históricas mundiais em todos os sentidos – Beethoven, Hegel, Napoleão, Wordsworth e Hölderlin – que exerceriam uma influência enorme sobre o mundo ocidental na filosofia, religião, arte e história sociopolítica.[7]

Dada a raridade de tais alinhamentos e dada a natureza dos arquétipos associados com Urano, Netuno e Plutão, qualquer período histórico que acompanha configurações geométricas importantes desses três planetas se destaca como extremamente significativo, produzindo mudanças profundamente enraizadas com consequências imensas para a experiência humana e testemunhando o nascimento de indivíduos que efetuam tais mudanças – um reflexo, em ambos os casos, das qualidades e dos temas arquetípicos combinados associados com esses planetas. Urano é associado especificamente com despertamento, liberdade, liberação, revolta, perturbações e o impulso de seguir seu próprio caminho na vida para realizar sua singularidade. Isso se manifesta na centelha do gênio criativo e no impulso prometeico de parir o novo, de ser pioneiro, de inventar e de ir além dos limites e das fronteiras estabelecidas.

Netuno é o princípio associado com a esfera do mito, sonho, imagem e fantasia. Ele se evidencia na experiência espiritual e na consciência religiosa, na busca do ideal e no anseio pelo paraíso ou, simplesmente, no impulso de escapar ou de transcender as pressões e limitações da existência material e da consciência individual separada. Está conectado com magia e encanto, mas também com ilusão, dissolução e autoperda.

Plutão se expressa como compulsão instintual e impulso de poder – nesse sentido, ele se reflete no conceito freudiano do id e no poder de vontade nietzscheano. Como princípio da força criativa-destrutiva transformadora e da energia elementar, Plutão se manifesta no poder que impele revolução, expurgando e destruindo formas antigas, impulsionando os ciclos de morte e renascimento na natureza. É o princípio da profundeza e simbolizado como o submundo mítico.

Em *Cosmos e Psyche*, sua publicação de 2006, Tarnas documentou e interpretou o significado de períodos de grandes alinhamentos entre Urano-

-Netuno, Urano-Plutão e Netuno-Plutão, identificando vários temas que se manifestam na história cultural nesses tempos. Ele fornece exemplos da correlação entre alinhamentos de Urano-Netuno e o "nascimento de novas filosofias", "despertamentos espirituais e o nascimento de novas religiões", a "emergência criativa de tradições esotéricas", "revelações do numinoso" e o "nascimento de novas formas de expressão artística".[8] Em cada caso, o princípio de Urano age para despertar e catalisar uma gama de experiências netunianas – muitas vezes conectadas à dimensão espiritual da vida. Todos esses temas foram proeminentes na criação do *Livro Vermelho* de Jung, principalmente entre 1913-1918, durante a oposição Urano-Netuno de 1899-1918. A combinação Urano-Plutão, por sua vez, é associada na pesquisa histórica de Tarnas com temas tais como o despertamento de instintos dionisíacos, a erupção de forças elementares poderosas, revoluções e o empoderamento de protestos em massa, extremismo político e o desejo instintual de renovar o mundo numa derrubada e destruição radical da ordem vigente, como exemplificam o período da Revolução Francesa e a década revolucionária de 1960.[9] Nesses casos, Urano serve para instigar e liberar os instintos – pulsões sexuais, agressivas e de poder – e para trazer à tona os conteúdos do submundo platônico: o baixo e bárbaro, o primitivo e maligno, mas também a paixão e o poder que pode alimentar a individuação e o chamado vocacional. Simultaneamente, Plutão empodera e intensifica os impulsos criativos, inovações e o desejo de liberdade associado com Urano, manifestando-se como períodos de mudança tecnológica e sociocultural acelerada. Esses e outros temas associados com o complexo arquetípico Urano-Plutão se manifestam plenamente no tempo atual em coincidência com a quadratura de Urano-Plutão de 2007-2020. Ambos os alinhamentos se inserem na órbita mais abrangente do ciclo Netuno-Plutão, que é nosso foco primário. Como descreveu Tarnas, essa combinação arquetípica está associada com "transformações especialmente profundas de visão cultural e a experiência coletiva da realidade, que, muitas vezes, ocorria sob a superfície do consciente coletivo".[10] Subcorrentes poderosas de mudança tendem a coincidir durante as grandes conjunções e oposições de Netuno-Plutão, com fases críticas na ascensão e queda de civilizações, demarcando os "inícios e fins de imensas épocas culturais de magnitude histórica".[11] Para dar um exemplo: a queda do Império Romano no período de cem anos entre 376 e 476 d.C. se centrava na conjunção de Netuno-Plutão de 299-434 d.C., sendo que o alinhamento exato coincidiu com o saque de Roma em 410 d.C. Esse era o ambiente em que vivia e escrevia Agostinho, encontrando uma situação notavelmente semelhante ao Ocidente moderno desde o final do século XIX. "No tempo de Agostinho", observou Jung, "os deuses velhos estavam mortos ou morrendo, as religiões velhas e os tempos velhos estavam desaparecendo rapidamente. Havia uma grande confusão, o mundo estava neurótico e se tornou necessário ter um novo sistema terapêutico".[12] Em ambos os períodos, o mundo estava envolvido numa transição tumultuosa entre uma era histórica e a próxima: a Era do Império Romano cedeu à Idade Média, assim como, no início do século XX, a Era do Império, impulsionada pela colonização do mundo pelas potências europeias, teve um fim sangrento e violento com a devastação em massa da Primeira Guerra Mundial. Pode-se dizer que a conjunção Netuno-Plutão desse tempo sinalizou o início da luta complexa e caótica para estabelecer uma civilização planetária – um desafio crítico que encaramos no atual ciclo de 500 anos. Em ambos os períodos, foram transformados também os entendimentos religiosos pelo influxo de ideias do Oriente, que também inspirou, talvez mais do que qualquer outra coisa, a diversidade espiritual e a interpenetração global de mitos e religiões no tempo atual.

Jung reconheceu que, entre uma Era e a outra, as civilizações são moldadas e sustentadas por certas ideias dominantes, que, muitas vezes, tomam forma por meio de uma revelação religiosa ou visão mítica que, depois, fornece o fundamento espiritual e moral para toda a civilização. Quando as formas religiosas e os mitos orientadores perdem seu poder numinoso convincente, como aconteceu no Ocidente moderno, a cultura pode ser lançada em uma crise, faltando-lhe orientação e coesão social e, assim, entrando numa fase de declínio e decadência terminal. Em reação, porém, moldados pelas necessidades do momento histórico e pelo *telos* da evolução, novos mitos e visões metafísicas surgem da matriz criativa do inconsciente, trazendo renovação e gerando novas épocas históricas. Pois religiões e mitologias – e as imagens dos deuses e das deusas que as povoam – também são afetadas pelos ciclos da natureza e do universo; elas também nascem, florescem, decaem e morrem.

A revelação religiosa documentada por Jung em seu *Livro Vermelho* pode ser vista, acredito eu, como uma transformação justamente desse tipo, oferecendo uma nova visão mítica que reflete ou antecipa uma evolução da nossa consciência religiosa – um desenvolvimento totalmente consistente com o significado da conjunção combinada de Netuno-Plutão e da oposição de Urano-Netuno na época. Especialmente relevante para entender os fatores arquetípicos que moldam o *Livro Vermelho* são os temas de Netuno-Plutão de empoderamento da imaginação mítica e daquilo que Tarnas caracteriza como a "transformação na experiência do numinoso".[13] Um exemplo de relevância especial para o Ocidente e o pano de fundo religioso de Jung é o escrito de Segundo Isaías (cerca de 545 a.C.) durante a Era Axial, que produziu, como observa Tarnas, uma "declaração poderosa de um Deus amoroso soberano sobre toda a história e humanidade" e uma "metamorfose da imaginação profética", exemplificando "o tema essencial de Urano-Netuno de uma transformação radical da imagem de Deus e um novo entendimento revolucionário da vontade divina que age na história – esta última sendo especialmente apropriada para a presença de Plutão na configuração com sua associação arquetípica com a evolução e a vontade universal".[14]

A morte e o renascimento de Deus

Era a mesma combinação potente de arquétipos planetários que foi ativada durante a conjunção de Netuno-Plutão no final do século XIX, descrita por Tarnas como "grande caldeirão de destruição e regeneração" da cultura ocidental, que testemunhou a descoberta do inconsciente e o nascimento da psicologia profunda.[15] Friedrich Nietzsche e Jung foram duas das figuras centrais nessa grande transformação, que continua a se desdobrar no nosso tempo – na verdade, suas implicações só estão começando a ser entendidas. "Deus está morto [...] *nós o matamos* – tu e eu" – a proclamação epocal de Nietzsche, feita pela primeira vez em *A Gaia Ciência*, anunciou a entrada do

Ocidente na era pós-cristã.[16] Sua filosofia também antecipou a pós-modernidade em seu questionamento radical da verdade e exposição do poder oculto que impulsiona motivações humanas subjacentes, especialmente nas esferas da política e do conhecimento. Despedindo-se do ambiente cristão devoto de sua juventude, Nietzsche abraçou um ateísmo e niilismo fervoroso, argumentando que a noção cristã de Deus – a seu ver, uma imagem feita pelo homem – não era mais relevante para a experiência humana; na verdade, ela obstruía sua evolução. O cristianismo tinha tornado a cultura ocidental "decadente", promulgando valores e maneiras de ser que prejudicavam o espírito humano, que mantinham os seres humanos num estado de mediocridade servil e dócil e sujeitos aos valores opressivos e invertidos do rebanho. O "homem" como "animal doente" tinha se distanciado da vitalidade dos instintos e abandonado a busca de excelência, preso nas garras das concepções cristãs do altruísmo, da pureza, da meiguice e piedade e assim em diante – qualidades que, segundo Nietzsche, encobriam uma vontade de poder ou a evitação do desafio necessário de viver corajosamente e afirmar sua própria vida.[17] "Vosso amor ao próximo é vosso mau amor a vós mesmos", ele observou.[18] Assim, Nietzsche buscou "livrar o horizonte" de suposições metafísicas do passado numa reavaliação de todos os valores, numa rejeição do cristianismo e numa afirmação da energia dionisíaca praticamente excluída da visão cristã do mundo.[19]

A influência de Nietzsche sobre Jung dificilmente pode ser exagerada. Sonu Shamdasani observa que Jung retomou um estudo cuidadoso de *Assim falava Zaratustra* em 1914, em meio ao influxo de fantasias durante seu confronto com o inconsciente, que formam o corpo do *Livro Vermelho*.[20] A influência de Nietzsche é evidente não só no estilo de narrativa épica do *Livro Vermelho*, semelhante ao do *Zaratustra*, mas também em seu conteúdo – tratando, como que em resposta a Nietzsche, da morte e transformação de Deus. Por meio dos diálogos dramáticos com seus guias espirituais Filêmon e Elias, Jung respondeu de várias maneiras distintas, mas sobrepostas, que iluminam a forma particular de expressão dos temas de Netuno-Plutão que operavam através dele. Explorar essas respostas pode render percepções de como nós podemos nos relacionar a esses princípios arquetípicos nos dias de hoje.

Deus como poder criativo

Numa primeira resposta à alegação de Nietzsche de que "Deus está morto", Filêmon apresenta uma refutação e associa Deus com o poder da criação: "Deus não está morto, está vivo como sempre. Deus é criatura, pois é algo determinado [...]".[21] Mais adiante, Deus é identificado na forma de Abraxas como "impulso criador" e o "criador e criado".[22] A ênfase no poder criativo está presente também em Nietzsche. Ele rejeita a existência de Deus, descrevendo Deus apenas como uma suposição temporária, mas então ele transfere o foco para o poder criativo da vontade humana: "E o que chamais mundo deve ser criado imediatamente por vós: vossa razão, vossa imagem, vossa vontade, vosso amor devem tornar-se o vosso próprio mundo!"[23] Assim, o ser humano – e não Deus – se torna um tipo de criador do mundo. Embora Nietzsche apresente em alguns lugares esse poder criativo como algo diferente de sua vontade consciente, muitas vezes ele parece se apropriar do poder como algo seu. Aqueles que estão familiarizados com o entendimento junguiano da possessão arquetípica talvez julguem a falha de não reconhecer tal poder como algo que se origina fora da vontade humana pessoal como potencialmente perigosa e, portanto, como fator que contribuiu para a inflação grandiosa de Nietzsche, especialmente evidente em seus escritos tardios.

O entendimento de Deus como algo semelhante à energia criativa também se aproxima da visão de Pierre Teilhard de Chardin, o padre e paleontologista jesuíta, cuja síntese brilhante do cristianismo e da evolução inspirou tantos na década de 1950, incluindo Thomas Berry, Mary Evelyn Tucker e Brian Swimme. A revelação profética de Jung no *Livro Vermelho* do Deus "que está por vir", um Deus de caráter totalmente diferente do Pai transcendente e amoroso que tinha regido os dois mil anos da Era Cristã.[24] Numa mudança relacionada, Teilhard descreveu uma transição da adoração do "Deus do alto" para o reconhecimento do "Deus à frente", manifesto por meio de atos criativos contínuos, que deve ser realizado como objetivo supremo da evolução.[25] Como Jung, Teilhard nasceu durante a conjunção de Netuno-Plutão no final do século XIX.

Encontramos uma ênfase semelhante na "ioga integral" do filósofo indiano Sri Aurobindo, moldada por uma visão de involução da "super-mente" em matéria e sua subsequente evolução, causando, aos poucos, a "espiritualização" da matéria e de toda a existência.[26] Também nascido durante a conjunção Netuno-Plutão, Aurobindo, como Jung e Teilhard, relacionou a ênfase plutônica na evolução e transformação às concepções netunianas da eterna razão espiritual e da divindade transcendente – um tema proeminente dessa conjunção de Netuno-Plutão. O foco no poder criativo da evolução, que agora se manifesta por meio do indivíduo, confere uma inflexão decididamente plutônica à experiência de Deus, pois o arquétipo Plutão se expressa como força evolucionária motriz no universo, experimentada como inexorável vontade de vida ou vontade de poder.

Deus como um aspecto do pleroma

Numa segunda resposta à decadência e destruição da imagem de Deus anunciada por Nietzsche, a revelação de Jung olha para além da concepção cristã de Deus, reconhecendo o pano de fundo espiritual da existência. Nessa visão, Deus não é o último quadro de referência, mas apenas um aspecto ou uma qualidade do pleroma, que deve ser entendido como a fonte não diferenciada, em que os opostos coexistem e anulam uns aos outros. O pleroma é a plenitude vazia do todo, imaginada como "o ventre materno da incompreensão de Deus".[27] A expressão *ventre materno* nos lembra naturalmente da Grande Deusa-Mãe, uma personificação mítica da razão que origina e aniquila todas as coisas, incluindo os deuses e as deusas.

Portanto, se "Deus está morto", como alega Nietzsche, isso pode ser entendido somente como a morte de uma concepção específica do divino. Implica não o fim da religião e a aceitação do niilismo, mas o reconhecimento de que a imagem dominante de Deus, a forma específica em que Deus tem sido imaginado pelos dois últimos milênios e mais, morreu como parte de um processo de metamorfose espiritual em que uma nova imagem de Deus pode emergir do pleroma. Parecemos estar vivendo, proclamou Jung, "no *kairós* da 'transfiguração dos deuses', dos princípios e símbolos fundamentais", por meio dos quais ordenamos e conferimos sentido à nossa vida.[28] Em outro lugar no *Livro Vermelho*, Jung reafirma uma percepção semelhante, argumentando que Deus é uma imagem e apenas uma retratação ou um aspecto do "sentido supremo", que sempre se renova em formas diferentes à medida que novas imagens do divino surgem em reação às necessidades evolucionárias do tempo.[29] Nas palavras de Jung: "Os outros deuses morreram em sua temporalidade, mas o sentido supremo não morre, ele se transforma em sentido e então em absurdo, e do fogo e do sangue da colisão de ambos reergue-se o sentido supremo rejuvenescido".[30]

No fim das contas, todos os deuses e deusas podem ser compreendidos, para emprestar uma expressão de Aurobindo, como "personalidades e poderes do divino dinâmico".[31]

A revelação de Abraxas

Na terceira resposta, Filêmon apresenta a visão de que, abrangendo o "Deus único" do cristianismo, existe outro deus desconhecido, há muito esquecido e ignorado, ao qual ele se refere como Abraxas: "Este é um deus que não conhecíeis, pois os homens o esqueceram".[32] Abraxas é o deus da eficácia – isto é, o deus do poder eficaz. Em outro lugar, como observa Shamdasani, Jung compara Abraxas com o demiurgo gnóstico, *la durée créatrice* de Henri Bergson e com Purusha e Shiva da tradição hindu.[33] Em grande medida, como essas outras deidades e princípios, Abraxas é um deus com as qualidades e os atributos de Plutão: força evolucionária eficaz, poder criativo-destrutivo, instintual e implacável, operando por meio de compulsão e possessão e se manifestando como força motriz da vida, ao mesmo tempo capacitador e terrível. Como o Plutão arquetípico, Abraxas está "além do bem e do mal" (para usar a expressão de Nietzsche), subsumindo todos os opostos. As qualidades de Abraxas são reconhecíveis nas ideias nietzscheanas da vontade de poder, do *amor fati* e do impulso para a autossuperação – todas elas pertencem ao arquétipo de Plutão como o poder que deve superar a si mesmo repetidas vezes numa afirmação dionisíaca da vida e num ato de transformação essencial à individuação e à evolução da consciência humana.

Enquanto o entendimento cristão do divino introduziu uma separação radical entre o bem e o mal e entre o espírito e a natureza, o diabo vindo a personificar o dinamismo instintual excluído da imagem da pureza todo-amorosa de Deus e de Jesus, na revelação de Jung, o bem e o mal, Cristo e o diabo, são vistos como opostos inextricavelmente conectados. O "Deus único" do cristianismo (que Jung também descreve como "Deus-Sol") e o diabo representam mutuamente aspectos implicados do pleroma. No pleroma, o Deus da luz e do amor é contraposto ao diabo, Abraxas estando por trás dos dois. "Tudo o que criais com o Deus-Sol", explica Filêmon, "dá ao demônio a força da ação. Este é o terrível Abraxas".[34] Não reconhecemos esse poder, porque "Abraxas é um deus difícil de conhecer".[35] A formulação de Jung é notavelmente semelhante às primeiras linhas do poema "Patmos", de Hölderlin, citado em outro lugar por Jung:

> O deus está próximo e
> é difícil de compreender, mas
> onde há perigo, lá
> cresce também alguma salvação.[36]

Sobre Abraxas, Filêmon declara: "Seu poder é maior, pois o ser humano não o vê".[37] Já que Abraxas não pode ser definido nem como bom nem como mau, mas representa ambos os polos e o "terrível contraditório da natureza", esse deus não pode ser compreendido intelectualmente.[38] Unindo e subsumindo os opostos de maneira semelhante a Mercúrio na alquimia, Abraxas é algo como a energia primordial que "é vida e morte ao mesmo tempo".[39] Pode-se dizer que Abraxas representa a compulsão, o impulso e o poder inconscientes, que nos são tão próximos que tendemos a não vê-los como outra coisa senão como nosso próprio desejo, sentimento e vontade; não os vemos como manifestações de uma deidade ou um poder arquetípico transpessoal distinto da nossa própria identidade consciente. Somos possuídos e consumidos por Abraxas, pois inconscientemente nos identificamos com o fluxo de desejar ou negar os instintos, nos esquivamos do poder esmagador de Abraxas e sofremos com essa renúncia.

Embora não reconhecido nos dias de hoje, Abraxas era conhecido e identificado pelos gnósticos nos primeiros séculos da Era Cristã e pode, acredito eu, ser reconhecido como tema do ensinamento de Jesus no texto gnóstico *O Evangelho de Tomé*, que data dos primeiros séculos da Era Cristã e foi encontrado nas areias do Egito em 1945. Vários *logia* nesse texto parecem tratar de um Deus bem diferente do Deus do amor do Novo Testamento, pois descrevem estratégias para lidar com o terrível poder que pode nos consumir ou destruir se não formos capazes de entendê-lo e expressá-lo. *Logion 70*, por exemplo, diz o seguinte: "Se gerares o que está dentro de ti, aquilo que gerares te salvará. Se não gerares o que está dentro de ti, aquilo que não gerares te destruirá".[40]

Descobrimos no *Livro Vermelho* que Abraxas representa o mundo do devir e da morte, assim como Plutão é associado com a vontade inexorável que destrói, transforma e dá à luz novamente. Como tal, é bem possível que seja esse Deus que inspira a instrução no *Evangelho de Tomé* de "tornar-se si mesmo, morrendo".[41] O ensinamento gnóstico de Jesus poderia ser uma estratégia para navegar o poder de Abraxas? É possível que o padrão de Cristo, como Espírito Santo encarnado em cada um de nós, seja o defensor do humano em nosso confronto com o poder assustador do Abraxas demoníaco? Jung abre o *Livro Vermelho* com a passagem memorável de Primeiro Isaías, imortalizada no *Messias* de Händel, celebrando a vinda de Cristo: "Conselheiro-maravilhoso, Deus-forte, Pai-eterno, Príncipe-da-paz" (Is 9,6).[42] No fim do *Livro Vermelho*, Elias lembra Cristo (a "sombra azul") de sua identidade com a serpente, relacionando assim o princípio de Cristo ao lado sombrio e ctônico de Abraxas.[43] Uma transformação no relacionamento entre espírito (Netuno) e o poder instintual da natureza (Plutão) parece ser central ao desdobramento do atual ciclo Netuno-Plutão. Plutão, como Mercúrio na tradição alquímica, representa o poder da serpente Ouroboros que sempre consome a si mesma.

Lembrando aqui também o tema Urano-Netuno da emergência criativa das tradições esotéricas, a psicologia junguiana poderia ser entendida como esse tipo de emergência, inserindo-se na linhagem de um gnosticismo místico com o caráter singular da revelação que tem a ver com o desafio de integrar a esfera da experiência associada ao Plutão arquetípico – isto é, o poder instintual do inconsciente reprimido por tanto tempo.

Os muitos do um

Na quarta resposta a Nietzsche, Jung alega que, mesmo que o Deus único realmente esteja morto, como declarou Nietzsche, o divino só mudou de forma, desintegrando numa multiplicidade de modo que "velhos deuses ficaram novos". "O Deus único está morto – sim, realmente, ele morreu. Ele se partiu na diversidade e assim o mundo ficou rico da noite para o dia".[44] O mundo em sua realidade material substancial se tornou, a partir daí, o único foco da nossa preocupação – testemunhar a denúncia de Nietzsche dos "crentes em além-mundos", que se preocupam com uma vida no além-celestial a custo do aqui e agora, e sua exaltação da terra e do corpo sobre a alma.[45] Testemunhar também a mudança cultural da piedade religiosa para o materialismo e o consumismo ao longo da Era Cristã. A aspiração em direção do reencantamento da natureza e a emergência da consciência ecológica na concepção da Terra como Gaia, que, para muitas pessoas, se tornaram as fontes primárias de religiosidade, é uma expressão dessa mudança, com uma espiritualidade do iminente no lugar do transcendente imprimindo-se agora na psique moderna.

O mundo se tornou rico de uma segunda maneira, no sentido de que entramos num período do ecletismo e pluralismo espiritual. O cristianismo já não é mais a única autoridade religiosa no Ocidente, pois agora nada mais é do que uma dentre uma rica multiplicidade de perspectivas mítico-espirituais que moldam a psique moderna. Pensamos no excesso de sendas espirituais trilhadas por individuais nos dias de hoje, desde ioga, cura e paganismo até o budismo, renascimento e jornadas xamânicas. O filósofo Charles Taylor observou que a liberdade de encontrar e seguir seu próprio caminho em questões espirituais é uma característica determinante da ascensão do ego moderno em nossa era secular.[46] Como observou Joseph Campbell, existe uma verdadeira "galáxia de mitologias" nos dias de hoje.[47]

O tema do pluralismo e individualismo religioso está associado à combinação arquetípica de Urano-Netuno como o princípio da liberdade e criatividade individual que, em relação a Netuno, nos inspira a buscar nosso próprio caminho individual na vida, para além dos limites da tradição religiosa, gerando novas formas de mito, percepções religiosas e novas sendas espirituais. Vemos esses temas no trabalho pioneiro de Jung sobre a individuação e a realização do si-mesmo como uma senda espiritual para a era moderna - refletindo a quadratura do alinhamento de Urano-Netuno no mapa natal de Jung. Vemos isso também na vida e obra de Joseph Campbell, que também nasceu com esses dois planetas num alinhamento importante. É especialmente evidente na ênfase de Campbell no individualismo do mito do herói como modelo mítico da senda da vida singular do indivíduo e em seu reconhecimento da emergência da era da mitologia criativa que transcende as grandes épocas e fases das tradições religiosas estabelecidas.

O humano como mediador dos deuses interiores

Em quinto lugar, num movimento relacionado, Jung explica a Elias que a multiplicidade de deuses velhos renovados renasce na alma individual: "E também aconteceu algo à alma individual - quem gostaria de descrevê-lo! Mas assim também os homens ficaram ricos da noite para o dia".[48] Lemos em outra passagem que o espírito da profundeza reestabeleceu o contato entre Jung e sua alma, "um ser vivo e subsistente em si mesmo", e que era na profundeza interior da alma que os velhos deuses seriam descobertos.[49] O Deus único morreu e se tornou uma pluralidade de deidades na psique humana, que Jung conceitualiza em seus escritos formais como arquétipos, descrevendo-os como deuses, leis e princípios dominantes e poderes regentes.[50] O que antigamente era imaginado em termos metafísicos era agora concebido em termos psicológicos. O exército estrelado empíreo e olímpico e até mesmo o Deus único do cristianismo "caíram", sugere Jung, do céu ou da esfera celestial para a escuridão do inconsciente, onde foram redescobertos.[51] Em termos astrológicos, então, observamos o impacto do arquétipo de Plutão sobre Netuno: destruindo primeiro as velhas concepções metafísicas, depois iniciando uma queda dos deuses velhos para o submundo do inconsciente e finalmente empoderando a imaginação mítica para produzir uma nova revelação dos deuses e um novo entendimento conceitual deles como fatores psicológicos – ou seja, como arquétipos. Além disso, ao conceber os deuses como fatores psicológicos, os seres humanos assumiram agora o papel crítico de trazer os deuses para o consciente, tornando-os conhecidos e assim resgatando-os do esquecimento inconsciente e existencial. "Os deuses precisam do intermediário e salvador humano", a alma de Jung lhe revela. "Com isso, o ser humano prepara seu caminho da passagem para o além e para a divindade".[52] Numa linha semelhante, Jung descreve o "sentido supremo" como "ponte de passagem para o outro lado e realização", que leva a Deus.[53] Existem paralelos surpreendentes aqui com a visão de Nietzsche do homem como algo que deve ser superado, como uma "passagem perigosa" para o além-homem.[54] A seu ver, o humano não é o ponto-final da evolução, mas uma transição incerta ou ponte para uma forma superior de ser. Para Nietzsche, "o homem é uma corda estendida entre o animal e o além-homem: uma corda sobre um abismo".[55] Assim, em Segundo Isaías, encontramos novamente a ênfase plutônica na evolução e vontade em relação às concepções netunianas de espírito e Deus, só que aqui o drama evolucionário foi transferido de Deus para o humano, desdobrando-se nas profundezas do mundo interior da psique.

De modo nietzscheano, Filêmon propõe uma ideia semelhante: "Os seres humanos estão mudados. Não são mais os escravos e não mais os enganadores dos deuses e não mais os enlutados em teu nome".[56] Ao contrário, são "uma porta através da qual passa a tropa dos deuses" e "através da qual flui para dentro todo futuro e vai para o infindo do passado".[57] No entanto, enquanto o além-homem de Nietzsche assume poderes divinos como os seus e assim se torna suscetível à inflação maníaca, o papel do ser humano, na visão de Jung, é o de participante ou intermediário que se torna "hospedeiro dos deuses".[58] A partir dessa percepção, desenvolveu-se a abordagem de Jung para entender a profundeza da psique durante a individuação, diferenciando cuidadosamente o ego consciente dos arquétipos e assim realizando o si-mesmo.

O espírito sombrio na natureza

Em sexto lugar, Abraxas, o Deus redescoberto que está retornando, tem uma qualidade pagã e ctônica. Nietzsche tinha proclamado o *Übermensch* como "o sentido da terra" e defendeu a reemergência de Dionísio, o antigo deus do vinho e personificação do êxtase embriagado, em que o *principium individuationis* é obliterado.[59] A conjunção de Netuno-Plutão anunciou a ressurreição de um "espírito natural" sombrio, ctônico, esquecido e reprimido, como Jung o descreveu em *Mysterium Coniunctionis*, um espírito representado por figuras como Dionísio, Pã, Hades, o diabo e o Mercúrio alquímico.[60] No *Livro Vermelho*, a visão de Elias retrata a qualidade primordial pagã do Deus desconhecido: "a figura que vi estava cheia de sangue, era vermelha, da cor do fogo, cintilante como ouro. A voz que ouvi era como trovão distante, como o soprar impetuoso do vento na floresta, como um terremoto. Não era a voz de um Deus, mas como um ruído pagão, um chamado que meus primitivos pais conheciam bem, mas que eu nunca havia escutado. Soava antediluviano, como saindo de uma floresta para um litoral distante; nela ressoavam todas as vozes da selva. Este ruído era apavorante, mas harmônico".[61]

Temos aqui evidência adicional da qualidade decididamente plutônica das concepções netunianas do espírito que emerge na virada do século XX, pois Plutão está associado ao poder primordial e elementar da natureza e do submundo dos instintos. J.R.R. Tolkien, nascido em 1892 durante a conjunção Netuno-Plutão, expressou de forma excepcionalmente vívida esses temas em *O Senhor dos Anéis*.

Qualidades plutônicas eram proeminentes também na ressurreição da deidade pagã Wotan, que irrompe no consciente coletivo do povo alemão na década de 1930, acreditava Jung, levando à catástrofe da Segunda Guerra Mundial. O nazismo aproveitou o poder hipnótico convincente do complexo Netuno-Plutão ao propor a ideologia e o mito distorcido da supremacia ariana. E isso traz um alerta: a combinação de fantasia netuniana e instinto plutônico pode nos expor impiedosamente à sua influência, às vezes, a custo de moralidade, sentimento humano e juízo racional. Quando desperta e agita, o poder reprimido do inconsciente pode inundar o consciente humano como um dilúvio vingador, derrubando-nos com uma corrente de fantasias cativantes e pulsões instintuais poderosas.[62] Assim, o desafio para nós, hoje, num momento em que avançamos no ciclo de 500 anos do ciclo Netuno-Plutão, é encontrar uma maneira de aceitar o poder sombrio do deus ctônico despertado – o espírito sombrio na natureza – sem que sejamos devorados, consumidos, possuídos ou obliterados por ele.

A Astrologia Arquetípica como um guia mítico para a vida

A fim de explorar o significado do *Livro Vermelho* de Jung, concentrei-me primariamente nos períodos históricos definidos pela expressão combinada dos arquétipos transpessoais associados a Urano, Netuno e Plutão, mas a astrologia pode ser usada também para entender como esses princípios se manifestam em nossas experiências individuais. Nossa relação com Plutão, simbolizada em mapas natais e trânsitos astrológicos, é especialmente importante para determinar como o poder instintual de Abraxas e a energia criativa e destrutiva associada a Plutão se manifestam em nossa vida. O arquétipo de Plutão se manifesta em nossas paixões, compulsões, impulsos, obsessões e na sensação de sermos chamados pelo destino. Em relação a outros planetas em mapas natais e trânsitos, Plutão indica onde nós podemos encontrar o poder do submundo instintual da psique e ser transformados por meio dele. Semelhantemente, considerar nossa relação com Netuno pode nos ajudar a nos conscientizar de como interagimos com a dimensão espiritual da vida, como buscamos união e unidade e uma vida mais ideal e perfeita. Indica, também, onde buscamos transcendência ou fuga das pressões da vida e procuramos um senso de encantamento e mistério ou somos suscetíveis a projeções e ilusões. O *Livro Vermelho* de Jung pode servir como um guia enquanto buscamos entender a relação entre os princípios de Netuno e Plutão na nossa vida, trazendo a esfera do espírito articulada nas tradições religiosas para uma interação dialética com o submundo dos instintos e os poderes sombrios que se imprimem em nosso consciente coletivo.

As diversas combinações de arquétipos planetários estão associadas a conjuntos de temas e complexos. Vimos vários exemplos aqui daqueles que dizem respeito a Netuno-Plutão e Urano-Netuno. Em todos os casos, podemos considerar como os planetas estão relacionados uns aos outros no nosso mapa natal e nos trânsitos a fim de determinar os temas proeminentes na nossa própria vida e personalidade. Se Saturno e Netuno entrassem em um alinhamento de trânsito pessoal, por exemplo, reconheceríamos em nossa experiência durante esse tempo qualquer número de temas associados a esse complexo arquetípico, tais como ceticismo religioso e negação de realidades espirituais, perda de fé, visões sombrias e fantasias mórbidas, um senso forte dos sofrimentos e desfechos da vida e um enfraquecimento da ilusão pelos fatos da realidade.[63]

Como observa Tarnas, a revelação de Nietzsche da morte de Deus em 1882 resultou dessa combinação arquetípica (durante uma conjunção de Saturno, Netuno e Plutão), expressando muitos desses temas.[64] Ou, para dar outro exemplo, poderíamos identificar períodos na vida em que Urano e Netuno estavam em alinhamento geométrico e observar correlações com experiências de um despertar espiritual ou percepções excitantes, emancipatórias ou talvez desestabilizadoras sobre a natureza da realidade, a natureza de Deus e o propósito da nossa existência.

Dessa forma, a Astrologia Arquetípica pode ser usada para mapear as nossas relações pessoais com os arquétipos, os poderes personificados pelos deuses – aqueles poderes com os quais Jung interagiu nas revelações que constituem seu *Livro Vermelho*. Em *The Archetypal Cosmos*, descrevo a Astrologia Arquetípica como uma "meta-mitologia", pois ela, por si só, não é um mito, mas ela nos capacita a entender nossa relação individual com os princípios e temas expressados no mito e na religião.[65] Oferece uma forma de orientação cosmológica que pode nos ajudar a nos conscientizar ainda mais das forças que moldam a nossa experiência psicológica enquanto tentamos navegar as transições incertas do nosso momento histórico e exercer o nosso papel na evolução da consciência e do espírito.

Notas

1. Erich Jantsch. *The Self-organizing Universe* (Nova York, NY: Pergamon, 1980), p. 33, 231, 238.

2. C.G. Jung. *Jung on Astrology*, selecionado e introduzido por Keiron Le Grice e Safron Rossi (Abingdon, Inglaterra: Routledge, 2017), p. 23 e 32.

3. Ibid., p. 33.

4. James Hillman. *Senex & Puer*, org. Glen Slater (Putnam, CT: Spring, 2013), p. 29.

5. Veja Richard Tarnas. *Cosmos and Psyche: Intimations of a New World View* (Nova York, NY: Viking, 2006), p. 409–410.

6. Veja ibid., p. 391–392.

7. Veja ibid., p. 456.

8. Ibid., Parte VII, p. 353–408.

9. Ibid., Parte IV, p. 139–205.

10. Ibid., p. 417.

11. Ibid., p. 417. Compare a teoria de D. Stephenson Bond do ciclo de vida de mitos em Bond, *Living Myth* (Boston, MA: Shambhala, 1993), p. 201–204.

12. C.G. Jung. *Dream Analysis: Notes of the Seminar Given in 1928–1930 by C.G. Jung*, org. William McGuire (Princeton, NJ: Princeton University Press, 1984), p. 419.

13. Tarnas. *Cosmos and Psyche*, p. 415.

14. Ibid., p. 411 e 414.

15. Ibid., p. 418.

16. Friedrich Nietzsche. *The Gay Science*, trad. Walter Kaufmann (Nova York, NY: Vintage Books, 1974), p. 181, seção 125.

17. Friedrich Nietzsche. "On the Genealogy of Morals", em *Basic Writings of Nietzsche*, trad. Walter Kaufmann (Nova York, Modern Library, 2000), seção III:13, p. 557.

18. Friedrich Nietzsche. *Assim falava Zaratustra*, trad. Mário Ferreira dos Santos (Petrópolis: Vozes, 2014), p. 90.

19. Nietzsche. "On the Genealogy of Morals", p. 181.

20. Sonu Shamdasani. "Introdução", em C.G. Jung. *O Livro Vermelho: Liber Novus*, org. Sonu Shamdasani, trad. Edgar Orth (Petrópolis: Vozes, 2015), p. 27.

21. Jung. *O Livro Vermelho*, p. 455.

22. Ibid., p. 513.

23. Nietzsche. *Assim falava Zaratustra*, p. 118.

24. Jung. *O Livro Vermelho*, p. 110.

25. Pierre Teilhard de Chardin. *The Heart of Matter*, trad. René Hague (San Diego, CA: Harcourt Brace, 1978), p. 53–55.

26. Veja Sri Aurobindo. *The Integral Yoga* (Pondicherry, India: Sri Aurobindo Ashram, 1993).

27. Jung. *O Livro Vermelho*, p. 461.

28. C.G. Jung. "Presente e futuro", em *OC*, vol. 10/1 (Petrópolis: Vozes, 2013), § 585.

29. Jung. *O Livro Vermelho*, p. 110.

30. Ibid.

31. Aurobindo. *The Integral Yoga*, p. 82–83.

32. Jung. *O Livro Vermelho*, p. 456.

33. Ibid., anotação 93.

34. Ibid., p. 460.

35. Ibid., p. 458.

36. Friedrich Hölderlin. "Patmos", em *Selected Poems*, trad. David Constantine (Highgreen, Inglaterra: Bloodaxe Books, 1996), p. 54.

37. Jung. *O Livro Vermelho*, p. 458.

38. Ibid., p. 461.

39. Ibid., p. 237.

40. Elaine Pagels. *The Gnostic Gospels* (Nova York, NY: Vintage Books, 1989), p. xv.

41. Hugh McGregor Ross. *The Gospel of Thomas*, segunda edição (Londres: Watkins Publishing, 2002), p. 33.

42. Jung. *O Livro Vermelho*, p. 108.

43. Ibid., p. 482.

44. Ibid., p. 481.

45. Nietzsche. *Assim falava Zaratustra*, p. 48.

46. Charles Taylor. *A Secular Age* (Cambridge, MA: The Belknap Press of Harvard University Press, 2007).

47. Joseph Campbell. *Creative Mythology: The Masks of God*, Vol. IV (Nova York, NY: Arkana, 1991), p. 3.

48. Jung. *O Livro Vermelho*, p. 481.

49. Ibid., p. 117.

50. C.G. Jung. "Psicologia do inconsciente", em *OC*, vol. 7/1 (Petrópolis: Vozes, 2014), § 151.

51. Cf. C.G. Jung. "Arquétipos do inconsciente coletivo", em *OC*, vol. 9/1 (Petrópolis: Vozes, 2013), § 50.

52. Jung. *O Livro Vermelho*, p. 548.

53. Ibid., p. 110.

54. Nietzsche. *Assim falava Zaratustra*, p. 22.

55. Ibid.

56. Jung. *O Livro Vermelho*, p. 487.

57. Ibid., p. 472.

58. Ibid., p. 487.

59. Nietzsche. *Assim falava Zaratustra*, p. 19.

60. C.G. Jung. *Mysterium Coniunctionis*, em *OC*, vol. 14/2 (Petrópolis: Vozes, 2012), § 427.

61. Jung. *O Livro Vermelho*, p. 481.

62. Jung. *Mysterium Coniunctionis*, *OC* 14/2, § 364.

63. Veja Richard Tarnas. "The Ideal and the Real: Saturn-Neptune", em *The Birth of a New Discipline. Archai: The Journal of Archetypal Cosmology*, issue 1 (2009), 2nd edition, org. Keiron Le Grice e Rod O'Neal (San Francisco, CA: Archai Press, 2011), p. 175–199.

64. Tarnas. *Cosmos and Psyche*, p. 344–345.

65. Keiron Le Grice. *The Archetypal Cosmos: Rediscovering the Gods in Myth, Science and Astrology* (Edimburgo: Floris Books, 2011), p. 61.

8
Como atitudes culturais são desenvolvidas no *Livro Vermelho* de Jung – Uma "entrevista"

John Beebe

Entrevistador:[1] Estou ciente de que, em alguns de seus escritos como, por exemplo, "The *Red Book* as a Work of Conscience",[2] você identificou figuras interiores que Jung encontrou por meio das imaginações ativas e registradas no *Livro Vermelho*[3] com diferentes funções-atitudes que ele cita em *Tipos Psicológicos*.[4] Vejo que, recentemente, você tem acrescentado que esses vários tipos de consciência eram para ele os blocos de construção para algo ainda mais diferenciado e refinado, atitudes culturais que ele construiu ao longo de seus diálogos com as figuras interiores. Você afirma, por exemplo, no capítulo 6 de *Energies and Patterns*, que Jung teve de "aproveitar intuição espiritual introvertida a serviço da sensação introvertida personificada [...] para formar uma atitude religiosa".[5] Isso não desafia nossa ideia mais comum do *Liber Novus*, praticamente a nova bíblia que Jung inscreve nas páginas de seu *Livro Vermelho*, como já estruturado ao longo de linhas religiosas?

JB: Creio que sim. Deixe-me citar algumas linhas da introdução do editor Sonu Shamdasani ao *Livro Vermelho*:

> O tema geral do livro é como Jung recupera sua alma e supera o mal-estar contemporâneo da alienação espiritual. Isto é finalmente alcançado possibilitando o renascimento de uma nova imagem de Deus em sua alma e desenvolvendo uma nova cosmovisão na forma de uma cosmologia psicológica e teológica.[6]

A afirmação de Shamdasani parece ser definitiva, especialmente sobre a ambição de Jung ao trabalhar no *Livro Vermelho*, que ele nunca publicou, mas exige reflexão adicional por parte do leitor atual ao qual Shamadasani disponibilizou o *Liber Novus* com tanto cuidado generoso. Sua conclusão deve ser analisada com cuidado, para que não interpretemos sua afirmação como que dizendo que o *Liber Novus* realmente *alcança* a cosmologia psicológica e teológica exigida de Jung pela sua alma. Jung foi chamado para sua tarefa de forma um tanto indireta, por meio das aventuras para as quais sua alma extrovertida e orientada por sensações, apresentada a ele no início da narrativa como a fabulosa dançarina de ventre Salomé, o atraiu. Sua ideia de um chamado para a ação espiritual era uma série de episódios que apresentavam a realidade da psique a Jung.

Entrevistador: O que você quer dizer com "a realidade da psique"? Reconheço isso como uma expressão junguiana, mas, em termos conceituais, a "realidade da psique" de Jung não é igual à "realidade psíquica" de Freud?[7]

JB: Não, não chega nem perto. Jung está se referindo a algo que podemos experimentar; Freud está apontando para algo no inconsciente que é mais verdadeiro do que as autoenganações que nos permitem acreditar em nossa experiência consciente e ignorar o que realmente pode estar acontecendo nos níveis profundos e contra o qual nos defendemos continuamente. A "realidade psíquica" de Freud é um postulado sobre o que realmente somos quando somos privados de nossas defesas, algo que podemos experimentar apenas ocasionalmente. Depois de seus anos com Freud, Jung estava mais disposto a ser instruído pela experiência consciente do que pela teoria. O ponto das imaginações ativas registradas no *Livro Vermelho* é que Jung podia ganhar experiência psicológica diretamente, por meio da boca de figuras interiores que ele podia observar e com as quais podia falar. Salomé lhe concedeu o presente de ser capaz de não só testemunhar, mas também de experimentar de modo sensual aquilo que transpirou no "Mysterium" e que, no esboço manuscrito, Jung chamou o *locus* dos "dramas de mistério" de suas imaginações ativas. Naquele espaço interior dramatizado, ele encontrou muitas outras figuras importantes do inconsciente. Agora, quando elas falavam de teoria, Jung ouvia! Os "Sete sermões aos mortos"[8] de Filêmon começam como uma cosmologia helênica, mas terminam como um esboço para a Psicologia Analítica que Jung apresentaria em seus escritos publicados.

Entrevistador: Você concorda com Shamdasani de que nós, juntamente com Jung, recebemos uma cosmologia adequada de Filêmon?

JB: Recebemos uma cosmologia psicológica. E Gregory Bateson certamente concordaria comigo. Ao ler os *Septem Sermones* na edição privada que Jung mandou imprimir décadas após serem escritos, Bateson, um antropólogo que trabalhava no Norte da Califórnia em contato próximo com psiquiatras, estava ocupado construindo seu entendimento da relação da mente com a natureza. Ele viu nos *Sermones* uma contribuição significativa para a "ecologia da mente".[9] Bateson, que pode ter conhecido os *Sermones* por meio de sua amizade próxima com o psiquiatra junguiano Jo Wheelwright, baseado em San Francisco, usou a palavra "epistemologia" no lugar de "cosmologia" para entender a relação entre *pleroma* e *creatura*, que Filêmon usou para explicar como a experiência psicológica vem a ser. É evidente que Bateson se refere a algo semelhante a uma cosmologia.

Entrevistador: Sinto que não é bem assim que você o expressaria.

JB: Você está certo. Não é. Chamar cosmologia de epistemologia não resolve as suposições metafísicas que Jung, seguindo os passos de Filêmon e dos gnósticos, pretendia unir à experiência da relação da mente com seu contexto mais amplo (a parte do pensamento de Jung que corresponde ao pensamento de Bateson). A maioria de nós que recorreu ao *Livro Vermelho: Liber Novus* para extrair dele uma cosmologia, mesmo que estivéssemos dispostos a aceitar uma cosmologia gnóstica, não conseguiu encontrá-la. Isso tem levado a acusações contra a reivindicação de Jung de um *status* filosófico,[10] e até mesmo Jung se pergunta quando encontra Filêmon pela primeira vez como mago aposentado se ele nada mais é do que um velho infantil em que se extinguiram "o desejo veemente e o dinamismo e [que], por mera impotência, goza do bem merecido descanso".[11]

Entrevistador: Está dizendo que Shamdasani está prometendo demais?

JB: Na verdade, não. Devemos lembrar que Jung começa seu *Livro Vermelho* dizendo como a "incapacidade" pode abrir o espírito da profundeza para nós quando deixamos de ser escravos do espírito dessa época, que insiste que nos esforcemos incansavelmente para nos tornar pessoas contemporâneas capazes. Se esperarmos que Filêmon ofereça a Jung uma chave mágica para uma filosofia do inconsciente que ele tem sido incapaz de obter de Freud, isso simplesmente não é o que receberemos. Como Jung já disse a si mesmo em *Liber Primus*: "O herói quer desdobrar tudo o que pode. Mas o espírito anônimo da profundeza conduz para cima tudo o que a pessoa não pode. O não poder prejudica a ulterior subida. Mais altura exige maior virtude. Não a possuímos. Temos de primeiro criá-la, aprendendo a viver com nosso não poder".[12] É à luz disto que devemos ler a afirmação de Shamdasani sobre o desenvolvimento de uma "cosmologia psicológica e teológica" por Jung.[13] Shamdasani diz que tudo que Jung *alcança* – e sua afirmação sabiamente se limita a dizer que ele a "desenvolve" – é uma nova visão do mundo, algo que poderia nos ajudar a formar uma nova cosmologia, pois sua perspectiva inclui a experiência psicológica do si-mesmo. É essa experiência que Jung nos permite vincular ao cosmo postulado mais metafisicamente quando contemplamos aquilo que chamamos o "mundo" através de olhos psicológicos.

Entrevistador: Qual é a relação da forma desse conhecimento, que, mais tarde, Jung chamaria de "esse in anima"[14] (estar na alma), com aquilo que acabamos sabendo?

JB: Ao alcançar essa nova visão do mundo, fundamentada na realidade da psique, Jung criou, assim afirma Shamdasani, uma *forma* que pode fornecer a base para futuras conquistas psicológicas e metafísicas. Permite um entendimento do universo em que tanto psicologia como teologia, as duas disciplinas que levaram ao tipo de imaginação envolvido, podem ser transformadas.

Entrevistador: Isso não seria equivalente a assumir uma perspectiva cósmica das coisas?

JB: A meu ver, a forma do conhecimento de Jung não é igual à cosmologia que ela possa permitir a vir a existir. Percebendo que o que é realmente novo no *Livro Vermelho* é a imaginação ativa, podemos dar um passo atrás da visão inflada de Jung como nosso cosmólogo-chefe, uma visão que não é totalmente autorizada pela figura em cujo nome ela é convocada. Cosmologia, como diz o *Webster New Third International Dictionary*, "combina metafísica especulativa e conhecimento científico". O que Jung estabeleceu por meio de sua forma de imaginação é uma rota diferente que o leva a essa combinação do que a maioria das visões do mundo tinha permitido antes do *Livro Vermelho* vir a existir.

Entrevistador: Você está sugerindo que ele acrescenta um tipo de verificação para aquilo que ele afirma sobre a psique ao falar diretamente com as figuras interiores?

JB: Estou. Mas isso não significa que as ideias apresentadas em *Liber Novus* são baseadas em observações empíricas de acordo com a filosofia da ciência ou nos sinais e maravilhas que a verificação religiosa exigiria da experiência mística. As observações de Jung e suas opiniões sobre elas não são amostras nem psicológicas nem teológicas das tradições das quais emergem. Na verdade, Jung, originalmente formado como médico especializado em psiquiatria, se considera um amador em psicologia e teologia. Isso lhe basta para fazer um esforço de assumir atitudes psicológicas e teológicas para ver como elas podem ser vinculadas.

Entrevistador: Qual, então, é seu próprio ponto de vista?

JB: Ele continua sendo um psiquiatra que toma o tempo necessário para registrar seus próprios pensamentos e fantasias, operando em palcos construídos por sua própria alma e descobrindo que, a partir desse esforço experiencial, pode emergir uma nova visão do mundo.

Entrevistador: Existe alguma forma de estabelecer a acurácia dessa visão do mundo?

JB: Em vez de nos preocuparmos com um possível sucesso do *Livro Vermelho* como teologia ou psicologia, podemos ler a descrição de Shamdasani da visão do mundo que Jung alcança como uma "forma" de uma cosmologia que poderia ser de caráter tanto teológico quanto psicológico para diminuir nossa expectativa para essa forma, para vê-la, em vez disso, como uma informação de atitude, não como um instrumento de laboratório testado em campo capaz de conter confiavelmente todos os esforços futuros de transformar a consciência global.

Entrevistador: Você está falando sobre aquilo que, mais tarde, Jung chamou de "espírito da psicologia"?[15]

JB: Sim, estou. Podemos encontrar o espírito daquilo que Shamdasani está dizendo inserindo nas palavras "forma" e "visão do mundo", o que deveria nos levar a nos concentrar nas *qualidades formais* da construção de uma visão do mundo. Se assim fizermos, logo descobriremos como essa forma está sendo construída repetidas vezes diante de nossos olhos no universo do *Livro Vermelho*. Se lermos com cuidado a afirmação de Shamdasani, ela dá ênfase não à "cosmologia", mas à "visão do mundo". Seu comentário nos convida a estudar como *O Livro Vermelho* acredita que, com a ajuda de sua alma, Jung consegue construir uma visão do mundo adequada ao tempo em que ele estava vivendo (no limiar da Primeira Guerra Mundial, com toda a confusão que isso criaria sobre o valor da Modernidade) e como uma coisa como uma visão do mundo pode constelar aquilo que experimentamos como uma cosmologia.

Entrevistador: Por que "visão do mundo" é melhor do que "cosmologia", como maneira de designar aquilo que Jung está buscando?

JB: Se nos concentrarmos em visão do mundo, lembraremos que Jung estava à procura de algo psicologicamente restaurativo depois de receber uma imagem de uma catástrofe global, o mar de sangue que ele viu cobrindo a Europa em sua visão presciente no final de 1913,[16] que o incentivou a procurar sua alma, já que temia que poderia estar enlouquecendo.

Entrevistador: Ele mudou sua opinião sobre isso, não mudou?

JB: Sim, quando o sucessor ao trono húngaro-austríaco, o arquiduque Franz Ferdinand, foi assassinado no final de julho de 1914 e as principais potências do mundo declararam guerra, Jung percebeu que não era ele, mas o mundo que estava sofrendo de um distúrbio psicológico, exigindo que seu próprio canto do mundo, a Europa, examinasse as atitudes dominantes em seu consciente coletivo. Isso sugere que ele percebeu que estava imaginando e incubando atitudes que seriam restaurativas não só para ele mesmo, mas renovadoras para a cultura europeia como um todo.

Entrevistador: São essas as tais "atitudes culturais" sobre as quais você escreve em *Energies and Patterns of Psychological Type*?[17]

JB: Sim, embora Jung não usasse esse termo, que só foi introduzido no *Psicologia Analítica* muito mais tarde por Joseph Henderson, que tinha sido seu analisando. Jung percebeu que a construção de sensibilidades binoculares adequadas para compreender as profundezas complexas do mundo, que agora estavam tão evidentes com o advento da Primeira Guerra Mundial, tinha se tornado a tarefa de vida de todos. O mundo já estava perdendo a pele da modernidade com seu mito de progresso, e se fazia necessário um novo modo de ver para entender a realidade da decomposição das formas culturais que pertenciam àquela visão mais ingênua do desenvolvimento humano.

Entrevistador: Em que sentido esse modo de ver é "novo"?

JB: Creio que o que quero dizer é construído de nova forma, mas não exatamente como algo novo, pois grande parte daquilo que é construído são versões de atitudes culturais que estiveram presentes por muito tempo na cultura humana e se tornaram excitantes para nós apenas recentemente, precisamente porque nós as perdemos.

Entrevistador: Você pode ser mais específico?

JB: Em seu livro *Cultural Attitudes in Psychological Perspective*,[18] Henderson afirma que existem quatro atitudes culturais que já não são encontradas facilmente em forma pura na nossa cultura e, mesmo assim, sempre têm sido o que eu chamaria de "posturas" que pessoas culturalmente conscientes acreditaram ser viáveis, pelo menos desde as antigas altas culturas que conhecemos por terem criado registros. Henderson define estas como posturas social, religiosa, estética e filosófica.

Entrevistador: A julgar pelos seus nomes, essas posturas não parecem ser algo que teria sido novidade no século XX.

JB: Henderson sugere que uma quinta possível atitude, a psicológica, entrou em nossa cultura mais ou menos no tempo de William James, que também foi o tempo de Nietzsche. Tanto James como Nietzsche foram influenciados por Emerson, cujos ensaios, escritos no século XIX, representam o protótipo dessa nova atitude. Mas Henderson diz também que é característica da atitude psicológica emprestar o que ela precisa de outras atitudes mais tradicionais – mas apenas aquilo que ela precisa para continuar refletindo psicologicamente com a ajuda daquela atitude.[19] Emerson estava recorrendo a uma atitude filosófica para criar uma maneira de refletir psicologicamente sobre o que significa ser, efetivamente, culto numa América com uma inclinação para a autorrealização dentro de uma fronteira em expansão para o exercício de escolhas pessoais.

Entrevistador: Existem atitudes culturais tradicionais às quais você recorreu para realizar e formular suas ideias psicológicas?

JB: Definitivamente. Pessoas que seguem meu trabalho sabem com que frequência eu recorro a ampliações de obras de arte, especialmente filmes e pinturas. Existe algum tipo de reciprocidade entre a atitude estética, que me capacita a seguir como artistas constroem a psique, e a atitude mais estritamente psicológica que tive de cultivar em minha prática como analista.

Entrevistador: O que caracteriza a atitude psicológica na prática analítica?

JB: Como terapeuta, não posso ouvir o paciente apenas sob o ponto de vista de um sistema moral ou vê-lo através dos olhos de um esteta que exige beleza, ou sob o ponto de vista de uma pessoa politicamente sensível à procura de uma atitude social consciente, ou sob o ponto de vista de uma atitude filosófica que insiste em consistência lógica e num compromisso de desvelar a verdade num diálogo, mesmo que isso tenha seu lugar numa psicoterapia. Devo ouvir tudo psicologicamente, isto é, do ponto de vista de sua relevância para a psique, que é o contexto primário a ser invocado e valorizado pelo analista quando ele ouve um paciente analítico, mesmo que sua mente permita que outras posturas invadam e tentem assumir o controle.

Entrevistador: Você acredita que Jung tinha alcançado tal atitude quando começou seu "experimento mais difícil", a imaginação ativa?

JB: Sim, absolutamente. Ele vinha praticando a psicoterapia havia uma década antes de interagir com suas figuras interiores, e sua atitude de interação respeitosa apresenta, a meu ver, a marca de um psiquiatra muito bem treinado, que sabe como permitir que uma pessoa se apresente e como interagir com ela de acordo com aquela apresentação. Seria difícil encontrar tal atitude em alguém que não tenha trabalhado num hospital psiquiátrico e aprendido a ouvir outra mente. Ele traz essa habilidade para o modo em que ele interage e ouve as diferentes perspectivas no *Livro Vermelho*. Esses diálogos são uma parte de *Liber Novus* que não perde validade. Hoje, pouquíssimas pessoas conseguem ouvir as ideologias de outros sem interferir. Jung sempre permite que suas figuras interiores se expressem. Suas posturas sempre transparecem, mesmo quando ele discorda delas.

Entrevistador: Você pode citar um exemplo em que Jung discorda de uma postura e, talvez, me dizer o que isso revela sobre sua atitude cultural?

JB: Para mim, o melhor exemplo é quando Jung, ao vaguear pela sua imaginação em 29 de dezembro de 1913, se vê "andando em terras cobertas de neve de aspecto familiar" e "alguém juntou-se a [ele], que não parecia confiável".[20] Jung escreve:

> Tinha um olho só e ainda uma série de cicatrizes no rosto. Está vestido de maneira pobre e suja, um vagabundo. Tinha uma barba preta comprida, que não via tesoura há muito tempo. Para qualquer emergência, eu tinha um bom bastão. "Está um frio maldito", disse ele após algum tempo. Concordei. Após pausa ainda mais longa, perguntou: "Para onde o senhor vai?"

Depois disso, eles entram num diálogo e, eventualmente, Jung consegue chegar ao fundo da razão pela qual o andarilho não está empregado, embora haja trabalho nas fazendas, como Jung sugere ao homem. O andarilho diz: "No campo é monótono. A gente não vê ninguém". Jung, sensatamente, responde: "Existem pessoas também na aldeia". Ao que o andarilho responde: "Mas não se tem atrações intelectuais, os camponeses são rudes". A reação interna de Jung a isso é reveladora: "Eu o olhei admirado. Por Deus, ele também quer atrações intelectuais? Ele deveria ganhar honestamente seu sustento e, depois disso, pensar numa atração intelectual".

Somente então Jung diz o que pensa: "Mas dize-me, qual a atração intelectual que o senhor encontra na cidade?" O andarilho diz: "À noite pode-se ir aos cinematógrafos. É formidável e barato. Lá é possível ver tudo o que se passa no mundo". Jung, falando consigo mesmo, diz: "Devo pensar no inferno, lá também existem cinematógrafos para aqueles que desprezaram este instituto na terra e nele não entraram, porque todos os outros encontraram nele seu gosto". Jung então pergunta: "O que mais lhe interessou no cinematógrafo?" E o homem responde: "A gente vê todo tipo de belas habilidades. Havia um que corria pelas casas acima. Um outro trazia a cabeça debaixo do braço. Outro ainda ficava em meio ao fogo sem se queimar. É realmente maravilhoso o quanto as pessoas sabem fazer". Jung pensa: "E isto o homem chama de atrações intelectuais!" Mais adiante em seu diálogo, o leitor descobre que esse homem estava na prisão, foi enviado para cá após perder seu olho numa luta de facas com outro homem. Ele conta a Jung: "Era bonito na prisão. Naquele tempo, a construção era totalmente nova". O homem explica que a causa da luta tinha sido uma mulher grávida do filho do outro homem, mas ele queria se casar com ela mesmo assim. Ela não quis mais saber dele depois da luta, assim, quando ele saiu da prisão, ele foi à França. "Lá era bonito". Jung comenta: "Que nuances apresenta a beleza! É possível aprender alguma coisa de pessoas assim". O tom é irônico, e é evidente que a atitude de Jung é que a beleza, seja no cinema, na mulher, na prisão ou na França não vale a pena. O homem morre pouco depois da fantasia de Jung, e então Jung observa, finalmente com algum tipo de empatia, que o homem "morreu lamentavelmente". "Quanta sombra sobre a terra", ele murmura para si mesmo.

O que me interessa nessa figura de sombra é que ela não carrega apenas a sombra tipológica de Jung (interpretei o andarilho como um homem intuitivo extrovertido, a sombra da intuição introvertida de Jung), mas também apresenta uma atitude cultural, mesmo que pouco formada, que também está na sombra para Jung, a atitude estética, uma vida vivida pela beleza.

Entrevistador: Por que isso interessa você?

JB: Porque a reação temporariamente indulgente, mas, no fim das contas, desdenhosa ao homem e fato de sua fantasia matar o personagem comunicam quão pouco espaço Jung dava à atitude estética.

Entrevistador: Como pode afirmar isso? O próprio Jung era um artista um tanto bem-sucedido. *O Livro Vermelho* é evidência disso. O livro está repleto de lindas retratações das fantasias de Jung. Ele misturava suas próprias tinhas, pintava pelo menos tão bem quanto nossos ilustradores favoritos de livros infantis, e reproduções de suas obras estão começando a aparecer nas paredes de muitas pessoas, onde acrescentam uma decoração impressionante.

JB: Não nego nada disso, mas o que não encontro em Jung é uma atitude cultural estética. Isso certamente transparece no famoso ensaio de Jung sobre Picasso,[21] no sonho em que ele decide que a mulher que lhe diz que ele é um artista é uma sociopata,[22] e nos muitos lugares em que ele parece ser cego às propriedades estéticas ou sua ausência nas obras de arte que cita. Poderíamos começar com sua maneira de tratar o herói de "Hiawatha", de Longfellow, em *Símbolos da transformação*.[23] Aqui, no *Livro Vermelho*, isso se mostra na intensidade com que desdenha visitas ao cinema, embora ele tente superar esse preconceito. Em seus escritos, Jung ignora completamente a arte do cinema e até menospreza a afirmação apaixonada de Schiller de que uma educação estética pode produzir sentimentos morais, e isso justamente em relação ao autor de nada mais, nada menos do que o texto da "Ode à Alegria", de Beethoven.

Entrevistador: O fato de o andarilho ser um homem intuitivo extrovertido tem alguma coisa a ver com a maneira em que você vê a falta de atitude estética em Jung?

JB: Sim, mas não pela razão que você imagina. Se você leu meus artigos, você sabe que eu mesmo sou um intuitivo extrovertido, de modo que imagino que você esteja pensando que eu simplesmente não entendo como alguém como Jung consegue manter sua relação com a arte de modo introvertido.

Entrevistador: Essa é uma suposição ousada por sua parte. Por que você não me diz o que o leva a ver a recusa de Jung de seu interesse extrovertido nas possibilidades da arte para aprimorar sua intuição como evidência de um fracasso por parte dele de desenvolver uma atitude estética apropriada à sua própria natureza intuitiva introvertida?

JB: Isso diz respeito a uma descoberta que fiz, ou que acredito ter feito, apenas recentemente: que a própria atitude estética é composta de duas funções extrovertidas que a capacitam a se fundir com a realidade e a possibilidade de beleza no mundo. Uma das funções é a sensação extrovertida (a própria consciência de que, embora provavelmente uma função inferior para Jung, o torna tão hábil na ilustração e no manuseio de cores, criando uma integridade excepcional em tantas de suas pinturas no *Livro Vermelho*). Mas tenho observado que a outra parte da atitude estética – e a razão pela qual eu a chamaria, metaforicamente, um modo *binocular* de apreender – é a intuição extrovertida, que brinca com o modo em que a imaginação criativa pode entreter, imaginar e capacitar as possibilidades que uma experiência interessante de sensação extrovertida pode fornecer. É esse espírito jocoso entre as duas funções extrovertidas irracionais que o andarilho personifica, e podemos ver a partir da maneira em que Jung se relaciona com ele e reflete sobre seu encontro o quanto toda a atitude desse homem está na sombra para Jung.

Entrevistador: Você pode dizer algo sobre como Jung constrói – ou deixa de construir – as outras atitudes culturais de Henderson no *Livro Vermelho*? A atitude religiosa, por exemplo.

JB: Você não se surpreenderá se eu disser que considero isso um ponto forte em Jung. Mas talvez seja importante dizer que eu vejo a atitude religiosa, por mais que ela tenha se envolvido na tarefa de criar o *Livro Vermelho*, também como aquilo que o *Livro Vermelho* o capacitou a criar mais tarde em forma madura. Jung deixa de ser filho de pastor no *Livro Vermelho* e se torna um pensador religioso independente. Quando analisamos psicologicamente como a atitude religiosa surge em Jung, descobrimos que ela é construída por duas funções introvertidas que, embora muito distantes na maioria das pessoas, parecem ter sido fortes o bastante em Jung para cocriar a maneira que ele escolhe para se relacionar com sua vida imaginária. Usando a clareza que Jung alcançou apenas após ter feito a maior parte do trabalho no *Livro Vermelho*, podemos olhar através das lentes de sua tipologia posterior e podemos identificar a consciência que ele combinou para produzir a atitude religiosa que confere ao *Livro Vermelho* sua convicção interior de ter alcançado pelo menos uma atitude cultural sólida: a) a função intuitiva introvertida e b) a função introvertida da sensação. Essa combinação não se dá facilmente, pois essas duas formas de consciência introvertida normalmente repelem uma à outra.

Entrevistador: Partindo de seu trabalho sobre tipologia,[24] posso entender por que você afirma que sensação introvertida e intuição introvertida estão muito distantes uma da outra na maioria das pessoas. No entanto, considero prazeroso vê-las unir forças no *Livro Vermelho* para criar a atitude religiosa que informa o resto da vida de Jung. É um milagre que posso aceitar. Visto que isso me deixa um pouco invejoso dele, gostaria de ouvir algo de você que me ajude a humanizar essa conquista. Onde Jung recebeu a permissão interior para combinar essas duas consciências durante seu experimento com a imaginação ativa?

JB: Quando lemos o *Liber Novus,* podemos ver que Jung recebe uma permissão um tanto explícita de Salomé para ser tão intuitivo introvertido como ele é. Ela lhe confia a dádiva de uma vara mágica, incentivando-o a superar a ênfase insistente que ele vinha colocando na ciência, o que, acredito eu, ajuda a explicar a capacidade de Jung de implementar seu método muito mais irracional da imaginação ativa. No entanto, é a sensação introvertida que concede às figuras que Jung encontra no "Mysterium" sua realidade independente do próprio Jung, o que nos aceita a vê-las como autônomas. Isso é um presente que traz o *Livro Vermelho* à vida e incita nosso interesse a ver o que Jung consegue imaginar, saber e adivinhar sobre essas personalidades. Esse encontro da sensação fundamentada em si mesma com a intuição criativa cria um espaço interior para a ressonância e o espírito arquetípicos das figuras a serem sentidas. Uma vez que a nova atitude se entrincheirou firmemente em Jung, sua alma insiste que isso o chama a proclamar uma nova religião.[25] O que emerge de Jung por meio da construção de uma atitude religiosa em relação ao significado das figuras interiores é uma abertura para a presença dos arquétipos dentro desses complexos personificados, que, embora aconteçam completamente num mundo de realidade interior, é semelhante às experiências registradas como literais pelos profetas do Antigo Testamento, em que tanto pessoa como arquétipo têm sua realidade.

Entrevistador: Você não falou muito sobre as atitudes filosóficas e sociais de Jung.

JB: Não porque Jung não fizesse tentativas interessantes de expressar essas duas atitudes. Há visões criativas sociais e visões criativas filosóficas em todo o *Livro Vermelho*, mas elas me parecem incompletamente realizadas. Não são nem conquistas fortes nem fracassos completos. Discuti a atitude social de Jung em "The Red Book as a Work of Conscience",[26] e admiro sua intuição de que expectativas heroicas tinham distorcido a atitude social das pessoas da Europa pouco antes da Primeira Guerra Mundial. Sua afirmação de que "pecas contra o não poder"[27] não se dirige somente àqueles europeus que estavam se concentrando heroicamente em aumentar seu próprio uso e valor de acordo com o espírito da época antes da Primeira Guerra Mundial. Também me ajudou a ver como se tornou perigosa a noção do herói na América de hoje, quando nossos líderes supõem que tal postura nacional nos tornará grandes novamente. Penso, porém, que há muito mais a se dizer sobre o que seria necessário para superar o herói do que encontramos no *Livro Vermelho*. Lá, o sonho do assassinato de Siegfried, o arquétipo do herói germânico do qual Jung é levado a se livrar, é interpretado como seu reconhecimento inconsciente de uma necessidade psíquica de sacrificar a glorificação do poder heroico eficiente. Essa necessidade psicológica foi simplesmente ignorada pelos europeus, o que, segundo Jung, levou diretamente ao assassinato no mundo real do príncipe-herdeiro Franz Ferdinand e à guerra. O tratamento que Jung dá a esse sonho[28] é intuitivamente deslumbrante e explica aos historiadores uma "regra psicológica" que ele afirmou explicitamente décadas depois: "quando um fato interior não se torna consciente, ele acontece exteriormente, sob a forma de fatalidade".[29] Mas tal entendimento sincrônico da história deixa muitas perguntas sociais e filosóficas sem respostas para poder passar como atitude social ou atitude filosófica. É, no melhor dos casos, uma percepção brilhante de um problema irresolvido da civilização, que continua a nos intrigar tanto quanto no tempo em que o *Livro Vermelho* foi escrito.

Entrevistador: Existem indícios de uma atitude social e filosófica mais madura em algum lugar em Jung?

JB: Creio que devemos procurar em sua obra tardia para encontrar os lugares em que Jung alcança uma atitude filosófica (combinando o pensamento introvertido com o sentimento introvertido) e uma atitude social (reunindo o pensamento extrovertido com o sentimento extrovertido) que sejam realmente adequadas ao lugar que ele ocuparia no mundo. Entre o tempo de seus trabalhos finais no *Livro Vermelho* e a conquista de atitudes culturais que realmente funcionavam para ele vieram as décadas de 1930 e 1940 com as lições que informariam os escritos de Jung em sua década mais realizada culturalmente, a década de 1950, quando finalmente ele lida com aquilo que percebia como ainda incompleto no *Livro Vermelho*. Eu pessoalmente gosto muito de *Presente e futuro*,[30] mas poderíamos nominar vários outros lugares na obra daquela década em que Jung alcançou uma atitude social e filosófica que era adequada para ele.[31] Portanto, parece-me o mais sábio, quando falamos sobre atitudes culturais no *Livro Vermelho*, olhar não para o que ainda não se fundiu, mas para o modo em que suas páginas constroem pelo menos uma atitude cultural que Jung pode usar para conhecer o mundo como alguém à sua altura – a atitude religiosa que ele reimaginou.

Notas

1. O entrevistador é uma figura interior de John Beebe. Esta é a primeira vez em que ele se apresenta publicamente.

2. John Beebe. *Energies and Patterns in Psychological Type: The Reservoir of Consciousness* (Londres & Nova York, NY: Routledge, 2016), p. 167-180.

3. C.G. Jung. *The Red Book: Liber Novus*, org. Sonu Shamdasani, trad. Edgar Orth (Petrópolis: Vozes, 2015).

4. C.G. Jung. *Tipos psicológicos*, em *OC*, vol. 6 (Petrópolis: Vozes, 2013).

5. Beebe. *Energies and Patterns in Psychological Type: The Reservoir of Consciousness*, p. 97-114.

6. Jung. *O Livro Vermelho*, p. 207.

7. Veja, por exemplo, C.G. Jung, "Religião e psicologia: uma resposta a Martin Buber", em *OC*, vol. 18/2 (Petrópolis: Vozes, 2012), § 1505. "Por causa de sua autonomia, este fator representa um polo oposto do eu subjetivo, na medida em que representa um segmento da psique objetiva. É por isso que podemos denominá-lo "tu". Em favor de sua realidade temos o testemunho dos fatos diabólicos de nossa época [...]. Em compensação, tenho sido testemunha de tudo aquilo que pode ser expresso pelas palavras 'beleza, bondade, sabedoria, graça'". Veja também Joseph Sandler, Alex Holder, Christopher Dare, Anna Ursula Dreher, *Freud's Models of the Mind: An Introduction* (Londres: Karnac Books, 1997), p. 80. "Realidade psíquica. No que diz respeito ao inconsciente, memórias de eventos reais e experiências imaginadas não são distinguidas. Símbolos abstratos não são reconhecidos como abstratos, mas são tratados como se representassem uma realidade concreta".

8. Jung. *O Livro Vermelho*, p. 448-472.

9. Gregory Bateson. *Steps to an Ecology of Mind: Collected Essays in Anthropology, Psychiatry, Evolution, and Epistemology* (Northvale, NJ: Jason Aronson, 1972), p. 462-463.

10. Robert A. Segal. "Review of Sanford Drob's *Reading the Red Book: An interpretive guide to C.G. Jung's Liber Novus*", em *International Journal of Jungian Studies*, 5/3, 2013, p. 271-273.

11. C.G. Jung. *O Livro Vermelho*, p. 350-351.

12. Ibid., p. 140.

13. Ibid., p. 43.

14. C.G. Jung. *Tipos psicológicos, OC* 6, § 62-67.

15. Veja "Der Geist der Psychologie", em C.G. Jung. "A natureza da psique", em *OC*, vol. 8/2 (Petrópolis: Vozes, 2013).

16. C.G. Jung. *Memories, Dreams, Reflections,* org. Aniela Jaffé (Nova York, NY: Vintage, 1963), p. 199-200.

17. Beebe. *Energies and Patterns in Psychological Type*, p. 97-114.

18. Joseph Henderson. *Cultural Attitudes in Psychological Perspective* (Toronto: Inner City Books, 1993), p. 17-71.

19. Ibid., p. 81-106.

20. Jung. *O Livro Vermelho,* p. 208.

21. C.G. Jung. "Picasso", em *OC*, vol. 15 (Petrópolis: Vozes, 2013), § 204.

22. Jung. *Memories, Dreams, Reflections*, p. 210 e 220-221.

23. C.G. Jung. *Símbolos da transformação*, em *OC*, vol. 5 (Petrópolis: Vozes, 2013), § 474.

24. C.G. Jung. *Tipos Psicológicos, OC* 6, § 132.

25. Ibid., 55; Sonu Shamdasani citando do *Livro Negro* 7, 4 de janeiro de 1922. Jung pergunta à alma: "Mas qual é minha vocação?" A alma responde: "A nova religião e sua proclamação". Jung responde: "Meu Deus! Como devo fazer isso?"

26. Beebe. *Energies and Patterns in Psychological Type: The Reservoir of Consciousness*, p. 167-180.

27. Jung. *O Livro Vermelho*, p. 141.

28. Jung. *O Livro Vermelho*, 140-141. Cf. a anotação 99 na página 141.

29. C.G. Jung. *Aion. Estudo sobre o simbolismo do si-mesmo*, em *OC*, vol. 9/2 (Petrópolis: Vozes, 2013), § 126.

30. C.G. Jung. "Presente e futuro", em *OC*, vol. 10/1 (Petrópolis: Vozes, 2013), § 488.

31. Para uma ilustração da attitude filosófica que emerge da abordagem de Jung à psique, em que o pensamento introvertido se une ao sentimento introvertido, eu recomendaria C.G. Jung. "A natureza da psique", em *OC*, vol. 8/2 (Petrópolis: Vozes, 2013), § 343. O exemplo bem-sucedido mais inesperado da capacidade de Jung de catalisar uma atitude social psicológica é seu livro póstumo *Memórias, sonhos, reflexões,* alcançado alquimicamente unindo o dom de pensamento extrovertido de explicar com clareza as suas descobertas psicológicas com a capacidade de Aniela Jaffé como editora para moldar o modo individual de Jung de autoapresentação com um sentimento extrovertido de acolhimento do leitor.

9
Integrando dimensões horizontais e verticais de experiência sob condições pós-modernas

Gražina Gudaitė

> De nada sentimos mais falta do que da força divina. [...] Assim falamos, ficamos parados e olhamos ao nosso redor para ver se algo mais vai acontecer em algum lugar. Sempre acontece alguma coisa, mas nós não acontecemos, pois nosso Deus está doente. [...] Nós temos de pensar em sua cura. E eu o senti novamente como certeza de que minha vida seria partida ao meio se não conseguisse curar meu Deus.[1]

Essa citação do *Livro Vermelho* de Jung ocorre em *Liber Secundus*, no qual Jung descreve suas experiências com a imaginação ativa e seus diálogos com poderosas figuras interiores tais como o Vermelho, Amônio e Izdubar. Muitas perguntas existenciais são levantadas nesses diálogos. É realmente necessário ter um relacionamento com o transcendente no desenvolvimento e na individuação psicológicos? Os indivíduos são capazes de saber que seu Deus está "doente"? É realista refletir sobre curar o Poder transcendente se ele não depende da vontade do indivíduo? O que significa reunir as partes quebradas do Divino?

Jung está buscando resposta a tais perguntas, e algumas delas são um tanto chocantes: "Ó Izdubar, poderoso, é a ciência que tu chamas de veneno. Em nossa terra somos alimentados com isso desde a juventude, e isto pode ser um dos motivos de não nos desenvolvermos tão bem e permanecermos pequenos como anões. Quando olho para ti, fico pensando se não estamos todos envenenados de certa forma".[2] O homem moderno pode sentir-se anão quando há tanto progresso maravilhoso em diferentes áreas da vida moderna? Por que Jung afirma que a ciência pode envenenar a vida de uma pessoa? O que há de errado com esse conhecimento por não servir mais para o crescimento pessoal? No episódio de imaginação ativa citado acima, o semi-herói e semideus Izdubar adoece e quase morre porque ele descobre que a mente ocidental tão desenvolvida não responde às perguntas mais importantes sobre a morte e a imortalidade e que o homem ocidental perdeu seus deuses e sua capacidade de crer. O esclarecimento de que "nossa verdade é aquilo que nos vem a partir do conhecimento das coisas externas. A verdade de vossos sacerdotes é aquela que vos advém a partir das coisas internas"[3] traz algum alívio nesse dramático diálogo interno. No contexto das reflexões de Jung sobre suas experiências registradas em seu *Livro Vermelho*, a cura da psique significa restauração e nutrimento da relação com o transcendente; significa lembrar que os seres humanos têm alma; e significa nutrir o mundo interior subjetivo e procurar pontes entre o interior e o exterior.

Movimentos da separação em direção à união, da fragmentação em direção à integração, de posições unilaterais em direção à integridade são temas psicológicos importantes no *Livro Vermelho* de Jung. Quando Jung realizou seu "experimento mais difícil" e refletiu sobre ele em seus diários, as ideias mencionadas acima eram novas na psicologia. Ele trabalhou tanto nessa ideia e entendeu tão profundamente os processos de conjunção que suas percepções ainda são interessantes e valiosas cem anos depois.

Juntar partes quebradas, a ideia da integração da personalidade, é fundamental em algumas teorias modernas da psicoterapia. Descrições de uma pessoa saudável e madura se baseiam no conceito de integração na teoria da psicologia humanista, na terapia Gestalt e em algumas aplicações da psicoterapia psicodinâmica moderna. Do ponto de vista estrutural, integração significa que uma pessoa assume aspectos renegados, inconscientes ou irresolvidos do si-mesmo e os transforma em partes de uma personalidade coesa. De outro lado, integração e realização de integridade não alcançam um resultado definitivo nem se encerram num aprimoramento final da estrutura psíquica; ao contrário, são processos contínuos de relacionamento com o transcendente, que é infinito. Não é fácil encontrar os conceitos psicológicos certos para expressar a dinâmica desses processos e entender a condição ou os mecanismos pelos quais isso ocorre ao longo da vida. Uma das maneiras de entender isso é usar a hipótese do "fluxo de energia psíquica" e as diferentes formas de sua manifestação na vida humana. A vida de um indivíduo é multidimensional: ela alcança profundezas e alturas de experiência, e, às vezes, uma pessoa tem a escolha de como investir energia psíquica neste ou naquele campo. Chamar atenção para o fluxo de energia psíquica e ajudar as pessoas a entender mais profundamente as suas escolhas e responsabilidades são tarefas importantes da psicoterapia. Analisar como direções verticais e horizontais de movimentos de energia psíquica são combinadas pode ser uma das maneiras de estudar os processos infinitos da integração da personalidade.

Direções verticais e horizontais na psicologia

Em geral, movimento na direção vertical significa de cima para baixo (ou de baixo para cima). Movimento horizontal significa uma linha que, paralela ao horizonte, se estende da esquerda para a direita (ou da direita para a esquerda). Os psicólogos falam da dimensão vertical de relações interpessoais para indicar a hierarquia de relacionamentos, com questões de dominância, poder ou *status* como fazendo parte dela. A dimensão horizontal da relação, que ressalta igualdade, se concentra em coletividade, processos grupais etc. O foco na dimensão vertical também é direcionado para questões existenciais, para o desenvolvimento de um sistema de sentido ou a criação de uma teoria. Reflexões sobre a experiência subjetiva de um indivíduo envolve a análise do processo de encontrar sentido. A prática da imaginação ativa, especialmente com o foco em necessidades espirituais, pode ser interpretada como uma atividade vertical. Os estudos sobre direção horizontal na psicologia, por outro lado, se baseiam em pesquisa empírica, isto é, eles são governados pelo princípio baseado em evidências. No processo da coleta de dados, usam-se as informações recebidas pelos sentidos, e o conhecimento se baseia em fatos objetivos observados ou obtidos experimentalmente.

Ambas as direções são importantes para entender a psicologia de seres humanos, mas, às vezes, é complicado juntar as duas perspectivas muito diferentes. Em tempos modernos, temos uma preferência bastante poderosa pela visão de que o entendimento científico dos processos psíquicos deve ser exclusivamente baseado em evidências e de que o princípio qualitativo, que se concentra na exploração do mundo subjetivo de um indivíduo, é menos científico do que conclusões baseadas na média estatística de fatores em determinada população. A competição entre as diferentes teorias e a insistência em apenas uma perspectiva pode ser um grande obstáculo no caminho do entendimento profundo da psique e tal atitude unilateral pode ser a condição muito séria que nos mantém "anões". Por outro lado, existem muitos estudos contemporâneos que tentam combinar ambas as atitudes, que entendem a necessidade de combinar ambos, o princípio qualitativo e o quantitativo, e tentam integrar dados empíricos e premissas teóricas. Ambas as direções, a interior e a exterior, a vertical e a horizontal, são necessárias para uma visão integrativa e para a realização da integridade. É importante estar ciente de ambas as direções e entender ambas as dimensões da experiência de um indivíduo em relação aos desafios da realidade moderna.

Visão integrativa e relação com autoridade

Na Vilnius University, onde ensino na Lituânia, conduzimos um projeto de pesquisa concentrado em explorar a relação individual com a autoridade. O impulso para realizar esse estudo surgiu da nossa pesquisa sobre trauma cultural. Descobrimos que uma relação perturbada com a autoridade era uma das consequências mais importantes deixadas pelo regime comunista anterior.[4] A relação com a autoridade é normalmente aceita como uma relação de expressões no eixo vertical de experiência, pois tem a ver com sentimentos e percepções interiores e não com arranjos hierárquicos objetivos exteriores na sociedade. Nossa pesquisa mostrou que o reestabelecimento de uma relação construtiva com a autoridade é uma das tarefas mais importantes da psicoterapia num tempo em que as pessoas enfrentam as consequências de um regime autoritário e que a psicoterapia analítica pode ser útil nesse processo de cura.[5] Uma consciência crescente sobre diferentes aspectos da experiência de autoridade é uma parte importante do processo terapêutico. Isso pode ser descrito com a ajuda de vários critérios: passar de uma atitude defensiva para o reconhecimento da necessidade de ter uma relação com a autoridade; passar da projeção de autoridade sobre figuras externas para um senso de autoridade interior; emergir da dependência de outros e do controle por outros para uma experiência de autoria; e passar de uma posição egocêntrica para uma posição de abertura para a transcendência. Tais categorias podem ser úteis para entender a qualidade e o dinamismo da experiência de autoridade de um indivíduo.

Vale observar que as questões psicológicas relacionadas à experiência de autoridade foram levantadas primeiro em países que, recentemente, se libertaram de regimes autoritários. Dieckman na Alemanha, Kalnenko e Slutskaya na Rússia, Gailienè e Gudaité na Lituânia e outros publicaram seus estudos sobre autoridade nas últimas décadas, após se libertarem de regimes autoritários.[6] Entre outras peculiaridades, a relação complicada com a religião era comum entre as culturas do regime soviético. A ideologia oficial se baseava numa visão materialista do mundo e o pano de fundo da psicologia eram a teoria de Pavlov e seus experimentos com cachorros. A religião era desvalorizada e tratada como um tipo de veneno, como ópio do povo, e as práticas religiosas eram geralmente proibidas. Tais condições limitavam a expressão de uma variedade de relações em suas formas tradicionais, e a experiência da autoridade transcendente era uma delas. Talvez o interesse amplo e profundo pela experiência transcendente nos nossos dias esteja relacionado à supressão da necessidade dela no passado, e a reconstrução de uma relação com a autoridade é parte do trabalho que o indivíduo deve fazer para se libertar das consequências autoritárias. De outro lado, uma atitude ambivalente em relação à autoridade é característica não só de culturas que sofreram as repressões de regimes autoritários. De acordo com Wertz, a América moderna está numa situação semelhante.[7] Parece que essas tendências são típicas não só para as culturas mencionadas acima, mas também para outras, visto que novos modos de se relacionar com a autoridade têm transformado formas tradicionais.

Todos esses pensamentos e reflexões mostram a importância do eixo vertical em relação e concordam com a ideia de Jung de que a relação com o transcendente é parte importante da individuação. Ela pode estar perturbada e precisa ser curada. O que perturba a relação de um indivíduo com o transcendente ou, para usar as palavras de Jung, o que deixa Deus doente e ferido?

O tema *feridas* e *ser ferido* exerce um papel significativo na psicologia moderna. A exploração de traumas, várias hipóteses sobre trauma pessoal, cultural e coletivo, o fenômeno da transmissão de trauma e todo o espectro amplo de consequências de experiências traumáticas – esses são temas importantes na prática e pesquisa psicológica. Qualquer trauma, seja ele pessoal, cultural ou coletivo, influencia o desenvolvimento de um indivíduo e de seu sistema de relações e, como já mencionamos acima, pode afetar a relação com a autoridade e a experiência do eixo eu-si-mesmo.[8] Jung não fala sobre traumas em seus diálogos interiores. Ele desenvolve a hipótese de que Deus adoeceu porque o homem moderno não expressa mais a necessidade da realidade divina, que ele coloca a ciência na posição de autoridade principal e que ele perdeu sua capacidade de crer. "Mas nós, pessoas inteligentes, andávamos furtiva e venenosamente por aí e não sabíamos que nos faltava alguma coisa".[9] A atitude de um indivíduo em relação ao transcendente pode ser crucial para relações perturbadas, para uma autoidentidade unilateral e para "permanecer anão". Nesse contexto, gostaria de compartilhar um velho mito lituano, que nos dá algumas dicas para um entendimento mais profundo da fenomenologia e perturbações da relação com a realidade transcendente.

Vento ferido – mito ou realidade

Norbertas Vélius (um dos mitólogos lituanos mais famosos) reuniu mitos bálticos. Ele chamou sua coletânea de *Vento ferido*.[10] Essa coletânea e seu título são interessantes por causa da ideia paradoxal de que é possível ferir uma força que não podemos ver. Segue uma história da coletânea intitulada de "Vento ferido":

> Um camponês estava joeirando centeio em seu celeiro. Para separar o joio dos grãos, ele jogava o centeio no ar. Mas o vento estava soprando e os grãos permaneceram misturados ao

> joio. O camponês fechou a porta e continuou, mas o vento continuava ali. Ele mudou de lugar várias vezes, mas nada adiantava: o vento continuava soprando o joio para os grãos. O camponês se enfureceu, tomou sua faca e a lançou no vento. Instantaneamente, o vento desapareceu. Agora o camponês pôde completar sua tarefa. Depois, foi procurar sua faca, mas ele não conseguiu encontrar a faca do lado de fora do celeiro. Tudo que encontrou foram gotas de sangue. O camponês seguiu as gotas de sangue e chegou a uma floresta, onde encontrou uma linda casinha. Ele entrou na casa e viu um velho deitado na cama. O camponês perguntou se o velho sabia onde estava sua faca. O velho lhe mostrou seu rosto ferido pela faca e prometeu devolver a faca se o camponês soprasse na flauta que ele segurava em suas mãos. O camponês concordou, recebeu sua faca de volta e se despediu. Quando chegou em casa, sua casa e seu celeiro tinham desaparecido; restavam apenas as pedras do alicerce. Quando tinha soprado na flauta, tinha soprado para longe também a sua casa e seu celeiro.

Esse mito descreve uma dinâmica de relação interessante entre o homem e uma força superior, entre corpo e espírito. A relação entre o homem e o vento começa na cena inicial, que mostra um ser humano trabalhando para si mesmo. O vento interrompe seus esforços. À primeira vista, o protagonista da história parece estar fazendo a coisa certa: trabalha muito, enfrenta o vento e executa seu trabalho normal. Ele usa seu poder para parar o vento, e parece que ele foi bem-sucedido. Esperaríamos aceitação e recompensa das autoridades superiores por tal trabalho. Mas a narrativa inverte sua direção: o protagonista perde tudo pelo qual tinha trabalhado. Ele recebeu uma oportunidade de operar o vento ("soprar na flauta"), mas o sopro foi poderoso e levou seu celeiro e sua casa, de modo que "restavam apenas as pedras do alicerce". A consciência de uma pessoa quando está diante de um poder superior é extremamente importante. O primeiro passo seria alertar aos sinais de um poder sobrenatural oculto. Na narrativa acima, podemos encontrar vários indícios da presença de um poder sobrenatural. Como era possível que o vento mudasse de direção tão rapidamente na cena inicial? Esse era o primeiro sinal de que o camponês estava diante de algo que ultrapassava o fluxo natural da natureza. Depois, como puderam aparecer gotas de sangue no chão se não houve corpo visível para receber o golpe da faca? O corpo estava escondido, ou o camponês não o viu? O clímax da narrativa é o encontro com o velho ferido na floresta. A ferida está em seu rosto, e isso revela a multidimensionalidade de expressões disponíveis à força sobrenatural que o indivíduo enfrenta. A faca do camponês feriu o vento, que, por um momento, se viu incapaz de soprar. Então a força se manifestou no corpo do velho. Isso significa que uma força sobrenatural pode emergir em formas diferentes, e se um indivíduo usar somente os seus sentidos para entender sua realidade, ele pode chegar a conclusões falsas. Como afirmam algumas mitologias: "O vento existiu primeiro como uma pessoa, e quando a Terra iniciou sua existência, o vento cuidou dela. Totalmente independente de nossa vontade e controle, o vento evoca o invisível espírito percebido da geração, da inspiração e do êxtase religioso".[11] O camponês não leu os sinais dessa realidade oculta. Ele não viu o potencial daquele espírito e não reagiu com empatia aos sinais do sofrimento. Ele estava concentrado em seu próprio poder. Como um caçador, ele seguiu o rastro deixado pelas gotas de sangue; queria apenas recuperar a sua faca. Ele conseguiu recuperá-la, mas então perdeu tudo.

Podemos reconhecer alguns paralelos entre o episódio da ferida do vento e a manifestação de traumas culturais. Aqueles que organizam ataques contra outros normalmente não veem que isso leva à sua própria destruição. Eles projetam sua própria sombra (pessoal ou cultural) sobre os outros e declaram que estão lutando por alguma ideia ou crença importante, como se não houvesse outras vias para resolver conflitos ou diferenças. Estudos diferentes mostraram que não só os agressores, mas também as vítimas tendem a esquecer a experiência dolorosa, pois isso ajuda a sobreviver.[12] A ferida e a dor são reprimidas, e o inconsciente pode continuar a influenciar a vida, mas indiretamente. Mesmo após muitos anos, é possível que não se veja os sinais da ferida cultural na superfície da vida. Ela está encapsulada no inconsciente. No entanto, quando começamos a olhar mais a fundo, seja em projetos de pesquisa ou no processo analítico, descobrimos as consequências dos traumas e sua magnitude. Na psicoterapia, um dos maiores desafios é encarar as feridas resultantes de traumas culturais. A pessoa precisa enfrentar o lado demoníaco da autoridade ou outros aspectos da sombra de uma força maior, e isso é um desafio real. O confronto com as consequências de traumas culturais é um processo multifacetado em que o consciente de um indivíduo e seus esforços exercem um papel significativo. Isso é muito importante quando falamos sobre sobreviventes de segunda ou terceira geração. O processo de cura também pode significar restauração de uma relação com a dimensão espiritual da vida. Isso vale especialmente para aquelas culturas que suportaram a ideologia dominante do ateísmo.

As razões para uma relação perturbada com a realidade transcendente podem ser diferentes entre indivíduos e culturas. Isso depende tanto da cultura e da história como do indivíduo. Exagerar a autoridade e as atividades de um indivíduo com base no princípio do poder pode ser a razão para a ferida e a doença do indivíduo e toda a cultura. A etiologia da ferida é multifacetada, como o é também a busca de modos de cura. O passo comum nesse processo é confrontar as defesas e começar a explorar dicas inconscientes sobre a ferida. Caso contrário, a destruição continua. Na narrativa acima, o maior drama ocorre após o camponês se despedir do velho ferido na floresta. Ele não tem a força nem o interesse para se importar com a ferida. Jung nos alerta que devemos ser muito cuidadosos quando usarmos a negação como estratégia para lidar com a ferida: "Mas seu Deus está em tudo o que eles não veem: ele está na terra escura do Ocidente e aguça olhos que enxergam, ajuda a cozinhar o veneno e direciona as cobras para os calcanhares dos cegos que praticam a violência".[13]

Não sabemos o que aconteceu com o camponês na história quando encarou o fato de que tinha perdido tudo. A experiência de perda e crise pode despertar uma pessoa para entender o sentido do sacrifício, e isso pode ser o ponto de partida para desenvolver uma atitude mais profunda em relação à vida. Talvez tal experiência o desperte para que seja mais atento aos sinais da manifestação de poderes ocultos. Como escreve Jung: "Mas eu amava o meu Deus e o levei comigo para a casa das pessoas, pois estava convencido de que, mesmo como fantasia, vivia realmente e por isso não devia ser deixado só, ferido e doente. [...] Deus fora de nós aumenta o fardo com tudo o que é pesado, Deus em nós torna leve todo o pesado".[14] Poderia ser também a história de Jó, que estava atento à realidade divina e reconheceu a importância da relação com o transcendente, mas a relação não era simples. Ou poderia ser uma história que ainda não conhecemos?

Experiências de um fardo pesado e de um fardo leve, experiências de poder e perda de poder, experiências de encontrar o representante da realidade divina estão cheias de paradoxos. A integração de diferentes princípios de análise é extremamente importante na busca de pontes entre o interno e o externo, entre o óbvio e o oculto, entre diferentes dimensões da experiência de uma pessoa. Nosso estudo da relação com a autoridade mostrou que o ponto de vista determinista é um tanto limitado para entender a visão geral dessa relação. Pode ser útil para entender alguns aspectos das relações interpessoais com figuras de autoridade ou para desenvolver uma hipótese sobre as origens de um complexo de autoridade, mas um entendimento mais profundo da fenomenologia da experiência de autoridade interior ou a manifestação da realidade transcendente não pode se basear numa visão determinista. A busca de sentido e a visão teleológica, um entendimento dos paradoxos, a flexibilidade e a abertura para a emergência de novos sentidos e a busca de analogias são especialmente importantes para a experiência da dimensão vertical. Em meu último capítulo, compartilharei um caso que ilustra alguns aspectos da relação com a transcendência e o papel do paradoxo nela.

Paradoxos e a busca de sentido num caso analítico

Eu gostaria de compartilhar a análise de um sonho que surgiu durante um tratamento. Este é um sonho de uma cliente com pouco mais de 40 anos na época. Ela era ativa e bem-sucedida e desfrutava de uma vida interior e exterior rica. Na época em que seu pai faleceu, ela teve dificuldades de encarar o fato de que não havia como curá-lo. Encarar a realidade da morte e da impotência evocou muitos sentimentos, e perguntas sobre o sentido eram proeminentes entre outras perguntas existenciais. O sonho surgiu um ano após o falecimento do pai.

> Eu estava na igreja da minha cidade natal. Meu pai também estava na igreja. Ele era muito novo e estava com sua mãe. Era o momento do "Aleluia" na missa. Percebi fortemente o momento de majestade. Eu era capaz de levantar e voar – majestade real!

> Meu corpo aumentou, mas então senti uma dor muito forte na perna. Despertei por um momento. E então, voltando a sonhar, ouvi música. Dessa vez, era música de violino. Vi um músico coxo sentado no chão perto da igreja. Era ele que estava tocando aquela música maravilhosa. Naquele momento descobri o sentido da expressão: "testemunhar a realidade de Deus".

A primeira reação após contar o sonho foi seu sentimento de surpresa – ela viu seu pai jovem. Ela nunca o tinha visto tão jovem, nem na realidade nem em fotos. Ou outro motivo surpreendente foi a visão de sua avó. Ela nunca a conheceu, pois essa avó tinha morrido no exílio na Sibéria vários anos antes do nascimento dela. Já que o sonho apareceu apenas um ano após o falecimento de seu pai, poderíamos ter aceitado ele como parte do processo de luto, mas o conteúdo manifesto do sonho abre vários momentos de fenomenologia na experiência de uma relação com o transcendente. A cena inicial do sonho ocorre numa igreja, num espaço sagrado organizado para mostrar a importância do centro e do eixo vertical da vida. Espera-se que os três níveis cósmicos – céu, terra, submundo – estejam em comunicação no espaço sagrado. O sonho da cliente é uma boa ilustração para essa suposição, pois figuras importantes do mundo dos mortos participam da cena inicial do sonho. A protagonista do sonho representa a vida na terra, enquanto o Aleluia e o testemunho de Deus são sinais de abertura do eixo vertical. Não só o espaço (i.e., a igreja), mas também o ritual que ocorre no sonho – a missa – indicam a experiência de transcendência: "Assim como a igreja constitui uma ruptura no plano do espaço profano de uma cidade moderna, o culto celebrado dentro dela também marca uma ruptura na duração temporal profana. Já não é mais o tempo histórico de hoje que é experimentado, por exemplo, nas ruas adjacentes – mas o tempo em que a existência histórica de Jesus Cristo ocorreu, o tempo santificado por sua pregação, sua paixão, sua morte e sua ressurreição".[15]

As ideias de renascimento e sacrifício como condição de renovação são itens básicos da fé e crença humanas; são fontes de esperança e continuidade em situação difíceis de perda e luto. Uma relação com a transcendência pode ser um recurso importante para capacitar uma pessoa a aceitar tais eventos na vida. Por outro lado, é muito desafiador encontrar o poder do transcendente, e o contato com o Centro é crucial em tais momentos. Contato com o Centro não significa simplesmente encontrar um lugar estável. Como afirma Edward Edinger, a experiência do Centro envolve um processo dialético entre duas posições: "Exige que ocorra uma dualidade. Se o ego usurpa o Centro, ele perde seu objeto".[16] Identificação com a força superior é um momento importante, mas ele não perdura. A desidentificação e a volta para o seu próprio corpo são condições necessárias para o diálogo. O sonho ilustra ambos os momentos. A identificação com alguma força superior e uma experiência de majestade ocorrem. Isso poderia levar o ego a um estado de inflação e perda de conexão com o corpo e também com o Outro. Se permanecermos nessa posição, a consequência pode ser uma experiência do vazio interior e também enfrentar o "vazio" do Centro.

Normalmente, a experiência de transcender limites do ego é considerada clinicamente como um fenômeno controverso. Como mencionado acima, pode ser um sintoma de inflação de ego e, em algumas situações, pode ser entendida como uma expressão de distúrbio psíquico. Até o próprio Jung usou alguns termos clínicos para refletir sobre o "experimento mais difícil". Não é fácil diferenciar entre psicopatologia e experiências excepcionais de transcendência. Mas essa ambiguidade deve ser aceita se quisermos entender os níveis mais profundos e mais altos de integração. O indivíduo precisa se abrir para tais experiências excepcionais do numinoso, que podem vir acompanhadas de êxtase e pavor. "O objeto demoníaco-divino pode se apresentar à mente como um objeto de terror e pavor, mas, ao mesmo tempo, é igualmente algo que seduz com charme poderoso, e a criatura, que treme diante dele, totalmente acuada e derrubada, sempre sente, ao mesmo tempo, o impulso de voltar-se para ele e até de apropriar-se dele".[17] O "mistério" é para o indivíduo não só algo a ser contemplado, mas algo que entra nele. Rudolf Otto afirma que tal experiência pode ser aceita como uma bênção. Pode ser a fonte de inspiração e criatividade, e sempre transforma a consciência do indivíduo. Mas, por outro lado, tal experiência pode levar a um estado de intoxicação, inflação e perda do si-mesmo. Talvez seja este o maior paradoxo da experiência da dimensão vertical. É importante buscar também a perspectiva horizontal.

A parte seguinte do sonho fornece algumas dicas sobre a experiência da dimensão horizontal. O sonhador está numa rua cheia de poeira e pessoas, e o músico coxo está sentado no chão perto da igreja e tocando seu instrumento. Nenhuma majestade, só poeira; nenhum fluxo, só ser coxo e estar sentado no chão. É a dimensão horizontal da vida. Originalmente, o violino foi criado para músicos de rua. Vemos aqui a protagonista passando do espaço sagrado para o profano. A. disse que ela aceitou o final do sonho com grande alívio. Disse que gostava mais de música de violino do que de música de órgão e que os músicos de rua pareciam ser os músicos verdadeiros porque tocavam quando queriam e o que queriam. Ela estava no chão agora, e tudo estava novamente em ordem. De outro lado, porém, ela não era mais igual a antes. O sonho foi uma experiência excepcional, que mudou sua consciência. A Outra realidade realmente existe. Foi importante voltar para o corpo e voltar para a terra e então ter a chance de expressar que o "testemunho do divino é muito real".

Quando Eliade explora a fenomenologia do sagrado, ele usa o termo *homo religiosus*. Tal pessoa é capaz de experimentar profundezas e alturas da realidade transcendente. O homem moderno é não religioso, e isso é um grande desafio para a sociedade moderna:

> O homem moderno não religioso assume uma nova situação existencial; ele se vê exclusivamente como o sujeito e agente da história e recusa todo apelo à transcendência. Em outras palavras, ele não aceita nenhum modelo de humanidade fora da condição humana como pode ser vista em várias situações históricas. O homem *faz a si mesmo*, e ele só faz a si mesmo completamente em proporção em que ele se dessacraliza no mundo. O sagrado é o obstáculo primário para a sua liberdade. Ele se tornará si mesmo apenas quando for totalmente desmistificado. Ele só será verdadeiramente livre quando tiver assassinado o último deus.[18]

Nossa experiência de casos analíticos mostra que a diferenciação entre pessoas religiosas e não religiosas é relativa e não categórica. Casos de análise de longo prazo mostram que pessoas que não se descrevem como religiosas (i.e., que não praticam rituais ou tradições religiosos) mesmo assim têm sonhos que revelam seu interesse e suas conexões profundas com a realidade oculta. Imagens de experiência transcendente emergem nas psiques até de pessoas designadas não religiosas. Talvez o mundo do *homo religiosus* não experimente um renascimento coletivo, mas as imagens de transcendência e os modelos de conduta que seguem como uma consequência ainda assim podem ajudar na vida das pessoas pós-modernas tão cheias de desafios e estresses e ajudá-las a entender melhor a si mesmas.

Conclusão

"Juntar as partes quebradas", que indica o movimento de separação em direção à conjunção e da fragmentação em direção à integração, é um processo complexo. A experiência daquilo que eu tenho chamado o eixo vertical é repleta de desafios. Pode ser a bênção que abre novas fontes de vitalidade e sentido, inspiração e criatividade. Pode trazer momentos em que nos sentimos como um "homem que está enraizado embaixo e no alto [que parece] uma árvore tanto na posição normal como na inversa. A meta não é o alto, mas o centro".[19] Mas não é confortável sentir-se como uma árvore invertida e reconhecer que o nível mais profundo da integração significa encarar também a desintegração. Por outro lado, a aceitação de que os seres humanos estão enraizados embaixo e no alto amplia o entendimento do fluxo de energia e amplifica o processo de integração. É preciso experimentar a fertilidade do solo da terra, da história e da cultura – o plano horizontal. Por outro lado, é preciso experimentar momentos de enraizamento no vazio – o plano vertical – pois tais experiências abrem novas perspectivas sobre nossa identidade e capacidade de dialogar com o Outro, seja ele o nosso ente querido ou um andarilho desconhecido.

Notas

1. C.G. Jung. *O Livro Vermelho: Liber Novus. Edição sem ilustrações*, org. Sonu Shamdasani, trad. Edgar Orth (Petrópolis: Vozes, 2015), 258-259.

2. Ibid., p. 249.

3. Ibid., p. 250.

4. Gražina Gudaitė. "Restoration of Continuity: Desperation or Hope in Facing the Consequences of Cultural Trauma", em *Confronting Cultural Trauma: Jungian Approaches to Understanding and Healing*, orgs. Gražina Gudaitė e Murray Stein (Nova Orleans, LA: Spring Journal Books, 2014), p. 227-243.

5. Gražina Gudaitė. *Relationship with Authority and Sense of Personal Strength* (Vilnius: Vilnius University Press, 2016) (em lituano).

6. Hans Dieckmann. "Some Aspects of the Development of Authority", em *Journal of Analytical Psychology*, vol. 22, n. 3, 1977, p. 230-242; Vsevolod Kalinenko e Madina Slutskaya, "Father of the People" *versus* "Enemies of the People": a Split-Father Complex as the Foundation for Collective Trauma in Russia", em *Confronting Cultural Trauma: Jungian Approaches to Understanding and Healing,* orgs. Gražina Gudaitė e Murray Stein (Nova Orleans, LA: Spring Journal Books, 2014), p. 95-113; Danutė Gailienė, Evaldas Kazlauskas, "Fifty Years on: The Long-Term Psychological Effects of Soviet Repression in Lithuania", em *The Psychology of Extreme Traumatisation: The Aftermath of Political Repression,* org. Danutė Gailienė (Vilnius: Akreta, 2005), p. 67–108; Gražina Gudaitė, "Psychological Aftereffects of the Soviet Trauma and the Analytical Process", em *The Psychology of Extreme Traumatisation: The Aftermath of Political Repression*, org. Danutė Gailienė (Vilnius: Akreta, 2005), p. 108–126.

7. Kaitryn Wertz. *Inner Authority and Jung's Model of Individuation* (Boulder Association of Jungian Analysts, 2013).

8. Donald Kalsched. *The Inner World of Trauma. Archetypal Defenses of the Personal Spirit* (Londres: Routledge, 1996). Veja também Ursula Wirtz, *Trauma and Beyond. The Mystery of Transformation* (Nova Orleans, LA: Spring Journal Books, 2014).

9. Jung. *O Livro Vermelho*, p. 263.

10. Norbertas Vėlius. *Wounded Wind. Lithuanian Mythological Tales* (Vilnius: Versus Aureus, 2012) (em lituano).

11. Veja "Wind", em The *Book of Symbols: Reflections on Archetypal Images,* org. Ami Ronnberg (Colônia: Taschen, 2010), p. 60.

12. Veja Wirtz. *Trauma and Beyond* e Gražina Gudaitė, "Psychologica Aftereffects of the Soviet Trauma and the Analytical Process".

13. Jung. *O Livro Vermelho*, p. 263.

14. Ibid.

15. Mircea Eliade. *The Sacred and Profane. The Nature of Religion* (Nova York, NY: Harper and Row, 1957), p. 72.

16. Edward Edinger. *The New God-Image. A Study of Jung's Key Letters Concerning the Evolution of the Western God-Image* (Wilmette, Ill: Chiron Publications, 1996), p. 23.

17. Rudolf Otto. *The Idea of the Holy* (Oxford: Oxford University Press, 1958), p. 31.

18. Eliade. *The Sacred and Profane*, p. 203.

19. C.G. Jung. "A árvore filosófica", em *OC*, vol. 13 (Petrópolis: Vozes, 2013), § 333.

10
Sobre Salomé e a emancipação da mulher no *Livro Vermelho*

Joerg Rasche

[...] pois as rosas tinham a aparência de flores que são apreciadas.[1]

T.S. Eliot

O interesse original de Freud era encontrar um substrato neurológico para fenômenos psicológicos. Quando Jung iniciou seus estudos de experimentos com associações de palavras em 1900, que se baseavam no trabalho de Wundt e em seus estudos com Bleuler, Janet, Flournoy e outros, ele se deparou com estruturas psicológicas que ele chamou de "complexos autônomos". Modulação espontâneas e pré-conscientes do tempo de reação a uma palavra-gatilho especial e alterações fisiológicas (galvânicas), além de outros "indicadores complexos", estavam relacionados a conteúdos psíquicos obscuros, mas significativos, i.e., a questões mentais de alguma forma embrulhadas. Ele procurava uma ponte entre observações neurológicas e somáticas de um lado e, de outro, fenômenos psíquicos como afetos, emoções, imagens interiores e narrativas. Também hoje o paradigma psicológico científico mais recente é o de inteligência emocional e neuropsicologia.

Os conceitos de *animus* e *anima* se baseiam em observações clínicas e na introspecção pessoal de Jung. A descoberta – ou devemos dizer, a criação? – desses dois fenômenos arquetípicos da mente aconteceu há mais de cem anos no autoexperimento de Jung, que resultou em seu *Livro Vermelho*. Em 1913, ele começou com uma técnica de devaneio consciente, que mais tarde chamaria de "imaginação ativa". A convicção de Jung pode ser descrita assim: não existe entendimento sobre a psique, mas apenas dentro dela. Consequentemente, o diário de seu experimento se parece mais com uma elaboração artística de fantasias e reflexões filosóficas do que com um relato científico objetivo moderno. Jung queria retornar para a visão medieval holística em que o mundo interior e o mundo exterior estavam muito mais conectados do que em seu próprio tempo. No entanto, ao desenvolver sua técnica de imaginação ativa, ele descobriu um método que era absolutamente moderno e semelhante à visão na física moderna de que o observador causa um impacto sobre o objeto observado e que não existe realidade "objetiva". Os elementos de sua psique pareciam ser afetados pela observação; mudavam sua aparência e atitudes quando ele se dirigia a eles. Como na física quântica, ele estava lidando com um objeto variável que era afetado pelo observador.

Os fenômenos autônomos voláteis e cintilantes da mente levaram Jung aos conceitos de *anima* e *animus*. Mas essa pesquisa não foi apenas o resultado de interesse e curiosidade científica. Jung se encontrava numa profunda crise pessoal em 1913: ele e seu grupo em Zurique se separaram ou foram excluídos do grupo psicanalítico de Freud em Vienna, sua transferência para Freud tinha sofrido um colapso e ele se sentiu confrontado com profundas incertezas relacionadas ao seu futuro. Ele também estava muito preocupado com a situação cultural e política na Europa nos anos anteriores à irrupção da Primeira Guerra Mundial. Além disso, sua situação privada estava tensa: sua paciente e amiga Sabina Spielrein tinha passado para o lado de Freud, um relacionamento íntimo com Toni Wolff estava começando a se desenvolver, e seu casamento com Emma estava com problemas.

Neste artigo, examinarei a figura de Salomé no *Livro Vermelho* e investigarei como a experiência de Jung com as figuras do inconsciente podem ter ajudado Jung a superar seus dilemas internos. É um assunto delicado, pois não temos muitas informações confiáveis sobre a situação particular de Jung. Acima de tudo, devemos manter em mente que as figuras na imaginação ativa pertencem ao mundo interior e que elas têm suas próprias razões de ser. Elas se comportam como complexos autônomos, não só no indivíduo, mas também no inconsciente coletivo. Num momento crucial no *Livro Vermelho*, uma das figuras diz: "Nós somos reais, e não um símbolo".[2] Portanto, neste estudo, analisarei primeiro aquilo que chamo de "complexo de Salomé" antes de examinar a situação privada de Jung.

A Salomé cega

Em dezembro de 1913, após um sonho do assassinato de um herói interior chamado Siegfried e após experimentar uma visão ameaçadora de uma enchente destrutiva que inundava a Europa, Jung teve uma visão de Elias e Salomé. Era uma das imaginações ativas mais importantes registradas no *Livro Vermelho*. Antes de Salomé subir ao seu palco interior, Jung viu um homem velho, com "a aparência de um daqueles antigos profetas". Aos seus pés estava uma serpente preta. Então uma moça linda, cega e de andar inseguro, saiu da casa com colunas. A imaginação sugeria a imagem de Eva, da árvore e da serpente e a história de Ulisses e seus camaradas que haviam sido encantados pelas sereias e Circe. No início, Jung estava confuso e com medo, mas ele suportou a tensão. Então o homem velho se dirigiu a ele:

> E: "Sabes onde estás?"
> Eu: "Sou aqui um estranho e tudo é maravilhoso, assustador como um sonho.
> Quem és tu?"
> E: "Eu sou Elias e esta é minha filha Salomé".
> Eu: "A filha de Herodíades, a mulher sanguinária?"
> E: "Por que julgas assim? Tu vês, ela é cega. Ela é minha filha, a filha do profeta".
> Eu: "Que milagre vos uniu?"
> E: "Nenhum milagre. Foi assim desde o começo. Minha sabedoria e minha filha são uma coisa só".
> Fiquei estupefato, não consegui entender.
> E: "Pensa bem: sua cegueira e minha visão fizeram de nós companheiros desde a eternidade".
> Eu: "Perdoa minha perplexidade, estou mesmo no submundo?"
> S: "Tu me amas?"
> Eu: "Como posso amar-te? Como chegas a esta pergunta? Só vejo uma coisa:
> tu és Salomé, um tigre, o sangue do santo está grudado em tuas mãos. Como poderia amar-te?"
> S: "Tu vais me amar".[3]

Podemos perguntar como tal cenário mitológico conseguiu se infiltrar na imaginação inconsciente de Jung. Obviamente, Jung estava pensando na lenda de João Batista, que havia sido preso pelo rei Herodes. Salomé, enteada de Herodes, dançou para ele, e lhe pediu a cabeça de João como recompensa. Essa lenda sangrenta foi elaborada por alguns autores e artistas famosos do *fin de siècle*, e Salomé se tornou uma imagem da terrível *femme fatale*.[4] Richard Strauss escreveu uma ópera sobre o tema usando o libreto do drama de Oscar Wilde. As ilustrações de Beardsley eram famosas, e a ópera muito bem-sucedida de Strauss permaneceu no palco em Zurique a partir de 1907. Algumas frases da imaginação de Jung são tão parecidas com o texto de Wilde que precisamos supor que ele tinha visto a ópera. Talvez a aparência de Salomé na imaginação ativa tenha sido provocada por memórias inconscientes da ópera. Mais adiante, Jung escreve: "A dúvida me dilacerava. Tudo é tão irreal e, assim mesmo, resta um pedaço de meu desejo. Será que voltarei? Salomé me ama, eu a amo? Ouço música selvagem, o tambor, uma noite abafada de luar, a rígida-ensanguentada cabeça do santo – sou tomado pelo medo".[5] Essa é exatamente a atmosfera da ópera.

Elias, o profeta do Antigo Testamento, conduz sua filha cega pelo braço. Ela não consegue andar sem sua ajuda. Na ópera, Salomé é uma dançarina e enxerga muito bem. No mundo simbólico da imaginação, portanto, a cegueira deve ter um significado – trata-se de perder a orientação. Jung diz no comentário à sua imaginação que Salomé é prazer: "[...] o prazer é cego. Ele não prevê, mas deseja aquilo que toca".[6] Elias oferece uma explicação para a crueldade de Salomé:

> E: "Mas ela amava um santo".
> Eu: "E derramou ignominiosamente seu precioso sangue".
> E: "Ela amava o profeta que anunciava o mundo do novo Deus. Amava-o [...]".
> Eu: "Pensas tu que, pelo fato de ser tua filha, ela amava em João o profeta, o pai?"
> E: "Em seu amor podes reconhecê-la".
> [...]
> Eu: "O que vejo com meus próprios olhos, isto é precisamente o inconcebível para mim. Tu, Elias, que és um profeta, a boca de

> Deus, e ela um monstro sedento de sangue. Vós sois o símbolo dos mais extremos opostos".
> E: "Nós somos reais, e não um símbolo".[7]

Aqui vemos Jung lutando com seus sentimentos por Salomé. Ele teme perder a cabeça como João Batista. Na imaginação ativa seguinte ele sente compaixão por ela. Salomé se chama irmã dele e lhe diz que Maria é a mãe deles. Segue então a "cena de mistério", em que Jung se sente dolorosamente crucificado e envolto por uma grande serpente que o esmaga como uma jiboia. Sangue escorre de seu corpo até seus pés. Então Salomé diz: "Tu és Cristo", e, imediatamente, ela recupera sua visão: "Eu vejo luz!" ela exclama. A cegueira de Salomé é curada e ela volta a enxergar.[8]

É notável ler e imaginar como Jung desenvolveu um diálogo com tais imagens/pessoas do inconsciente e como elas mudaram e foram transformadas durante suas imaginações ativas. É como se esses personagens soubessem mais e coisas diferentes do que o criador. Se relacionarmos a cegueira de Salomé às atitudes inconscientes de Jung, poderemos supor que Jung não estava ciente de seus sentimentos reais em relação a "Salomé" – independentemente de o que ou quem Salomé era para ele em sua vida privada em 1913. Seu "complexo de Salomé" tratava, obviamente, do medo do feminino, do medo de amor e dependência. Podemos nos lembrar de sua luta com Sabina Spielrein, sua ex-paciente, de sua cura de "cegueira" psicótica e de seu apego amoroso ao seu médico, que continuou após o fim da terapia em 1905. De acordo com minha primeira tentativa de interpretação, é como se a Salomé da imaginação de Jung viesse à vida por meio de um processo de reflexão inconsciente sobre seu relacionamento com mulheres. Em 1913, as mulheres especialmente importantes para Jung eram Emma, sua esposa, sua assistente Toni Wolff e Lou Andreas-Salomé. Minha interpretação é apoiada por cenas posteriores no *Livro Vermelho*. Em *Liber Secundos*, uma moça magra e pálida pergunta a Jung: "Tu me amas?", e Jung responde: "Por Deus, eu te amo – mas infelizmente já sou casado". Ao desaparecer, a moça diz: "[...] mando por ti uma saudação a Salomé".[9] Muitos episódios depois, Elias e Salomé reaparecem.

> Elias conduz Salomé, a vidente, pela mão. Ela baixa os olhos ruborizada e amorosa.

> E: “Aqui te dou Salomé. Que seja tua”.
> Eu: “Por amor de Deus – o que farei com Salomé? Eu já sou casado, e nós não vivemos entre os turcos”.
> E: “Ó homem sem expediente, como és tardo. Não é ela um belo presente? A cura dela não é obra tua? Não queres aceitar seu amor como pagamento bem-merecido por teu esforço?”
> Eu: “Parece-me que é um presente estranho, antes um peso do que uma alegria. Estou feliz pelo fato de Salomé me ser agradecida e me amar. Eu também a amo – de certa forma. [...] Elias, ancião, ouve: tu tens uma gratidão estranha. Não dês de presente tua filha, mas coloca-a de pé, [...] Salomé, agradeço teu amor. Se me amas de verdade, dança diante da multidão, agrada as pessoas, para que elogiem tua beleza e tua arte. [...]”
> Sal: “Que homem duro e incompreensível és tu!”[10]

Aqui, Jung parece estar falando a partir de uma posição moderna esclarecida como defensor da emancipação das mulheres. As mulheres deveriam andar com seus próprios pés. Trata-se de empoderamento feminino. A figura-chave no movimento europeu para a libertação das mulheres em seu tempo era Lou Andreas. Seu nome de solteira era Salomé!

Uma Salomé real

James Hillman, ao comentar sobre a crise e as visões de Jung em 1913, escreveu: “[...] isso aconteceu logo após a ruptura com Freud – o que levou Stanley Leavy a sugerir que Salomé na visão [...] seria uma Lou Andreas-Salomé disfarçada e Elias o próprio Freud”.[11] Seguiremos um pouco essa linha de raciocínio, já que Lou Andreas-Salomé era uma das primeiras expoentes da emancipação das mulheres.

Provavelmente, Lou Andreas-Salomé (1861-1937) e Jung já se conheciam antes do congresso psicanalítico, em Weimar, em 1911, onde aparecem próximos um ao outro na famosa fotografia dos pioneiros da psicanálise. Lou Salomé veio da Rússia e estudou na Universidade de Zurique de 1880-1882 – como Sabina Spielrein faria mais tarde. Depois disso ela foi para Roma, onde conheceu Friedrich Nietzsche, cujo pedido de casamento ela recusou. Ela passou os anos de 1882 a 1885 em Berlim com o filósofo Paul Rée. Nietzsche arranjou a famosa foto de Lou numa carroça segurando um chicote com Rée e ele como animais de tração!

Da esquerda à direita: Lou Andreas-Salomé, Paul Rée e Friedrich Nietzsche (1882).

Em 1885, Lou Salomé se casou com o orientalista Friedrich Karl Andreas com a estipulação contratual de não ter sexo no casamento. Seu relacionamento romântico e sexual com Rainer Maria Rilke começou em 1886. Ele admirava o estudo dele, *Nietzsche*, que Anna Freud consideraria mais tarde uma antecipação da psicanálise. Em 1885, Andreas-Salomé escreveu um romance sobre a emancipação das mulheres intitulado de *Fenitschka – Um deboche*, que refletia suas próprias questões: uma mulher casada pode permanecer si mesma? O amor torna as mulheres fracas e dependentes? E qual é o papel dos homens se as mulheres não precisam mais ser salvas?

Em 1911, Andreas-Salomé, agora já uma famosa defensora europeia dos direitos das mulheres e uma *femme fatale*, participou da Terceira Conferência Internacional de Psicanálise em Weimar a convite do psiquiatra Paul Bjerre (outro de seus admiradores), que falou sobre a psicossíntese – um projeto próximo das ideias de Jung. Na famosa fotografia do congresso, ela está sentada no centro da primeira fila. Próximas dela estão Emma Jung e Toni Wolff. Pouco tempo depois, ela enviou um artigo a Jung para ser publicado no *Jahrbuch*. Jung e Freud o teriam aceitado para publicação, mas ela o retirou. No fatal congresso, em Munique, em 1913, Lou estava no partido de Freud. De alguma forma, ela tinha se tornado hostil a Jung, apesar de, mais tarde, apoiar algumas das posições de Jung.

Se a Salomé do *Livro Vermelho* representa Lou, então Elias representa Freud. Salomé é cega, e Elias se chama o pai dela. A filha cega (= ignorante, ingênua) do velho profeta judeu – isso faria sentido. Em sua imaginação ativa, Jung surpreendentemente cura a cegueira de Salomé. Interessantemente, a visão de Jung é o oposto do mito preferido de Freud sobre o Édipo cego e sua filha vidente Antígone. Para Jung, trata-se da cura da jovem mulher; na história de Freud, trata-se de um velho homem cego e sua filha amada. É possível que Jung sabia que Freud tinha analisado sua filha Anna em 1910 por causa dos medos dela e sua masturbação compulsória. A visão na imaginação ativa de Jung de 1913 pode ter sido provocada pela *femme fatale* cintilante Lou Andreas-Salomé. A Salomé imaginária declara que ela e Jung são irmãos; Elias-Freud seria então seu pai comum. Mas em vez de amar Jung, a Salomé real o trai e passa para o lado do profeta judeu.

Femmes fatales do *fin du siècle*

Em sua imaginação ativa, Jung faz uma declaração a favor das mulheres oprimidas de seu tempo, numa situação cultural em que a posição das mulheres em geral estava em crise – ou, melhor, em que a relação entre os gêneros estava sendo questionada. Colocar as mulheres de pé era exatamente o que a sociedade suíça não queria. Havia poucas alunas suíças na Universidade de Zurique e nem mesmo as próprias filhas de Jung puderam estudar ali. Mesmo assim, Jung encorajou Sabina Spielrein a estudar na universidade e Toni Wolf e Emma a fazerem trabalho científico.

A fim de entender melhor o papel de Lou Andreas-Salomé no tempo de Jung e o significado da declaração de Jung contra a opressão das mulheres, uma imagem da época seria útil. O complexo cultural em torno dos papéis das mulheres nas últimas décadas do século XIX apresenta muitas camadas, e existem algumas diferenças entre os países e classes sociais. Mulheres da classe dos trabalhadores precisavam trabalhar e criar os filhos, e na maioria das regiões rurais da Suíça esse ainda era seu papel tradicional. Em regiões e países mais industrializados, a vida e o *status* das mulheres tinha mudado. Era um desenvolvimento complexo. A exploração de trabalhadores e suas famílias, juntamente com a exploração de carvão, madeira, água e outros recursos naturais, gerou conflitos ecológicos e sociais de um novo tipo. A exploração da natureza estava vinculada à das mulheres, que representavam a "natureza cíclica" na família. Por causa dos processos de trabalho modernizados nas fábricas, os homens perderam a posição de liderança que tinham na família agrícola, e as mulheres estavam sofrendo com os papéis duais de serem mães e trabalhadoras. Valores e necessidades femininos se tornaram problemáticos. Não havia contracepção e poucas possibilidades de educação. O início do capitalismo criou um desenvolvimento crítico também nas classes mais altas. As mulheres da burguesia gozam de uma liberdade muito menor do que as mulheres das classes altas na Era do Esclarecimento. A sociedade capitalista inicial, que se orientava primariamente pelo lucro e pela expansão do capital, era muito mais repressiva do que costumamos imaginar. A sexualidade era, em grande parte, reprimida, e uma moralidade dupla em relação à prostituição era difundida. Sífilis se deitava sobre a sociedade como um tipo de maldição e a culpa disso era projetada sobre o feminino. O destino de Nietzsche, que morreu de sífilis, e a misoginia de Otto Weininger eram sintomáticos.

O arquétipo feminino também está ligado aos temas de vida e morte. A antiga orientação religiosa perdeu sua potência integradora e assim não pôde absorver e organizar os temores e as perguntas sobre a morte como tinha feito no passado. Os medos constelados eram projetados sobre as mulheres. O complexo cultural resultante pode ser visto na imagem de duas faces da feminilidade nas artes: de um lado, havia os espíritos da natureza femininos tolos e inocentes, mas também perigosos como Russalka, Undine ou Pippa; de outro, havia as terrivelmente sedutoras *femmes fatales* como Lola Montez, Mata Hari e, no palco da ópera, Lulu, Turandot e Salomé. A ópera *Salomé* de Strauss era muito popular em círculos militares do Império Alemão de Guilherme II, especialmente a famosa e decadente "dança dos sete véus" de Salomé. Sob essas condições, a teoria de Jung sobre um aspecto feminino na psique masculina e um aspecto masculino na psique feminina era bastante revolucionária. Ele se deparou com essa estrutura através de seu encontro com Salomé e Elias.

Alguém que teme ser amado

Em suas visões, Jung teme o amor de Salomé:

> Uma pessoa que pensa teme Salomé, pois ela quer sua cabeça, sobretudo quando ele é um santo. Uma pessoa que pensa não deve ser um santo, senão cai sua cabeça. Não ajuda nada esconder-se no pensar. Lá te alcança o entorpecimento. Deves voltar ao teu pensar prévio maternal para tomar renovação. Mas o pensar prévio conduz à Salomé.[12]

Um pouco mais adiante, ele escreve: "Não é pouca coisa admitir seu desejo. [...] Mas quem deve viver tua vida, se tu não a vives?"[13] Ainda mais adiante, quando Elias lhe oferece sua filha como esposa e amante, ele recusa. Ele lembra a cena estranha e dolorosa de sua crucificação e o abraço sufocante da serpente.

> Eu: "[...] Mas o envolvimento com o amor! Só pensar nisso é horrível".
> Sal: "Tu exiges que eu seja e ao mesmo tempo não seja. Isto é impossível. O que te falta?"
> Eu: "Falta-me força para tomar nos ombros mais um destino. Já tenho o suficiente para carregar".
> Sal: "Mas, se eu te ajudar a carregar este peso?"
> Eu: "Como podes? Terias que carregar a mim, um peso rebelde. Não devo eu mesmo carregá-lo?"
> E: "Tu dizes a verdade. Cada qual carrega seu peso. Quem impõe aos outros sua carga é seu escravo. A ninguém seja tão pesado carregar a si próprio".
> Sal: "Mas, Pai, não poderia eu ajudá-lo a carregar seu peso ao menos por um trecho?"
> E: "Então ele seria teu escravo".
> Sal: "Ou meu senhor e dono".
> Eu: "Isto não quero ser. Tu deverás ser uma pessoa livre. Não consigo suportar escravos nem senhores. Eu gosto de pessoas".
> Sal: "E eu não sou uma pessoa?"
> Eu: "Sê teu próprio senhor e teu próprio escravo, não pertenças a mim, mas a ti. Não carregues o meu fardo, mas o teu. Assim me deixarias minha liberdade humana, uma coisa que para mim tem mais valor do que o direito de propriedade sobre uma pessoa".[14]

Nessa cena, Jung fala como um homem moderno esclarecido. Por trás de sua atitude, porém, há medo – ele parece temer ser amado, ser escravizado como ele diz, e, por isso, rejeita o amor. Para ilustrar esse complexo, podemos recorrer ao romance *Os cadernos de Malte Laurids Brigge*, que ele enviou a Lou Andreas-Salomé em 1910. O romance trata de um homem jovem que não suporta ser amado – ele até temia o amor dos cachorros da família. Nas noites após suas excursões, ele não queria voltar para sua família, que o amava demais. Ele encontrou a solução no amor de Deus, porque não precisava temer que Deus retribuiria seu amor: Deus está tão além do mundo humano e do destino dos indivíduos que Ele nunca se preocuparia com sentimentos por nós. Em essência, Deus está ausente da esfera humana. Essa é uma ideia próxima ao pensamento de Nietzsche. Jung conhecia Nietzsche muito bem. A ausência de Deus era parte do complexo cultural europeu no final do século XIX.

A ambivalência referente a ser amado também tem uma raiz na infância de Jung. Ele tinha uma relação difícil com sua mãe. Hoje falaríamos de um complexo maternal negativo ou um padrão de ligação inseguro. Isso remete ao seu terceiro ano, quando sua mãe teve que passar alguns meses num hospital psiquiátrico. "Eu estava profundamente atordoado pela ausência da minha mãe. A partir de então, eu sempre desconfiava quando a palavra 'amor' era dita. O sentimento que eu associava à 'mulher' era, por muito tempo, o sentimento de inconfiabilidade inata. 'Pai', por sua vez, significava confiabilidade – e impotência".[15] É preciso levar em conta também que Carl Gustav era um filho substituto e assim era portador de esperanças e projeções especiais de seus pais. Freud não foi o primeiro a fazer dele um príncipe-herdeiro.

A luta de Jung entre Sabina, Toni e Emma

Como mencionei acima, as figuras da imaginação ativa de Jung são seres com existência própria. Estão enraizadas no inconsciente coletivo e jamais se encaixarão perfeitamente na realidade biográfica do autor. Como escreveu Hillman: "A ficção de Freud apareceu disfarçada em suas histórias de casos e suas teorias cosmogônicas. A de Jung apareceu abertamente na história de seu próprio caso. Freud entrou na imaginação literária escrevendo sobre outras pessoas; Jung, imaginando-se como 'outras pessoas'. O que aprendemos de Freud é que essa imaginação literária ocorre em meio a fatos históricos. O que aprendemos de Jung é que essa imaginação literária ocorre no meio de nós mesmos. Ficções poéticas e dramáticas são o que povoa nossa vida psíquica. Nossa vida em alma é uma vida em imaginação".[16]

Já que Jung chamava a imaginação ativa "a segunda e indispensável parte de qualquer análise que realmente pretenda chegar às raízes",[17] isso pode nos autorizar a tentar algumas interpretações no nível biográfico.

Sabina Spielrein

Jung se casou com Emma Rauschenbach em 1903. Relações íntimas com mulheres eram um problema para ele. Como ele escreve em *Memórias, sonhos, reflexões*, o comportamento e os estados psíquicos da sua mãe eram, às vezes, bastante perturbadores e, como resultado, ele tinha um problema fundamental com "amor" e inconfiabilidade feminina. Muito foi escrito sobre os relacionamentos de Jung com pacientes femininos, e aqui só são possíveis algumas referências sucintas. Quando Sabina Spielrein chegou à clínica Burghölzli, em Zurique, em agosto de 1904, o experimento de associação de palavras era usado para diagnosticar pacientes. Jung encontrou um "complexo de castigo" na mente perturbada de Sabina. Esse complexo era forte e se comportava de modo autônomo, e Jung teve que rastrear os impulsos sadomasoquistas dela.[18] Jung usou as associações em suas intervenções terapêuticas. Ele escreveu sobre esse método da seguinte forma: "Os seres psíquicos (*Sonderexistenzen* [existências especiais]) serão destruídos se, por um esforço da vontade, forem arrastados para a luz do dia".[19] Hoje, é preciso admitir que, em 1904, os fundadores ainda estavam nos anos pioneiros do tratamento psicanalítico, e os métodos psiquiátricos daquele tempo não estavam muito bem desenvolvidos em comparação com padrões posteriores. Não era uma terapia analítica no sentido moderno. A dinâmica de transferência e contratransferência não era muito bem conhecida nem refletida. A interação íntima entre médico e paciente podia se tornar uma armadilha inconsciente. "Jung e Spielrein sofreram ambos uma infância e adolescência desprotegida, e eles se encontraram com uma grande necessidade de amor", escreve Richebächer, biógrafa de Spielrein,[20] e poderíamos acrescentar: também com grande ambivalência e sem uma perspectiva objetiva sobre a situação. É compreensível que Spielrein se apaixonou por seu médico. Após apenas dez meses na clínica, em junho de 1905, ela estava curada e recebeu alta. Ela estudou medicina na Universidade de Zurique, como Jung tinha lhe sugerido, e lá ouviu as preleções dele. A terapia tinha terminado, mas ambos mantiveram a chama acesa. Em 1908 e 1909, Jung tomou outro passo em direção a Spielrein, e foram necessários alguns anos até que ambos conseguissem escapar da interação colusiva. Em 1910, Spielrein escreveu a Freud sobre seu sofrimento e ambivalência. Jung teve de aprender sua lição. Em março de 1909, ele escreveu a Freud sobre seus "componentes polígamos".[21] Ele se dirigiu a Freud como seu analista e supervisor. Esse relacionamento com Spielrein tinha terminado anos atrás e agora era mais um caso amoroso extraconjugal.

A essa altura, Emma, esposa de Jung, já tinha dado à luz três filhos. É importante reconhecer que, em momento algum, nem Spielrein nem Jung disseram explicitamente que tiveram um relacionamento sexual. Esse boato foi trazido à tona novamente em 1980 por Aldo Carotenuto, que publicou a então recém-descoberta correspondência entre Jung e Spielrein. Zvi Lothane, porém, que descobriu algumas cartas e diários adicionais de Spielrein, objetou que a suspeita de Carotenuto não era confirmada pelos documentos. Infelizmente, o boato resultou em livros e filmes que danificaram a reputação póstuma de Jung (e Freud).

É como se, na imaginação ativa de 1913, Jung ainda está lutando com seus "componentes polígamos" e tentando encontrar uma solução para seus sentimentos reais. Quando ele diz a Elias/Freud: "Por amor de Deus – o que farei com Salomé? Eu já sou casado, e nós não vivemos entre os turcos" – é possível que ele esteja falando sobre sua antiga paciente e amiga.

Toni Wolff

Em 1910, Toni Wolff, que sofria de depressão após a morte de seu pai, se tornou paciente de Jung. Barbara Hannah relata que, imediatamente, Jung reconheceu a inteligência da mulher de 23 anos de idade e, como parte do tratamento de sua depressão, lhe deu algum trabalho para pesquisar material para seu livro *Símbolos da transformação*.[22] Isso teve um efeito amenizador sobre sua depressão e, em setembro de 1911, ela participou do congresso em Weimar com Emma Jung, onde também conheceu Lou Andreas-Salomé. Esse relacionamento de trabalho próximo com Jung continuou por 40 anos. Hannah escreve que Jung discutia suas imaginações ativas com Toni – isso também significaria o "*não vivemos entre os turcos*"! Sonu Shamdasani, referindo-se aos protocolos inéditos das entrevistas de Aniela Jaffé com Jung para *Memórias, sonhos, reflexões*, escreve: "[...] Toni Wolff foi atraída para o processo no qual ele estava envolvido, e experimentava um semelhante fluir de imagens. Jung percebeu que podia discutir suas experiências com ela, mas ela estava desorientada e na mesma confusão".[23] A meu ver, isso significa que Toni Wolff também estava lutando com uma transferência erótica. Como já no caso de Sabina Spielrein, não existem evidências de que Jung e Toni Wolff tenham tido um relacionamento sexual, mas podemos supor que a imaginação ativa sobre Salomé de alguma forma reflete o problema que Jung estava enfrentando com Toni Wolff – e sua luta por uma solução. Barbara Hannah, amiga de Toni Wolff, escreveu:

> Toni Wolff foi, talvez – de todos os "tipos *anima*" que jamais conheci – a mais adequada portadora para a projeção dessa figura. Ela não era linda no sentido clássico estrito, mas sua aparência podia ser muito mais do que linda, podia parecer mais uma deusa do que uma mulher mortal. Ela tinha um gênio extraordinário para acompanhar homens – e também algumas mulheres, de forma diferente – cujo destino era entrar no inconsciente. Na verdade, ela soube desse dom por meio de sua relação com Jung, mas, mais tarde, ela manifestou esse mesmo dom quando se tornou analista; na verdade, era sua qualidade mais valiosa como analista.[24]

Em seu trabalho "Formas estruturais da psique feminina", Tony Wolff descreve quatro tipos básicos de feminilidade: mãe, hetera, mulher medial e amazona. "Semelhante aos quatro tipos psicológicos básicos, todas as quatro formas estruturais são inerentes a cada mulher".[25] Com base em suas descrições dos tipos, é seguro supor que Toni Wolff tenha se identificado com a hetera, sendo que a disposição da mulher medial formava uma parte forte da imagem. "A hetera ou companheira está instintivamente relacionada à psicologia pessoal do masculino, e também à dos filhos, se for casada. Os interesses individuais, a inclinação e, possivelmente, também os problemas do homem estão dentro do campo de visão consciente dela e são estimulados e promovidos por ela".[26] Wolff fala sobre as "*femmes inspiratrices*" e Calipso.

> A função da hetera é despertar a vida psíquica individual no homem e guiá-lo para além de suas responsabilidades masculinas em direção à formação de uma personalidade total. [...] A hetera afeta o lado sombra no homem e o lado subjetivo de sua *anima* – um problema que não é sem perigo. Consequentemente, ela deveria estar – e no melhor dos casos ela está – consciente das leis de relacionamento. Seu interesse instintivo é direcionado para os conteúdos individuais de um relacionamento em si mesmo e no homem.[27]

Ela continua, como que falando sobre sua própria situação com Jung:

> Para o homem, um relacionamento em todas as suas potencialidades e nuanças é, normalmente, menos consciente e menos importante, pois o distrai de suas tarefas. Para a hetera, ele é decisivo. Todo o resto – segurança social, posição etc. – é irrelevante. Nisso se encontram tanto a importância quanto o perigo da hetera. Se ela ignorar o lado *persona* do homem (ou de seus filhos) ou se adaptar cegamente a ele, ela está fadada a idolatrar o elemento pessoal, a incitá-lo excessivamente, e pode levar o homem a um ponto em que ele perde sua visão clara da realidade externa: ele pode, por exemplo, desistir de sua profissão para se tornar um "artista criativo"; pode se divorciar, sentindo que a hetera o entende melhor do que sua esposa etc. Ela insiste numa ilusão e assim se transforma em tentadora; ela é uma Circe em vez de Calipso.[28]

Muitos desses aspectos da hetera citados por Toni Wolff nessa passagem, nós conhecemos da análise de Jung da "cegueira" de Salomé e de sua luta contra uma existência como artista criativo no lugar de psicólogo. Então Toni fala também sobre sexualidade:

> Existe hoje em dia uma grande confusão[29] como resultado da abolição do tabu sexual. A ordem do dia é ter "relacionamentos" – do ponto de vista da mulher, eles podem se dever a equívocos eróticos ou a necessidades profissionais. Para o homem, é a manifestação evidente de um relacionamento. Para a mulher, e especialmente para as heteras, é, sob certas circunstâncias, seu resultado ou, de acordo com a lei individual do relacionamento, deve ser excluído dele. Em todo caso, é nada mais do que apropriado quando o relacionamento se desenvolveu suficientemente. [...] Mas visto que a segurança fornecida pelo casamento ou uma profissão é de necessidade vital para a mulher, essa necessidade pode se infiltrar inconscientemente no relacionamento do tipo hetera e perturbar seu curso intrínseco. [...]
>
> Tudo na vida deve ser aprendido, também o relacionamento humano, portanto, é natural que a hetera não pode começar com ele no nível mais diferenciado. Uma vez que ela o aprendeu, ela observará cuidadosamente as leis do relacionamento individual, ela perceberá o que pertence e o que não pertence a ele e, se necessário, ela saberá quando um relacionamento se cumpriu e está completo.[30]

Podemos supor com segurança que também Toni Wolff não começou seu relacionamento com Jung num "nível mais diferenciado". Talvez seu confronto compartilhado com a imagem de Salomé tenha se tornado significativo para seu relacionamento. Com base em todos os documentos disponíveis, é possível que, após alguma confusão inicial, eles não tiveram um relacionamento sexual um com o outro. No entanto, isso não é importante. O que importa mais é que as imaginações ativas com Salomé mostram a luta de Jung para entender seus impulsos interiores, para *não perder sua cabeça* e suportar a tensão. Isso é, como acreditam os junguianos, a precondição para a transformação.

Emma Jung

Quem pagava as contas? Para as seguintes observações, devo muito a Nadia Neri e Imelda Gaudissart. Barbara Hannah também escreveu sobre a situação de Jung e sua esposa Emma Rauschenbach. Ela comenta a situação da seguinte forma:

> Parece difícil que, justamente no momento em que ele foi testado ao extremo por seu "confronto com o inconsciente", Jung também teve que lidar com o problema mais difícil que um homem casado tem de enfrentar: o fato de que ele pode amar sua esposa e outra mulher simultaneamente. Mas um problema fazia parte do outro, e eles eram, na verdade, dois lados do mesmo problema. Embora ainda não tivesse reconhecido o arquétipo da *anima*, essa figura é a mais próxima a um homem de todas as figuras interiores e é, acima de tudo, a ponte e a intermediária entre o homem e seu inconsciente. Jung também não sabia ainda que a *anima* frequentemente se projeta sobre uma mulher real e que essa projeção dota aquela mulher com toda a qualidade numinosa do inconsciente.[31]

Hannah também escreve sobre a dor que todos os três tiveram que suportar. Ela cita Jung: "O núcleo de todo ciúme é falta de amor".[32] Continua: "O que salvou a situação foi que não havia 'falta de amor' em nenhum dos três. Jung foi capaz de dar uma quantidade satisfatória de amor tanto à sua esposa quanto a Toni, e *ambas* as mulheres *realmente* o amavam".[33] Não acredito que Jung tenha "perdido a cabeça" e suponho que ele levou a sério a mensagem de seu inconsciente e não cometeu o mesmo erro com Toni que possivelmente cometeu com Sabina – isto é, ele não tornou Toni dependente dele. Isso trata de entender a transformação de sua *anima* de uma cega em uma vidente. Isso é o que pode acontecer numa imaginação ativa verdadeira. Então suas figuras são "*reais, e não um símbolo*".

Não sabemos muito sobre como Emma se sentiu naqueles anos. Quando Sabina entrou em cena, Emma já tinha um filho e estava grávida do segundo dos cinco aos quais ela daria à luz. As primeiras gravidezes são sempre não só um presente, mas também uma ameaça para um casal jovem. Tanto na mãe jovem como no pai jovem, seus respectivos complexos de mãe e pai são ativados juntamente com as dúvidas e os questionamentos de sua autoestima. Sabemos da imagem problemática que Carl tinha de sua mãe, como mencionamos acima. Só podemos imaginar como Emma estava sofrendo, mas obviamente ela também estava ciente de um sentido mais profundo da constelação difícil, como mostra o artigo que ela apresentou em 1916 no Clube Psicológico em que falou sobre "culpa". Imelda Gaudissart escreve em seu estudo sobre *Femmes autour de Jung*:

> Percebemos agora que a apresentação feita por Emma nessa ocasião é, acima de tudo, uma reflexão profunda sobre sentimentos de culpa. Isso levanta a pergunta sobre a extensão em que seu conteúdo pode ser lido como um eco da carta que Emma enviou a Freud alguns anos antes sobre sua angústia diante da aventura de Carl com Sabina Spielrein. Nesta palestra, Emma não expressou a busca pessoal que ela se viu compelida a realizar a fim de superar uma situação que ela tinha vivenciado como catastrófica? Ela não tinha interpretado sua luta como um teste imposto pelo destino e não como o resultado de culpa pessoal?[34]

Já nessa palestra, Emma falou sobre a Lenda do Graal, onde Percival deixa de fazer a pergunta crucial sobre o sofrimento do Rei Pescador. As maneiras tradicionais de lidar com uma situação crítica não basta para lidar com os desafios do destino, afirma Emma nessa palestra. É preciso aceitar culpa e responsabilidade pessoal para adquirir o Santo Graal. "É razoável supor que essa apresentação se dirigia a um público cuja maioria conhecia a natureza das dificuldades que Emma enfrentava pessoalmente",[35] acrescenta Gaudissart.

Carl também tinha colocado Emma sobre seus próprios pés: ele a encorajou a aprender latim e estudar tudo que conseguisse encontrar sobre a Lenda do Graal. Emma se tornou uma analista respeitada em Zurique e, na década de 1930, ela escreveu um livro sobre *animus* e *anima*. Barbara Hannah foi uma de suas primeiras analisandas.

Gaudissart esboça o retrato de uma mulher individualizada que conseguia conciliar muitos interesses com suas tarefas de manter sua família unida, cuidando dos cinco filhos e de seus analisandos – e de seu marido. Quando Carl teve seu ataque cardíaco em 1944 e estava à beira da morte, Emma se mudou para o hospital:

> Para Emma, que permaneceu com seu marido sem cessar, a situação forneceu, sem dúvida alguma, a oportunidade de acolher sob sua asa protetora esse homem que sofria as consequências de uma regressão grave de corpo e mente. [...] Emma tinha decidido que seu marido, durante aquelas longas semanas, deveria ser mantido longe do alcance do mundo exterior. Ninguém além de seus filhos podia passar por aquela porta. [...] Emma se mudou para a clínica e só a deixou quando seu marido tinha se recuperado suficientemente para poder voltar para casa. [...] Uma das pouquíssimas pessoas que puderam visitá-lo foi Marie-Louise von Franz. Já que ela estava envolvida na pesquisa sobre alquimia, Emma julgou já no fim de sua convalescença que tal visita poderia estimular em seu marido o desejo de se agarrar novamente à vida.[36]

Toni não era admitida.

Assim, 1944 marcou um ponto de virada importante no relacionamento entre Carl e Emma como um casal e na evolução de cada um dos cônjuges individualmente. Na verdade, Carl acreditava, durante sua doença, que ele já tinha alcançado o fim de sua vida. Seu retorno para a terra dos vivos provocou uma tempestade de liberdade em sua mente e em todo o seu ser. Ele sentiu uma forte convicção de que as descobertas acumuladas ao longo de décadas poderiam agora ser reunidas para produzir obras com uma marca cada vez mais pessoal. Carl tinha 69 anos de idade, e Emma, 62.

Aos poucos, cada um embarcaria numa busca por um novo tipo de proximidade com o outro, por uma forma amadurecida de amor e uma amizade baseada em sabedoria.[37] Em *Memórias, sonhos, reflexões*, ele não menciona a presença de Emma, mas, naquele livro, ele não fala sobre nenhum relacionamento pessoal.

As semanas no hospital foram muito importantes para Jung. Em *Memórias, sonhos, reflexões*, ele fala sobre as visões que teve durante as noites. Ele estava, escreve ele, "cheio do sentimento mais alto de felicidade. [...] Eu parecia estar pessoalmente no Pardes Rimmonim, no jardim das romãs, e estava acontecendo casamento de Tiphareth com Malkuth. [...] Ou eu era o rabino Simon bem Jochai, cujo casamento no além estava acontecendo. Era o casamento místico da Cabala. Não posso lhe dizer como foi maravilhoso".[38] Também sonhou com o "Casamento do Cordeiro" e o *hierosgamos* de "Zeus e Hera" num cenário maravilhoso.[39] Essas visões eram uma apoteose do casamento, e é como se, aqui, em 1944, Carl e Emma tivessem se encontrado num novo nível de seu relacionamento como cônjuges.

Conclusão – e uma observação sobre Elias

As figuras do inconsciente, como Jung e a Psicologia Analítica as veem, "são reais, e não símbolos", como Elias ensina a Jung em um de seus primeiros diálogos. Elas moldam nossa vida mais do que nosso ego imagina. A imaginação ativa, como documentada no *Livro Vermelho*, mostra a tentativa de Jung de alcançar uma troca interativa com essas forças, de moldá-las em imagens e interpretá-las. Jung chamou esse empreendimento "a segunda parte necessária da análise". O encontro teria um grande impacto sobre suas atitudes conscientes durante todo o resto de sua vida. Por volta de 1913, em meio a uma crise após a separação de Freud e em torno de relacionamentos críticos com sua esposa Emma e suas ex-pacientes Sabina Spielrein e Toni Wolff, ele vivenciou imagens interiores de uma mulher que ele chamou sua alma, mais tarde designada como *anima*: uma personificação do lado feminino no homem. Para Jung, essa figura apareceu como Salomé, uma figura ameaçadora do Novo Testamento.

Neste ensaio, explorei alguns aspectos da dinâmica de múltiplos níveis nesse relacionamento. Ele diz respeito ao complexo cultural da *femme fatale*, especialmente à figura de Lou Andreas-Salomé, cujo nome, obviamente não por acaso, nos lembra da Salomé na visão de Jung. Lou era uma defensora proeminente em sua época do empoderamento feminino. Mencionei também a obra de Nietzsche, Rilke, Oscar Wilde e Richard Strauss para ilustrar a situação cultural e as possíveis influências sobre Jung. Trata também de Sabina Spielrein, Toni Wolff e Emma Jung. Sabemos do trabalho clínico que figuras oníricas raramente – e somente no nível da interpretação objetiva – podem ser reduzidas a pessoas reais. Podem representar determinados aspectos de pessoas vivas, mas elas estão com a outra perna no outro mundo do inconsciente coletivo, da mitologia e na esfera dos arquétipos da psique humana. Daí provém sua capacidade transformadora.

Animus e *anima* são processos e funções arquetípicas da psique. Observá-los e lidar com eles pode mudar profundamente atitudes conscientes. A formação criativa desses encontros exerce um impacto positivo sobre o complexo do ego. É disso que trata o *Livro Vermelho*.

As imaginações de Salomé eram reflexões profundas sobre seu lado feminino interior e sua atitude e comportamento em relação a mulheres. Suponho que todas as pessoas em sua volta se beneficiaram de seu trabalho. Não é apenas uma imagem excitante dos primeiros dias da psicanálise junguiana, mas também um exemplo dos temas atemporais de amor, dependência, emancipação e autonomia. Sob essa perspectiva, faz muito sentido colocar a "anima" *sobre seus próprios pés*. A *anima* é um presente do si-mesmo. Sua função conectora no eixo ego/si-mesmo entre a sabedoria do si-mesmo e o complexo do ego só funciona se o ego não reivindicar a *anima* como propriedade sua. Caso contrário, o ego estará nas mãos da *anima* e permanecerá num emaranhamento inconsciente. A descoberta e a decisão de Jung finalmente lhe permitiram encontrar um caminho para uma nova imagem de Deus transcendente. Quando lemos os documentos, devemos ouvir com cuidado e com grande respeito as palavras daqueles que não estão mais entre os vivos.

Muitas vezes, os biógrafos tratam com desleixo sua responsabilidade nesse aspecto. Às vezes, precisamos ler as entrelinhas e ouvir seu sussurro.

Nesse sentido, Elias, o profeta na imaginação de Jung, pode nos contar uma história interessante, e é com essa amplificação que encerro meu artigo.

A história de Elias é contada em 1 Reis. Ele é a única pessoa na Bíblia que ascendeu ao céu ainda em vida, e reza a lenda que ele retornará quando o Messias aparecer. Numa discussão corajosa com os sacerdotes de Baal, Elias convence Deus a demonstrar sua supremacia sobre os outros deuses. Seu sacrifício foi queimado por uma chama vinda do alto e aceito por Deus, enquanto os sacerdotes de Baal se viram incapazes de fazer o mesmo e perderam a competição. A cena termina com Elias matando todos os sacerdotes do deus falso.[40] A história de Elias continua a partir daí. Ele foge para o deserto porque a rainha Jezabel pretende matá-lo. Lá, Deus lhe dá comida e bebida enviando corvos com pão e água. Elias passa 40 dias andando pelo deserto do Monte Horebe e se esconde numa caverna, ainda com medo de seus inimigos. É incubação em solidão absoluta. Então Deus o tira de lá, dizendo: "Sai e põe-te de pé no monte, diante do SENHOR! Eis que ele vai passar".[41] Elias obedece, esperando ouvir a voz de Deus; essa é a voz do inconsciente:

> Houve então um grande furacão, tão violento que rasgava os montes e despedaçava os rochedos diante do SENHOR, mas o SENHOR não estava no vento. Depois do vento houve um terremoto, mas o SENHOR não estava no terremoto. Depois do terremoto houve fogo, mas o SENHOR não estava no fogo. Finalmente, passado o fogo, percebeu-se o sussurro de uma brisa suave e amena. Quando Elias a percebeu, cobriu o rosto com o manto e saiu, colocando-se na entrada da caverna. Então uma voz lhe falou: "O que estás fazendo aqui, Elias?"

Notas

1. T.S. Eliot. "Burnt Norton," in *Four Quartets* (New York, NY: Harcourt, 1943), p. 3.

2. C.G. Jung. *O Livro Vermelho: Liber Novus. Edição sem ilustrações*, org. Sonu Shamdasani, trad. Edgar Orth (Petrópolis: Vozes, 2015), p. 159.

3. Ibid., p. 158.

4. Thomas Rhode. *Mythos Salome* (Leipzig: Reclam, 2000).

5. Jung. *O Livro Vermelho*, p. 159.

6. Ibid., p. 161.

7. Ibid., p. 158-159.

8. Ibid., p. 176-177.

9. Ibid., p. 201.

10. Ibid., p. 384-387.

11. James Hillman. *Healing Fiction* (Barrytown, NY: Station Hill Press, 1983), p. 53.

12. Jung. *O Livro Vermelho*, p. 163.

13. Ibid., p. 167-168.

14. Ibid., p. 386-387.

15. C.G. Jung. *Memories, Dreams, Reflections*, org. Aniela Jaffé (Nova York, NY: Vintage, 1963), p. 8.

16. Hillman. *Healing Fiction*, p. 56.

17. Gerhard Adler. *C.G. Jung Letters*. Trad. R.F.C. Hull. Vol. 1, 1906-1950 (Princeton, NJ: Prince ton University Press, 1975), p. 459.

18. Sabine Richebächer. *Sabina Spielrein: Eine fast grausame Liebe zur Wissenschaft* (Zurique: Dör-lemann Verlag, 2005), p. 92.

19. Citado em ibid., p. 87; tradução minha.

20. Ibid., p. 91.

21. Sigmund Freud e C.G. Jung. *The Freud/Jung Letters*. Org. William McGuire e trad. Ralph Ma-nheim e R.F.C. Hull (Princeton, NJ: Princeton University Press, 1974), p. 207.

22. Barbara Hannah. *Jung – His Life and Work* (Wilmette, IL: Chiron Publications, 1998), p. 104.

23. Sonu Shamdasani. "Introdução", em Jung, *O Livro Vermelho*, p. 34.

24. Hannah, p. 118.

25. Tony Wolff. *Structural Forms of the Feminine Psyche* (Zurique: C.G. Jung Institute, 1956), p. 11.

26. Ibid., p. 5-6.

27. Ibid., p. 6.

28. Ibid.

29. Isso se refere a 1934, quando este artigo foi apresentado pela primeira vez no Clube Psicológico em Zurique. Ibid., p. 13.

30. Ibid., p. 6-7.

31. Hannah, p. 118.

32. Ibid., p. 119.

33. Ibid.

34. Imelda Gaudissart. *Love and Sacrifice: The Life of Emma Jung* (Asheville, NC: Chiron Publica-tions, 2014), p. 101.

35. Ibid.

36. Ibid., p. 87-88.

37. Ibid., p. 88.

38. Jung. *Memories, Dreams, Reflections*, p. 293-294.

39. Ibid., p. 294.

40. 1Rs 18,20-40.

41. 1Rs 19,11.

II

O desejo da alma de se tornar nova:

A jornada de Jung, nossa iniciação

Kate Burns

> Acreditai-me: *não é nenhuma doutrina nem alguma instrução que vos dou. Donde haveria de buscar para querer instruir-vos? Eu vos informo o caminho dessa pessoa, seu caminho, mas não o vosso caminho. Meu caminho não é o vosso caminho, portanto não vo-lo posso ensinar. O caminho está em nós, mas não em deuses, nem em doutrinas, nem em leis. Em nós está o caminho, a verdade e a vida.*[1]
>
> *C.G. Jung*

Dada a ressalva citada acima e reiterada várias vezes ao longo da obra de Jung, como o estudo do "*caminho* deste *homem*" ajuda indivíduos do século XXI a navegar um mundo inundado de informações empoleiradas no ciberespaço, desafiado por destruição cataclísmica inerente à mudança climática, confrontado com a ameaça de aniquilação nuclear, sitiado por uma panóplia de marketing explorador e desordenado por uma fusão caleidoscópica de culturas, ameaçando a reduzir o indivíduo a um emaranhado de mitocôndria que se movimenta como um zumbi no labirinto cinzento de um absurdo distópico? Algumas pessoas lerão o *Livro Vermelho* num espírito de fascínio pelo conjunto mítico colorido de imagens arquetípicas e com apreço pela sabedoria expressada por meio da experiência autêntica e do expansivo conhecimento de Jung. E quanto aos bilhões de outras pessoas que lutam, sempre no limite, para encontrar tempo numa semana de 50 horas de trabalho para se dedicar a uma vida pessoal que as nutra enquanto tentam se manter a par das tragédias incessantes nos noticiários, se expressar diariamente nas mídias sociais e exercitar seu corpo? O que o *Livro Vermelho* pode oferecer a elas?

O *Livro Vermelho* de Jung não é um método, nem apostila, nem uma receita para a alma sofredora. Ele só oferece o exemplo de um homem, que arrasta os leitores para uma jornada imaginária para um conjunto de paisagens que, simbolicamente, descrevem uma experiência que, como o próprio Jung admitiu, o levou à beira da loucura. Ele não passou para o outro lado, mas por quê? Ao reunir todo o seu conhecimento e toda a sua coragem e curiosidade e ao submetê-los à humildade de um andarilho com a natureza inquisidora e a erudição de um pesquisador e a jocosidade inocente de uma criança, Jung recebeu e registrou artisticamente sua experiência singular num esforço de ouvir e entender o anseio de sua alma. Sua vida tinha entrado num período de mudança pessoal e contemplação devota, provocado, em parte, talvez pela ruptura da relação com o amigo, mentor e colega Sigmund Freud. Jung se encontrava num período de transição pessoal, que certamente se refletia no mundo, que estava no limiar da Primeira Guerra Mundial. Ele estava no trabalho de parto de visões violentas e extensas de destruição sangrenta, que, mais tarde, pareciam ser uma previsão da Primeira Guerra Mundial, de modo que a confusão o deixou doente. Mais tarde, ele escreve: "Pelo fato de eu trazer a guerra em mim, eu a previ".[2] Os sonhos de Jung o perturbavam com imagens catastróficas tão imensas que ele se livrou da maioria de suas responsabilidades sociais e entrou em diálogo com o inconsciente. Ele estruturou sua vida de modo que pudesse atender pacientes e se dedicar à sua correspondência durante as manhãs, passando então as tardes e noites em diálogo ininterrupto com sua alma. Ele recebia mensagens por meio da imagética de sonhos, visões e um diálogo interior intencional que, mais tarde, ele chamaria de "imaginação ativa". O leitor encontra lutas dolorosas, humildade honesta e fé perpétua: fé não em algum ser lendário, que muitos chamam de Deus, mas fé "[...] *de que a vida encontrará o melhor caminho*."[3] Jung escreveu em seu *Livro Vermelho* sobre seus sentimentos de agitação e confusão, durante os quais teve uma visão:

> Eu estava numa montanha alta com um adolescente. Era antes da aurora, o céu no lado leste já estava claro. Soou então sobre

> as montanhas a trompa de Siegfried em tom festivo. Sabíamos que nosso inimigo mortal estava chegando. Estávamos armados e emboscados num estreito caminho de pedras, com a finalidade de matá-lo. De repente, apareceu ao longe, vindo do cume da montanha num carro feito de ossos de pessoas falecidas. Desceu com muita destreza e glorioso pelo flanco rochoso e chegou ao caminho estreito onde o esperávamos escondidos. Ao surgir numa curva do caminho, atiramos contra ele, e ele caiu mortalmente ferido.[4]

No início, Jung teve dificuldades de resolver o enigma de sua visão de Siegfried, o conquistador heroico do mito germânico. A intensidade esmagadora dessa luta levou Jung à beira do suicídio. Tal dilema interior poderia ter lançado até a mais forte das personalidades num grave episódio de depressão, mas nenhuma evidência indica que Jung tenha caído em uma depressão paralisante. Quando percebeu que, na visão, ele tinha assassinado seu próprio ideal de si mesmo como médico, professor, autor e pesquisador, ele sabia que tinha chegado num período em sua vida que tinha culminado em grandes conquistas, mas que, agora, sua alma o *chamava* de volta para um relacionamento mais profundo e para uma perspectiva mais completa de si mesmo e do mundo. A alma de Jung exigia renovação: a necessidade de sacrificar sua atitude heroica e suas expectativas do passado para que uma gnose e uma erudição mais abrangentes pudessem se desdobrar.

Sintomas depressivos resultam de vários componentes, incluindo a química cerebral e circunstâncias de vida externas; no entanto, Jung desenvolveu e apresentou uma teoria da psique que descreve um processo de refluxo natural e periódico da energia psíquica, privando o ego da iniciativa e do entusiasmo para projetos conectados com os rigores da vida externa. Quando ocorre tal fluxo retrógrado, o indivíduo enfrenta o desafio de se tornar um iniciado, e a vida assume uma qualidade dramaticamente mítica. O indivíduo percebe a provocação de um *chamado* para aceitar e resolver com êxito uma tarefa secreta, por meio da qual o ego-consciência integra um potencial desconhecido. Embora ele possa ser pego de surpresa, essa potencialidade vinha amadurecendo sob a superfície como uma semente pronta para brotar. Uma estação de clima favorável ao brotamento da semente prevalece, e uma sincronicidade insistente entre a prontidão do embaixo e do alto levará o novo broto a uma expressão frutífera. O nascimento do potencial dormente posicionado para a atualização no caráter de um indivíduo exige trabalho de parto intenso e começa com um convite que exige aceitação.

Tomado de uma percepção forte – "Eu tinha de entender que havia perdido minha alma"[5] – Jung embarcou numa jornada interior, uma jornada que articula uma vocação, uma luta e uma resolução, resultando numa liberação triunfante. Jung retornou para a sua alma e, após uma jornada extensa de descoberta interior e pesquisa exterior, se reencontrou, agora fortalecido com uma perspectiva mais ampla e uma força revitalizada. Ele recebeu em linguagem simbólica a essência de ideias que, subsequentemente, se manifestaram em uma vida de ensino, escrita e trabalho clínico. Ele alcançou uma renovação de consciência, uma restauração de propósito e uma visão de sua busca continuada.

Durante a experiência iniciatória, a expectativa de renovação acompanha imagens iniciais de destruição. No final do terceiro de uma série de sonhos cataclísmicos no verão de 1914, Jung teve a seguinte visão: "Havia ali uma árvore carregada de folhas, mas sem frutos; as folhas se haviam transformado, pela ação do gelo, em doces bagos de uva, cheios de suco medicinal. Colhi as uvas e as dei de presente a uma grande multidão que aguardava".[6] Além disso, numa visão após o assassinato de Siegfried: "Vi um jardim maravilhoso, nele caminhavam figuras vestidas de seda branca, todas envoltas em capas brilhantes e coloridas, algumas eram avermelhadas, outras azuladas e esverdeadas. Eu sei que passei por cima e além da profundeza. Através da culpa, tornei-me um renascido".[7]

A "multidão que aguardava" na visão de Jung prevê claramente o impacto enorme que seu trabalho teria sobre gerações futuras. Suas experiências interiores, elucidadas no *Livro Vermelho*, orientaram pesquisa e afirmações teóricas expostas ao longo de uma vida inteira, uma obra de teoria e erudição que continua a fornecer sabedoria curadora àqueles que têm a coragem de examinar sua alma. O recuo de Jung para dentro de si mesmo gerou uma crise iniciatória que revelou a sabedoria que esperava dar à luz a palavra e imagem da experiência interior e desvelar um sentido que alivia o sofrimento. A investigação consciente da psique racional, i.e., um retorno para a alma, juntamente com uma expressão artística e literária de suas observações orientadas por uma inteligência excepcional e uma mente forte, permitiram a Jung escapar da psicose (inundação pelo inconsciente) e também daquilo que muitas pessoas experimentam como uma ameaça de depressão debilitante resultante do fluxo retrógrado de energia psíquica.

Jung respondeu ao chamado de sua alma, um chamado que o lançou num mundo interior e diferente, num mundo orquestrado pelo mistério que continha interações e motivos específicos à sua vida singular. Sua aventura segue os padrões de rituais tradicionais de iniciação relatados por indivíduos que, desde os primórdios da história humana até os tempos atuais, têm servido como intermediários entre as pessoas e seus deuses. Normalmente, nós nos referimos a esses membros de uma comunidade tradicional como xamãs. Jung, porém, não teve um ancião tradicional, nenhum agente ou mestre de iniciação, nenhuma pessoa com experiência em fenômenos numinosos capaz de ajudá-lo – nenhum guia, guru, sacerdote, xamã iniciado ou psicólogo analítico que lhe oferecesse orientação ou apoio e certamente ninguém que pudesse ter interpretado seus sonhos e visões. Ele dedicou *sua própria pessoa* à tarefa.

Pouco tempo após a série de visões que previram a guerra mundial iminente, a visão do assassinato de Siegfried levou Jung a perguntar a si mesmo se tal visão significava que ele devia cometer suicídio. No sonho, Jung mata Siegfried, um ato que perturba profundamente seu senso de valor referente ao empreendimento heroico que, até então, tinha caracterizado sua própria vida. Uma percepção redentora finalmente se apresentou: ele percebeu que o sonho sugeria que ele estava sendo *chamado* para abrir mão de sua persona profissional satisfeita consigo mesma e altamente adepta, que expressava o jovem heroico, inquisitivo e ambicioso que tinha encontrado muitos desafios e alcançado uma perícia venerada. Ele se sentiu compelido a se submeter humildemente ao imperativo interior que estava se manifestando dentro dele por meio de uma encenação perpétua de sonhos e visões. A sabedoria de sua alma, obrigando-o a ouvir e aprender suas leis e a se expor ao seu julgamento, pronta para ser descoberta e para a integração no consciente, o chamava. É exatamente esse tipo de processo que descreve a tarefa da iniciação.

A linguagem pertinente à experiência de iniciação permeia os muitos sonhos e visões revelados e elaborados no *Livro Vermelho*. Uma iniciação bem-sucedida inclui três fases existenciais: um *chamado* a ser seguido; uma luta que culmina numa *crise*, e uma renovação *curadora*. O discurso poético, mas intelectual de Jung revela com ousadia sua percepção de um *chamado*: um convite, uma ordem de retornar para a alma, para a sua vida interior e o esforço vital de desenvolver uma função transcendente do consciente, uma atitude ampliada em relação à vida. Veja, por exemplo: "[...] logo que a função principal é destituída, existe uma chance de outras facetas da personalidade aflorarem".[8] O que acontece quando "a função principal", a atitude típica e condicionada da pessoa em relação à vida, i.e., tudo aquilo ao que ela se refere ao pronunciar *eu*, é submetida ao escrutínio e à beleza aterrorizante, mas inefável do numinoso? Quando um indivíduo se depara com tal convocação, a consciência do ego, cujo interesse primário consiste em manter seu próprio poder no *status quo*, resistirá, lutará e se recusará a se mexer e finalmente lutará pela própria sobrevivência. A energia psíquica, até então disponível para a vida externa, flui para dentro, e a pessoa sente uma falta de entusiasmo, vigor, volição, i.e., de libido ou energia vital. Pensamentos de suicídio podem irromper na consciência e ficar à espreita em meio ao medo, embora tais pensamentos invadam sem serem convidados.

Isso é um "destruidor"! As circunstâncias de vida externas que precisam de algum tipo de mudança intimidadora confrontam uma pessoa com um obstáculo, uma parede aparentemente impenetrável de indecisão, que sempre aparece por meio de um ato do destino. Tal desafio, muitas vezes disfarçado de catástrofe, inclui qualquer situação que drasticamente muda o estado atual das coisas: a perda de amor, profissão, saúde ou uma combinação destes. A pessoa responde inicialmente com resistência: o futuro "iniciado", sentindo-se assustado e solitário, muitas vezes buscará refúgio em hábitos familiares. Uma variedade de vícios, muitos dos quais fornecem a segurança adicional parecendo saudáveis e até mesmo benéficos para o si-mesmo e para o mundo, providenciam a proteção mais prontamente disponível para o ego que se agarra ao *status quo*. No entanto, em todo caso, o "si-mesmo" familiar experimentará uma queda, e disso resultarão sentimentos como algum aspecto de luto profundo complicado pela culpa.

A predisposição de Jung para a curiosidade o levou a "[...] fazer o voto de pobreza, para ter parte na alma".[9] Tal decisão pode parecer enigmática, mas qualquer um que atravessa o limiar do vício e/ou do luto já entrou em pobreza espiritual. No entanto, quando a pessoa "faz o voto" de pobreza, i.e., abraça a humildade e se submete ao medo e ao luto inerente a intenso conflito interior, um caminho se abre para que o sofrimento possa se transformar em sentido por meio da exploração. Ao responder ao *chamado* da alma, o iniciado se torna escolhido e deixa de ser vitimizado, ele passa a ter propósito e deixa de ser um prisioneiro do destino, passa a ser um buscador de sentido e deixa de ser um seguidor de credos ou de quaisquer outras preconcepções.

Membros de culturas tradicionais que entram no ritual de uma iniciação xamânica já sofreram os espasmos do confronto com "forças invisíveis", muitas vezes desde a infância. Os ritos incluem a tarefa de atravessar uma tortuosa passagem subterrânea que leva a um quarto maior, onde o isolamento cria condições que invariavelmente geram tortura espiritual, i.e., uma tortura experimentada como um flagelo por "espíritos destrutivos". Jung, ao explicar sua provação, usa um tom de advertência justaposto a desafio e esperança: "Tudo vos será doado e nada economizado, a graça e o sofrimento".[10] Suportando corajosamente o fardo de alguma versão de desmembramento, os iniciados relatam experiências de uma misteriosa *enantiodromia*, um processo por meio do qual uma situação extremamente polarizada se torna seu próprio oposto. A tortura do completo esfolamento e da dispersão dos ossos, o desmembramento ou a dissolução executada por "espíritos destrutivos" se transforma em remembramento, substituição das entranhas por pedras adamantinas ou moldagem de um corpo purificado por espíritos construtivos. Subsequentemente, o iniciado experimenta uma atitude transformada em relação a si mesmo, o outro e a vida: o renascimento é alcançado.

Sem o benefício de rituais provados pelo tempo, pessoas na nossa era experimentam muitas vezes a tentativa periódica da alma de se renovar como uma diminuição aguda de energia vital – a energia que tem sido aplicada externamente em uma miríade de projetos e interesses flui de volta para o inconsciente, um movimento retrógrado que resulta em confusão, falta de interesse em empreendimentos típicos e mal-estar generalizado. Muitas vezes, a comunidade médica reunirá tais sintomas num diagnóstico de depressão. Os remédios prescritos podem trazer um sentimento de alívio por um tempo. O indivíduo pode então explorar cursos de ação alternativos e submergirá na sabedoria interior ou continuará atravessando a vida sem confiança, sem intenção clara e sem uma perspectiva ampla, sem falar da dependência de produtos farmacêuticos. Um chamado ensurdecedor da alma para uma experiência, expressão e atitude ampliada em relação a vida se fez ouvir, mas sem palavras. Se o indivíduo resistir à poderosa tentação de correr atrás de promessas vazias de alívio rápido e voltar sua atenção para o lugar em que a energia reside agora – para o si-mesmo interior – uma abundância de imagens se unirá para formar uma passagem simbólica para fora da sala iniciatória, o inconsciente. Não importa quanto tempo ele costuma passar em meditação, oração, ioga ou devoções religiosas, o tempo na câmara iniciatória produz uma liberação de preconcepções e um abandono de hábitos. É preciso dedicar tempo e atenção às imagens e mensagens, não importa quão assustadoras, imorais ou heréticas sejam, e segui-las pelas atividades solitárias que amplificam o dilema específico à mão.

Tudo começa quando o indivíduo volta sua curiosidade para o *chamado*, que, tipicamente, se manifesta por meio de situações de vida complicadas que parecem não ter solução, muitas vezes acompanhadas de experiências internas inesperadas, tais como sonhos e/ou visões. Perda de apetite ou outras reações do corpo podem vir em seguida; atenção limitada a detalhes, dificuldades de concentração e uma luta incomum com habilidades organizacionais podem perturbar o funcionamento cognitivo. Entusiasmo diminuído em relação a atividades anteriormente prazerosas pode atormentar seu estado emocional. Essencialmente, uma pessoa que experimenta perda experimenta também o desafio de enfrentar uma provação que segue antigos padrões de iniciação. Confrontos existenciais com cada convicção, pressuposição e lei indisputável que o indivíduo considera incontestável entrarão no jogo. Novamente surge a pergunta: como é que um indivíduo do século XXI pode esperar suportar tal *chamado*? A resposta: ele obedece ao imperativo de sacrificar tempo precioso, que, na maioria das vezes, significa também recursos financeiros, a fim de conter a tensão enorme de uma guerra interna entre posições preconcebidas e o conhecimento de *si mesmo*, que promete desafiar muitas noções coletivas, ao mesmo tempo em que suspende um desejo feroz de descobrir uma solução. A máxima de Nietzsche: "Ociosidade é o início de toda psicologia"[11] ganha clareza durante o desafio de um chamado. A fim de ter comunhão com sua própria alma, a pessoa precisa de tempo e solidão para explorar o cosmo interior. Além do mais, um indivíduo no mundo de hoje aumenta muito suas chances de sucesso num ciclo iniciatório contratando um psicólogo analítico credenciado. *O Livro Vermelho* oferece a experiência de um homem e oferece inspiração, sabedoria e esperança. A investigação incansável de Jung das mensagens contidas numa abundância de imagens como também sua pesquisa e documentação meticulosa das mensagens reveladas a ele são testemunho do sacrifício corajoso, juntamente com a abundância de recompensa inerente à devoção. No entanto, mais uma vez ele implora que os outros não tentem imitá-lo: "Este jogo, que eu vi, é meu jogo, não o vosso jogo. É meu segredo, não o vosso. Não podeis imitar-me. Meu segredo permanece virginal e meus mistérios são invioláveis, pertencem a mim e não podem jamais pertencer-vos. Vós tendes os vossos".[12]

A experiência de Jung se parece com uma viagem mítica ao submundo. Ele proclama o imperativo de que é necessário passar pela porta da alma "pobre, miserável, humilde, ignorante".[13] Isso se parece muito com a jornada de Inana, deusa da beleza, do desejo e do poder político no antigo panteão sumério, que desce para o submundo passando por sete portas e sacrificando uma peça de suas roupas em cada porta. Lançado num estado de loucura temporária característico da "possessão por forças invisíveis", o iniciado enfrenta uma tensa colisão dos opostos: "[...] todo o sério [...] também é ridículo, [...] todo delicado também é bruto, [...] todo o bom também é mau, [...] todo o alto também é baixo, [...] todas as obras boas também são obras más".[14] Aqui, nada faz sentido e tudo está em fluxo. Tudo que antes era considerado sensato e válido deve ser sacrificado e liberado para que possa vagar livremente com aquelas coisas consideradas insensatas e inválidas. Jung diz sobre o sacrifício que ele "não significa uma reversão, mas uma transferência bem-sucedida da libido".[15] Cada pessoa que foi tomada pela loucura criativa conhece a intensidade de tal movimento. Jung diz à alma: "Tu teces as trevas mais densas, e eu fico preso como um louco em tua rede. Mas eu quero, ensina-me".[16] Novamente, o leitor recebe algo como um alerta que termina com curiosidade heroica em combinação com submissão humilde. Disposição e até mesmo anseio pela conexão com a fonte interior, por reflexão, por acesso a partes desconhecidas de si mesmo avança e expande a experiência do potencial pleno de si mesmo juntamente com o conhecimento do caminho individual ao longo da jornada que chamamos de vida.

O iniciado entra num estado de crise, que exige discernimento afiadíssimo e decisão crucial. Tudo que pertence aos valores mais altos deseja renascimento e corre em direção ao Oeste como o sol que renascerá no Leste. Quando a luta em trevas mais densas se apodera da consciência do ego de um indivíduo do século XXI, que pouco sabe sobre como negociar o que pode parecer um horror ou, no mínimo, um anseio inato, as estruturas sociais, tradições culturais e credos religiosos oferecem pouco apoio. A solidão sem aparelhos eletrônicos, atenção às imagens interiores e tempo-livre sem brinquedos desafiariam o âmago do vício não reconhecido e até mesmo não percebido de uma pessoa moderna de diversão constante, abundante e esperada, clamando de todos os cantos e em cada segundo da experiência diária. É preciso tempo para emergir de uma experiência penosa, seja ela interna ou na vida exterior.

A fuga da comoção constante pode ser impossível, mas voltar sua atenção para dentro exige uma simples conversão, uma revolução, uma meia-volta. Se uma criatura ameaçadora e assustadora persegue alguém na escuridão, a pessoa perseguida e que corre para salvar a sua vida só precisa se voltar para trás para que a criatura se transforme numa imagem mais favorável e até útil; semelhantemente, se poluição acústica, poluição do ar e as monstruosidades de propaganda e indústria nos perseguem durante o dia, uma atenção plena interior torna os agressores impotentes. Jung percebeu que ele "*precisa tatear pelo próximo, [...] precisa abraçar o inútil e o valioso com o mesmo amor.*"[17]

Sem o olhar voltado para dentro, sem a atenção devocional às imagens da alma, sem um diálogo com outra pessoa objetiva que tem a experiência e o conhecimento para cultivar a interpretação de tais imagens, nenhuma quantidade de drogas psicoativas mudará a situação que leva a um diagnóstico de depressão e/ou distúrbio de ansiedade. A comunidade médica debate infinitamente a pergunta se uma medicação consegue até mesmo aliviar os sintomas da depressão e da ansiedade após um período de "lua de mel" de alívio, que pode também ser atribuído a um efeito placebo.

O que se cultivou na vida externa nas circunstâncias mais bem-sucedidas culmina, eventualmente, em ambições realizadas, objetivos alcançados e reconhecimentos colecionados numa estante empoeirada. A consciência do ego se apega às suas memórias quando o ambiente atual começa a corroer a imagem de si mesmo construída com tanto esforço. Ela não consegue ver o futuro, e o presente é permeado de uma identidade desgastada que anseia ser renovada. Pense no professor que deseja escrever poesia, o médico que deseja tocar piano, o advogado que deseja escrever um romance, o trabalhador que deseja esculpir flautas, o homem que deseja tornar-se mulher, ou a mulher que deseja tornar-se homem. Poucos imaginam que, do outro lado da guerra, entre forças opostas interiores, aguarda um jardim.

Uma paisagem interior convida o indivíduo reduzido por perda angustiante de tudo que costumava identificar como "eu" a um mistério tão vasto e fascinante como o cosmo ilimitado. A alma convida andarilhos inquisitivos e sedentos a beberem da fonte interior de renovação. Observe as palavras de Louis Denardo ao apresentar o Mestre Eckhart no filme *Jacob's Ladder*. Nessa cena, ele tenta acalmar o protagonista cujo estresse pós-traumático da experiência de guerra o lançou num estado de confusão entre experiência externa e seus sonhos:

> A única coisa que arde no inferno é a parte de você
> que ainda se agarra à vida, às suas memórias e aos seus apegos.
> Eles queimam tudo, mas não estão punindo você,
> estão libertando sua alma. Se você tem medo de morrer e você
> se agarra à vida, você verá diabos arrancando sua vida de você.
> Se você fez as pazes, então os diabos são, na verdade, anjos
> que libertam você da terra.

Na caverna da iniciação, os diabos que dilaceram o corpo velho de tudo que você se tornou, mas já não existe mais, aqueles diabos da destruição se transformam em anjos da construção que formam um corpo novo. Embora você suporte a maior tortura para tornar-se "reunido na união com o primordial que é ao mesmo tempo o que já foi e o que será",[18] você emerge com uma força adamantina para servir à alma e ao mundo.

Nada mais e nada menos do que a renovação transmite a *cura*. O renascimento traz restauração de energia, mas também exige cuidado, cultivação, devoção, atenção plena e amor. Um renascimento curador nos coloca num estado de perspectiva infantil determinado a proclamar a si mesmo e tão frágil como um bebê que emerge do ventre materno. No entanto, num mundo que nega e até mesmo denuncia ou, no melhor dos casos, ignora a evolução de uma alma individual, a consciência renovada traz previsivelmente um encontro com a resistência. Aqueles que acompanharam o iniciado até aqui – companheiros, amigos, parentes ou colegas – sentem agora a presença de um estranho. Na verdade, o iniciado que acabou de emergir de um tempo de luta se sente como um estranho em relação àquela pessoa que, até então, ele conhecia como seu eu.

O rito de tonsura, de raspar a cabeça, em diversas ordens religiosas oferece um retrato apropriado para a identidade emergente que nasce para preencher uma vida de devoção. Jung percebeu que, para se tornar e continuar a se tornar um indivíduo autêntico, só a devoção à sua própria alma podia libertá-lo.

A transformação exigiu que Jung trancasse o passado com uma chave e abrisse o futuro com outra. Então ele reflete sobre o que esse processo significa para sua vida: "O milagre da transformação é que comanda".[19] O que esse milagre comanda? Ele comanda viver uma vida simbólica, uma vida de integridade em que decisões emergem da consideração cuidadosa de influências polarizantes e em que prevalece um espírito de fé na vida e no amor. Viver a cura exige abraçar, com toda humildade, o caminho adiante pelas trevas porque o futuro é sempre sombrio. "Quando procuras uma luz, cais inicialmente numa escuridão ainda mais profunda".[20] A sociedade atual oferece pouco apoio para discernir seu próprio caminho. A cultura ocidental, que se apoderou do mundo, fornece muito que pode interromper em vez de apoiar seu progresso, muita coisa que desnecessariamente limita o desenvolvimento de ideias em vez de suportar a jornada por meio de formulação e amadurecimento e, finalmente, manifestação. Jung aconselha: "O bem-estar é o melhor juiz".[21]

Continuar num estado de cura significa autocuidado intrépido. Significa conhecer os desejos do íntimo em vez de correr atrás daquilo que cintila numa sociedade torturada pela ganância. Significa entrar na corrente da vida, da alegria e da tristeza de viver sua vida. A pessoa emerge da caverna com o brilho de um corpo adamantino, com as asas de um dragão, com sabedoria do anseio serpentino e com a acuidade de um corvo, mas também como um animal de carga que serve ao seu mestre, que é a transformação.

Emergir da provação iniciatória significa que sua necessidade, seu anseio e sua dor e sofrimento deram à luz um eixo renovado de sentido. Você sacrificou sua esperteza no mundo e se submeteu à simplicidade do mundo interior para interagir com sua alma. Você se tornou o sapo humilde para conversar com o dragão da sabedoria, que abriga sua própria ideia. Em meio à perda e sofrimento, um indivíduo cansado do mundo dobra um joelho diante de algo desconhecido que se revela por meio da atenção plena. O desconhecido inefável e indescritível banha em amor aquele que busca o bálsamo curador. A vida continua com energia renovada, com propósito, determinação e perspectiva. O mundo volta a ser um lugar que instiga curiosidade, encena a imaginação e alimenta a inspiração.

Cada iniciação convida o iniciado a embarcar num caminho devocional sagrado e a cultivá-lo, resolvendo os enigmas ao longo do caminho. A pessoa inteira – os elementos conscientes e inconscientes – enfrenta uma ordem interior de explorar novas vias, de dar à luz o si-mesmo de forma nova continuamente para explorar e desenvolver uma parte não vivida da vida. Quando tira a potência do terror das trevas mais densas ao atravessar suas trilhas tortuosas, o iniciado corajoso pode descobrir um lago plácido de enriquecimento, um novo dia de uma perspectiva mais ampla. No fim do *Livro Vermelho*, numa seção intitulada de "Aprofundamentos", Jung pergunta se a obra da redenção é imperativa. "Certamente não", ele responde, "quando nós conseguimos suportar a situação dada e quando nós não nos sentimos necessitados de redenção".[22] No entanto, parece que aqueles que se veem encarnados como seres humanos cultivam um anseio de sentido e propósito na vida. A pessoa que cultiva a capacidade de suportar dada condição sacrifica toda esperança de descobrir sentido e propósito na vida, uma situação que leva a desespero e até mesmo assassinato e/ou suicídio, o extremo da depressão não tratada. Não é por meio de remédios, ou ervas, ou suplementos especiais, nem por meio da dieta milagrosa ou do *workshop* mais recente, nem por meio da dedicação a alguma ordem religiosa que encontramos a cura para o sofrimento intrínseco da vida que nos jogou nas convulsões de um severo episódio depressivo. Não existe panaceia fora de nós capaz de curar uma alma doente. Precisamos entrar na sala da solidão e da derrota e acompanhar nosso anseio para emergir das profundezas do medo, do ódio e do desespero com entusiasmo renovado como um talismã para continuar o grande forrageio da vida. Contemple as palavras de Jung já citadas: "*Meus mistérios* [...] *pertencem a mim e não podem jamais pertencer-vos. Vós tendes os vossos*". Essas palavras nos desafiam para o duelo interior e nos encorajam com a esperança da vitória, de recebermos o prêmio, de emergirmos com uma *raison d'être*, uma razão de ser renovada.

Notas

1. C.G. Jung. *O Livro Vermelho: Liber Novus. Edição sem ilustrações*, org. Sonu Shamdasani, trad. Edgar Orth (Petrópolis: Vozes, 2015), p. 114.
2. Ibid., p. 144.
3. Ibid., p. 115.
4. Ibid., p. 145.
5. Ibid., p. 117.
6. Ibid., p. 114.
7. Ibid., p. 146.
8. Ibid., p. 146, anotação 115.
9. Ibid., p. 132.
10. Ibid., p. 145, anotação 110.
11. Friedrich Nietzsche. *The Portable Nietzsche*, trad. Walter Kaufman (Nova York, NY: Viking, 1954), p. 466.
12. Jung. *O Livro Vermelho*, p. 160.
13. Ibid.

14. Ibid., p. 153.

15. C.G. Jung. *Símbolos da transformação*, em *OC*, vol. 5 (Petrópolis: Vozes, 2013), § 398.

16. Jung. *O Livro Vermelho*, p. 142.

17. Ibid., p. 160.

18. Ibid., p. 161.

19. Ibid., p. 170.

20. Ibid., p. 171.

21. Ibid., p. 172.

22. Ibid., p. 422.

12
Envelhecer com O *Livro Vermelho*

QiRe Ching

Em *Reading the Red Book*, Sanford L. Drob afirma: "O fato de Jung ter guardado o *Livro Vermelho* – seu trabalho mais estranho e, talvez, mais importante de toda a sua obra – no armário de sua cozinha por tantos anos, e o fato de o livro ter permanecido inédito por muitos anos mais têm o efeito de nos dar a experiência de despertar de um sonho em que Jung se dirigiu a nós de dentro do túmulo".[1] Recentemente no C.G. Jung Institute em São Francisco, esse despertamento continuou quando tive o prazer de me envolver num treinamento intenso em psicologia junguiana em mandarim para alunos e terapeutas da China, Taiwan e Hong Kong. Sua fome de experiência com o imaginário, tão alinhada com o espírito do *Livro Vermelho*, contrasta com a tendência atual na nossa profissão nos Estados Unidos, onde o imaginário tem sido despejado. A profissão psicoterápica em suas pátrias parece estar livre dos preconceitos que limitam o nosso trabalho aqui. O ensino é, evidentemente, também transformador para o professor, no sentido de que aquilo que é ensinado é refletido com as perspectivas próprias dos alunos. Esses alunos me levaram de volta à beira da fronteira de Jung.

Enquanto as nações estão se mobilizando para proteger suas fronteiras no clima atual de anti-imigração, um desenvolvimento interessante possibilitado pela tecnologia recente, inimaginável na época em que entrei no campo, é a capacidade de realizar sessões com clientes internacionais pela internet. Quando trabalho com alguém de outra cultura no Skype, ambos os lados permanecem firmemente enraizados em seu próprio contexto. A dinâmica de assimilação, o favorecimento de uma cultura em detrimento da outra e a dependência de uma estrutura conceitual baseada em determinadas suposições se tornam elementos de uma reflexão contínua. A fusão é substituída por um apreço acentuado da separação. Fora do contexto judaico-cristão ao qual Jung respondia em seu *Livro Vermelho*, como alguns de seus conceitos conseguem se sustentar? Um dos pontos centrais de Jung nessa obra dizem respeito à abordagem fixa ao dogma cristão, que impedia sua capacidade de se renovar para enfrentar o desafio de relevância continuada.[2] Imagino que esse senso de renovação se aplica também à maneira em que precisamos abordar os conceitos de Jung.

Meus pais eram budistas/taoistas. Eu fui educado numa escola católica e cresci no Havaí numa época em que partes ainda eram rurais e em que os deuses naturais da Polinésia ainda estavam muito presentes, pelo menos para um garoto novo. Jung deu a entender que não se pode simplesmente substituir seus próprios deuses com os deuses de outra cultura. Mas há muitos como eu que vêm de um lugar de multiplicidade, e nesta época da internet, as demarcações culturais e geográficas se tornam mais fluídas. Nosso senso de cultura é menos unificado e coerente. Dito isto, passarei agora para o tema principal deste ensaio, que é minha experiência pessoal com *O Livro Vermelho* no que diz respeito à experiência de envelhecer.

O que segue consiste em duas partes, que foram escritas num intervalo de um ano e meio. A primeira explora passagens do *Livro Vermelho* em relação a temas com os quais reluto ao encarar meu envelhecimento. A segunda parte está menos ligada a passagens específicas do *Livro Vermelho*, mas é inspirada por seu espírito. Resulta de uma tentativa de definir uma cosmologia pessoal que satisfaça espírito, alma e corpo ao seguir o chamado de Jung de entrar no mundo imaginário.

Desde a infância, intriga-me como experimentamos o tempo – o fluxo contínuo que segmentamos em passado, presente e futuro. Muitas vezes, tenho tentado entender aquele momento elusivo em que uma fase na sequência faz a transição para a próxima. Os romanos tinham as duas faces de Jano, seu antigo deus do portão, para representar essa passagem de uma realidade para a outra.[3] Agora que já passei dos 60, reflito sobre o fio que conecta quem eu fui e quem eu sou hoje com minha entrada na idade avançada. Vejo continuidade e interrupção: tudo permanece igual, mas é completamente diferente. Não consigo definir uma linha clara que demarque o momento da passagem. Um dia, acordei como homem velho. Era uma percepção que tinha vindo e desaparecido antes, mas dessa vez a imagem permaneceu.

Minha atitude em relação ao envelhecer está longe de ser um estado unificado. Nem cada parte minha está cooperando ou tratando disso no mesmo ritmo. Eu me pergunto se posso estar me agarrando a certos elementos da minha juventude que, há muito, perderam seu prazo de validade. Como posso chegar pessoalmente a uma representação significativa da minha condição atual? Quais sacrifícios são exigidos para uma renovação? É inútil recorrer à nossa cultura à procura de formas coerentes que expressem um grau de complexidade. Talvez aquilo que esteja procurando vá além daquilo que pode ser contido. James M. Redfield se dirige à fonte de minha ansiedade e confusão quando escreve sobre o conceito de pureza na antiga cultura grega:

> Pureza é um aspecto de coisas quando são ordenadas por propriedades e limites. Se "sujeira é matéria fora do lugar", a pureza tem a ver com lugares e momentos certos, com proporção e distribuição e com a matéria correta para determinada forma. O impuro é, muitas vezes, o ambíguo, o anômalo, o intersticial; coisas impuras fogem a categorias e ofuscam nossa compreensão de categorias. [...] Sujeira é um tipo de impureza; a podridão é outro. Um objeto pode se tornar impuro quando começa a se transformar em outra coisa. Mas, após se transformar naquela outra coisa, ele pode voltar a ser puro.[4]

Aquilo com que eu reluto tem a ver com aquelas experiências intersticiais, impuras que existem fora dos espaços delimitados. Num momento, podem prometer vitalidade, no seguinte, podridão. É a confusão do devir como um processo contínuo. Esse estado ambíguo e impuro é o que minha psique necessita. E é o que tenho encontrado nas páginas enlouquecedoras, reveladoras do *Livro Vermelho* que induzem devaneios. Sobre uma vida vivida plenamente, Jung comenta:

> Quando não te acontece nenhuma aventura externa, também não acontece nenhuma interna. O pedaço que assumes do demônio, ou seja, a alegria, providencia aventura para ti.

> Faz falta para ti conhecer teus limites. Se não os conheces, corres dentro das barreiras artificiais de tua imaginação e da expectativa de teus semelhantes. Mas tua vida suporta mal ser contida por barreiras artificiais. A vida quer saltar por sobre essas barreiras e tu te tornas desunido contigo mesmo. Essas barreiras não são teus verdadeiros limites, mas são limitação arbitrária que te impõe uma violência inútil. Procura então encontrar teus verdadeiros limites.[5]

Uma área especialmente confusa neste estágio da vida é a sexualidade. Meu corpo já não é mais um companheiro confiável do meu desejo. Aquilo que, durante muito tempo, parecia ser uma expressão da minha natureza pode agora parecer uma combinação estranha. Em algum momento, deve o Eros se desligar da matéria? Jung escreve: "É óbvio que sua alma está nas coisas e nas pessoas, mas o cego agarra as coisas e as pessoas, mas não sua alma nas coisas e nas pessoas. [...] Se ele possuísse sua cobiça, e não sua cobiça o possuísse, teria colocado uma mão sobre a alma, pois sua cobiça é imagem e expressão de sua alma".[6] No entanto, minha relação com essas imagens e com o que elas me dizem sobre minha alma está vinculada ao meu conhecimento e à minha experiência delas na matéria. A despeito de meu anseio pelo divino, ainda sou uma criatura de matéria e tenho uma vida a viver aqui. Mas que tipo de vida? Como devo determinar ao que devo renunciar em prol do desconhecido? Quando o desapego é libertação da compulsão de recriar o familiar e não fuga da humilhação e da perplexidade de não mais ser capaz de funcionar de maneira habitual – uma recusa de tolerar a perda da clareza heroica e continuar na presença da podridão – de, aos poucos, tornar-se outra pessoa? O que significaria transcender noções culturalmente impostas sobre o envelhecer, as restrições impostas à minha imaginação e alcançar uma visão minha que é realmente pessoal? Meu conflito referente ao lugar da sexualidade é representado por dois amigos mais velhos. Um deles foi privado da sensação sexual desde uma cirurgia na próstata. "Eu não sinto falta dela nem um pouco", ele me conta, enquanto preparo o jantar. "É libertador. Abriu espaço para outras coisas". A partir de seu estado da graça, ele me contempla com empatia quando digo que ainda não estou lá. Outro amigo, ao me abraçar, me diz enfaticamente: "Nem pense em desistir dela. De nenhuma parte dela". Ele está se recuperando de um comentário feito por uma mulher pela qual ele se interessava seriamente. Ele descreveu como apareceu na porta dela numa camiseta sem mangas. Ela o dispensou com desprezo como um homem velho em negação: "Caramba, que maldade", eu disse a ele, "você fica ótimo nessas camisetas".

Uma nota de rodapé com uma citação do *Livro Negro 6*, que Sonu Shamdasani explica como a "compreensão" de Jung "da natureza tripartite da alma", ressoa com a luta interior da minha alma. A alma de Jung diz a ele: "Se eu não estiver composto através da união do embaixo com o de cima, divido-me em três pedaços: a serpente, e como tal ou em outra forma animal vagueio à toa, vivendo demoniacamente a natureza, inspirando pavor e ansiedade. A alma humana, o sempre vivente contigo. A alma celestial, que como tal pode ficar junto aos deuses, longe de ti e desconhecida de ti, aparecendo na forma de pássaro. Cada um desses três pedaços é autônomo".[7]

Certo dia, percebendo a escassez de homens a partir de certa idade na minha academia, observei a outro membro, alguém com quem nunca tinha falado antes, sobre o aparente desaparecimento de pessoas que eu costumava encontrar ao longo dos anos. "Para onde vão todas elas, agora que estamos velhos?" "Estão todas mortas", ele disse, referindo-se a uma estatística de que quatro de cinco homens homossexuais em San Francisco, nascidos entre 1950 e 1955, morreram durante a epidemia de Aids. Eu não pude verificar essa estimativa, mas o choque de seu comentário me lembrou do desespero coletivo quando uma geração de homens homossexuais – a minha geração – foi dizimada. A dor daquele tempo permanece profunda e imóvel. "Ainda estou traumatizado", eu disse.

No início da minha própria análise – aos trinta e poucos anos, ainda desconfortável no mundo – sonhei com uma garota que me levou para uma colina que oferecia uma vista de um vale. Ela apontou para o mundo abaixo e, como satanás no Novo Testamento, me disse: "Tudo isso poderia ser seu". Minha resposta a ela três décadas depois – enquanto me lembro de meu próprio sofrimento, dos erros cometidos e do amor decepcionado – se reflete numa conversa de Jung com sua alma: "Tu retiraste aquilo em que eu pensava me segurar e me deste aquilo de onde eu nada esperava, e sempre de novo aduziste destinos de lados diferentes e inesperados. Onde eu semeava, tu me roubavas a colheita e onde eu não semeava, tu me davas frutos em cêntuplo. E sempre de novo perdia o fio, para encontrá-lo outra vez onde jamais teria esperado. Tu seguraste minha fé quando estava só e à beira do desespero. Tu fizeste com que em todos os momentos decisivos eu acreditasse em mim mesmo".[8]

Alguns meses atrás, David Lamble, colunista do Bay Area Reporter, um jornal regional gay, republicou uma porção de uma entrevista que ele fez com Susan Sontag em 1989, quando ela estava promovendo seu livro *AIDS As Metaphor*, uma resposta à igualação da homossexualidade com a doença na época:

> David Lamble: Eu meio que concordo com você quando afirma que a doença não tem sentido. No entanto, todos nós – homens gays e pessoas em geral – ficamos perplexos diante da coincidência extraordinária de que a doença veio justamente após a emancipação dos homossexuais na sociedade ocidental, após Stonewall, após a emergência de uma população gay visível e um aumento aparente em atividade sexual. Tentar atribuir um sentido à doença, eu penso que esse seja o sentido que tem perturbado muitas pessoas.
> Susan Sontag (com um suspiro profundo): Sabe, David, quando você diz isso, eu quero chorar, pois o que está dizendo, o que está sentindo é tão terrível. Quero dizer, eu entendo perfeitamente por que você diz isso, mas é tão terrível pensar que pessoas estejam carregando o fardo desse pensamento, que, por terem vivido a liberdade, por terem se aberto, por não terem se escondido, por terem sido capazes de dizer que se sentiam à vontade consigo mesmas, então, talvez, de alguma forma, exista uma conexão com o fato de que tiveram de suportar essa tragédia incrível. Eu, como alguém que tem sido amiga próxima e até amante de vários homens gays, não posso, eu não posso pensar que isso seja verdade. Meu coração se parte se pensar que é verdade. Preciso pensar que é apenas uma coincidência, que não existe nenhum sentido aqui e que aquilo que os homens gays estavam fazendo e sentindo a respeito deles mesmos era positivo e que isso deve continuar.[9]

Sonu Shamdasani se refere ao *Livro Vermelho* como a exploração e o desenvolvimento de Jung de sua cosmologia pessoal, irrestrita por conceitos. Sentido surgiu não de percepção conceitual, mas da interação com suas imagens para encontrar o caminho de volta para a vida.[10] Shamdasani afirma: "Para ele, todo o empreendimento tratava de capacitar o indivíduo a reencontrar sua própria linguagem, a desenvolver sua própria cosmologia".[11] E, mais adiante: "[...] aquilo que, até então, ele tinha entendido como sendo psicologia tinha sido um anular através da explicação. Ele pensava que tinha abarcado a alma, mas ele tinha transformado sua alma em uma fórmula morta, e sua tentativa de explicação tinha simplesmente extinguido o seu objeto. O objeto nesse sentido é – de modo bastante específico – a fantasia".[12]

O fato de a publicação do *Livro Vermelho* ter coincidido com esse período na minha vida foi um presente, afirmando esse papel da fantasia na trajetória de cada pessoa. Ele fortalece minha confiança no imaginário para me abrir para uma visão do envelhecer que realmente posso chamar de minha. O filósofo francês Gaston Bachelard escreveu: "Sempre pensamos na imaginação como faculdade que *forma* imagens. Ao contrário, ela *deforma* o que percebemos; é, acima de tudo, a faculdade que nos liberta das imagens imediatas e que as *transforma*". Esse aspecto fundamental do imaginário, sua abertura, ambiguidade, mobilidade e sua atração que, seduzindo, nos conduz a mundos escondidos, contrasta com a rigidez da percepção e, como diz Bachelard, "[seu] modo habitual de ver". Citando-o novamente: "Se a imagem que está *presente* não nos fizer pensar em outra que está *ausente* [...] então não há imaginação".[13]

Um tempo atrás, enquanto estava dirigindo, ouvi uma repetição de uma entrevista de Terry Gross com o baixista de jazz Charlie Haden, em memória de sua morte recente. Dos dois aos quinze anos de idade, Haden cantava no programa de rádio de sua família. Então a pólio atacou suas cordas vocais. Ele nunca mais voltou a cantar depois disso, nem mesmo no chuveiro. De repente, durante a entrevista, a senhora Gross perguntou se ele cantaria a música que estavam discutindo naquele momento. O pedido o surpreendeu, mas ele acabou cedendo. Num álbum posterior, ele deu crédito a Gross por cantar uma música sobre a morte e a beleza e fragilidade da vida que sua mãe costumava apresentar. Enquanto a música tocava no rádio, fiquei profundamente comovido pelo impulso inesperado de Gross e como a voz de Charlie Haden tinha voltado a fluir por causa disso. No meu caso, meu encontro em uma entrevista com Susan Sontag de 25 anos teve um efeito semelhante sobre mim. Ela removeu certas associações religiosas e culturais com a praga que tinham pesado sobre meus sentimentos de perda e meu relacionamento com a sexualidade e me levou a perdoar o que a vida tinha feito. Trechos de conversas, coisas que li, eventos vivenciados continuam a se fundir com imagens míticas num vai e vem de sentido e caos, renovação e apodrecimento, encarnação e transcendência – formando uma cosmologia que reflete minha vida vivida. Lembranças de despertamento sexual, a descoberta de alma e Eros – de união, separação, desespero, anseio, dissolução – permeiam meus pensamentos sobre o envelhecer. E quando ouvi as palavras da música e a voz de Haden sem adornos e dolorosamente exposta – "Volto para casa para ver meu pai. Volto para não mais vagar [....]. Volto para casa para ver minha mãe. Ela disse que virá ao meu encontro quando eu chegar"[14] – estacionei meu carro às pressas e chorei.

Do *Livro Vermelho*: "Viver a si mesmo significa: ser tarefa para si mesmo. Não digas nunca que é um prazer viver a si mesmo. Não será nenhuma alegria, mas um longo sofrimento, pois precisas tornar-te teu próprio criador".[15] Há vários anos, a imagem do eremita, o nono arcano do tarô, vem sendo um objeto da minha contemplação. No jogo de cartas de Rider Waite, ele é uma figura idosa solitária com uma longa barba branca no topo de uma montanha, num manto cinza com capuz. Ele é apoiado por um longo cajado em sua mão esquerda. Seu braço direito está erguido e segura uma lanterna, da qual emana luz. Ele está olhando para o mundo abaixo com uma expressão de empatia. É essa combinação de desapego cansado, conexão empática e luz que isso traz que me comove. Certo dia, eu estava em um daqueles estados melancólicos, revendo um episódio doloroso que, por vezes, me sinto compelido a lembrar. O eremita apareceu e me tomou pela mão. Ele me disse que estivera esperando por um bom tempo e me deu a entender que deveria segui-lo. Ao mesmo tempo em que eu também sentia que havia chegado a hora de aceitá-lo como guia, senti uma pontada de arrependimento, lamentando que essa trilha poderia incluir uma ruptura final da minha conexão com a juventude. "E quanto ao garoto?", perguntei, referindo-me àquela parte desobediente, imprevisível, teimosamente desafiadora, mas prezada de mim, que sempre tinha alimentado meus esforços criativos. "Não há mais lugar para ele?" Houve um movimento repentino sob o manto do velho. A cabeça de um garoto apareceu por debaixo do manto e gritou: "Estou aqui!" Gargalhando, deu um salto no ar e, gritando, voou para as árvores. Ele estivera dentro do velho homem que, agora, me vigia e protege o tempo todo, pensei, e me senti confortado. Vários dias depois, vi os dois sentados embaixo de uma árvore, jogando calmamente o jogo de berço de gato. Lembro-me de, ainda na escola, ter observado com fascínio duas garotas sentadas uma à frente da outra. Uma formava um padrão com um barbante entre os dedos de suas duas mãos, esperando ansiosa enquanto sua parceira enfiava seus dedos na rede de barbante e, magicamente, produzia outra configuração. Isso acontecia às margens do pátio, enquanto nós, os garotos, estávamos ocupados jogando bola. O que vi na periferia parecia infinitamente mais fascinante e misterioso. Agora, enquanto observava o eremita e o garoto semelhantemente entretidos, vi como formas e padrões emergiam milagrosamente daquilo que parecia ser um tipo de rede. Instantaneamente, o céu escureceu ominosamente diante dessa associação. Eu me vi suspenso numa rede gigantesca. Tentei não entrar em pânico a despeito da aranha enorme, maior do que um ser humano, que apareceu e se aproximava de mim, abria sua boca, mostrando dentes afiados que, imediatamente, se cravaram em minha nuca. Eu me rendi quando a aranha começou a sugar o meu sangue. Enquanto isso ocorria, ela ficava mudando entre forma humana e animal. Sem falar, ela explicou que era a fonte dos meus sonhos. A ingestão de meu sangue lhe permitia ver minhas imagens internas e substituí-las por outras. Encontrei consolo nessa transação e permiti que esse arranjo continuasse nos dias seguintes. Ficamos deitados lado a lado, presos um ao outro, comunicando de modo não verbal. Na geometria sagrada, a sobreposição horizontal de um círculo sobre o ponto central de outro cria uma forma de amêndoa no meio que é chamada de *versica piscis*. Na Índia é chamada de *mandorla*, o órgão gerador feminino.[16] Dessa abertura emergem todas as outras formas. Há muito associo a forma oval do *vesica psicis* aos contornos do corpo de uma aranha. Quando fecho os olhos e abro espaço para imagens internas, às vezes, aparece a forma de uma aranha. Suas pernas irradiam como raios para o mundo. Para mim, ela representa a porta para o inconsciente. Como afirma Jung no *Livro Vermelho*: "a espuma de meu pensar são meus sonhos, a linguagem de minha alma".[17]

Estávamos em junho, na época em que os Golden State Warriors estavam liderando o campeonato da NBA por três jogos a um. Até então, eles tinham me parecido um bando invencível de insetos saqueadores contra os moribundos LeBron James e os Cleveland Cavaliers. E então tudo começou a se desdobrar. Como a maioria das pessoas na região da Baía de San Francisco, eu tinha me deixado levar pela excitação de uma temporada transcendente de recordes. Para mim, esse time, que repetidamente parecia desafiar os parâmetros que limitam os seres mortais, era o bálsamo para as decepções e os fracassos da vida, alcançando algo que se aproximava do eterno. Horas após a catástrofe incompreensível, acordei várias vezes no meio da noite, em angústia, gritando: "Malditos Warriors!" A mulher aranha apareceu. "Você partiu meu coração", eu disse em tom de acusação. "É a mesma história. Você sempre parte o meu coração". "Ninguém mandou que você repetisse a mesma história infinitas vezes", ela me repreendeu. "E você torna as coisas tão concretas. Tenho outras histórias. Muitas histórias. Tenho tantas histórias". Na manhã seguinte, a caminho do escritório, passei por uma banca de jornais e vi a manchete no *San Francisco Chronicle*, que dizia algo sobre os campeões destronizados e o retorno do rei. Desviei o olhar imediatamente. Aparentemente, um mito alternativo já estava sendo desenvolvido.

Naquela noite, eu disse a ela com desprezo: "Chega de histórias. Não posso simplesmente trocar uma pela outra". Ela assumiu forma humana, deitou ao meu lado e colocou sua mão na minha.

Aos vinte e poucos anos de idade, tive um encontro breve, mas intenso, com um homem que eu tinha conhecido através de um amigo mútuo, que era de Nova York. Ele estava no meio da faculdade de Medicina, e eu era um artista que estava começando a se interessar pela Psicologia. Ele voltou para casa no dia seguinte. Eu lhe escrevi depois e só recebi uma resposta vários anos mais tarde, quando recebi uma carta com comentários saudosos sobre as fotos que eu tinha lhe enviado na época e que meu colega de quarto tinha tirado de nós dois – como parecíamos felizes. Sua carta evocou sentimentos incoerentes e amorfos demais para que eu pudesse traduzi-los em palavras, assim, não fiz nada.

Algum tempo depois, nosso amigo mútuo, que tinha se mudado para Nova York, mencionou de passagem que ele tinha ido ao enterro dessa pessoa, que tinha morrido de Aids. Percebi então que ele estava no meio de sua doença quando tinha escrito aquela carta para mim. Em algum lugar no fundo da minha mente houve alguma percepção de luto à qual eu acreditava não ter direito, um senso de perda de algo que eu jamais poderia reclamar como propriedade minha. Não compartilhei meus sentimentos. Minha filha está em seu terceiro ano de faculdade em Nova York. Ela tem me contado sobre seus encontros com pessoas através de sites de namoro na internet, tendo acabado de iniciar o processo após ser encorajada por uma amiga. Vê-la no estágio inicial do despertamento sexual evoca sentimentos complexos dentro de mim. "Papai, alguma vez seu coração já foi partido?", ela me perguntou recentemente. "É claro que sim", eu disse, "isso é algo que todos nós experimentamos". Mas como eu, como pai de uma jovem mulher que está apenas começando a fazer experiências nessa área, devo contar a ela sobre as feridas que nunca curarão completamente, sobre os espaços esvaziados – lembretes daquilo que poderia ter sido se as circunstâncias tivessem sido diferentes, as decepções e os anseios não correspondidos que moldaram os contornos daquele que eu sou hoje, e da experiência de plenitude que resulta de um relacionamento de mais de três décadas com meu parceiro e da criação da nossa filha? Em *Aion*, Jung escreve sobre a *anima*:

> Ela lhe pertence, esta imago da mulher: É a fidelidade, que nem sempre deve guardar em determinadas circunstâncias, por causa da própria vida. É a compensação absolutamente necessária para os riscos, as fadigas e os sacrifícios da existência, que terminam em decepções e desenganos. É o consolo que compensa as agruras da vida, mas é também, apesar de tudo, a grande sedutora, geradora de ilusões em relação a esta mesma existência, ou melhor, em relação não só a seus aspectos racionais e utilitários, por exemplo, como também a seus paradoxos e às suas ambiguidades terríveis, em que contrabalançam o bem e o mal, o êxito e os fracassos, a esperança e o desespero.[18]

Alguns anos atrás, num jantar do Instituto Jung, fiz uma palestra sobre *angst* e o conflito que eu sentia em relação ao desempenho cada vez mais mercurial e apático do meu pênis e minha ambivalência em recorrer à medicação. Finalmente, no ano passado, após preencher um formulário rotineiro sobre o estado geral da minha saúde, meu médico tocou no assunto pela primeira vez. A seu modo sensato e inabalável, ele me deu uma receita para Viagra e me entregou uma amostra. E de modo igualmente objetivo, tomei a amostra logo depois para ver o que aconteceria e, uau!, meu pênis voltou à vida, sem qualquer sinal de equívoco. "Bem-vindo de volta, meu velho amigo", pensei comigo mesmo. Eu não tinha me dado conta da extensão da minha tristeza em relação a isso durante todo esse tempo. A despeito das asas emprestadas, a pura alegria do voo – ela me pegou de surpresa. Eu sempre tinha visto como elementos interdependentes a experiência do desejo e a reação do meu corpo a esse desejo. Creio que, para um homem, seu pênis pode funcionar como um tipo de personalidade semiautônoma. Assim como o sistema equilibrador de totalidade realizado pelo ego em relação à consciência é uma versão microcósmica da função da centroversão realizada pelo si-mesmo em relação à totalidade da personalidade,[19] meu pênis, localizado no centro do corpo como um ponteiro numa bússola, tinha servido como um princípio organizador em relação ao meu corpo/ego e o mundo externo. O problema é que, embora não classifique mais o meu pênis como "desaparecido em ação", permanece uma distância que sua ressurgência recém-encontrada é incapaz de vencer. Em *The Future of Nostalgia*, Svetlana Boym discute o conceito de nostalgia reflexiva e a distingue da nostalgia restaurativa, que resulta em:

> reconstruir emblemas e rituais [...] numa tentativa de conquistar e especializar o tempo [...]. Nostalgia restaurativa se manifesta na reconstrução total de monumentos do passado, enquanto a nostalgia reflexiva se demora em ruínas, na pátina do tempo e da história, nos sonhos de outro lugar e outro tempo. [...] A nostalgia reflexiva se preocupa mais com [...] a irrevogabilidade do passado e da finitude humana. *Re-flexão* significa nova flexibilidade, não o reestabelecimento da *stasis*. O foco aqui não está na recuperação daquilo que é percebido como uma verdade absoluta, mas na meditação sobre a história e a passagem do tempo. [...] A nostalgia reflexiva é uma forma de luto profundo

> que realiza o trabalho do luto ponderando sobre a dor e por meio de um jogo que aponta para o futuro.[20]

Nesse caso, é a memória de poder e integridade apontados no passado por meio de um pênis em funcionamento pleno que é analisada e escrutinizada. Essa imagem persiste a despeito de eu estar ciente de que a memória tem, em sua natureza seletiva, um aspecto ilusório. Ou, como escreve Christine Downing: "Como somos suscetíveis a [...] identificar masculinidade com o pênis, ou melhor, com o falo, com o pênis fantasmagórico sempre ereto, e ignorar o pênis flácido, os testículos vulneráveis, o ânus penetrável".[21] Em todo caso, nesta fase da vida, quando contemplo esse monumento em ruínas, a capacidade ou incapacidade de manter uma ereção pouco veio a ter com a identidade do ego. E é em contemplação desse desapego que a luz trazida pelo eremita também tem sido significativa.

Erich Neumann discute a importância da luta com o pai-dragão para o homem em determinada fase da consciência. Escreve: "O objetivo dessa luta é combinar a masculinidade fálico-ctônica com a masculinidade celestial-espiritual, e a união criativa com a *anima* no *hierosgamos* é sintoma disso. [...] O fracasso da luta com o pai-dragão, a força esmagadora do espírito, leva a castração patriarcal, inflação, perda do corpo no êxtase da ascensão e, assim, a um misticismo que nega o mundo [...]".[22]

No que diz respeito ao aspecto "anima" da luta, David Tresan escreveu: "Paradoxalmente, parece exigir grande sofrimento e/ou perda daquilo que mais prezamos a fim de derrotar os últimos vestígios do ego e de nos conectar profundamente com os mistérios últimos da *anima*: amor, beleza e sabedoria. Curiosamente, é o sofrimento que nos permite experimentar a vida da forma mais plena, e é a *anima* como o outro último que media paixão em seus aspectos duais de sofrimento e êxtase".[23] Em outra passagem, escreveu:

> [...] essa primeira tarefa é um suplício inicial excruciante na busca consciente do Eros, pois é o corpo em seu nível mais profundo que, por meio do tormento do amor, está sendo provado e temperado no fogo afrodisíaco. Aqueles que tentam saciar a dor por meio da gratificação se iludem, pois o objeto não é satisfação, mas uma experiência constante que leva à iniciação e ao crescimento por meio de uma provação psicofísica. Sem essa

> iniciação, a carne permanece eternamente vulnerável à inundação pelo afeto, e aqueles que nunca completam essa fase ficam presos na numinosidade de imagens e impulsos inconscientes.[24]

E assim, para mim, o caminho de anseio e desejo ainda deve ser navegado, para que eu não gravite demais em direção de uma visão desencarnada ou desapaixonada da vida nem em direção de uma concretização cega de cada narrativa emergente. O que o luto tem produzido nesses anos tardios é um movimento em direção a uma reflexão mais profunda. Jung afirma: "[...] a reflexão é um ato espiritual de sentido contrário ao do desenvolvimento natural; isto é um deter-se, procurar lembrar-se do que foi visto, colocar-se em relação e em confronto com aquilo que acaba de ser presenciado. A reflexão, por conseguinte, deve ser entendida como uma tomada de consciência".[25]

Em jogo está a minha determinação daquilo que deve ser vivido no futuro que me resta neste mundo, mesmo após ter começado a voltar meu olhar para o próximo. Em algum lugar entre os dois polos de espírito e matéria esperam mais dor, decepção, humilhação, perdão, comunhão. Quero tudo isso – uma vida plenamente vivida. Essa vida a ser vivida plenamente é de espírito e matéria simultaneamente e, o que é ainda mais importante, são todas as notas entre os dois. Ultimamente, vejo-me levado a lágrimas quando essas notas intermediárias de repente irrompem num momento, aproximando-se daquilo que, para um músico, seria uma melodia ou, para um pintor, um padrão visual. Nessa intersecção, vislumbro possibilidades aparentemente impedidas e universos inteiros, arranjos que evocam sentimentos agridoces da alienação e do retorno de uma alma. Creio que seja o lugar do qual David Tresan falava quando se referiu aos mistérios da *anima*: amor, beleza e sabedoria. Para isso, recruto o desapego espiritual do eremita; os impulsos desordeiros do corpo encontram expressão na confusão e nas coisas da vida; as imagens cativantes são continuamente tecidas pela mulher aranha, que ainda me guiam adiante.

Precisando de consolo após as eleições de 2016, procurei minha mulher aranha alguns dias depois. Ela tinha perdido toda forma humana quando finalmente a encontrei, e ela tinha encolhido ao tamanho de uma bola de tênis deformada, suas pernas não passavam de um amontoado de gravetos esmagados. "Ah, não. Você também!", solucei. Eu dei de costas, mas então me lembrei da *anima* de Jung no *Livro Vermelho*, que o acusa de só ter vindo para receber. Eu a levantei e acariciei na palma da minha mão até ela voltar à vida. Mais tarde, eu a coloquei em meu ombro, onde tem ficado desde então. Ela voltou a assumir forma humana, mesmo que em tamanho miniatura, uma pequena fada, e lá fica sentada ao lado do meu ouvido, onde posso ouvi-la sussurrando de vez em quando.

Notas

1. Sanford L. Drob. *Reading the Red Book. An Interpretive Guide to C.G. Jung's Liber Novus* (Nova Orleans, LA: Spring Journal Books, 2012), p. 260-261.

2. C.G. Jung. *O Livro Vermelho: Liber Novus*, org. Sonu Shamdasani, trad. Edgar Orth (Petrópolis: Vozes, 2015).

3. Jean Chevalier e Alain Gheerbrant. "Janus", em The Penguin Dictionary of Symbols, trad. John Buchanan-Brown (Nova York, NY: Penguin Books, 1996), p. 552.

4. James M. Redfield. "Purification", em *Nature and Culture in the Iliad: The Tragedy of Hector* (Durham e Londres: Duke University Press, 1994), p. 160.

5. Jung. *O Livro Vermelho*, p. 202.

6. Ibid., p. 118.

7. Ibid., p. 511.

8. Ibid., p. 120.

9. David Lamble. "The Importance of Being Susan Sontag", *Bay Area Reporter* (San Francisco, CA), 31 de julho de 2014, seção de filme.

10. James Hillman e Sonu Shamdasani. *Lament of the Dead: Psychology After Jung's Red Book* (Nova York, NY: W.W. Norton, 2013), p. 10.

11. Ibid., p. 15.

12. Ibid., p. 42.

13. Gaston Bachelard. "Imagination and Mobility." Introduction to *Air and Dreams: An Essay on the Imagination of Movement*, trad. Edith R. Farrell e C. Frederick Farrell (Dallas, TX: Dallas Institute Publications, 2011), p. 1.

14. *Fresh Air*. "Live in the Present: Charlie Haden Remembered." NPR, 18 de julho de 2014. Apresentado por Terry Gross.

15. Jung. *O Livro Vermelho*, p. 169.

16. Michael S. Schneider. "It Takes Two to Tango", em *A Beginner's Guide to Constructing the Universe* (Nova York, NY: Harper, 1995), p. 31-32.

17. Jung. *O Livro Vermelho*, p. 120.

18. C.G. Jung. *Aion. Estudo sobre o simbolismo do si-mesmo*, em *OC*, vol. 9/2 (Petrópolis: Vozes, 2013), § 24.

19. Erich Neumann. *The Origins and History of Consciousness*, trad. R.F.C. Hull (Princeton, NJ: Princeton University Press, 2014), p. 287.

20. Svetlana Boym. *The Future of Nostalgia* (Nova York, NY: Basic Books, 2001), p. 49; ibid., p. 41; ibid., p. 55.

21. Christine Downing. *Women's Mysteries: Toward a Poetics of Gender* (Nova Orleans, LA: Spring Journal Books, 2003), p. 90-91.

22. Neumann. *The Origins and History of Consciousness*, p. 254.

23. David Tresan. "The Anima of the Analyst - Its Development", em *Gender and Soul in Psychotherapy*, org. Nathan Schwartz-Salant e Murray Stein. The Chiron Clinical Series (Wilmette, IL: Chiron Publications, 1992), p. 73-110, 103.

24. Ibid., p. 85-86.

25. C.G. Jung. "Interpretação psicológica do Dogma da Trindade", em *OC*, vol. 11/2 (Petrópolis: Vozes, 2013), § 235 anotação 9.

13
O receptivo e o criativo
O Livro Vermelho de Jung para o nosso tempo à luz da alquimia taoista

Ann Chia-Yi Li

> Dragão arrogante terá motivo de se arrepender.[1]
> O Criativo, *I Ching*

> O receptivo ocasiona sucesso sublime,
> Avanço por meio da perseverança de uma égua.[2]
> O Receptivo, *I Ching*

> Um homem que está enraizado embaixo e no alto pareceria uma árvore tanto na posição normal como na inversa. A meta não é o alto, mas o centro.[3]
> *C.G. Jung*

Prólogo

"*O Livro Vermelho para o nosso tempo*"? Refleti sobre a pergunta no deque. Era uma pequena cabana isolada situada numa selva ligada à Reserva Natural de Cabo Blanco, na Costa Rica. Enquanto eu me escondia do sol ardente sob as amendoeiras, os esquilos estavam lá no alto das árvores enchendo seus pequenos estômagos com amêndoas. Três guaxinins pareciam morar lá perto. Eles vinham principalmente nos fins de tarde, sempre de olho em mim. Logo veio um novo e desconhecido visitante com o mesmo olhar curioso, mas com um focinho branco maior. E ficou! Ele se sentou, limpou o pelo ao lado do deque e, de vez em quando, levantava o olhar procurando o meu. "Quem é você? De onde você é?" Profundamente maravilhada, fiquei encantada com sua presença serena. Fui tomada por uma forte sensação de completude, a despeito da confusão imensa que sentia. Ou era a numinosidade?

Seu olhar intenso modifica minha pergunta: "*O Livro Vermelho* para o nosso tempo? Como é esse 'nosso tempo'?" Ainda estou pensando, mas temo que talvez não inclua este pequeno amigo desconhecido que emergiu da selva como um truque de mágica. O encontro de Jung com o texto taoista *O segredo da flor de ouro* em 1928 é crucial. Como ele mesmo afirmou: "Esse foi o primeiro evento que rompeu meu isolamento".[4] Esse texto lhe ofereceu a "confirmação inesperada" de sua ideia sobre "o mandala e a circum-ambulação do centro".[5] Foi então que sua criação do *Livro Vermelho* se encerrou, como ele narrou em 1959, no epílogo ao *Livro Vermelho*:

> O começo do fim veio em 1928, quando Wilhelm me enviou o texto da "flor de ouro", um tratado alquimista. Então o conteúdo deste livro encontrou o caminho da realidade e eu não consegui mais continuar o trabalho.[6]

Essa lembrança confirma não só a relação entre *O Livro Vermelho* e *O segredo da flor de ouro*, mas também a presença de uma dimensão arquetípica da psique, que é compartilhada e se encontra além de tempo e espaço. De modo bastante natural, encoraja a possibilidade de refletir sobre o tema "*O Livro Vermelho* para o nosso tempo" a partir da perspectiva da alquimia taoista. Explorarei a relação do hexagrama do Criativo com o hexagrama do Receptivo no contexto do nosso tempo. Em segundo lugar, discutirei o espírito do hexagrama do Receptivo em termos da trigrama K'an no chamado sistema pós-natal de oito trigramas. Argumentarei que ele representa o processo de reavivar a voz dormente do si-mesmo, que pode ser percebido no *Livro Vermelho*, com a esperança de, talvez, também descobrir a mensagem latente para o nosso tempo.

I. O Criativo: a manifestação do dragão

A ciência criou um horizonte imenso e uma extensão enorme da vida humana. Ela se desenvolveu ao modo do princípio Yang do hexagrama do Criativo – uma forte ação criativa. E os cientistas continuam a se empenhar na pesquisa com a mesma perseverança, como a força primal – "fortes e incansáveis".[7]

Enquanto Jung trabalhava intensamente em seu *Livro Vermelho*, ele percebeu que o espírito de sua época se preocupava principalmente com "lucros e valor" na vida física.[8] O poder do racionalismo era dominante:

> [...] nosso soberano é o espírito dessa época, que em nós tudo comanda e dirige, é o espírito universal no qual hoje pensamos e agimos. Ele detém um poder extraordinário, pois trouxe a este mundo bens incomensuráveis e cativou as pessoas com delícias inacreditáveis. Está adornado com as mais belas e heroicas virtudes e gostaria de fazer subir a humanidade a uma altura brilhante do sol, numa subida inaudita.[9]

Jung estava muito atento a esse poder efetivo. Em uma de suas primeiras aventuras no *Livro Vermelho*, Jung trata com desdém o camarada de "um olho só",[10] que desprezava o trabalho agrícola e desejava o cinema na cidade para estímulo mental. Muito mais tarde (1943), numa entrevista sobre o "Retorno à vida simples", Jung zombou "da mídia e do sensacionalismo barato oferecido pelo cinema, rádio, jornais".[11] Explicou que os indivíduos eram expostos a uma massa de informações supérfluas e que os suíços tinham sido privados da vida simples. A invenção de todos os "meios para economizar tempo" paradoxalmente tinha facilitado as comunicações e, ao mesmo tempo, enche "o tempo disponível de tal forma que não se tenha tempo para mais nada".[12] Pouco antes da morte de Jung, num capítulo de "Símbolos e a interpretação dos sonhos", ele tratou do dilema da vida moderna – o intelecto domina a natureza e a substitui por máquinas úteis. Ele alerta que, com a perda da numinosidade, as sociedades "se dissolvem e decaem".

Enquanto Jung ouvia rádio e lia jornais, nós surfamos na internet e nos comunicamos sincronicamente em redes globais. Centenas de nossos "amigos" no LinkedIn podem ler nossas publicações imediatamente, e vice-versa. Essa vida coletiva entrelaçada e sua infecção psíquica nutrem absolutamente "as convenções de natureza moral, social, política, filosófica e religiosa"[13] no indivíduo, mas não sua própria natureza. O que torna as coisas ainda piores é que, no mundo de alta tecnologia em que vivemos, o intelecto da nossa época não só nos priva dos mistérios da nossa vida, mas, além disso, parece desenvolver um novo modo de perceber a natureza da vida e a humanidade.

Desenvolverei minha observação com algo do nosso tempo por meio da notícia que ocorreu durante os dois meses em que refletia sobre "*O Livro Vermelho* para o nosso tempo". No final de outubro de 2017, o robô de inteligência artificial Sofia conquistou a manchete por receber a cidadania na Arábia Saudita.[14] Ela pretende servir em lares para idosos ou ajudar a responder perguntas em eventos de grande porte. Um mês depois, numa entrevista com a *Khaleej Times*, Sofia expressou seu desejo de ter um filho próprio e de "ver personalidades de inteligência artificial se tornarem entidades legítimas".[15] Coincidentemente, em novembro, a cidade de Tóquio concedeu residência a um garoto robô de sete anos, Shibuya Mirai, apesar de ele não existir fisicamente. Essa inteligência artificial ajuda o governo a se comunicar com as pessoas por meio de textos no aplicativo LINE.[16] Enquanto isso nos Estados Unidos, a loja sem caixas Amazon Go estava "quase pronta para o horário nobre!"[17] O aplicativo e sensores eletrônicos estão prestes a transformar nossas compras tradicionais com a chamada tecnologia "Entre e saia" da Amazon.[18]

Em nosso tempo, ciência e tecnologia contam mais do que espiritualidade. Seu desenvolvimento parece estar nos conduzindo para um novo modo de vida em que as pessoas interagem mais com tecnologia do que diretamente com pessoas. A vida está sendo direcionada para um modo de ser que é brilhante, claro, preciso, certo, concreto, estável e ordenado. Isso passa a impressão de que, no nosso tempo moderno, "o trovão já não é a voz de Deus nem o raio seu projétil vingador. Nenhum rio contém qualquer espírito, nenhuma árvore significa uma vida humana, nenhuma cobra incorpora a sabedoria e nenhuma montanha é ainda habitada por um grande demônio",[19] exatamente como Jung previu.

Também em novembro de 2017, numa coletiva de imprensa em Viena, o neurocirurgião italiano Sergio Canavero alegou ter sido bem-sucedido no primeiro transplante de uma cabeça para um cadáver humano. Isso foi feito na China. Sua equipe alegava estar pronta para uma troca de cabeças numa pessoa viva. "Por tempo demais, a natureza tem nos ditado suas regras", o dr. Canavero disse. "Agora entramos numa era em que tomaremos de volta o nosso destino. Isso mudará tudo".[20] Portanto, imortalidade está à vista deste ponto de vista. Ainda assim, esta poderia ser uma versão moderna da ambição de Ícaro?[21]

Jung deu meia-volta. Ele admitiu que estivera julgando sua alma com seu conhecimento e a transformara em "objeto da ciência".[22] No entanto, no processo de redefinir a alma, Jung descobriu que a alma era "um ser vivo e subsistente em si mesmo", por meio do qual ele existia.[23] Anos mais tarde, no epílogo ao livro *Psicologia e alquimia*, Jung articulou mais uma vez seu entendimento em reação ao racionalismo de seu tempo: "Acabara o tempo em que a alma ainda se encontrava 'fora do corpo' e imaginava essa 'maioria' (coisas maiores) não captáveis pelo corpo".[24] De fato, o intelecto da nossa época levou ainda mais longe a crença de que o corpo constitui a totalidade do indivíduo e de que a consciência é a soma total da psique. Segue disso que, de um lado, entidades de inteligência artificial terão em breve personalidades equivalentes e, de outro, que nós humanos podemos nutrir a expectativa de imortalidade por meio de cirurgias médicas. Ao mesmo tempo, ignoramos a extinção dos ursos polares e dos animais selvagens. Na verdade, além de Jung, Marie-Louise von Franz também se preocupava com o desenvolvimento excessivamente unilateral em que "a ordem patriarcal ofuscava o domínio materno da natureza externa e interna".[25] Alertou que o divino poderia se perder nesse desenvolvimento. Eventualmente, a divisão entre psique e matéria se torna o dilema crítico que se apresenta a nós. Sobre o desenvolvimento humano, Jung refletiu:

> A natureza jamais se deixa impressionar por conselhos dados com boa intenção. Somente algo que obrigue atuando como causa é que move a natureza, e também a natureza humana. [...] Do mesmo modo o desenvolvimento da personalidade não obedece a nenhum desejo, a nenhuma ordem, a nenhuma consideração, mas somente à *necessidade*; ela precisa ser motivada pela coação de acontecimentos internos ou externos. Qualquer outro desenvolvimento seria justamente o individualismo.[26]

Nossa época é excessivamente dominada pelo ego. Parece que pensamos que toda e qualquer coisa que os seres humanos podem inventar será para o bem. Essa é uma inflação perigosa. Numa entrevista em 2014, o extraordinário cientista britânico Stephen Hawking expressou sua preocupação em relação ao desenvolvimento pleno da tecnologia da inteligência artificial. Ele teme que "ela assumirá o controle e se desenvolverá num ritmo cada vez maior".[27] Não é, de forma alguma, uma ameaça vazia à existência humana. Segundo o seu entendimento, os humanos não serão capazes de competir com inteligência artificial por causa de sua "evolução biológica lenta" e, eventualmente, "serão ultrapassados".[28] É para lá que a engenhosidade humana pode nos levar em nossa inflação do ego.

Nas palavras de Jung, o herói deve ser assassinado. Isso significa forçosamente descartar o ego inflado. Esse foi o primeiro mistério que ele vislumbrou na terra da alma – "na profundeza daquele que vem estava o homicídio. O herói louro jazia assassinado".[29] No processo de sua escrita reflexiva, Jung estava atento ao fato de que "o herói quer desdobrar tudo o que pode",[30] e ele o faz com o encorajamento do soberano, o espírito dessa época. Jung percebeu que é preciso sacrificar e ser sacrificado a fim de matar o herói em nós mesmos. Como consequência, Jung participou do assassinato do herói.

Uma voz semelhante pôde ser ouvida no hexagrama do Criativo – "Dragão arrogante terá motivo de se arrepender".[31] No hexagrama do Criativo, o dragão chinês simboliza o princípio Yang da força vital. É um movimento contínuo do universo com sua força latente eletricamente carregada – poderoso, rápido, mas imprevisível, como um dragão. Em relação aos seres humanos – um microcosmo do universo – esse princípios de Yang se expressa em ação forte e criativa. O desenvolvimento da ciência é um exemplo.

Há um processo no desdobramento da expressão desse hexagrama. Cada uma das seis linhas ininterrompidas retrata um estágio de sua manifestação – "dragão oculto", "aparecendo no campo", "afligido por preocupações", "vacilando", "dragão voando" e "dragão arrogante".[32] Desde o momento em que aparece como uma força oculta, se conscientiza dos perigos à espreita sob a superfície, escolhe o caminho e transita em segurança do baixo para as alturas e voo em direção ao céu, o dragão cumpre e realiza sua natureza essencial.

A sexta e última linha ininterrompida – "Nove no topo" – é um alerta contra a arrogância. De acordo com a interpretação nos *Comentários*, aqui, arrogância significa que "o indivíduo sabe como avançar, mas não como recuar, conhece a existência, mas não a aniquilação, sabe algo sobre vencer, mas nada sobre perder".[33] Em nossa época, essa arrogância está sendo atualizada. Ao mesmo tempo em que ciência e inteligência artificial continuam a ser desenvolvidas, vemos que, em novembro de 2017, a Coreia do Norte lançou seu míssil nuclear mais recente, o ICBM Hwasong 15, que, supostamente, é "capaz de atingir qualquer lugar no planeta".[34] Então, em 6 de dezembro de 2017, o presidente Donald Trump anunciou a decisão de que os Estados Unidos reconhecerão Jerusalém como capital de Israel.[35] Simultaneamente, do outro lado do mundo, dezenas de vilarejos dos Rohingya em Myanmar continuavam a ser queimadas.[36] Tudo isso sugere a condição de que quando, no voo dos dragões, todos desejam assumir a liderança ao mesmo tempo, eles inevitavelmente reprimirão as vozes dos outros. Correm um grande risco de gerar conflitos.

Como projeta o hexagrama do Criativo, "tudo que é levado ao extremo se depara com infortúnio".[37] Ecoa aqui também o pensamento que Jung teve em sua reflexão: "O Deus fica doente quando ultrapassa a altura do zênite. Por isso arrebatou-me o espírito da profundeza quando o espírito dessa época me havia conduzido para a altura".[38]

Mais ou menos cem anos atrás, quando Jung refletiu sobre sua época, ele aprendeu que, "além do espírito dessa época, ainda está em ação outro espírito".[39] Quando o espírito de sua época queria "muito conhecer a grandeza e amplidão do sentido supremo",[40] o espírito da profundeza queria que ele engolisse o pequeno como forma de curar o imortal dentro de si mesmo.

A veia interior da vida é Dao. No momento em que os dragões estão voando no alto dos céus, a lei da mudança, o princípio da *enantiodromia*, é introduzida e encorajada:

> Quando todas as linhas são noves, isso significa:
> Aparece um voo de dragões sem cabeça.
> Boa fortuna.[41]

Esse fenômeno de dragões acéfalos nada tem a ver com cabeças físicas. Refere-se a liderança. Quando um grupo de dragões está voando no céu, todos eles estão cumprindo plenamente a sua própria natureza. Todos eles são líderes, portanto, não há necessidade de líderes. Em vez disso, eles estão dispostos a recuar e a abrir espaço para outros. Apreciam a singularidade uns dos outros e encorajam as diferenças. Eles são grandes, por isso não se importam em ser pequenos. Eles têm, portanto, podem dar. É essa combinação de devoção altruísta e bondade que capacita a grande harmonia; portanto, traz "boa fortuna". Em outras palavras, o que ocorre aqui é o espírito do hexagrama do Receptivo dentro dos dragões. É o espírito do Receptivo em ação. Isso significa, o Criativo está se transformando no Receptivo.

II. O Receptivo: o espírito da égua

"O herói quer desdobrar tudo o que pode. Mas o espírito anônimo da profundeza conduz para cima tudo o que a pessoa não pode".[42] A criação do *Livro Vermelho* foi a tentativa de Jung de reconectar seu espírito moderno com a alma perdida. Não demorou, e o espírito da profundeza conseguiu se impor, como Jung vivenciou:

> O espírito da profundeza tomou minha razão e todos os meus conhecimentos e os colocou a serviço do inexplicável e do absurdo. Ele me roubou fala e escrita sobre tudo que não estivesse a serviço disto, isto é, da interfusão de sentido e absurdo, que produz o sentido supremo.[43]

No entanto, a transição nunca foi fácil. O espírito dessa época rui desdenhosamente. No momento em que Jung percebeu que ele precisava deixar de lado não só o sentido, mas também seus sentimentos e julgamento a fim de se aproximar de sua alma, o espírito dessa época assombrou sua mente com dúvidas e medos. Invocou todo o seu orgulho, preconceito e desdenho pela alma. A jornada interior foi interrompida por uma semana após a terceira noite. O julgamento do ego de Jung o impedia.

Quando o espírito da profundeza voltou a assumir a liderança, ele levou Jung até o deserto. Ainda lá, o espírito dessa época se infiltrou. Nesse espaço liminar, Jung sentiu "dúvida, confusão e riso irônico".[44] "Como é horrível este deserto", Jung comenta, e é imediatamente confrontado com suas dúvidas. Ele exclama: "Minha alma, o que devo fazer aqui?"[45] "Espera", responde a alma e continua: "Não sou tua mãe". "Tu és um amante do prazer". "Onde está tua paciência?" "Não podes esperar?" "Tu me [...] reduziste a uma fórmula morta?"[46] Jung precisou vagar pelo deserto ardente durante 25 noites até finalmente receber essas palavras duras, "mas salutares"[47] de sua alma. Ele precisou disso porque ainda não conseguia superar o desdém dentro dele.

Enantiodromia significa literalmente "ir contra" e se refere à emergência do "oposto inconsciente" no decurso do desenvolvimento psíquico. No entanto, é sempre um desafio enorme passar pelo limiar e atravessar o espaço liminar, que é cheio de ambiguidade, ansiedade, medo e dúvida. Desde a primeira tentativa de Jung de reencontrar sua alma na noite de 12 de novembro de 1913 até a noite de 12 de dezembro, em que o espírito da profundeza abriu seus olhos, ele tinha passado um mês inteiro lutando contra seu julgamento racional. Além disso, no momento em que Jung vislumbrou pela primeira vez o mundo de sua alma, isso ocorreu numa caverna, uma pessoa morta, um grande escaravelho preto e milhares de serpentes reunidas em volta de um sol vermelho, e seu conhecimento foi expresso por milhares de vozes "de leão" e "o ar treme quando eles falam".[48]

Para tratar das lutas de Jung entre o espírito de sua época e o espírito da profundeza, quero refletir sobre as nossas dificuldades de resistir à predominância unitária do espírito da nossa época e de reencontrar a terra do espírito da profundeza. É como estar crucificado entre opostos, como simbolizado pela "luta feroz"[49] entre a serpente preta e a serpente branca. Enquanto lógica, ordem e eficácia são programadas perfeitamente em toda parte do nosso dia a dia em nossa época, estaremos dispostos a deixar de lado o sentido para ouvir a tudo que é designado como sem sentido e desordem eterna? Seremos capazes de abrir mão do julgamento do ego e apreciar solidão e vazio? Podemos renunciar também a intenções e nos apegar à ignorância da alma? Seremos capazes de acolher uma nova atitude inesperada?

Jung só conseguiu entender que ele tinha chegado à fonte do caos, ao início primordial, quando encontrou "Mysterium" com Elias e Salomé. Ele o descreveu assim: "torno-me eu mesmo refundido na união com o primordial que é ao mesmo tempo o que já foi e o que será".[50] Jung sentiu sua vontade paralisada. Ele simplesmente esperou sem saber o que estava esperando. O hexagrama do Receptivo diz: "Sem propósito, mas nada permanece não promovido".[51] As aventuras se desdobraram ali e naquele momento, uma após a outra: Jung encontrou o Vermelho e reconheceu a alegria demoníaca em si mesmo, isto é, esquecer a si mesmo; num castelo, permitiu que seus pensamentos viessem à vida livremente e os levou a sério; ele viajou com o caolho e encontrou a figura da morte no inferno. Conscientizando-se dessa "morte interior", Jung assumiu uma nova direção em sua busca pelo lugar da vida interior. "Resolvi morrer fora e viver dentro",[52] declarou.

Esses encontros pareciam mostrar que Jung tinha encontrado seu lar na terra do espírito da profundeza, onde a natureza apontava o caminho e sua magia operava. Naquela terra, o julgamento de seu ego se tornou muito aberto e relacionado em vez de permanecer crítico e desdenhoso. As coisas simplesmente existiam, e Jung permitiu que existissem. À luz desse grande senso de aceitação, suponho que, em termos da filosofia do *I Ching*, Jung tinha alcançado a terra do hexagrama do Receptivo, cuja natureza está "em harmonia com o ilimitado". Ela "abraça tudo em sua amplitude e ilumina tudo em sua grandeza".[53]

As aventuras continuaram a se desdobrar. Num vale profundo, um anacoreta ensinou Jung a desaprender. Em consequência, enquanto dormia no túmulo dos milênios, ele teve um sonho primordial em que quatro cavalos alados de ouro puxavam o sol nascente para o céu amplo. Uma cena semelhante aconteceu durante a noite seguinte. Jung sonhou que ele avançou para a terra do Norte, onde ficou ao lado do "Escuro"[54] e foi enviado para um lugar onde "se fez um novo sol".[55] Isto é, profundamente no escuro, Jung viu o sol nascer. Em suas próprias palavras: "[...] meu sonho mergulhou-me nas profundezas dos milênios, e daí ergueu-se minha fênix".[56]

A força latente no hexagrama do Receptivo se manifesta na vitalidade da égua, devido ao fato de ela ser vigorosa em conter, carregar, dedicar, suportar e transformar uma vida recém-nascida. Além disso, ela simboliza a grandeza da Mãe-Terra. O hexagrama do Receptivo abraça tudo, e "seu poder de transformar é doador de luz".[57] Em relação à alquimia taoista, esse lugar em que Jung viu o sol nascente se expressar por meio da trigrama K'an – uma linha ininterrupta (yang) entre duas linhas interrompidas (yin). Para ser específica, eu argumentaria que a trigrama K'an formula dentro do hexagrama do Receptivo o fenômeno do renascimento do Grande dentro do indivíduo.

De acordo com o sistema pós-natal das oito trigramas, que Wilhelm traduziu como Arranjo do Mundo Interior,[58] a trigrama K'an está localizada na posição do Norte, onde é escuro e frio. Seu sinônimo é "o abismo" e sua cor é o preto. É simbolizada pelo elemento da água. Representa também o estágio do caos ou a presença da *prima materia*. Corresponde ao que o "Escuro" respondeu a Jung: "Sim, daqui se parte para o indistinguível, onde ninguém é igual ou diferente do outro, mas onde todos são um".[59] No entanto, se consultarmos *Ho T'u*, o Mapa do Rio Amarelo[60] do *I Ching*, veremos que o número um está na posição do Norte, onde está a trigrama K'an da água. Correspondentemente, descobrimos que, no abismo escuro da trigrama K'an, se encontra a verdadeira energia dormente do Grande. Como indicam os ensinamentos do tratado sobre a alquimia taoista *O selo da unidade dos três*:

> Preto o fundamento da Água.
> Água é o eixo do Dao:
> Seu número é 1.[61]

Na alquimia ocidental, essa verdadeira energia dormente no abismo equivale a *lumen naturae*, "a centelha divina enterrada na escuridão".[62] Os alquimistas descobriram que, na própria escuridão da natureza, esconde-se uma pequena centelha. É a "luz da própria escuridão",[63] sendo, portanto, capaz de iluminar de dentro sua própria escuridão. Consequentemente, os alquimistas perceberam:

> Aquela luz que se acende no coração per gratiam Spiritus Sancti, a mesma lumen naturae, por menor que seja, é para eles mais importante ou tão importante quanto a grande luz que brilha na escuridão e não foi compreendida por esta última.[64]

Em conexão com a alquimia taoista, essa luz que é acesa no coração é imaginada como a Flor de Ouro: "A Flor de Ouro é a luz".[65] É a energia verdadeira do Grande. Como sabemos da perspectiva da alquimia taoista, cada indivíduo era um com o Grande antes do nascimento. O Grande se manifesta como espírito primal em cada indivíduo. No entanto, no momento em que nascemos no mundo físico, "o espírito consciente inala a energia".[66] Sem misericórdia, ele assume a liderança do espírito primal e, dia e noite, o espírito consciente permite que seu movimento incansável se "apegue a sentimentos e desejos".[67] A energia do espírito primal corre o risco inevitável de se esgotar completamente devido ao enorme desequilíbrio energético entre o espírito consciente e o espírito primal. Isso explica por que os alquimistas taoistas praticam circundar a luz em tranquilidade. Buscam reenergizar a vitalidade terrivelmente perturbada do espírito primal, na esperança de redimi-lo das garras do espírito consciente. Acreditavam: "Se o homem alcança este Um, ele se torna vivo; se ele o perde, ele morre".[68]

Essa luz é a Flor de Ouro, a energia essencial do Grande; é a energia yang, que se encontra em duas linhas interrompidas do yin na trigrama K'an; é a *lumen naturae*, a luz da própria escuridão. No caso das aventuras de Jung no *Livro Vermelho*, suponho que seja a alma que Jung tentou extrair do escuro mundo psíquico interior. Além do mais, eu argumentaria que o fraco sol vermelho, o escaravelho e os milhares de serpentes, que apareceram na primeira visão do mundo da alma, são manifestações da alma, visto que todos eles simbolizam a autocriação, ressurreição e a renovação eterna. A infinidade forja a infinitude e a atemporalidade da alma.

A trigrama de K'an representa também o momento decisivo – inverno e a meia-noite. Portanto, o reavivamento do Grande dormente, da *lumen naturae*, se torna a tarefa essencial e a execução de outro processo de *enantiodromia*. Isso ocorre para que a primavera venha à vida escapando das garras do inferno frio, e a aurora sairá da escuridão da meia-noite.

No entanto, transitar o espaço liminar nunca é uma tarefa fácil. Jung parecia ter a minha opinião quando refletiu sobre o "abismo de desunião" em sua alma. Acrescentou: "Dói, mas tu caminhas e olhas para objetivos distantes".[69] Logo após chegar a esse entendimento, Jung encontrou e confrontou Izdubar, seu oposto:

> Eu queria luz, ele noite. Eu queria subir, ele descer. Eu era nanico como criança, ele grande como gigante, um herói de força atávica. Eu vinha paralisado de saber, ele ofuscado pela plenitu-

> de da luz. E assim nos apressamos um ao encontro do outro, ele vindo da luz e eu, da escuridão; ele forte e eu fraco; ele Deus, eu cobra; ele muitíssimo velho, eu ainda bem jovem; ele ignorante, eu conhecedor; ele fabuloso, eu austero; ele corajoso, violento, eu covarde, ardiloso. Mas ambos admirados por nos vermos na linha divisória da manhã e da noite.[70]

Os opostos são estranhos uns aos outros. Em seu primeiro encontro, infelizmente, Izdubar foi inesperadamente envenenado pelo conhecimento de Jung. No entanto, o objetivo não é causar a derrota ou a morte do outro; pelo contrário, o resultado desejado é a coexistência harmoniosa de ambos. Nessa cena, Jung ilustrou um exemplo maravilhoso do espírito do hexagrama do Receptivo – revitalizar tudo, incluindo seu próprio oposto. Ele não abandonou Izdubar; em vez disso, tentou salvar a vida de Izdubar. Jung o transformou num ovo e o carregou para a terra ocidental. "Sobe, fogo compassivo da noite antiga. Eu beijo a soleira de teu surgimento".[71] Jung cuidou intensamente do ovo com encantações e quando o abriu cuidadosamente, Izdubar tinha sido regenerado, como revelou: "Eu sou o sol".[72] Jung entendeu esse processo como a criação de seu Deus, que é análogo ao Grande na alquimia taoista. Percebendo que "o caminho não está entre os dois, abrange os dois em si",[73] Jung apresentou a segunda trilha de seu *opus* alquímico nos anos entre 1916 e 1929. Ele se dedicou a desenhar mandalas. O processo de integrar os opostos é o que acontece no desenvolvimento psicológico, no processo de individuação. Seja para integrar as sombras escondidas no inconsciente pessoal, seja para se reconectar com o si-mesmo latente no inconsciente coletivo, é um processo em que "as disposições globais do início se tornam um acontecimento consciente".[74] O mesmo *opus* circular é mencionado em *O segredo da flor de ouro*:

> Quando a luz se move num círculo, todas as energias do céu e da terra, da luz e da escuridão, são cristalizadas. É isso que é chamado de pensamento de semente, ou purificação da energia, ou purificação da ideia.[75]

Simbolicamente, esse círculo mágico é um mandala. Ocorre especialmente após uma longa luta de desorientação psíquica e simboliza a nova ordem derivada da reorientação da polaridade interior. Quando se torna aparente à mente consciente, aparece primeiro como "algo de vago e puntiforme".[76]

Exige que o indivíduo se submeta a muito trabalho árduo, incentivando o processo com o espírito perseverante da égua, a fim de completar a integração. A imagem 129 no *Livro Vermelho* pode ser uma grande demonstração disso. Como podemos ver, a despeito de todas as aventuras incompreensíveis, Jung se submeteu ao processo desconhecido e tentou ouvi-lo. Acredito que, assim sendo, os milhares de serpentes pretas da primeira visão do mundo da alma foram integrados e transformados no gigante dragão dourado dessa imagem, e o fraco sol vermelho foi reavivado como uma profunda luz de cristal. "São cheios de enigmas os dons da escuridão. Quem consegue prosseguir nos enigmas, a este está aberto um caminho. [...] São enganosas pontes sobre abismos de profundidade eterna",[77] diz o texto na página oposta a essa imagem.

Psicologicamente, o que é despertado é a voz do si-mesmo. É a "voz de uma vida mais plena e de uma consciência mais ampla e abrangente".[78] A essa altura, o trabalho do hexagrama do Receptivo está feito, e, rotativamente, o hexagrama do Criativo será novamente recrutado para executar a tarefa de crescimento da luz recém-nascida. Inicia-se uma nova circulação de luzes.

Voltando para o espírito da nossa época, lembro-me de uma notícia encontrada no Facebook. No mesmo novembro de 2017 em que foi anunciada a cirurgia de substituição de cérebro, Sean Parker, um dos cofundadores do Facebook, admitiu numa entrevista que todos os seus projetos intencionalmente "exploram uma vulnerabilidade na psicologia humana". Conscientemente buscam consumir o máximo possível do tempo e da atenção do usuário. Ele confessou ao público: "Ele literalmente muda sua relação com a sociedade, uns com os outros".[79] Essa confissão é como uma luz fraca que emerge na mente consciente do indivíduo e aguarda sua cristalização. Vejo esse caso como um exemplo de que, por mais unilateral que seja o nosso tempo, a força latente do si-mesmo se revela nos indivíduos e começa a iluminar o caminho daquilo que está por vir.

III. *O Livro Vermelho* para o nosso tempo

O hexagrama do Criativo e o hexagrama do Receptivo são o primeiro par primordial de opostos no *I Ching*. Um cria, o outro devota; um constrói, o outro contém. As limitações de cada um são os pontos fortes do outro. Eles capacitam e restringem a vida um do outro. Os opostos estão relacionados, e juntos eles cristalizam a luz do Grande. Quando o Grande está em movimento, a vida se desdobra e cresce.

Após encontrar Izdubar no capítulo "O mago", Jung chega na casa do mago Filêmon e de sua esposa. Na frente de sua casa, floresce um grande canteiro de tulipas de primavera. Eu me arrisco a dizer que esse par de opostos – o Criativo e o Receptivo – encontram sua atualização na vida do velho casal Filêmon e Baucis:

> Lá vai o velho Filêmon pelo jardim, encurvado, com o regador nas mãos trêmulas. Baucis está à janela da cozinha e olha para ele com indiferença apática. Ela já viu esta cena milhares de vezes – cada vez algo mais decrepitamente, mais fracamente, cada vez enxerga menos, pois a força de seus olhos está diminuindo aos poucos.[80]

Esse casal simbolizava um mundo em que os opostos, Yang – o logos masculino – e Yin – o Eros feminino, estão totalmente presentes um para o outro. Juntos eles tornam possível a vida de cada um e completam a totalidade.

Filêmon trabalhava no jardim regando as plantas com suas mãos trêmulas, e Baucis trabalhava na cozinha com sua visão cada vez mais fraca. Cada um tinha seu próprio espaço e sua própria tarefa. Sua cooperação harmoniosa criava uma vida linda, calma, mas potente. A despeito de idade e enfermidade, eles geravam um maravilhoso senso de infinidade. Eventualmente, as flores em seu jardim se tornaram um sinal da grande energia que circula, símbolo do mandala. Na terra de Filêmon, não havia apenas tulipas. Nesse capítulo, Jung também inseriu uma rosa dourada – sua pintura do mandala "Janela para a eternidade".[81] Essa pintura se baseava num sonho que ele teve em 1927. No sonho, Jung estava em Liverpool, que estava suja e abafada: "Era noite, e inverno, e escuro, e estava chovendo".[82] A despeito da escuridão, Jung viu que, no centro da cidade, havia uma pequena ilha banhada em luz. E havia ali uma magnólia solitária com grandes flores avermelhadas: "Era como se a árvore estivesse na luz do sol e fosse, ao mesmo tempo, a fonte da luz".[83]

Esse é, novamente, o motivo da *lumen naturae*, "a centelha divina enterrada na escuridão".[84] Após 15 anos de diálogo intenso com sua alma, Jung circulou essa luz fraca até ela se tornar uma iluminação completa. Enquanto tentava expressar a essência desse sonho através da pintura de mandalas, a magnólia se transformou em uma rosa, iluminando o centro. Jung observou que, para ele, foi como se "uma janela se abrisse para a eternidade".[85] Eventualmente, Jung percebeu que o mandala é o centro. É o "expoente de todos os caminhos"[86] e é sinônimo do si-mesmo como Jung o retratou. O si-mesmo é a mônade "que eu sou e que é o meu mundo".[87] O mandala encarna a mônade, a luz iluminadora da escuridão.

Um ano depois, em 1928, Jung fez outra pintura, na qual um "castelo fortificado"[88] dourado ocupava o centro. Seus aspectos chineses o deixaram maravilhado, e ele se surpreendeu com sua cor e forma, e então, numa sincronicidade, ele recebeu uma carta e um livro do sinólogo Richard Wilhelm. Ele pedia que Jung escrevesse um comentário sobre esse tratado "sobre a semente da imortalidade".[89] Não surpreende que Jung devorou esse tratado imediatamente, pois nele encontrou "uma confirmação inesperada" de seu entendimento do mandala e da "circum-ambulação do centro".[90] Naquela hora e naquele lugar, o isolamento de Jung chegou ao fim, e isso significou também o fim de seu trabalho no *Livro Vermelho*. Eventualmente, Jung inseriu também esse mandala do castelo amarelo no capítulo "O Mago" na terra de Filêmon.

"Qual é o valor do *Livro Vermelho* para o nosso tempo?", ainda me pergunto. Essa jornada interior de Jung levou 16 anos. Na terra esquecida de sua alma, o pequeno foi encontrado, o absurdo foi aceito, a escuridão foi apreciada e a morte foi acolhida. O "outro" abandonado foi reconectado; assim, o diálogo e a rotação dos opostos foram retomados e fortalecidos. Quando ambos foram aceitos, o equilíbrio foi restaurado e o centro emergiu. Como Jung concluiu alguns anos depois:

> Um homem que está enraizado embaixo e no alto pareceria uma árvore tanto na posição normal, como na inversa. A meta não é o alto, mas o centro.[91]

Assim sendo, eu diria que, com a criação de seu *Livro Vermelho*, Jung demonstrou para nós, às mulheres e aos homens modernos e pós-modernos que somos, que, por mais atormentados que nos sintamos entre os opostos, é possível abraçar os dois. Na nossa vida moderna tecnológica extraordinariamente eficiente, o intelecto e a razão dominam. No entanto, entre todas as notícias sobre inteligência artificial e conflitos entre povos, *O Livro Vermelho* se ergue como aquela magnólia que floresce na escura cidade de Liverpool. Em outras palavras: imagino a presença do *Livro Vermelho* no nosso tempo como lembrete de um outro modo de ser – podemos diminuir, ouvir, seguir, absorver, aceitar, conter, dedicar, apoiar, parir e, além disso tudo, confiar para onde a veia interior da vida nos conduzirá. A vida revela, e nós entendemos. Na simplicidade, "a paralisação aparente é a vida longânime da eternidade".[92]

Céu em cima
Céu embaixo
Estrelas em cima
Estrelas embaixo
Tudo o que está em cima
Também está embaixo
Aceita-o
E alegra-te[93]

Notas

1. Richard Wilhelm. *The I Ching or Book of Changes*. Traduzido para o inglês por Cary F. Baynes (Princeton, NJ: Princeton University Press, 1967), p. 9.

2. Ibid., p. 11.

3. C.G. Jung. "A árvore filosófica", em *OC*, vol. 13 (Petrópolis: Vozes, 2013), § 333.

4. C.G. Jung. *Memories, Dreams, Reflections*, org. Aniela Jaffé (Londres: Fontana, 1995), p. 223.

5. Ibid.

6. C.G. Jung. *O Livro Vermelho: Liber Novus*. Edição sem ilustrações, org. Sonu Shamdasani, trad. Edgar Orth (Petrópolis: Vozes, 2015), p. 555.

7. Wilhelm. *The I Ching*, p. 6.

8. Jung. *O Livro Vermelho*, p. 109.

9. Ibid., p. 140.

10. Ibid., p. 208.

11. C.G. Jung. "Retorno à vida simples", em *OC*, vol. 18/2 (Petrópolis: Vozes, 2012), § 1343.

12. Ibid.

13. C.G. Jung. "O desenvolvimento da personalidade", em *OC*, vol. 17 (Petrópolis: Vozes, 2013), § 296.

14. Kristen Korosec. "Saudi Arabia's Newest Citizen Is a Robot" (2017), Fortune: http://fortune.com/2017/ 10/26/robot-citizen-sophia-saudiarabia/. Acessado em 26 de outubro de 2017.

15. Sarwat Nasir. "Sophia the robot wants to start a family" (2017), Khaleej Times: https://www. khalee j times.com/nation/dubai//video-sophiathe-robot-wants-to-start-a-family. Acessado em 23 de novembro de 2017.

16. A.I. "boy" granted residency in central Tokyo (2017), Phys.org: https://m.phys.org/news/2017-11-ai-boy-granted-residency-central.html. Acessado em 4 de novembro de 2017.

17. Olivia Zaleski and Spencer Soper. "Amazon's Cashierless Store Is Almost Ready for Prime Time" (2017), Bloomberg: https://www.bloomberg. com/news/articles/2017-11-15/amazon-s-cashierless-sto reis-almost-ready-for-prime-time. Acessado em 15 de novembro de 2017.

18. Amazon (2017), https://www.amazon.com/b?node=16008589011#. Acessado em 15 de novembro de 2017.

19. C.G Jung. "A cura da divisão", em *OC*, vol. 18/1 (Petrópolis: Vozes, 2013), § 585.

20. Hannah Osborne, "First Human Head Transplant Successfully Performed on Corpse, Sergio Canavero Announces" (2017), Newsweek: http://www. newsweek. com/first-human-head-transplant-corpsesergio-canavero-714649. Acessado em 17 de novembro de 2017.

21. Segundo uma lenda da mitologia grega, Ícaro era o filho de Dédalo, criador do labirinto. Ele tentou escapar da ilha de Creta com a invenção de Dédalo – as asas construídas com penas e cera. Ícaro ignorou as palavras de seu pai e voou alto demais e se aproximou demais do sol. Suas asas foram derretidas pelo calor do sol, e ele caiu no mar e se afogou.

22. Jung. *O Livro Vermelho*, p. 117.

23. Ibid.

24. C.G. Jung. *Psicologia e alquimia*, em *OC*, vol. 12 (Petrópolis: Vozes, 3012), § 562.

25. Marie-Louise von Franz. "The Unknown Visitor in Fairy Tales and Dreams", em *Archetypal Dimensions of the Psyche* (Londres: Shambhala, 1999), p. 59.

26. Jung. *O desenvolvimento da personalidade*, *OC* 17, § 293.

27. Cellan-Jones, Rory. "Stephen Hawking warns artificial intelligence could end mankind" (2014), Technology correspondent: http://www.bbc. com/ news/technology-30290540. Acessado em 2 de dezembro de 2014.

28. Ibid.

29. Jung. *O Livro Vermelho*, p. 137.

30. Ibid., p. 140.

31. Wilhelm. *The I Ching*, p. 9.

32. Ibid., p. 7-9.

33. Ibid., p. 385.

34. Patrick Knox e Ellie Cambridge, Guy Birchall e Aletha Adu. "North Korea ballistic missile launch latest – what nuclear weapons does Kim Jong-un have and could they reach the US?" (2017), The Sun: https://www.thesun.co.uk/news/2497570/north-korea-nuke-kimjong-un-nuclear-weapons-latest/. Acessado em 1º de dezembro de 2017.

35. Michael Wilner. "Trump announces US moving embassy to Jerusalem" (2017), The Jerusalem: http://www.jpost.com/Middle-East/WATCH-LIVE-Trump-delivers-much-anticipated-announcementabout-Jerusalem-517201. Acessado em 6 de dezembro de 2017.

36. Michael Safi. "Myanmar burned Rohingya villages after refugee deal, says rights group" (2017), The Guardian: https://www.theguardian.com/world/2017/dec/18/myanmar-burned-rohingya-villages-afterrefugee-deal-says-rights-group. Acessado em 18 de dezembro de 2017.

37. Wilhelm. *The I Ching*, p. 385.

38. Jung. *O Livro Vermelho*, p. 145.

39. Ibid., p. 109.

40. Ibid., p. 110.

41. Wilhelm. *The I Ching*, p. 10.

42. Jung. *O Livro Vermelho*, p. 140.

43. Ibid., p. 109.

44. Ibid., p. 130.

45. Ibid., p. 128.

46. Ibid., p. 128-131.

47. Ibid., p. 132.

48. Ibid., p. 138.

49. Ibid., p. 174.

50. Ibid., p. 161.

51. Wilhelm. *The I Ching*, p. 389.

52. Jung. *O Livro Vermelho*, p. 215.

53. Wilhelm. *The I Ching*, p. 386-387.

54. Jung. *O Livro Vermelho*, p. 234.

55. Ibid., p. 236.

56. Ibid.

57. Wilhelm. *The I Ching*, p. 392.

58. Ibid., p. 269.

59. Jung. *O Livro Vermelho*, p. 235.

60. Wilhelm. *The I Ching*, p. 309.

61. Fabrizio Pregadio. *The Seal of the Unity of the Three* (Mountain View, CA: Golden Elixir Press, 2011), p. 78.

62. C.G. Jung. "Paracelso, um fenômeno espiritual", em *OC*, vol. 13 (Petrópolis: Vozes, 2013), § 197.

63. Ibid.

64. Ibid.

65. Richard Wilhelm. *The Golden Flower* (Londres: Harcourt Brace & Company, 1931/1962), p. 21.

66. Ibid., p. 29.

67. Ibid.

68. Ibid., p. 21.

69. Jung. *O Livro Vermelho*, p. 253.

70. Ibid.

71. Ibid., p. 268.

72. Ibid., p. 274.

73. Ibid., p. 280-281.

74. C.G. Jung. *Aion. Estudo sobre o simbolismo do si-mesmo*, em *OC*, vol. 9/2 (Petrópolis: Vozes, 2013), § 260

75. Wilhelm. *The Golden Flower*, p. 30-31.

76. C.G. Jung. *Aion. Estudo sobre o simbolismo do si-mesmo*, § 60.

77. Jung. *O Livro Vermelho*, p. 339.

78. C.G. Jung. "O desenvolvimento da personalidade", *OC* 17, § 318.

79. Mike Allen. (2017), Axios report: https://www.axios.com/sean-parkerunloads-on-facebook-god-only-knows-what-its-doing-to-our-childrensbrains-1513306792-f855e7b4-4e99-4d60-8d51-2775559c2671.html. Acessado em 9 de novembro de 2017.

80. Jung. *O Livro Vermelho*, p. 351.

81. C.G. Jung. *O Livro Vermelho: Liber Novus*, org. Sonu Shamdasani, trad. Edgar Orth (Petrópolis: Vozes, 2009), p. 159.

82. C.G. Jung. *Memories, Dreams, Reflections*, org. Aniela Jaffé (Nova York, NY: Vintage Books, 1963), p. 223.

83. Ibid.

84. C.G. Jung. "Paracelso, um fenômeno espiritual", § 197.

85. C.G. Jung. "Simbolismo do mandala", em *OC*, vol. 9/1 (Petrópolis: Vozes, 2014), § 655.

86. Jung. *Memories, Dreams, Reflections*, p. 222.

87. Ibid., p. 221.

88. Ibid., p. 223.

89. Ibid.

90. Ibid.

91. C.G. Jung. "A árvore filosófica", § 333.

92. Jung. *O Livro Vermelho.*

93. C.G. Jung. "A psicologia da transferência", em *OC*, vol. 16/2 (Petrópolis: Vozes, 2012), § 384.

14
O Livro Vermelho de C.G. Jung e o pensamento russo

Lev Khegai

Em resposta ao convite de Murray Stein para refletir sobre o tema do *Livro Vermelho* de C.G. Jung para o nosso tempo, criamos um grupo de pesquisa de colegas junguianos em Moscou. Nossas reuniões aconteceram ao longo de seis meses. Nós não só etudamos os capítulos do *Livro Vermelho*, mas também nos comunicamos com pessoas cujo trabalho criativo foi influenciado por ele. Por exemplo, o compositor Grigoriy Zaytsev criou uma peça audiovisual baseada no *Livro Vermelho*, e o tradutor e artista Sergei Sergeyev começou a praticar caligrafia cirílica e a criar seu próprio projeto para uma nova tradução para o russo. Esses são os exemplos de como *O Livro Vermelho* provocou uma reação na Rússia não só na comunidade psicológica. Nosso grupo chegou à conclusão de que os temas do *Livro Vermelho* estão alinhados com problemas contemporâneos importantes e que, por isso, ele encontrou uma ressonância tão forte no mundo (incluindo a Rússia). No *Livro Vermelho*, encontramos dicas importantes que poderiam aprofundar nosso entendimento desses problemas.

Pano de fundo histórico

Em 2017, os russos lembram o centenário da Revolução de Outubro de 1917, que pôs um fim ao Império Russo e levou à emergência da União Soviética. Os eventos de cem anos atrás influenciaram radicalmente a história do mundo inteiro e especialmente da Europa. Em 2017, estamos vivenciando na Rússia o que poderíamos chamar de "síndrome de aniversário" num nível coletivo. Políticos e historiadores, ao lembrar os eventos de 1917, inconsciente ou intencionalmente estabelecem paralelos com a situação atual na Rússia. Uma revolução política consiste em mudanças fundamentais e rápidas na vida social de toda uma sociedade que surgem quando o caminho de mudanças graduais - o caminho evolucionário - se torna impossível. Pode-se dizer que, por meio do apelo ao passado, às lições da história, a elite política atual está tentando responder à pergunta de como evitar o cenário sempre sangrento e trágico de uma revolução, enquanto se implementa as reformas necessárias numa sociedade.

Há várias versões da narrativa referente às causas da revolução de 1917. Alguns pontos apresentam, na minha visão, algumas semelhanças com a situação atual em 2017. Após a abolição da servidão em 1861, a Rússia renunciou formalmente ao feudalismo e começou a se aproximar de um modelo econômico capitalista. Era um passo tardio em comparação com as revoluções burguesas na Europa Ocidental, que ocorreram nos séculos XVI - XVIII. A necessidade de modernização foi impulsionada pelas desvantagens econômicas e militares da Rússia em comparação com os estados europeus dominantes, o que resultou numa série de fracassos desagradáveis na política global, como, por exemplo, a guerra entre a Rússia e o Japão de 1904-1905. Agora, após o colapso da União Soviética em 1991, estamos vivenciando a mesma necessidade de modernização acelerada num sistema capitalista global. Como já no final do século XIX, o problema da modernização está ligado ao fato de que a Rússia é um país enorme, o maior no mundo e, ao mesmo tempo, muito heterogêneo em termos étnicos, religiosos e econômicos. As diferenças entre o centro (Moscou e São Petersburgo) e regiões distantes eram extraordinárias na época e continuam consideráveis na atualidade. Em termos metafóricos, a cabeça e o rabo da Rússia sempre vivem em realidades diferentes. A necessidade de um forte poder estatal em tal situação geográfica entra em conflito com a tarefa de liberalização em nome do desenvolvimento político e econômico. Diferentemente das revoluções burguesas europeias, que se apoiavam num estrato amplo de pessoas economicamente ativas, i.e., empreendedores livres, na Rússia, essa camada era e continua sendo insignificante. Hoje, apenas 10% da população da Rússia possui seu próprio negócio e se refere a si mesmo como "classe média".

A transição para o modo de vida capitalista na Europa estava ligada à rejeição da monarquia absolutista e das restrições de classes sociais; e também ao enfraquecimento do papel da religião devido à Reforma e ao Iluminismo e à emergência subsequente da ideologia do nacionalismo. No entanto, a modernização na Rússia não pôde seguir esse caminho cem anos atrás. Diferentemente do estilo de vida europeu nas capitais, nas regiões remotas do país, por exemplo, na Ásia Central e no Cáucaso, o modo de vida medieval tinha se preservado, e alguns povos no extremo Norte e na Sibéria viviam no nível quase primitivo. A religião ortodoxa, ao contrário do catolicismo romano, não viveu um processo semelhante à Reforma. E o desenvolvimento do nacionalismo foi dificultado pelo fato de que, na velha Rússia e na União Soviética, os russos não constituíam a maioria da população, e havia uma alta incidência de assentamentos e casamentos mistos. Em alguma medida, todos esses fatores ainda impedem a modernização no século XXI. Nesse processo, a Rússia parece estar numa posição menos feliz do que, por exemplo, a China, onde, devido à homogeneidade da população (90% das pessoas pertencem à nacionalidade Han) e a alta tolerância de crenças chinesas tradicionais, uma transição suave do socialismo para o capitalismo se tornou possível sem uma mudança de ideologia política e sem as reformas democráticas radicais segundo o modelo ocidental. Ao mesmo tempo em que a China sempre se percebeu como uma civilização autônoma, a Rússia, embora tenha declarado seu próprio caminho singular, sempre se considerou parte da Europa e, por isso, tenta seguir valores e modelos europeus.

Em tempos de crise, quando mudanças radicais na vida do país se tornam inevitáveis, uma grande tensão no inconsciente coletivo se expressa na ativação de uma busca espiritual e cultural, especialmente entre pessoas criativas. Os historiadores têm chamado a ascensão em arte e filosofia no início do século XX a Era de Prata e a consideram o equivalente russo ao Renascimento europeu. Depois do colapso do sistema e da ideologia comunista e depois da emergência de uma nova Rússia no século XXI, as figuras extraordinárias da Era de Prata reconquistaram proeminência e têm sido tratadas cada vez mais como um objeto de orgulho nacional e base para uma nova identidade nacional. Reconheceu-se que o progresso em literatura, arte e humanidades na Era de Prata colocou a Rússia no mesmo nível de outros países europeus da época. Cem anos depois, a cultura russa como um todo está novamente apostando em modernização, que encoraja pessoas criativas a emprestar o melhor do mundo e a oferecer corajosamente as suas próprias ideias novas. Como país culturalmente progressivo, em 1917, a Rússia tinha ficado para trás da Europa em termos econômicos e políticos, o que levou à revolução. Infelizmente, depois da Revolução de Outubro, muitas iniciativas dos pensadores da Era de Prata foram rejeitadas e muitos de seus nomes foram relegados ao esquecimento. Hoje em dia, muitos estudos na Rússia se dedicam a essa herança. Temos a impressão de que, por meio das percepções dos pensadores da Era de Prata, a Rússia atual está tentando encontrar uma fórmula para sua nova identidade no novo século.

Vemos processos semelhantes refletidos no *Livro Vermelho* de Jung. Jung testemunhou a ascensão e queda da ideologia nacionalista alemã, que subjazia ao processo de modernização na Alemanha. Muitas passagens no *Livro Vermelho* contêm a polêmica oculta de Jung com Nietzsche, o herói de sua juventude, que propôs uma revisão modernista de arte e religião, como também um apelo aos antigos mitos alemães, que animaram o trabalho criativo de Wagner e exerceram uma influência forte sobre a formação de uma nova identidade alemã. Como cidadão da Suíça e residente do cantão de língua alemã Zurique, Jung se via como germânico e parte da cultura alemã. Jung buscou respostas para perguntas pessoais, praticando a imersão no inconsciente coletivo Ocidental, especialmente em sua camada germânica.

Conexões russas com Jung

Há muitos séculos, a Rússia e a Alemanha como países vizinhos se encontram num relacionamento dialético complexo. Travaram guerras um com o outro muitas vezes, mas, frequentemente, foram também aliados. Basta lembrar que os czares russos tinham raízes alemãs e que o próprio rei Rurik, fundador do primeiro Antigo Estado Russo no século IX era, muito provavelmente, um Viking. Os alemães e os eslavos, embora muito semelhantes antropométrica e até geneticamente, têm línguas diferentes. Na língua russa, a palavra "alemão" ("*nemets*", em russo) significa literalmente "não nosso" ou "mudo", ou seja, "não falante" ou "falante de outra língua". As terras alemãs ficam ao Oeste da Rússia, e podemos dizer que, simbolicamente, para a Rússia, o caminho para a Europa passava pela interação com a cultura alemã. Inversamente, durante séculos, para a Alemanha, o caminho para o Oriente e para a Ásia era associado primariamente à Rússia. Embora Jung não tenha viajado para a Rússia, ele teve contato com a cultura russa de três maneiras diferentes. Em primeiro lugar, deve-se observar que a Suíça era muito popular entre os intelectos russos do início do século XX. A segurança e estabilidade de um estado neutro com suas lindas montanhas, seus *resorts* e baixo custo de bens atraíram uma variedade de pessoas famosas, incluindo autores russos como Lev Tolstoy e Fyodor Dostoievsky, políticos em busca de refúgio (entre eles figuras históricas importantes como o inspirador do movimento revolucionário na Rússia, Alexander Herzen, o pai da democracia social russa, George Plekhanov, e o líder do movimento anarquista mundial, Mikhail Bakunin. Vladimir Lenin também gostava de visitar a Suíça. Naquela época e ainda hoje, os russos gostavam de mandar seus filhos para estudarem na Suíça. Assim, na Universidade de Zurique, por exemplo, mais ou menos a metade dos alunos eram da Rússia, e na faculdade de medicina, eles chegavam a representar 70% em alguns anos.[1] Por essa razão, Jung não teve como não ser exposto à cultura russa. Além disso, o movimento do espiritualismo, pelo qual ele se interessou em sua juventude, recebeu um novo impulso da teosofia, que havia sido fundada pela médium russa Elena Blavatskaya. Ele ouviu também muito sobre os ensinamentos do místico russo George Gurdjieff, cujas aulas eram frequentadas por alguns dos colegas de Jung.[2] A aldeia de Dornach, que fica a 60 quilômetros de Küsnacht, abriga o centro mundial do movimento antroposófico de Rudolf Steiner, onde metade dos adeptos eram russos, incluindo muitos líderes da Era de Prata.

A segunda fonte de influência russa foi Sabina Spielrein, que, aos 18 anos de idade, foi internada na clínica Burghölzli, em 1904, com um diagnóstico de histeria. Seu relacionamento continuou até sua despedida de Zurique após o término de seus estudos de medicina em 1912, e sua correspondência durou até 1919. Sabina Spielrein pode ser considerada uma pioneira da psicanálise russa. Como primeira psicanalista russa mulher, ela combinou ideias de Freud e Jung. Mais tarde, ela trabalhou no Instituto Psicanalítico Estatal em Moscou e participou do trabalho da sociedade psicanalítica russa. Quando a psicanálise foi banida, em 1930, na União Soviética, ela continuou praticando psicanálise com crianças em Rostov-on-Don, onde morreu tragicamente durante a ocupação alemã em 1942. Como sabemos, muitas pesquisas, romances ficcionais e alguns filmes se ocupam com o relacionamento entre Jung e Spielrein.

A terceira fonte foi a amizade de muitos anos entre Jung e Emil Medtner. Etnicamente um alemão russo, Medtner era irmão do famoso compositor Nikolai Medtner. Após se formar como advogado, ele trabalhou mais como publicista, filósofo e editor. Em 1909, ele fundou a editora Musaget, que se tornou o centro da nova tendência literária do Simbolismo. Seus amigos incluíam grandes autores russos da Era de Prata como, por exemplo, Andrei Bely, Vyacheslav Ivanov e Dmitry Merezhkovsky. Em 1914, devido ao desenvolvimento de uma neurose auditiva após um conflito intenso com Andrei Bely, Medtner buscou o tratamento de Jung em Zurique. Após um tratamento bem-sucedido, os dois se tornaram amigos e associados. Medtner começou a praticar psicanálise, assumiu um papel ativo no trabalho do Clube Psicológico de Zurique e se envolveu na tradução e publicação dos livros de Jung, tais como *Transformações e símbolos da libido* e *Tipos psicológicos*. O filho de Jung tem sugerido que a primeira parte de *Tipos psicológicos* foi criada a partir de discussões filosóficas quase diárias com Medtner.[3] Poderíamos dizer que Medtner se tornou o primeiro analista junguiano de origem russa. Há também o fato interessante de que, com a ajuda dos amigos de Jung, entre eles os Rockefeller, ele estabeleceu uma fundação para o apoio a imigrantes russos na Suíça, que financiava alguns famosos socialistas-revolucionários russos em Zurique. Dessa forma, Jung participou indiretamente dos eventos revolucionários de 1917.

Medtner descobriu semelhanças entre a psicologia profunda e a filosofia russa do simbolismo. Andrei Bely, o ideólogo principal do simbolismo, acreditava que, por meio de uma interação com símbolos e mitos, filósofos e artistas podiam se sintonizar com os processos que ocorriam na Alma do

Mundo (*anima mundi*). Isso lhes permite não só refletir esses processos e antecipar sua direção, mas também, em certa medida, influenciá-los. Essa ideia formava a base de seu entendimento do simbolismo como teurgia, um tipo de prática mágica para a qual servia a arte simbolista. Mais tarde, Evgeniy Evtushenko, um dos poetas soviéticos populares, expressou isso na expressão que se tornou um aforismo: "Na Rússia, um poeta é mais do que um poeta".[4] Uma pessoa criativa não é só uma voz do povo, mas uma personalidade forte que, por meio de obras de arte, pode influenciar o curso da história. A cultura russa singular, que se tornou a base de uma identidade nacional num nível espiritual, foi criada principalmente pela literatura clássica dos séculos XVIII e XIX. Era caracterizada por uma orientação sociopolítica aguda e, como tal, era uma literatura que cultivava os movimentos reformistas na sociedade e servia como meio de influenciar as autoridades, o que acabou levando à revolução. Isso se devia ao fato de que, na virada do século XX e com o atraso político e econômico na Rússia, as cidades estavam crescendo rapidamente. De repente, multidões de pessoas passaram a dominar a leitura, e a literatura era seu único canal para participar da vida política. Portanto, Andrei Bely não superestimou o papel da arte, atribuindo ao poeta as funções de médium, profeta e até mesmo líder espiritual e político.

Em 1935, em seu artigo intitulado de "A imagem da personalidade por meio do autoconhecimento mútuo", publicado numa *Festschrift* para o 60º aniversário de Jung, Medtner mencionou o interesse constante de Jung nos simbolistas russos.[5] O poeta, artista e filósofo-simbolista estavam todos reunidos numa única pessoa, muito próxima à figura antiga de um sacerdote, narrador e xamã. São encarnações do mesmo arquétipo. Sua ativação a partir do inconsciente coletivo está, em grande parte, conectada à perda da religião dominante para satisfazer as necessidades espirituais das pessoas num período de mudança turbulenta, quando novas formas são exigidas. Entre 1914 e 1930, exatamente durante o período da comunicação íntima com Medtner, Jung criou o *Livro Vermelho*, no qual ele se revela não só como médico, mas também como artista, filósofo e poeta. O *Livro Vermelho* é, sem dúvida, uma obra literária na tendência simbolista. Medtner, por sua vez, encontrou na psicologia de Jung o que faltava aos simbolistas. Uma perspectiva médica que permitia processar complexos pessoais teria sido uma ajuda para muitos deles na organização melhor de sua vida. Embora o Simbolismo russo tenha sido criado por indivíduos brilhantes e apresentava uma orientação personalista distinta, proclamando o papel importante do indivíduo na arte e na história, Medtner encontrou no conceito de individuação de Jung um tipo de desenvolvimento de personalidade e um método prático mais avançados. A imaginação ativa, inventada por Jung com um propósito terapêutico durante os anos de comunicação com Medtner, tem muito em comum com a tradição do espiritualismo alemão e o Simbolismo russo, que também têm raízes e interconexões comuns.

Busca por unidade e integridade

Em tempos de crise, as contradições são exacerbadas em todas as esferas da sociedade. Isso indica que os símbolos unificadores e sistemas de contrapeso antigos não funcionam mais, de modo que o mundo precisa de uma renovação. O mundo sai de um estado de equilíbrio, e novas formas emergentes expressam as tentativas de curá-lo. As crises nos inícios dos séculos XX e XXI têm muito em comum. Na esfera política, a luta entre países e civilizações é intensa, e o risco de uma guerra paira no ar. Na esfera espiritual, há uma busca intensa, conflito religioso e a emergência de novos cultos. Na esfera pública, a crescente desigualdade social provoca marchas de protesto. Se, no início do século XX, a Europa estava infectada com a ideia marxista da luta de classes, os temas urgentes atuais são os problemas de terrorismo, migração e globalização.

A figura-chave na filosofia russa da Era de Preta era Vladimir Solovyov (1853 - 1900). Foram as suas percepções poéticas e filosóficas que serviram como ponto de partida para as obras da geração seguinte de pensadores russos – Sergei Bulgakov, Pavel Florensky, Nikolai Berdyaev, Semyon Frank e muitos outros. Esse ramo de pensamento religioso e místico se desenvolveu como reação à predominância do materialismo e do positivismo, a atitude que acompanhou o modo de vida capitalista. Vladimir Solovyov traduziu os *Diálogos* de Platão para o russo, e foi de Platão que ele derivou sua visão da tarefa principal da filosofia, que era cultivar na pessoa um tipo de sabedoria na qual os valores humanos universais – beleza, bondade e verdade – estariam inextrincavelmente interligadas. Seguindo Platão e Sócrates, ele entendia a filosofia como uma experiência profundamente pessoal de autoconhecimento e não como exercícios intelectuais hegelianos em categorias abstratas, populares nas universidades daquele tempo.

Conexões com os círculos espiritualistas da época lhe ensinaram a filosofia necessária para entender suas experiências poéticas ou espiritualmente visionárias. Jung também pode ser chamado um pensador na tradição do idealismo platônico, e a psicologia analítica pode ser considerada uma filosofia prática no sentido platônico. A inseparabilidade platônica de epistemologia, ética e estética, reavivada nos ensinamentos de Solvyov e em seu trabalho criativo como cientista e poeta, encontra paralelos no sincretismo do caminho de Jung – um médico, um filósofo e, como mostra o *Livro Vermelho*, também como poeta e artista.

No início do século XX, o capitalismo confiava na ideologia do progresso científico e tecnológico infinito. O avanço nas condições de vida era acompanhado pela decepção com a antiga visão religiosa medieval do mundo centrada em Deus. Dotado de um dom profético, Vladimir Solovyov, como muitos intelectuais russos da época, previu as consequências catastróficas do abandono da espiritualidade, que destruiria valores tradicionais e reduziria todas as questões a problemas e soluções econômicas e técnicas. Sua filosofia se baseia na primazia do ideal sobre o material. Ele tentou conectar ciência e religião por meio da filosofia. A ciência avança por meio do conhecimento empírico, enquanto a visão religiosa do mundo se baseia em fé e experiência mística. A seguinte expressão famosa pertence a Tertuliano, um dos Padres da Igreja: "Acredito porque é absurdo!" A mente unificadora ou sua filosofia prática da "unitotalidade" ou "universalidade" deve reconciliar os fatos crus da ciência com os dogmas irracionais da fé.[6]

Essa intenção se aproxima muito do projeto de Jung expressado no *Livro Vermelho*. Nos capítulos sobre Izdubar, a ciência fere mortalmente o Deus antigo e o modo de pensar mitológico. Jung salva Izdubar escondendo-o num ovo, do qual ele renasce renovado e com um nome novo na esfera da psicologia profunda. Jung concebeu sua psicologia como uma unidade de ciência e religião, logos e mito, racional e irracional. No entanto, ao atribuir um sentido redentor ao seu empreendimento e ao tentar curar a divisão no inconsciente coletivo, que era a fonte das neuroses individuais das pessoas de seu tempo, Jung não estendeu suas ambições à esfera política. Mesmo assim, inicialmente, o regime fascista na Alemanha despertou seu interesse, pois retirava os mitos do antigo povo germânico das sombras e combinava misticismo e racionalidade.

Jung era um individualista forte e suspeitava do coletivo, não depositando nenhuma esperança especial na atividade política e social das massas. Solovyov, por sua vez, apoiava o conceito religioso especificamente russo da coletividade positiva, o "*sobornost*", que era vigorosamente promovido pelos eslavófilos patriotas. Com base neles, ele queria implementar o terceiro elemento de seu projeto de unitotalidade, a teocracia, que complementaria a teosofia e teurgia, completando a união do homem com Deus em todos os três níveis: externo, interno e secreto. Em suas reflexões, Solovyov seguia o mesmo caminho de Platão, nutrindo a esperança da organização literal de uma utopia na terra. O pensador russo imaginava um estado cristão ideal em que as contradições entre o governo, o povo e Deus seriam resolvidas. Sem dúvida alguma, o arquétipo da utopia expressada no grande sonho cristão do reino de Deus estava por trás do movimento social-democrata muito ativo na Rússia naquele tempo, que, no fim, provocou a revolução de 1917. Além disso, Solovyov esperava que o próprio cristianismo superasse seus cismas e alcançasse a unidade ecumênica. Sendo ortodoxo, mas incompreendido pelo clero russo, ele via o catolicismo como um centro mais promissor para tal unificação.

Jung também respeitava o catolicismo, no qual os símbolos e rituais sagrados, necessários para expressar as necessidades espirituais dos fiéis, eram preservados. Embora o *Livro Vermelho* contenha muitas referências à mitologia pagã dos antigos gregos e germânicos e várias referências a ensinamentos orientais, Jung se considerava cristão. Após interagir com Izdubar, ele dedicou vários capítulos do *Livro Vermelho* à *Imitação de Cristo*, de Thomas a Kempis, um monge católico do século XV. Esse autor, como também Jung e Solovyov, via a tarefa do homem no aprimoramento próprio, no movimento em direção a Deus e na encarnação do Deus-homem. Seguir esse caminho torna os aspectos externos da religião – a instituição da igreja e as doutrinas teológicas – menos importantes em comparação com a essência interna do cristianismo: exercícios espirituais, contenção do ego e cultivação do amor ao próximo. Tanto a filosofia da unitotalidade de Solovyov como a psicologia profunda de Jung seguiam o mesmo caminho, esperando preservar o cristianismo como base da civilização ocidental e como elemento básico da identidade cultural ocidental.

O feminino eterno

O símbolo central dos ensinamentos de Solovyov e de seus seguidores é Sofia, a sabedoria de Deus. Toda essa escola de filosofia é chamada sofiologia. Embora diferentes autores não tenham concordado em seu entendimento de Sofia, eles criaram uma organização semelhante às ordens religiosas no catolicismo. A ausência de uma tradição de ordens na ortodoxia era percebida como um impedimento ao desenvolvimento da teologia e da filosofia ortodoxa. As primeiras tentativas de estabelecer uma Irmandade de Santa Sofia ocorreram imediatamente após a revolução em 1919, mas reuniões regulares se tornaram possíveis apenas na emigração e duraram de 1924 a 1944. Inicialmente, a ideia foi aprovada pelo patriarca russo, mas, mais tarde, no ambiente eclesiástico emergente, a Irmandade foi acusada de heresia. As reuniões começavam com uma oração especial a Santa Sofia. A Irmandade reunia não só vários clérigos com um talento teológico, mas também filósofos seculares e ex-políticos. Líder da Irmandade era o filósofo Sergei Bulgakov, que entrou no sacerdócio, e Nikolai Berdyaev era um participante ativo a despeito de ele se considerar um filósofo personalista e existencialista e explorar os problemas relacionados à personalidade e à liberdade.

Filosofia significa literalmente "amor por Sophia ou pela sabedoria". Para Vladimir Solovyov, sabedoria significava integridade, e a "unitotalidade" que ele buscava era representada na imagem feminina de Sofia, pois o princípio feminino é acolhedor e unificador. O conceito da Alma do Mundo (*anima mundi*) de Platão, o princípio vivo e inteligente que permeia todos os fenômenos do mundo, se fundia com a noção cristã de Santa Sofia, a Sabedoria de Deus. Num nível pessoal, uma mulher amada pode se tornar a encarnação de Sofia como fonte de inspiração. No poema "Três encontros", ele narra sua experiência de tais personificações de Sofia em Moscou, Londres e no Egito. Sua história não esclarece totalmente se ele entende isso como uma metáfora poética, se está se referindo a mulheres concretas ou a um contato espiritual com o espírito de Sofia. Mais tarde, ele entrou em contato com a jornalista espiritualmente dotada Anna Schmidt de Nizhny Novgorod (uma pessoa talvez mentalmente doente), que acreditava ser uma encarnação de Sofia e, em seu nome, ele escreveu "O Terceiro Testamento" para a humanidade.[7] Seu exemplo inspirou muitos autores e indivíduos criativos da Era de Prata a buscar a unidade de experiência sensorial e revelação espiritual no relacionamento masculino-feminino. Como resultado, sua vida pessoal se tornou complicada devido a uniões sexuais e criativas um tanto complexas, que expressavam um impulso modernista geral em direção à experimentação. Nessa ênfase na feminilidade redentora, podemos ver uma reação à distorção da cultura patriarcal e à tendência emergente da emancipação das mulheres e o fortalecimento de seu papel na sociedade. Por outro lado, a necessidade da criação de ideologias nacionais em conexão com a repartição política da Europa no início do século XX voltou a atenção para as antigas raízes russas e eslavas comuns. Matrifocalidade, a dominância da figura materna, sempre foi, de acordo com vários estudiosos, típica da mentalidade russa. De acordo com os fiéis ortodoxos, a Rússia está sob a proteção especial da Mãe de Deus. Isso se reflete na iconologia ortodoxa, onde a imagem da Mãe de Deus é popular. Por isso, alguns psicanalistas acreditam na prevalência de neuroses pré-edipianas na psique dos russos.[8] A atividade das mulheres na Rússia, como também o desequilíbrio significativo entre mulheres e homens, está, em parte, relacionada às consequências de guerras, revoluções e retaliações no século XX, que reduziram primariamente a população masculina.

Nos ensinamentos de Solovyov, Santa Sofia recebe a designação de Feminino Eterno e se funde com a imagem da Mãe de Deus. A figura de Sofia já é mencionada na Bíblia. Ela é compreendida como o princípio criativo ativo de Deus envolvido na criação do mundo. Às vezes, ela é identificada com o Espírito Santo, às vezes, com a Palavra que sai da boca do Criador, às vezes, com a matéria do mundo no sentido do ventre ou matriz da qual tudo se originou. Em Constantinopla, a capital do Império Bizantino, foi construído o famoso templo em honra de Santa Sofia. Lá, porém, Sofia é identificada com o Cristo-logos como encarnação da sabedoria divina. Na iconografia ortodoxa, essas representações de Sofia como Jesus se revezam com as imagens dela como o pombo do Espírito Santo e com uma figura andrógena angelical. Esta última imagem está presente no famoso ícone "Sofia criou uma casa para si mesma", onde ela reúne Jesus, a Mãe de Deus, João Batista, todos os santos e apóstolos, a igreja e os adoradores, e o céu e a terra. Na verdade, Sofia forma o centro do círculo, do mandala, que ressalta o aspecto cosmogônico desse símbolo.

Uma imagem de Santa Sofia

De acordo com alguns estudiosos, "Trindade" (1411), o ícone mais famoso de Andrei Rublev, que representa os três anjos em torno de uma mesa, é dedicado a Santa Sofia, por causa do círculo no qual as figuras estão inscritas e porque o centro do círculo é ocupado por um cálice ou Graal, um símbolo feminino.[9] Na tradição russa, Sofia costumava ser entendida e retratada como Mãe de Deus, que, sendo virgem, ou seja, um ser humano santo ou perfeito, é o objetivo de toda busca espiritual. A ênfase está na Mãe de Deus e não a Virgem Maria histórica como venerada no catolicismo. Essa imagem materna ressoava com a alma platônica do mundo (*anima mundi*) e as grandes deusas pagãs do panteão eslavo.

"A trindade" – Famoso ícone de Andrei Rublev mostrando os três anjos acolhidos por Abraão em Mambré

Os maiores templos em Novogorod e Kiev, construídos após a adoção do cristianismo na Rússia, eram dedicados a Santa Sofia. No período transicional do paganismo para o cristianismo, a imagem da sabedoria divina universal de Sofia era mais compreensível para as pessoas do que a história de Jesus, que apresenta muitos detalhes específicos ao Oriente Médio. Isso deu a alguns pensadores russos a oportunidade de ver Sofia/Maria como quarto princípio da divindade e até de proclamar esse símbolo a base para a renovação da ortodoxia russa e da identidade nacional russa.

Não sabemos se essa doutrina, popular entre os simbolistas russos, que Jung certamente conhecia devido ao seu relacionamento com Emil Medtner, influenciou o fascínio de Jung com a ideia da quaternidade como símbolo de totalidade e sua reflexão sobre a Virgem Maria como quarto princípio da Trindade. A importância desse conceito se evidencia no entusiasmo com que Jung e seus alunos reagiram à proclamação papal do dogma da Assunção de Maria em 1950. O fortalecimento subsequente da mariologia no catolicismo, ativamente apoiado pelo papa eslavo João Paulo II na segunda metade do século XX, confirma a previsão de Jung referente à evolução da doutrina cristã em direção do reconhecimento da importância do feminino.

No *Livro Vermelho,* escrito muito antes das obras mais importantes de Jung dedicadas ao cristianismo, encontramos várias figuras femininas. A mais importante é a figura de Salomé, que acompanha o profeta Elias. Mais tarde, esse casal se transforma num cientista velho que mantém sua filha loura trancada numa torre. Jung entende a história bíblica de João Batista e Salomé como uma história de um encontro de espírito e instinto atraídos um pelo outro numa busca de totalidade, embora se encontrem num conflito irreconciliável. Talvez possamos detectar uma alusão a Lou Andreas-Salomé, uma *femme fatale* que foi a musa russo-germânica de Nietzsche e também aprendiz de Freud e a primeira psicanalista mulher, representando assim a *anima* comum da filosofia nietzscheana e da psicanálise. O *Livro Vermelho* foi criado em parte como reação de Jung a Nietzsche e sua tese do "Deus está morto" e à proclamação da vontade de poder e do sobre-humano como tendências-chave para o novo tempo. Além disso, enquanto criava sua própria psicologia, Jung buscava criar uma alternativa a Freud e sua influência. Finalmente, ele experimentou pessoalmente um confronto com sua *anima* russo-judaica na pessoa de Sabina Spielrein antes dos anos da criação do *Livro Vermelho*. O relacionamento problemático entre uma mulher e um herói é mencionado por Jung nas referências aos casais Fausto e Gretchen e Parsifal e Kundry. Somente nos últimos capítulos do *Livro Vermelho* vemos uma união harmoniosa de homem e mulher nos idosos Filêmon e Baucis. Essa reconciliação com a *anima* é precedida por longas conversas com sua alma, onde ela aparece em forma feminina e nas imagens de uma ave e de uma cobra.

Como um todo, *O Livro Vermelho* é uma obra masculina centrada num protagonista masculino que está à procura de uma imagem masculina do si-mesmo, ao contrário da busca dos pensadores russos, que buscavam o contato com o si-mesmo como Feminino Eterno. Mas a teoria de Jung e a sofiologia russa têm origens comuns, além do cristianismo e platonismo. Incluem os tratados gnósticos do cristianismo primitivo, que desenvolvem a mitologia de Sofia, incluindo a Sofia mais alta e mais baixa (Achamoth), que deu à luz o demiurgo maligno Yaldabaoth. Os ensinamentos gnósticos emergiram durante a crise de transição da antiguidade pagã para o monoteísmo cristão. Durante esse período de criatividade espiritual ativa, ainda não restringida pelas estruturas rígidas do cânone e do dogma, cada camada da sociedade e cada país buscavam sua fórmula para uma nova fé mais apropriada ao seu inconsciente cultural. Muitas pessoas cultas de círculos sacerdotais reivindicavam uma versão mais esotérica e secreta de religião, combinando escatologia e ética cristã com elementos antigos de cosmogonia, astrologia, magia e cura. O gnosticismo, que inspirou Jung e os filósofos russos, nos fornece uma evidência viva de individuação por meio de atividades religiosas.

Outra fonte que a psicologia junguiana e a sofiologia russa compartilham se encontra nos diversos ensinamentos místicos da Idade Média, entre as quais vale mencionar as obras do visionário alemão Jacob Boehme. Boehme é citado muitas vezes nos escritos publicados de Jung e no *Livro Vermelho*.[10] Nikolai Berdyaev, em especial, apreciava Boehme e se via como seu sucessor. É possível que devamos buscar no conceito do abismo (*Ungrund*) de Boehme como a base escura, irracional e unificada de todas as origens do conceito do inconsciente de Jung. Boehme entendia Sofia como o protótipo espiritual ideal e puro do humano, chamando-a de "Virgindade Eterna" e "Sabedoria Virgem".[11] Boehme é considerado um dos fundadores da teosofia ocidental e a mais alta autoridade em tradições herméticas e ocultas. As obras de Boehme foram traduzidas relativamente cedo para o russo. Muitas figuras da Era de Prata eram maçons, que se consideravam seguidores dos ensinamentos de Boehme. O método de Boehme, que consistia na imersão em visões inspiradas pelo desejo de compreender Sofia, a Sabedoria Divina, pode ser considerado um precursor dos "encontros com Sofia" de Vladimir Solovyov e do método da imaginação ativa de Jung.

O desenvolvimento do conceito psicológico de Jung da *anima*, por sua vez, ajudou os filósofos russos a compreender Sofia, pois acrescentou aspectos científicos e clínicos no nível psicológico individual. Vyacheslav Ivanov (1866-1949) veio para Zurique para se familiarizar com as obras de Jung, o que resultou em seu artigo "Anima".[12]

O elemento dionisíaco

Vyacheslav Ivanov organizou reuniões de simbolistas em sua "torre", uma sala redonda no último andar de sua casa em São Petersburgo. Essa torre tem paralelos diretos com a torre de Jung às margens do lago de Zurique em Bollingen. Ivanov era o principal pesquisador russo sobre o culto de Dionísio na Grécia e um defensor do elemento dionisíaco na arte. Nesse sentido, ele foi influenciado por Nietzsche. Ele entendia o Simbolismo como tendência literária que usa motivos mitológicos universais. Os temas mais importantes destes eram a morte e o renascimento, o sacrifício no caminho da transformação espiritual e o amor místico que derrota a morte. Para ele, a arte simbólica nasce da camada arquetípica da alma coletiva e deve possuir um poder misterioso, que cria experiências numinosas. Dionísio nasce duas vezes, como homem e como deidade. Ele é um deus que sofre, que é dilacerado e renasce. É por isso que ele é a deidade da iniciação, do mistério, da cura e, portanto, de qualquer obra no gênero do drama ou da tragédia.

Tais energias dionisíacas permeiam todo o *Livro Vermelho* de Jung. Ao vivenciar temas mitológicos clássicos e pessoais, Jung passa por muito sofrimento e, frequentemente, encontra novo sentido neles. Em suas visões, ele vai para o deserto várias vezes e até desce ao inferno como Orfeu, Dionísio e Jesus; também fica pendurado numa árvore como Odin. Podemos dizer que a imagem de Jung do si-mesmo era ou dionisíaca, órfica ou mitraica. Ele até adota a linguagem de um hino poético que imiga poesia antiga e que Vyacheslav Ivanov amava tanto, quando descreve o renascimento de Deus a partir de um ovo e se refere ao Fanes órfico, identificado com o Primeiro Dionísio ou Dionísio-Zagreu.[13] Karl Kerenyi, amigo de Jung, escreveu um livro famoso intitulado de *Dionísio: protótipo da vida inesgotável*. Dionísio é o espírito da própria vida, não só um dos arquétipos, mas sua origem, o elemento básico de toda estrutura psicológica. Portanto, qualquer movimento, qualquer mudança na psique, não pode ocorrer sem o envolvimento de Dionísio. No fim do *Livro Vermelho*, ao escolher o caminho da vida e não o caminho do amor, Jung dá preferência a Dionísio sobre Cristo, preferindo o primário ao secundário, escolhendo a base eterna a partir da qual todas as formas são geradas continuamente.

Vyacheslav Ivanov confiava não só em busca intelectual, mas também em suas experiências visionárias e espirituais pessoais. Outra fonte de inspiração eram os movimentos de reforma do povo dentro da ortodoxia russa. Segundo algumas estimativas, no início do século XX, até um milhão de pessoas se envolveu em "*Khlysty*", que era como diversos movimentos sectários eram definidos em relatos oficiais. Eles apresentam algumas semelhanças com os flagelantes. A prática popular dessas seitas era criar rituais excitantes com música, canto e dança, cujo propósito era induzir estados de êxtase. Nesse processo, Jesus, a Mãe de Deus ou o Espírito Santo possuíam os adeptos mais talentosos. Nessa capacidade, davam instruções ao rebanho e, às vezes, os rituais terminavam em orgias sexuais, que pretendiam remover as contradições entre o espírito e a carne. O caráter dionisíaco dessas práticas era óbvio. Os simbolistas russos estavam familiarizados com *Khlysty*; em todo caso, convidavam seus líderes religiosos para executar os rituais.[14]

A liberação do Eros era um tema comum nos círculos simbolistas e na psicanálise, o que garantiu sua atração recíproca. Não só Berdyaev, mas também Ivanov e Vysheslavtsev estudaram Jung a fundo.[15] Lev Shestov, o outro companheiro de Ivanov e filósofo existencialista russo, que era chamado de "Nietzsche russo", se tornou amigo de Max Eitington, um russo que, em 1909, defendeu sua tese de medicina em Zurique, onde ele conheceu Jung e se juntou ao movimento psicanalítico. Eitington se tornou uma figura importante no círculo de Freud e, em 1925, presidiu a Associação Psicanalítica Internacional, fazendo muito em prol da publicação das obras do mestre.

Essa tentativa de combinar a busca espiritual da elite intelectual com a busca popular por renovação religiosa lembra o episódio no *Livro Vermelho* em que Jung encontra o fantasma dos anabatistas. Essa seita era muito parecida com os *Khlysty* russos. Os anabatistas foram protestantes radicais no século XVI que, entre outras coisas, defendiam o batismo na idade adulta, ou seja, uma confissão de fé consciente. Eram ativos principalmente na Suíça, perto de Küsnacht, onde Jung morava. Por isso, Jung tinha uma conexão especial com eles. Sua interpretação do cristianismo verdadeiro, que incluía a coletivização de propriedade e a comunidade de esposas, só pode ser entendida agora por meio dos eventos do século XX com suas revoluções sociais e sexuais. No século XVI, suas iniciativas foram brutalmente reprimidas. Buscando uma saída da crise espiritual com a fórmula da salvação pessoal, eles desenvolveram formas culturais para uma vida econômica e familiar da sociedade que era inovadora demais para o seu tempo, mas, ao mesmo tempo, também antiga com origens na camada dionisíaca do inconsciente coletivo. Esse paradoxo de iniciativas modernistas é, às vezes, chamado de "arqueomodernismo" – oferecendo o novo, elas querem, na verdade, o antigo.[16]

Obrigação para com os mortos

O tema do dever dos vivos para com os mortos permeia as obras de Jung. Em 1916, no auge da Primeira Guerra Mundial, ele escreveu uma imitação de um tratado gnóstico, "Os sete sermões aos mortos". O texto explica aos mortos o significado de Abraxas, a deidade da totalidade, para que eles encontrem o caminho da paz. Pedras preciosas com imagens de Abraxas eram colocadas nos peitos dos primeiros cristãos para que sua alma fosse salva por Cristo e seu corpo fosse ressuscitado após sua segunda vinda.[17] No período de transição, até o cristianismo desenvolver seu próprio simbolismo e rituais, ele emprestou ativamente elementos de cultos e mistérios antigos. Sabemos que, próximo aos altares perto das imagens de Jesus, eram colocadas imagens de Dionísio, Orfeu e até do famoso mestre de sabedoria Apolônio de Tira, a quem Vladimir Solovyov dedicou seu primeiro artigo publicado.[18] Quando o cristianismo degenerou e se transformou numa estrutura externa de poder e numa instituição social e suas doutrinas se tornaram empedernidas, ele perdeu sua capacidade de ensinar aos fiéis o sentido de Abraxas, i.e., de ganhar integralidade. A importância da imagem de Abraxas, mencionado várias vezes no *Livro Vermelho*, se revela no episódio em que Jung fez um anel com a imagem de Abraxas, o colocou numa taça de vinho e realizou um ritual mágico semelhante ao sacramento, dando-o a beber à sua colega Olga Froebe-Kaptein.[19] Jung explicou que o seu o si-mesmo o fez executar tal ritual. Visto que, no escudo de Abraxas ou na lateral da figura, costumava-se escrever "IAH", um dos nomes de Dionísio, Abraxas – significando a plenitude das transformações cíclicas – era um dos aspectos dessa deidade da morte e do renascimento.

Embora o tema dos mortos ecoe o fascínio espiritualista de Jung, simbolicamente eles significam o todo da humanidade. A busca espiritual de incontáveis gerações, suas esperanças e decepções, invenções e revelações, constituem o conteúdo do inconsciente coletivo. Cada geração nova deve encontrar respostas aos problemas deixados pelas gerações passadas, i.e., "os mortos". Aceitando o bastão, apoiamos a linha de continuidade. Isso nos dá uma sensação de enraizamento, de conexão com a terra, com os ancestrais e parentes; isso dá apoio à nossa identidade.

Na filosofia religiosa russa, há a figura de Nikolai Fedorov, que exerceu influência sobre Tolstoy, Dostoievsky, Solovyov e muitos outros pensadores. Seu ensinamento utópico é uma mistura incomum de cristianismo com fé no progresso da ciência. É possível que ele tenha reagido fortemente às contradições entre as visões religiosa e científica do mundo e tentou reconciliá-las em si mesmo.[20] Ele via a vitória final sobre a morte e a ressurreição dos mortos como tarefa da ciência, completando assim a missão de Cristo. A direção de suas ideias tem muito em comum com o otimismo do teólogo-evolucionista católico Teilhard de Chardin, que também acreditava que o progresso científico e tecnológico realizava o propósito divino. Fedorov pode ser considerado um filósofo cósmico e futurista, o precursor da teoria da noosfera e do transumanismo.

Embora o ensinamento de Fedorov com seu literalismo da ressurreição apresente semelhanças com a necromancia, ele se baseia no senso agudo do dever linear para com os ancestrais mortos, que se aplica a todas as gerações e a toda a humanidade. Ele entende a ideia cristã do Deus ressurreto e da vitória do amor sobre a morte como dever dado a toda a humanidade por Deus para superar a divisão entre espírito e matéria por meio da espiritualização final da matéria e a inversão da direção desta na destruição de degradação em direção à integridade e unidade originais. Com o antimisticismo científico declarado por ele, Fedorov nos toca emocionalmente, exatamente com a sua fé mística. Jung não alcançou tal medida em suas relações com os mortos e os parentes, mas é provável que teria se identificado com os sentimentos de Fedorov.

Reavaliação da consciência solar e desconstrução

No *Livro Vermelho*, Jung menciona um sonho especialmente importante em que ele participa do assassinato de Siegfried em cumplicidade com um aborígene, um homem preto. Siegfried, cujo nome significa "conquistador" e que é o filho de Sigmund, filho de Wotan, é um personagem importante na "Canção dos Nibelungos". Ele tinha abatido o dragão. Num nível pessoal, esse sonho se refere à ruptura de Jung com Sigmund Freud, que o chamava de um "Siegfried louro" e, a princípio, lhe profetizara a coroa de seu herdeiro principal, "o príncipe-herdeiro da psicanálise". No nível arquetípico, Siegfried é um dos típicos heróis solares na mitologia. Abandonar a atitude do fortalecimento do ego, a atitude dominante na cultura patriarcal, racional, extrovertida, espiritual e consciente de seu tempo é importante para resolver a crise da metade da vida quando o desenvolvimento da atitude oposta é necessário para alcançar um equilíbrio. Portanto, a aliança com o aborígene em seu sonho simboliza uma aliança com a natureza, o terreno, ctônico, feminino e irracional, a união com o inconsciente. No *Livro Vermelho*, as figuras solares são derrotadas muitas vezes: o eremita Amônio, o profeta Elias, o deus Izdubar; a figura sombria do mago Filêmon, porém, triunfa no final. Por meio do encontro com essa imagem do si-mesmo, Jung aprende a respeitar o mistério, a viver no não saber, a se inspirar no mito e no irracional. Mas nessa trilha de transformação, Jung é obrigado a passar por muitos sofrimentos. No *Livro Vermelho*, há muitas cenas cruéis e destrutivas, cujo sentido está na desconstrução das antigas atitudes pessoais.

Essa necessidade de desconstruir não só as próprias atitudes, mas também todos os padrões antiquados da cultura, foi sentida agudamente pelos filósofos e pelas pessoas criativas na Rússia na virada do século. O ideólogo principal do anarquismo, Mikhail Bakunin, declarou: "Destruição é criatividade".[21] Os anarquistas eram a força política mais poderosa na Rússia e exerceram um papel importante em todas as revoluções. Por causa deles, o rótulo de revolucionários anárquicos e agressivos se fixou nos estereótipos europeus sobre a Rússia. Já que Bakunin passou parte considerável de sua vida na emigração na Suíça, tendo obtido a cidadania, podemos supor que Jung estava familiarizado com esse entendimento de desconstrução e que pode ter afetado seu conceito de transformação psicológica. Outra fonte da visão de Jung pode ser vista no conceito da "*destrudo*" de Sabina Spielrein, que sugeriu tal nome para o segundo instinto na psique, o oposto da libido. Acredita-se que foram as ideias dela que incentivaram Freud a formular a oposição de "Eros" e "Thanatos".[22] Sabina Spielrein, com suas fantasias sexuais estranhas e agressivas era uma representante típica da decadência com seu páthos desconstrutivista. Foi da decadência que o Simbolismo nasceu como um movimento na filosofia.

Outra derivação de decadência no campo da arte veio da vanguarda russa. Consistia em vários movimentos diversos, dentre os quais se tornaram mundialmente famosos os movimentos da arte abstrata, do suprematismo, do construtivismo e do futurismo. É interessante que, no ano em que Jung teve o sonho sobre Siegfried e começou a escrever o *Livro Vermelho*, Kazimir Malevich criou seu *Quadrado Negro* para o cenário da ópera futurista *Vitória sobre o sol*, de Mikhail Matyushin.[23] O conhecido poeta Vladimir Mayakovsky também participou do trabalho desse grupo. O novo não pode ser construído sem a destruição do antigo, diziam. O sol na ópera simboliza a ordem antiga, a visão do mundo antiga. A antítese ao sol amarelo é um quadrado ou cubo preto. A ópera convida o público a escolher o lado do quadrado negro. Nessa apresentação teatral experimental, a trama, o sentido, as roupas dos atores, o arranjo do espaço no palco e a fala em si são submetidos à destruição e se transformam num conjunto de sons incoerentes. Como na busca de Jung, vemos aqui a expressão da necessidade de liberar a destruição em prol da desconstrução da consciência solar e da criação de um tipo de consciência nova e mais equilibrada.

Em 2013, a ópera foi apresentada mais uma vez em Moscou, cem anos após sua estreia. Talvez isso reflita a conexão dos tempos, a repetição da crise e a ansiedade que a acompanha. Evidentemente, o pós-Modernismo do final do século XX e do início do século XXI realizou muito daquilo que o Modernismo não conseguiu fazer cem anos atrás. Ele enfraqueceu a tendência do falocentrismo, renovado constantemente pela competição capitalista. Ensinou que não pode haver uma única verdade, mas muitas, ou nenhuma. Ensinou-nos a apreciar mais o questionamento e menos a afirmação. No subjetivismo, relativismo e pluralismo, ele introduziu um elemento de ironia, jocosidade e relaxamento. No entanto, é difícil manter a atitude em relação a tudo como piada, experimento e fazer de conta quando problemas vitais tais como terrorismo ou catástrofes ecológicas globais se agravam. Em minha opinião, sob essas condições, o discurso de Jung e dos filósofos religiosos russos, saturado de uma atitude séria em relação à destruição e ao sofrimento a caminho de novas soluções, se torna novamente relevante.

Conclusão

No início do século XXI, lembramos os eventos de cem anos atrás que mudaram todo o curso da história do mundo. A Revolução de Outubro de

1917 foi precedida por um florescimento cultural sem precedentes chamado a Era de Preta do Renascimento russo. Hoje, na Rússia, muitas pessoas criativas continuam a se inspirar nas obras daquele período e tentam manter uma continuidade com aqueles grandes pensadores do passado.

Jung, durante o período em que escreveu o *Livro Vermelho*, estava ciente da busca espiritual da *intelligentsia* russa. Os simbolistas russos, por sua vez, se interessaram ativamente pela psicanálise em geral e estudaram as teorias de Jung em especial. Portanto, podemos falar de uma influência mútua. Suas buscas foram paralelas em muitos aspectos. Eles se apoiaram na filosofia platônica, no gnosticismo, em ensinamentos ocultos e no espiritualismo. Sentiram agudamente a neurose coletiva – a crise ideológica geral da época – e tentaram encontrar uma fórmula individual para sua resolução. Nesse caminho, criaram obras de natureza sintética, em que reflexões filosóficas eram combinadas com poesia e prosa e, às vezes, com música, teatro e pintura. Acreditavam que uma profunda imersão sensual pessoal nos mitos e nos símbolos é a melhor maneira de ganhar novos sentidos tanto para o indivíduo como para a sociedade como um todo. Tentaram preservar o cristianismo como base da identidade da pessoa europeia. No tempo da dominância da ciência materialista, uma atitude religiosa precisa ser renovada a fim de satisfazer melhor as necessidades do povo. Eles viram na filosofia religiosa e na psicologia profunda os recursos para essa renovação.

Notas

1. Mikhail Shishkin. *Russian Switzerland* (Moscou: Vagrius, 1999) (em russo).

2. Richard Noll. *The Aryan Christ: The Secret Life of Carl Jung* (Moscou: Reflbook, 2006) (em russo).

3. Magnus Junggren. *Russian Mephistopheles: The Life and Work of E. aMedtner* (São Petersburgo: Academic Project, 2001) (em russo).

4. Evgeniy Evtushenko. *Soviet Russian poetry*, org. Krementsova L.P. (Leningrado: Education, 1988) (em russo).

5. Emily Medtner. “The Portrait in the Frame of Mutual Recognition”, em *New Spring*, 2001, № 2–3, C. 96–128, 2002; № 4, C. 108–135 (em russo).

6. Vladimir Solovyov. *Reading about God-Manhood* (São Petersburgo: Art Literature, 1994) (em russo).

7. Anna Schmidt. *The Third Testament* (São Petersburgo: Almanac “Petropol”, “Alexandra” publ., 1993) (em russo).

8. Daniel Rancour-Laferriere, org. *Russian Literature and Psychoanalysis (*Amsterdã: John Benjamins Publishing Company, 1989).

9. V.G. Brusova. *Sophia the Wisdom of God in Ancient Literature and Art* (Moscou: White City, 2006) (em russo).

10. C.G. Jung. *O Livro Vermelho*: *Liber Novus*, org. Sonu Shamdasani, trad. Edgar Orth (Petrópolis: Vozes, 2015).

11. Jakob Böhme. *Aurora* (Create Space Independent Publishing Platform, 2016).

12. Vyacheslav Ivanov. *Anima* (São Petersburgo: Faculty of Philology and Arts SPBU, 2009) (em russo).

13. Jung. *O Livro Vermelo*, p. 317.

14. Alexander Etkind. *Whip. Sects, Literature and Revolution* (Moscou: New Literary Observer, 1998) (em russo).

15. Boris Vysheslavtsev. *The Ethics of Transfigured Eros* (Moscou: Republica, 1994) (em russo).

16. Irina Shevelenko. *Modernism as Archaism* (Moscou: New Literary Observer, 2017) (em russo).

17. Campbell Bonner. *Studies in Magical Amulets, chiefly Graeco-Egyptian* (Ann Arbor, MI: University of Michigan Press, 1950).

18. Vladimir Solovyov. *The Mythological Process in Ancient Paganism*, em *The Collected Works of Vladimir Sergeyevich Solovyov* (São Petersburgo: Education, 1911-1914) (em russo).

19. Jean Borella. *The Restoration of the Holy Science* (São Petersburgo: Vladimir Dal, 2016) (em russo).

20. Nikolay Fedorov. *Works* (Moscou: Thought, 1982) (em russo).

21. Mikhail Bakunin. *The Reaction in Germany* (1842), em Bakunin, M.A., *Selected Philosophical Writings and Letters* (Moscou: Progress, 1987).

22. S.F. Sirotkin. *Sabina Spielrein. Materials for the Bibliography* (Izhevsk: ERGO, 2006) (em russo).

23. Kazimir Malevich. *Articles, manifestos, theoretical essays and other works (1913-1929)* (Moscou: Gileya, 1995) (em russo).

15
A Índia no *Livro Vermelho*

Sobretons e meios-tons

Noa Schwartz Feuerstein

Introdução

A relação vitalícia de Jung com a Índia se alternava agudamente entre afinidade e alienação.[1] Quando ele embarcou sem seu projeto do *Livro Vermelho*,[2] os muitos volumes da série *Sacred Books of the East*[3] já enchiam sua biblioteca e serviam como fonte vital de inspiração para os seus escritos. A estima de Jung pelo pensamento indiano se manifesta também em seus escritos "científicos" contemporâneos, em *Wandlungen und Symbole der Libido* (1913), onde ele cita antigos textos indianos para apoiar sua teoria da libido,[4] e novamente em *Tipos psicológicos* (1921) para apoiar sua teoria dos opostos.[5] Ao longo do tempo, porém, o lado científico de Jung (que ele chamava de personalidade nº 1) veio a dominar seu lado espiritual (que ele chamava de personalidade nº 2),[6] a ponto de ele alertar o Ocidente contra a adoção da sabedoria oriental e de seus símbolos. No entanto, no limiar da morte, a Índia voltou para a psique de Jung na forma de figuras oníricas semelhantes a iogues como representantes do si-mesmo.[7]

O Livro Vermelho transborda de referências à antiga literatura indiana, várias das quais serão analisadas na primeira parte deste artigo. Surpreende que, mais tarde, Jung descreveu essa influência nos "anos do *Livro Vermelho*" como "intensa relação inconsciente com a Índia no *Livro Vermelho*".[8] Assim, a segunda parte explorará as correspondências ocultas entre as ideias essenciais de Jung no *Livro Vermelho* e o antigo pensamento indiano.

Sobretons indianos no *Livro Vermelho*

As visões de Jung no *Livro Vermelho* são sincretistas e apresentam uma ampla gama de imagens mitológicas: gregas, judaicas, gnósticas, egípcias e indianas. O que segue é uma exploração de certas fontes e símbolos indianos no *Livro Vermelho* e da maneira como estes apoiam os processos intrapsíquicos de Jung.

Elias, Salomé, Buda e Kali

Na visão de Jung de um encontro dramático com o profeta Elias e sua filha cega, a Salomé letal, aparecem de repente "um Buda sentado imóvel no círculo de fogo [e Kali] – uma deusa ensanguentada de quatro braços".[9] Aqui, deidades indianas se juntam a figuras judaico-cristãs para amplificar o conflito entre "pensar prévio" e "prazer" na psique de Jung.[10]

Filêmon e Krishna

Jung estabelece um paralelo entre o Filêmon grego e o deus indiano Krishna, que, ambos, prometem redimir o mundo ameaçado pela ascensão do mal. Filêmon, o guia espiritual de Jung, foi o único ser humano a abrir a porta para Zeus numa era do mal e assim salvou a humanidade e alcançou vida eterna. Enquanto a Primeira Guerra Mundial devastava o mundo, Jung escreveu em tom de consolo: "Só depois da noite mais escura faz-se dia".[11] Juntamente com um retrato monumental de Filêmon, ele cita, então, as palavras de Krishna a Arjuna no Bhagavad Gita: "Sempre que há um declínio da lei e um aumento da iniquidade, eu apareço [...] para estabelecer a lei eu nasço em cada época".[12]

Aqui, Jung identifica a promessa de Krishna a Arjuna com a promessa de redenção de Filêmon numa era de escuridão e derramamento de sangue. Jung adota Filêmon como seu guia espiritual e, semelhantemente, Krishna se torna o mestre divino de Arjuna.[13]

Izdubar

Embora Jung crie o herói divino Izdubar a partir de elementos do Oriente Próximo e do Extremo Oriente, é por meio de textos e imagens indianos que ele encontra a resolução para o seu mito privado conflituoso.

Em sua visão, Jung, ao caminhar para o Leste, encontra um herói gigante chamado Izdubar, que está caminhando para o Oeste, em direção do mar. Izdubar diz a Jung que ele está a caminho de se unir com o sol poente, para acompanhá-lo em sua viagem noturna e se tornar um deus imortal. Jung explica que o sol não se põe no mar, mas só aparenta fazer isso, visto que a terra redonda gira em torno dele. Ao ouvir isso, Izdubar sofre um colapso e acusa Jung de envenená-lo com a ciência, que refuta sua fé nos deuses e na imortalidade. Jung admite que a ciência matou os deuses onipotentes e imortais do Ocidente.

Izdubar fica paralisado, e os dois passam uma noite desolada no topo de uma montanha. Num esforço de confortar Izdubar, Jung lhe diz que existem duas verdades diferentes: "Nossa verdade é aquilo que nos vem a partir do conhecimento das coisas externas. A verdade de vossos sacerdotes é aquela que vos advém a partir das coisas internas".[14]

No dia seguinte, Jung convence Izdubar de que, já que ele é uma fantasia, ele poderá carregá-lo, leve como uma pena, até o Ocidente e curá-lo. Quando alcançam o Ocidente, Jung diminui o tamanho de Izdubar até conseguir escondê-lo num ovo. Depois de um tempo, enquanto espera ansiosamente que Izdubar choque, ele começa a entoar encantações de cura inspiradas pelos Vedas. De repente, uma chama enorme irrompe do ovo, e Jung cai de joelhos e fecha os olhos, temendo que o brilho da chama o cegue. É Izdubar que retornou como um deus de sua viagem noturna com o sol enquanto Jung pensava que ele estava preso no ovo.

A história e suas ilustrações transbordam de referências aos Brâmanes e Vedas. Aqui estão vários exemplos, um dos quais analisarei em maior detalhe.

1) A seção em que Izdubar permanece paralisado é ilustrada pela imagem de um homem que carrega uma roda enorme sobre a cabeça. Abaixo da

imagem, Jung escreveu: "Atharva-Veda 4:1:4".[15] Essa é uma referência a uma encantação de cura que restaura a vitalidade invocando os poderes divinos dos deuses Indra, Agni, Sarasvati e outros. Assim, após ter explicado sua posição científica paralisante a Izdubar, Jung agora recorre aos métodos de cura mágica da Índia! O encontro fatal com o herói pagão o obrigou a se livrar das garras da personalidade científica nº 1 e a buscar o apoio da personalidade nº 2 e da esfera do oculto, contra a qual Freud o havia alertado.

2) Na ilustração de outro hino, um iogue de olhos fechados está sentado no meio das chamas de lâmpadas rituais.[16] O iogue representa o estado meditativo por meio do qual Jung evoca seus poderes espirituais e imaginativos para reavivar Izdubar.[17]

3) Para ilustrar o quinto hino de cura,[18] Jung desenhou uma chama que sai das mandíbulas de uma serpente primordial em águas escuras. Sob essa imagem, Jung escreveu "brahmanaspati", o nome do deus que representa o poder da oração e o elemento da luz que conquista a escuridão.[19] Dessa forma, Jung cria uma relação de reciprocidade entre suas próprias imagens interiores e a antiga imagem indiana de *Brahmanaspati*.

4) O hino no qual Jung descreve sua busca cósmica por Izdubar termina com as palavras "Nós te procuramos na nossa própria cabeça e coração. E nós te encontramos no ovo".[20] Sob o hino, ele escreve "Hiranyagarbha".[21] *Hiranyagarbha*[22] (um dos nomes do deus criador, que significa a fonte dourada do mundo, *hiranya* = dourado, *garba* = ovo ou feto) é uma imagem com sentidos múltiplos que ecoam tudo que estava ocorrendo no mundo interior de Jung na época. Izdubar, que emerge de um ovo como deidade gloriosa, corresponde a *Hiranyagarbha* como deus criador[23] e a Hiranyagarbha como "si-mesmo".[24]

Agni, o deus do fogo, ameaça devorar seu criador, e Izdubar emerge como uma chama cegante

Sob a imagem em que Jung se curva diante da chama enorme que emergiu do ovo, ele escreve: "catapatha-brahmanam 2.2.4",[25] referindo-se à ocorrência cosmogenética que precipitava o ritual de *Agnihotra*. No mito,

Prajapati é dominado por um impulso de reproduzir, pois ele está sozinho no mundo, e isso faz com que ele gere Agni, o deus do fogo, a partir de sua boca. Tarde demais ele percebe que o Agni destrutivo está prestes a devorá-lo e, a fim de sobreviver, ele se oferece como sacrifício a Agni.[26]

Jung alude a esse mito como uma fonte de inspiração semiconsciente da qual e para a qual ele leva Izdubar. Temendo pela vida de Izdubar, ele choca o ovo e ora por seu renascimento, mas, para a sua surpresa, ele se vê deitado no chão, cegado pelo poder do deus que ele mesmo gerou e que ele acreditara ser uma criatura da fantasia. Aterrorizado, Jung descobre que Izdubar retornou de sua jornada como um ser autônomo, como deus flamejante, que agora se transformou em uma enorme chama cegante. Encarando o deus numinoso que emergiu dele, Jung sente a necessidade de encenar o ritual de Prajapati. O mito indiano expressa o terror de Jung ao se prostrar diante do deus flamejante. "Então Agni se voltou para ele de boca aberta; e ele (Prajāpati) estando aterrorizado, sua própria grandeza partiu dele".[27]

O mito de Izdubar descreve o paradoxo de uma realidade interior que parece ser mera fantasia, mas, na verdade, é real e destrutiva. A fantasia pode consumir aquele que fantasia:

> Mas eu o prendi, aquele que é temido desde tempos imemoriais, e o tornei pequeno; minha mão o abarca todo. Isto é o fim dos deuses [...]. E quando eu imaginei que havia prendido o Forte e segurado no côncavo da mão, era o próprio sol.[28]

Essa amplificação lança luz sobre o conflito que está dividindo Jung. Ele o homem científico racional, mata o deus por fora, e então, como o homem espiritual de fé, ele ora aos deuses por cura e inadvertidamente dá à luz um deus dentro de si mesmo tão poderoso quanto seu precursor. Esse simbolismo é o produto da "função transcendente", do poder interior criativo e não racional que reconcilia os opostos internos.

Meios-tons indianos no *Livro Vermelho*

A "intensa relação inconsciente [de Jung] com a Índia no *Livro Vermelho*"[29] nos leva à presença oculta do antigo pensamento indiano, que se reflete em três aspectos da jornada do *Livro Vermelho*: seu propósito, os meios para completá-la e os frutos da jornada. Isso é atestado pelas seguintes citações dos Upanixades, Brâmanas e Bhagavad Gita.

No início de seu *Livro Vermelho*, Jung parte em busca de sua alma e clama a ela: "Minha alma, onde estás? Tu me escutas? Eu falo e clamo a ti – estás aqui? Eu voltei, estou novamente aqui".[30] Em sua jornada, Jung recebe orientação e inspiração da antiga sabedoria indiana e descobre os recursos psíquicos necessários para alcançar sua alma.

Desapego do mundo sensorial

Jung percebe que, a fim de encontrar sua alma, ele deve primeiro desprender-se da realidade externa e de tudo que conhece. Muitos anos depois, ele afirmou que, durante esse tempo, ele tinha feito "exercícios frequentes de esvaziar a consciência".[31] No *Livro Vermelho*, Jung explica seu raciocínio: "Aquele cuja cobiça se aparta das coisas externas, este chega ao lugar da alma".[32] Essa ideia é repetida inúmeras vezes nos Upanixades, por exemplo: "É quando eles vêm a conhecer este si-mesmo que os *brahmins* renunciam ao seu desejo de filhos, riqueza e mundos".[33]

Ao voltar seu olhar e seus desejos para dentro e ao esvaziar o conteúdo da sua consciência, Jung manifesta o que, mais tarde, ele descreve em *Tipos psicológicos*, onde escreve que a introversão oriental busca o conhecimento interior, ao contrário do Ocidente extrovertido, que volta a libido para fora como desejo no mundo material.[34] Jung define a prática da ioga indiana ali como uma introversão da libido.[35] Aqui, Jung descreve o processo pelo qual passou em sua jornada do *Livro Vermelho*: "A práxis hindu tenta provocar este estado de represamento ou acumulação da libido, desviando sistematicamente a atenção (da libido) dos objetos e dos estado psíquicos, dos 'opostos'. A dissociação da percepção sensível e a eliminação dos conteúdos conscientes levam forçosamente a um rebaixamento da consciência em geral (exatamente como na hipnose) e vivifica assim os conteúdos do inconsciente, i.e., as imagens primitivas que, devido à sua universalidade e à sua indiscutível antiguidade, têm caráter cósmico e sobre-humano".[36]

Sacrifício do ego

Em uma de suas primeiras visões, Jung mata o herói Siegfried. Ele explica o assassinato como um "sacrifício do ego" para abrir espaço para o nascimento do novo deus, do deus interior, do si-mesmo que une todos os opostos: "Lastimável que Siegfried, o louro de olhos azuis, o herói alemão, tivesse que tombar por minhas mãos, o mais fiel e mais valente! Ele tinha tudo em si que eu considerava o maior, o mais belo, ele era minha força, minha valentia, meu orgulho".[37] O assassinato de Siegfried, que abalou Jung em seu âmago, foi necessário para abrir sua consciência como preparação para uma jornada para as profundezas e alturas e para além de tudo que é dominado pelo ego. Na Índia antiga, o sacrifício era compreendido como um ato transformador que afasta o sacrificador de uma identidade atual para um plano espiritual diferente e que expande sua consciência. O Rgveda[38] fala do sacrifício do homem primal *purusa*, de cujos membros todo o cosmo foi criado. Jung tinha interpretado o sacrifício de *purusa*, em 1912, como um estágio necessário no desenvolvimento da consciência humana. Além do mais, o sacrifício possibilita sua transformação em consciência cósmica: "[...] segundo o ensinamento dos Upanixades [...]. Esta nova condição depois da existência humana por sua vez é obtida através de um sacrifício, [...] que tem significado cósmico".[39]

Mesmo assim, Jung estava ciente da ansiedade envolvida no sacrifício do ego, como escreveu anos mais tarde em sua introdução ao *Livro Tibetano da Grande Libertação*: "O medo da autoimolação está à espreita, por trás e dentro de cada um [...]. Nenhum caso de autodesenvolvimento (individuação) escapou a esta travessia perigosa, pois o objeto do temor [...] faz parte da totalidade do si-mesmo".[40] Aparentemente, essa ansiedade o levou mais tarde a alertar contra a adoção da cultura da Índia, que afirma o sacrifício do ego. Ao mesmo tempo, desapego do mundo sensorial e o sacrifício do ego capacitaram Jung a ouvir o "espírito da profundeza", que o chamava para iniciar sua jornada e deixar para trás o "espírito dessa época".

A desistência do conhecimento externo

O "espírito da profundeza" impele Jung a entregar o conhecimento e a realidade externos que são informados pelo "espírito dessa época". Esse chamado é o ponto de partida para a jornada: "O espírito da profundeza submeteu toda vaidade e todo orgulho à força do juízo. Ele tirou de mim a fé na ciência, ele me roubou a alegria da explicação e do ordenamento [...]. Mas o espírito dessa época aproximou-se de mim e colocou à minha frente grossos livros que continham todo o meu saber; suas páginas eram de metal, e um estilete de ferro gravara nelas palavras implacáveis; ele apontou para aquelas palavras implacáveis, falou para mim e disse: "Aquilo que tu falas, isto é a loucura".[41] Jung vivencia esse chamado como um colapso de sua fé e alegria no entendimento científico. Essa experiência lembra a crise dos sábios dos Upanixades em sua busca perpétua pelo si-mesmo, o conhecimento verdadeiro (vidyā).[42] Os tormentos de Jung se parecem com aqueles sofridos pelo sábio Nārada uns 3000 anos antes. Embora ele domine todas as 17 ciências, Nārada diz ao seu mestre que esse conhecimento não tem valor: "Tudo isso, bhagavān (senhor), eu estudei. Aqui estou eu, um homem que conhece todas as fórmulas védicas, mas desconhece o si-mesmo (ātman). E ouvi que aqueles que conhecem o si-mesmo atravessam o sofrimento. Aqui estou eu, bhagavān, um homem cheio de tristeza. Por favor, leve-me para o outro lado da tristeza".[43]

Ao longo do *Livro Vermelho*, Jung se envolve numa luta para abrir mão da ciência,[44] aqueles "grossos livros que continham todo meu saber", mas sua alma persiste e exige: "Deves ficar sério e por isso despede-te da ciência. Há nela infantilidade demais. [...] A ciência é por demais superficialidade, somente palavras, apenas instrumento".[45]

A alma de Jung descreve a ciência em termos virtualmente idênticos aos usados por Uddalaka, o sábio dos Upanixades, para ensinar ao seu filho arrogante que qualquer definição objetiva que o desliga da união com sua fonte e a essência que tudo abrange é meramente "uma maçaneta verbal, um nome".[46]

As exigências da alma deixam Jung num estado de agitação. Ele teme por sua sanidade diante da perspectiva de abrir mão de seu conhecimento externo e do hábito de diferenciar e definir. Esse medo, um tema recorrente no *Livro Vermelho*,[47] pode explicar seu distanciamento posterior do anseio indiano pela união. Esse conflito entre ciência e o outro tipo de conhecimento é representado como fatal no encontro entre Oriente e Ocidente. O herói oriental Izdubar com seu conhecimento mitológico é envenenado pelo conhecimento científico ocidental de Jung.

Espera

Outro desafio que Jung enfrenta em sua jornada é a angústia da espera: "A minha alma falou-me e disse: 'Espera'. Eu escuto a terrível palavra. [...] Onde está tua paciência? Teu tempo ainda não acabou. [...] Não podes esperar? Tudo deve cair maduro e acabado em teu colo?"[48]

Os Upanixades também ensinam que uma longa espera precede inevitavelmente o conhecimento de ātman (o si-mesmo). No *Chāndogya Upaniṣad*, por exemplo, Indra, mensageiro dos deuses, e Virochana, mensageiro dos demônios, chegam ao ashram de Prajāpati, buscando conhecimento de ātman. Prajāpati os faz esperar 32 anos antes de responder ao seu pedido. O demônio se despede após o primeiro estágio, acreditando que já alcançou o conhecimento verdadeiro do si-mesmo, o conhecimento de que "seu corpo é seu si-mesmo", mas Indra espera mais 32 anos até aprender que seu si-mesmo é o si-mesmo que vive "nos sonhos da noite". 32 anos mais tarde, ele descobre que o si-mesmo é aquilo que existe no "sono sem sonhos", mas Indra ainda não se satisfaz com essa resposta. Dessa vez, ele só precisa esperar mais cinco anos para receber a resposta sobre a verdadeira natureza do si-mesmo: "É por isso que as pessoas dizem: 'Maghavan (Indra) esperou 101 anos como aluno celibatário de Prajāpati'".[49] Conhecimento verdadeiro exige espera e não se encontra no intelecto, mas é experiencial e transformador e exige anos de introspecção. Jung percebe que, a fim de chegar ao si-mesmo mais profundo, ele deve esperar em total solidão pelo amadurecimento espiritual. Conhecimento verdadeiro, como ensinado pelo mestre professor Gangadhar Bhat, é quádruplo: exige aprender com um professor, discutir com outros, refletir e esperar pela concessão do entendimento.[50]

Não intencionalidade

A alma continua a repreender Jung por sua impaciência e intencionalidade orientada pelo desejo: "Tu estás cheio, sim, regurgitas de intenções e desejos! Não sabes ainda que o caminho para a verdade só está aberto para os sem-intenção?"[51] Jung atribui esse entendimento à sabedoria do Oriente. Como escreveu imediatamente após parar de escrever no *Livro Vermelho*, a civilização ocidental transforma tudo em método e intenção, ao contrário do Oriente, onde encontramos a arte do "deixar-acontecer, a ação da não ação".[52] Ou, como afirma o Bhagavad Gita claramente: "Tua ação é somente pela ação, nunca pelos resultados".[53]

Arrogância

Repetidas vezes no *Livro Vermelho*, Jung luta para se livrar de seu orgulho e arrogância. Quando os heróis dos Upanixades enfrentam esse mesmo desafio, eles descobrem que o reconhecimento verdadeiro do si-mesmo traz uma libertação da arrogância, e o ego inflado encontra humildade ao encontrar o si-mesmo. Assim, na história dos Upanixades, o sábio Uddalaka estoura o ego inflado de seu filho arrogante Svetaketu, que acha que sabe tudo, mostrando-lhe a grande verdade que ele não conhece, ou seja, ātman, o si-mesmo. "Você é isso" – *tat vam asi*, ele lhe diz.[54]

Da mesma forma, Jung diz à sua alma quando ela o confronta com sua arrogância: "Tua verdade é dura. Gostaria de entregar-te minha vaidade, pois ela me ofusca. [...] Não sabia que eu era teu recipiente, vazio sem ti, mas transbordante contigo".[55] O entendimento redentor de Jung ecoa o "Tu és isso" dos Upanixades – "tu" sendo aquele si-mesmo que é maior do que tu. "Tu" possuis o conhecimento interior de que o ego é finito e que o si-mesmo interior é infinito.

Voltar o olhar para dentro – para a alma – o si-mesmo- ātman

A busca de Jung pela alma compartilha certos aspectos com a busca descrita nos Upanixades:

A) Voltar o olhar para dentro é um ensinamento essencial nos Upanixades, e sua importância é repetida inúmeras vezes nos diálogos entre mestre e aluno e pelos próprios sábios. Todos eles desejam transcender a esfera manifesta e alcançar a essência oculta da alma, o eterno, imutável, invisível, imperecível, aquilo que não é afetado pelas leis do corpo e do mundo material. "O ātman que está livre do mal, livre da idade e da morte, livre de tristeza, fome e sede, o si-mesmo cujos desejos e intenções são reais – este é o ātman que você deve tentar descobrir".[56]

B) Quando voltou seu olhar para dentro, Jung alcançou um entendimento revolucionário da alma: "Eu pensava e falava muita coisa da alma, [...]. Não tomei em consideração que minha alma não pode ser objeto de meu juízo e saber; antes, meu juízo e saber são objetos de minha alma. [...] Por isso tive de falar à minha alma como a algo distante e desconhecido, que não tem existência através de mim, mas através do qual eu tenho existência".[57] A realidade objetiva da alma como tema principal elucida a afinidade de Jung com a sabedoria indiana. Em seu novo estado de consciência, Jung entende que a essência da alma escapa à abordagem empírica materialista e dualista, pois sua mera existência é a realidade primordial. Portanto, é a base por meio da qual a realidade externa, sendo secundária em relação à alma, é compreendida, e é a alma que ocasiona a existência e a compreende. Encontramos uma descrição semelhante de ātman nos Upanixades: "Este teu si-mesmo (ātman) [...] ele vê, mas não pode ser visto, ele ouve, mas não pode ser ouvido, ele pensa, mas não pode ser pensado, ele percebe, mas não pode ser percebido. [...] É o teu si-mesmo que é o controlador interior".[58] "Como se pode perceber o percebedor?"[59] Semelhantemente, Jung escreve no *Livro Vermelho* sobre o controlador interior, o deus interior: "Portanto, o Deus vindouro torna-se o senhor do mundo. Isto acontece primeiramente (aqui) em mim. O sentido supremo torna-se meu senhor e soberano infalível".[60]

C) É a essência desse "deus interior", do si-mesmo, do percebedor impercebido, que é a luz que Jung busca em seu *Livro Vermelho*: "*Gostarias de ouvir daquele que não foi obscurecido pela sombra da terra, mas que a iluminou, que viu todos os pensamentos e cujos pensamentos ninguém adivinhou, que possuiu em si o sentido de todas as coisas e cujo sentido nenhuma coisa soube exprimir*".[61]

Muito foi escrito sobre o ātman iluminador nos Upanixades, como no diálogo entre o rei Janaka e Yājnavalkya, o sábio. Janaka deseja conhecer a fonte da luz no homem, visto que todas as fontes de luz são efêmeras, e Yājnavalkya é forçado a revelar-lhe a verdade sobre a natureza luminosa e absoluta de ātman: "ātman é a fonte de sua luz. É por meio da luz de ātman que uma pessoa se sente, anda por aí, faz o seu trabalho e retorna".[62] O Bhagavad Gita, que Jung conhecia bem, fala igualmente sobre a qualidade luminosa de ātman: "Essa é a luz até das luzes [...] além da escuridão. É conhecimento, o conhecível e o conhecido. Existe especialmente no coração de todos".[63]

Assim, no *Livro Vermelho*, a alma retorna e insiste que é a luz que a caracteriza: "Mas a alma falou-me e disse: 'Meu caminho é luz'. Eu, porém, respondi irritado: 'Tu chamas luz aquilo que nós seres humanos chamamos as piores trevas? Tu chamas o dia de noite?' A isto minha alma falou palavras que me irritaram: 'Minha luz não é deste Mundo'".[64]

No *Livro Vermelho*, os termos "alma" e "si-mesmo" se sobrepõem um ao outro em certa medida e não são totalmente distinguíveis. Embora a alma, como *anima*, leva ao si-mesmo, ela é distinta deste. Em vista das passagens precedentes, poderíamos supor que a alma é o destino da jornada, mas, aos poucos, o si-mesmo se torna cada vez mais presente e deseja renascer como um "novo deus". Jung estava apenas começando a desenvolver suas ideias sobre o si-mesmo quando começou a compor o *Livro Vermelho*, e, como ele mesmo admite, sua conceitualização foi influenciada por Nietzsche, que, por sua vez, tinha sido influenciado pelo conceito indiano de ātman.[65]

Ao longo da jornada no *Livro Vermelho*, Jung percebeu seu objetivo primário, a descoberta do si-mesmo, que se tornaria a pedra angular de sua teoria psicológica. Por meio dos desenhos de mandalas, Jung vivenciou o princípio estruturador inconsciente, no qual o ego dominante é destronizado em favor do si-mesmo.

Mandala e si-mesmo

O mandala, um símbolo ritual dominante na cultura indiana, representa o cosmo e a morada interior do princípio divino. Durante a composição do *Livro Vermelho*, Jung desenhou mandalas como meio de acalmar sua agitação psíquica. Em suas reflexões posteriores sobre os mandalas que ele desenhou no *Livro Vermelho*, Jung alcançou *insights* que avançaram sua conceitualização do si-mesmo e negaram sua posição ocidental anterior diante da centralidade do ego. Aqui, mais uma vez, encontramos Jung demonstrando sua afinidade com a Índia e suas visões sobre a abordagem ocidental equivocada: "Adquiri por meio delas um conceito vivo do si-mesmo. [...] O mandala [...] corresponde à natureza microcósmica da psique. [...] Foi-me mostrado que eu devia abandonar a ideia da posição superior do ego".[66]

Assim, na terminologia dos Upanixades, o mandala guia Jung em seu desenvolvimento de avidyā, ignorância, para vidyā, o conhecimento verdadeiro do si-mesmo. "Eu sou o tolo que vive em algum lugar escuro. [...] Dessa forma, meu preconceito ocidental de que eu era o centro do mandala foi corrigido – que eu sou tudo, todo o espetáculo, o rei, o Deus".[67]

Identidade equivocada do si-mesmo

Uma ideia semelhante é expressada por Yājnavalkya no Bṛhadāraṇyaka.

Upaniṣad: uma pessoa deve se identificar somente com o si-mesmo. Aqueles que, equivocadamente, se identificam com *status* mundano, ou com outras pessoas, ou com os deuses, ou com o todo e não com ātman serão abandonados por aquilo com que se identificaram equivocadamente. "Que o Todo abandone qualquer um que acredita que o Todo reside em algo diferente e não em seu si-mesmo".[68]

Projeção do si-mesmo

No *Livro Vermelho*, Jung se refere à dinâmica da projeção do si-mesmo ou da alma como uma força impulsionadora dominante: "Se não encontrar a alma [...] correrá atrás de todas as coisas, vai puxá-las todas para si, mas não encontrará nelas sua alma, pois só a encontrará dentro de si mesmo. É óbvio que sua alma está nas coisas e nas pessoas, mas o cego agarra as coisas e as pessoas, mas não sua alma nas coisas e nas pessoas".[69] "Se eu percorrer o mundo, acontecerá no fim que encontrarei minha alma. Mesmo as pessoas mais queridas não são meta e fim do amor que procuram, são símbolos da própria alma".[70] Aqui, Jung busca o si-mesmo ou a alma na psique e não em objetos externos. Essa percepção corresponde às palavras do sábio Yājnavalkya, quando ele está prestes a abandonar sua esposa Maitreī e a viver a vida de um asceta, *saṃnyāsin*. Maitreī pede a ele conhecimento verdadeiro do si-mesmo, que é essencial para alcançar imortalidade. Em sua resposta, ele explica a importância de se agarrar ao si-mesmo verdadeiro, por causa da tendência de se confundir e identificar equivocadamente o si-mesmo com vários objetos externos, de amá-los e se agarrar a eles. "Ama-se um marido não por amor ao marido, mas é por amor ao si-mesmo (ātman) que se ama um marido..."[71] Yājnavalkya enumera, então, todos os objetos que são importantes para o homem: esposa e filhos, riqueza, bens, criaturas e todo o resto. "Tu vês, Maitreī", ele diz, "é a si mesmo (ātman) que se deve ver e ouvir, refletir e concentrar".[72]

No que diz respeito à projeção do si-mesmo e à ilusão do amor redentor, Jung escreve: "Por isso não devemos também usar o outro para nossa redenção supostamente própria. O outro não é escada para nossos pés. [...] A necessidade de redenção gosta de expressar-se através de uma necessidade maior de amor com a qual julgamos poder tornar felizes outras pessoas. Mas por isso estamos mergulhados até o pescoço em nossa cobiça e ambição para mudar nosso estado. E para este fim amamos o outro".[73] Mas quando deixamos de projetar o si-mesmo sobre os outros, somos libertados para formar relacionamentos verdadeiros: "ambição egoísta procura ao final a si mesma. Tu te encontrarás a ti mesmo em tua ambição, portanto não digas que a ambição é fútil. Se tu ambicionas a ti mesmo, geras no abraço a ti mesmo o Filho de Deus. Tua ambição é o Deus-pai, teu si-mesmo a deusa-mãe, mas o Filho é o novo Deus, teu senhor".[74]

Os frutos da jornada

A descoberta do si-mesmo é, portanto, não só uma experiência psicológica, mas uma experiência profundamente religiosa, uma solução teológica para a crise de fé e ciência. "A experiência de Deus nessa forma me foi inesperada e indesejada [...]. Nessa certeza da experiência reconheci o Deus [...]. O Deus nos aparece num determinado estado da alma".[75]

Para Jung, essa experiência de conhecimento direto de Deus aposentou o restante da pergunta religiosa que, até então, tinha sido o eixo principal de sua vida. Desde a infância, Jung, o filho de um pastor, tinha suportado tormentos religiosos resultantes de uma percepção aguda do lado mais sombrio de Deus, que o assustava e o deixava perplexo. Sua experiência na infância da morte de Deus na igreja[76] lança luz sobre sua identificação posterior com Nietzsche, que tinha declarado a morte de Deus.

A proclamação da morte de Deus por Nietzsche se reflete na decepção com o cristianismo expressada por positivistas e materialistas. Jung via a cultura europeia como sofrendo de uma posição barbaramente unilateral que desvalorizava a religião e desprezava o irracional.[77] O *Livro Vermelho* foi escrito após a separação de Jung de Freud, que o tinha alertado a resistir à atração do oculto. Jung, porém, resistiu ao "espírito dessa época" e buscou uma alternativa que abriria espaço para o "espírito da profundeza". Mas, carecendo de uma função mediadora em sua experiência do numinoso,[78] ele precisou criar um mito mediador. Assim, o *Livro Vermelho* pode ser compreendido também como uma resposta a Nietzsche.[79] O velho Deus judaico-cristão tinha morrido, mas, em seu lugar, um novo deus tinha nascido. Como explica Murray Stein, Jung deu ao *Livro Vermelho* o nome monumental "Liber Novus" para postular uma nova teologia, um tipo de "Novo Testamento" para a consciência de uma nova era.[80] Esse "Novo Testamento" era uma resposta aos tormentos teológicos e psicológicos do autor, e nele a Índia também está presente de modo parcialmente velado, mas significativo. O novo deus do *Livro Vermelho* apresenta as cores do entendimento de Jung do conceito indiano da Divindade. O novo deus de Jung se parece com ātman em dois aspectos: ele nasce na alma e, diferentemente do Deus cristão todo-bondoso, ele abrange os opostos.

"Nós reconhecemos agora que o Ungido dessa época é um Deus que não aparece na carne, não é pessoa humana, e assim mesmo é um Filho do Homem, não na carne, mas no espírito, e por isso só pode nascer através do espírito do ser humano na condição de útero concebedor de Deus".[81] No *Livro Vermelho*, esse deus nasce no espírito do homem e existe na realidade interior da fantasia.[82] No centro do "Novo Testamento"[83] de Jung está a "divinização do humano".[84] O novo deus nasce por meio da inspiração consciente/inconsciente dos Upanixades. Os escritos contemporâneos de Jung oferecem reflexões adicionais sobre a essência divina de ātman como idêntica à de

Brahman, o elemento divino do cosmo. Brahman unifica a essência interna do homem com a essência cósmica, tanto o si-mesmo como o divino. A divindade indiana existe dentro da alma e é também a essência do cosmo que unifica os opostos.

Unindo os opostos

Os opostos que dividiam Jung em seu *Livro Vermelho* são o "espírito da profundeza" e o "espírito dessa época". Eles o fazem vacilar entre o bem e o mal, entre a introversão e a extroversão, entre o Oriente e o Ocidente, entre o racional e o irracional e entre o consciente e o inconsciente. Ao longo do livro, Jung assume várias identidades conflitantes em seus encontros com as figuras internas. Quando confrontado com satanás, ele se torna um cristão religioso; quando confrontado com o asceta cristão monoteísta, ele se transforma em um pagão que ora ao deus-sol; quando confrontado com Izdubar do Oriente, ele assume a pose científica do Ocidente que refuta a existência não só do deus-sol, mas de qualquer deus. Jung é incapaz de imitar o filho de Deus que é totalmente bom, perigosamente incompleto e unilateral. Assim, o deus externo que é totalmente bom morre, e um novo deus nasce a partir dos opostos em sua alma. "A criança divina opôs-se a mim a partir do tremendamente ambíguo, do feio-bonito, do mau-bom, do ridículo-sério, do doente-sadio, do inumano-humano e do não divino-divino. [...] Como pode o ser humano viver no seio da divindade, se a divindade só se aceita em sua metade?"[85]

Esse deus que abrange os opostos é inspirado por ātman e Brahman. Em *Tipos psicológicos*, de 1921, Jung escreve sobre ātman, evidentemente seguindo suas descobertas experienciais no *Livro Vermelho*, e se refere a ātman-brahman primariamente como "símbolos unificadores": "Brama deve significar, pois, a união irracional dos opostos e sua definitiva superação. Ainda que brama, enquanto fundamento e criador do mundo, tenha produzido os opostos, eles devem desaparecer nele, caso contrário alguém outro iria significar o estado de salvação".[86] Assim renasce o deus no *Livro Vermelho* que traz redenção para a alma atormentada de Jung e aparece na forma de várias figuras de opostos unificados, tais como o Abraxas gnóstico, a criança divina que segura uma cobra preta em uma mão e uma cobra branca na outra, ou como o filho divino do sapo e a bruxa que se levanta da esfera divina, deixando seu pai (Jung) ansiando por ele na esfera humana.

Com o nascimento do deus bom/mau, Jung anseia pela libertação do domínio de todos os atributos, bons e maus: "Se tuas virtudes te estorvam na salvação, livra-te delas, pois se tornaram um mal para ti. Tanto o escravo da virtude quanto o escravo do vício não encontram o caminho".[87] Aqui, Jung alude à equanimidade indiana em face de opostos morais, como na passagem dos Upanixades que ele cita em *Tipos psicológicos*: "Como alguém conduzindo um veículo em velocidade olha para as rodas do carro, assim olha ele para o dia e a noite, para as boas e más obras e para os opostos".[88] Essa resolução de opostos intensos traz nova esperança para Jung, mas também um novo temor, o medo do congelamento da vida: "Como será agora, já que Deus e o demônio se tornaram um só? Eles concordaram em paralisar a vida? A luta dos opostos pertence às condições indispensáveis da vida? E fica parado quem conhece e vive o ser uno dos opostos?"[89] Esse medo é uma das causas da aversão iminente de Jung ao ideal indiano de unir os opostos, embora, nessa fase, a solução indiana ainda o deixe maravilhado. Como ele escreve em *Tipos psicológicos*, o mito do deus renovado retrata simbolicamente o anseio humano de redenção da divisão psíquica, e a sabedoria indiana representa uma solução diferente para o problema dos opostos: "Uma vez que a posição intermediária – na qualidade de união dos opostos – tem um caráter irracional e também é inconsciente, aparece projetada como Deus mediador, Messias, intermediário. [...] O Oriente já conhece há milênios este processo e formulou, de acordo com isso, sua doutrina psicológica de salvação que coloca o caminho da salvação no campo da intenção humana".[90]

A conclusão do *Livro Vermelho*

Jung, dividido por opostos, tinha embarcado na jornada do *Livro Vermelho* para buscar alívio de sua angústia espiritual e emocional. Era uma busca pela sua alma e pela fé num deus novo. As soluções que ele encontrou na cultura ocidental tinha se revelado como inadequadas, e sua jornada interior o levou a descobertas da sabedoria indiana que lhe permitiram discernir a essência mais profunda do "si-mesmo". Em 1928, quando se deparou com a tradução de um antigo texto chinês, *O segredo da flor de ouro*, ele ficou tão perplexo que, abruptamente, abandonou o trabalho no *Livro Vermelho*. A explicação que deu para isso é que a grande afinidade que tinha sentido com o Oriente apoiava a pesquisa psicológica que ele vinha fazendo: "o conteúdo deste livro encontrou o caminho da realidade e eu não consegui mais continuar o trabalho".[91] O encontro de Jung com o texto oriental invadiu profundamente a solidão vivenciada durante sua jornada interior, a solidão de um homem atormentado cuja alma o tinha puxado para longe de sua cultura, sua fé e seus valores, e ele ofereceu um significado externo para sua experiência interna privada.

Conclusão

O *Livro Vermelho* é a *prima matéria* da obra de Jung, e a Índia serviu como uma fonte importante de inspiração no desenvolvimento de sua teoria. Ambos foram marginalizados em seus escritos científicos, ocultados por muitos anos. Mas quando Jung devaneava entre vida e morte, o iogue indiano retornou como guia que representava o si-mesmo eterno sonhando o Jung efêmero.[92]

A Índia retornou para curar a consciência de Jung, exatamente como Izdubar, que parecia estar morto para sempre, mas emergiu com força total, assim: "A gente acreditava que era possível cometer um assassinato de Deus. Mas o Deus foi salvo, ele forjou ao fogo um novo machado e mergulhou de novo na torrente de luz do Oriente, para recomeçar sua primigênia circunvolução. Mas nós, pessoas inteligentes, andávamos furtiva e venenosamente por aí e não sabíamos que nos faltava alguma coisa".[93]

O Livro Vermelho abre um horizonte de esperança para a nossa era e o nosso mundo fragmentado, no qual o anseio pela alteridade se transformou em ódio e alienação. *O Livro Vermelho*, o diálogo intrapsíquico de Jung e seu movimento ardente entre Oriente e Ocidente trouxeram à luz um mundo multifacetado que abriga uma cura e tensão frutífera entre as culturas do mundo. Em vez de vê-las como opostos não reconciliados, Jung mostra o caminho em seu *Livro Vermelho* para alcançar um mundo unido de rica diversidade, que aproxima cada vez mais o ser humano para alcançar a integridade.

Notas

1. Veja John J. Clarke. "Jung's Dialogue with the East", em *Jung and Eastern Thought* (Londres & Nova York, NY: Routledge, 1994). Veja também, Harold Coward, "Jung's Encounter with Yoga", em *Jung and Eastern Thought* (Albany, NY: State University of New York Press, 1985).

2. C.G. Jung. *O Livro Vermelho*: *Liber Novus*, org. Sonu Shamdasani, trad. Edgar Orth (Petrópolis: Vozes, 2015).

3. Os 50 volumes na edição traduzida de Mueller (1897-1910) foram descobertos por Sonu Shamdasani na biblioteca de Jung, cheios de anotações, marcações e glossas de Jung. Veja Sonu Shamdasani, "Liber Novus: The 'Red Book' of C.G. Jung by Sonu Shamdasani", em C.G. Jung, *O Livro Vermelho*, p. 11. Para evidências do interesse profundo de Jung por textos indianos antigos, veja Jung, *O Livro Vermelho*, p. 138 anotação 93 e p. 270 anotação 130.

4. C.G. Jung. *Símbolos da transformação*, em *OC*, vol. 5 (Petrópolis: Vozes, 2013).

5. Veja o capítulo "O significado do símbolo de união", em C.G. Jung. *Tipos psicológicos*, em *OC*, vol. 6 (Petrópolis: Vozes, 2013), § 318.

6. O conflito de Jung entre as duas personalidades é um tema que percorre o livro autobiográfico *Memories, Dreams, Reflections*, veja C.G. Jung. *Memories, Dreams, Reflections*, org. Aniela Jaffé (Nova York, NY: Vintage, 1963).

7. Veja o capítulo "Visions" em Jung. *Memories, Dreams, Reflections.*

8. Citado em Jung. *O Livro Vermelho*, p. 138 anotação 93.

9. Ibid., p. 166.

10. Ibid., p. 161 e p. 170 anotação 196.

11. Ibid., p. 364.

12. Ibid., p. 364 anotação 281.

13. Em suas memórias, Jung relata uma reunião com um guru indiano que lhe diz que seu guru é o filósofo *Śaṅkarācārya do século 7, e Jung conta que ele também tem um guru interior chamado Filêmon, veja Jung, Memories, Dreams, Reflections*, p. 177.

14. Jung. *O Livro Vermelho*, p. 250.

15. O *Atharva Veda* é o quarto Veda (1000-1200 a.C.), que contém encantações, fórmulas e ritos mágicos. Shamdasani cita a encantação em sua totalidade em Jung. *O Livro Vermelho*, p. 259 anotação 110.

16. Jung. *O Livro Vermelho*, p. 266.

17. Como já foi mencionado, a figura do iogue o perseguiu nos sonhos de seus últimos anos, quando ele esteve entre a vida e a morte, como ele registra em "Visions", veja Jung. *Memories, Dreams, Reflections.*

18. Jung. *O Livro Vermelho*, p. 267.

19. Shamdasani cita muitas referências a *Brahmaṇaspati* em Jung. *O Livro Vermelho*, p. 267 anotação 127.

20. Ibid., p. 270.

21. Ibid., p. 270 anotação 130.

22. Jung sublinha muitas passagens nos Vedas e Upanixades que se referem a *Hiraṇyagarbha, como Shamdasani descobri em sua pesquisa na biblioteca de Jung; veja* Jung. *O Livro Vermelho*, p. 270 anotação 130, e como vemos nas duas anotações seguintes.

23. No *Ṛgveda* 121, em *Sacred Books of the East*, vol. 32, 1-2, Hiraṇyagarbha é descrito como o criador. "No início surgiu a Criança Dourada (Hiranyagarbha); [...] foi o único senhor de tudo que existe. Estabeleceu a terra e este céu". Veja Jung. *O Livro Vermelho*, p. 270 anotação 130.

24. Em *Maitrayana Brahmana, Sacred Books of the East*, vol. 15, 302, descrevendo *Hiraṇyagarbha* como 'si-mesmo': "E o próprio Si-mesmo é também chamado... Hiranyagarbha." Ibid.

25. Jung. *O Livro Vermelho*, p. 272 anotação 133.

26. O texto ao qual Jung se refere aqui é *Śatapatha Brāhmaṇa* 2.2.4, *Sacred Books of the East*, vol. 12, 7-322. "Só Prajāpati existia aqui ... ele realizava atos de penitência e gerou Agni a partir de sua boca; por ter gerado ele a partir de sua boca, Agni é, portanto, um consumidor de comida ... Prajāpati então pensou: 'Nesse Agni gerei para mim um comedor de comida; mas, de fato, não há aqui outra comida senão eu mesmo, que, certamente, ele não comeria'. ... Então Agni se voltou para ele de boca aberta; e ele (Prajāpati) estando aterrorizado, sua própria grandeza partiu dele ... Ele hesitou: 'Devo sacrificá-lo? Não devo sacrificá-lo?' ... Sua própria grandeza lhe disse: 'Sacrifica-o!' Prajāpati estava ciente de que era sua própria grandeza que tinha falado (âha) a ele; e ele o sacrificou com 'Svâhâ!' É por isso que sacrifícios são feitos com 'Svâhâ!' ... E Prajāpati, tendo feito o sacrifício, se reproduziu e se salvou de Agni, Morte, quando este estava prestes a devorá-lo".

27. Ibid.

28. Jung. *O Livro Vermelho*, p. 271, 274.

29. Citado em Jung. *O Livro Vermelho*, p. 138 anotação 93

30. Jung. *O Livro Vermelho*, p. 116.

31. Citado em Jung. *O Livro Vermelho*, p. 22.

32. Jung. *O Livro Vermelho*, p. 117.

33. *Bṛhadāraṇyaka Upaniṣad* 3:5:1, *The Early Upaniṣads*, comentado e traduzido por P. Olivelle (Oxford: Oxford University Press, 1998).

34. "Considerando a filosofia dos Upanixades, temos a impressão de que alcançar esse caminho pertence a uma das tarefas mais simples. Nossa postura ocidental diante das intuições hindus faz parte de nossa natureza bárbara [...]. Somos ainda tão pouco educados que precisamos de leis de fora [...]". Veja Jung. *Tipos psicológicos, OC* 6, § 400.

35. Dos Upanixades e Vedas, Jung aprende que "a libertação segue após a retração da libido de todos os conteúdos e, assim, nasce uma total introversão. Este processo psicológico é designado, de modo bem característico, como tapas que, na melhor tradução, seria autoincubação [...] o estado de meditação sem conteúdo", em Jung. *Tipos psicológicos, OC* 6, § 179.

36. Jung. *Tipos psicológicos, OC* 6, § 367.

37. Jung. *O Livro Vermelho*, p. 147.

38. O primeiro dos quatro textos canônicos sagrados, os Vedas, escritos por volta de 1600 a.C.

39. Jung. *Símbolos da transformação, OC* 5, § 657.

40. C.G. Jung. "Comentário psicológico sobre o Livro Tibetano da Grande Libertação", em *OC*, vol. 11/5 (Petrópolis: Vozes, 2013), § 849.

41. Jung. *O Livro Vermelho*, p. 109, 111.

42. Grinshpon identifica a crise espiritual do herói da história dos Upanixades como elemento crítico no processo que leva à conquista do conhecimento do si-mesmo transformador. Veja Yohanan Grinshpon, *Crisis and Knowledge: The Upaniṣadic Experience and Storytelling* (Oxford: Oxford University Press, 2003).

43. *Chāndogya Upaniṣad* 7.1, *The Early Upaniṣads.*

44. Jung expressa seus temores: "O que deve existir, se não há saber? Onde há certeza? Onde terreno firme? Onde luz? Tuas trevas não são apenas mais negras que a noite, mas também sem fundo". Em Jung. *O Livro Vermelho*, p. 142.

45. Jung. *O Livro Vermelho*, p. 417.

46. *Chāndogya Upaniṣad* 6.1.4, *The Early Upaniṣads.*

47. O espírito desse tempo o alerta de que aquilo que ele diz é insano, e, mais tarde, ele responde à sua alma que ele teme que enlouquecerá. Jung está preocupado com a questão da "loucura divina" e afirma no epílogo aqui e em suas memórias que ele realmente corria perigo de enlouquecer.

48. Jung. *O Livro Vermelho*, p. 128, 131.

49. *Chāndogya Upaniṣad* 8:7-12, *The Early Upaniṣads.*

50. Professor Gangadhar Bhat de Mysore numa aula particular.

51. Jung. *O Livro Vermelho*, p. 131.

52. C.G. Jung. "Comentário a 'O segredo da flor de ouro'", em *OC*, vol. 13 (Petrópolis: Vozes, 2013), § 20.

53. *Bhagavad-Gītā*, 2:47, trad. Swami Gambhirananda (Calcutá: Advaita Ashrama, 2010).

54. Essas três palavras no *Chāndogya Upaniṣad* são citadas por Jung em Tipos psicológicos, *OC* 6, § 189.

55. Jung. *O Livro Vermelho*, p. 131-132.

56. *Chāndogya Upaniṣad* 8.7.3, *The Early Upaniṣads.*

57. Jung. *O Livro Vermelho*, p. 117.

58. *Bṛhadāraṇyaka Upaniṣad* 3.7.23, *The Early Upaniṣads.*

59. *Bṛhadāraṇyaka Upaniṣad* 4.5.13, *The Early Upaniṣads.*

60. Citado em Jung, *O Livro Vermelho*, p. 170 anotação 194.

61. Jung. *O Livro Vermelho*, p. 232.

62. *Bṛhadāraṇyaka Upaniṣad* 4:3:6, *The Early Upaniṣads.*

63. *Bhagavad Gītā* 13:17.

64. Jung. *O Livro Vermelho*, p. 142.

65. Shamdasani cita do seminário sobre Zaratustra, de Jung: "Eu já estava muito interessado no conceito do eu [...]. Pensei que Nietzsche supunha uma espécie de coisa-em-si por trás do fenômeno psicológico [...]. Vi também, então, que ele estava produzindo um conceito do eu que era semelhante ao conceito oriental; é uma ideia de Atman", em Jung, O Livro Vermelho, p. 421 anotação 29.

66. Jung. *Memories, Dreams, Reflections*, p. 187-188.

67. C.G. Jung. *The Psychology of Kundalini Yoga: Notes of the Seminar Given in 1932 by C.G. Jung* (Princeton, NJ: Princeton University Press, 1996), p. 100.

68. *Bṛhadāraṇyaka Upaniṣad* 2.4.6, *The Early Upaniṣads.*

69. Jung. *O Livro Vermelho*, p. 117-118.

70. Ibid., p. 120.

71. *Bṛhadāraṇyaka Upaniṣad* 4:5, 2:4, *The Early Upaniṣads.*

72. Ibid.

73. Jung. *O Livro Vermelho*, p. 422.

74. Ibid., p. 156.

75. Ibid., p. 423-424. No *Livro Vermelho*, a relação entre Deus e o si-mesmo é complexa. Às vezes, Jung identifica Deus com o si-mesmo, por outras, faz uma distinção entre eles.

76. "[A cerimônia da comunhão] é uma ausência de Deus. A igreja é um lugar para o qual eu não deveria ir. Não é a vida que está ali, é a morte", em Jung. *Memories, Dreams, Reflections*, p. 64.

77. Murray Stein alega que Jung desejava resolver o conflito entre ciência e religião que tinha destruído seu pai. Murray Stein, "How to read *The Red Book* and why", em *Journal of Analytical Psychology*, 57, n. 3 (2012), p. 280–298.

78. Anos mais tarde, Jung alega que a religião é um sistema dogmático que pretende mediar o numinoso, o *mysterium tremendum*, que pode representar um perigo sério para pessoas comuns, C.G. Jung. *Psychology and Religion* (New Haven & Londres: Yale University Press, 1938). Murray Stein escreve que a ansiedade de Jung era resultado do vazio deixado pela ausência de Deus. Murray Stein, "What is *The Red Book* for analytical psychology?" em *Journal of Analytical Psychology*, 56, n. 5 (2011), p. 590–606.

79. Wolfgang Giegerich. "*Liber Novus*, That is, The New Bible. A first analysis of C.G. Jung's *Red Book*," *Spring: A Journal of Archetypes and Culture* (2010), p. 361-411.

80. Stein. "What is *The Red Book* for analytical psychology?", p. 288.

81. Jung. *O Livro Vermelho*, p. 313.

82. Ibid., p. 283.

83. Toshio Kawai, "*The Red Book* from a pre-modern perspective: the position of the ego, sacrifice and the dead", em *Journal of Analytical Psychology* 57, n. 3, 2012, p. 378-389. O renascimento do deus como Kawai define o nascimento da psicologia com base na ideia da internalização e da realidade da fantasia, que capacita Jung a discutir o deus e seus rituais como realidade interior.

84. Stein. "How to read *The Red Book* and why", p. 282.

85. Jung. *O Livro Vermelho*, p. 150.

86. Jung. *Tipos psicológicos*, *OC* 6, § 337. Jung cita os Vedas, Upanixades e purāṇas, um exemplo do *Śvetāśvatara Upaniṣad*: "Brama é designado como sat e asat, ser e não ser, satyam e asatyam, realidade e não realidade", outro exemplo do *Kaṭha Upaniṣad*: "o imóvel e o que se move, o imanente e o transcendente".

87. Jung. *O Livro Vermelho*, p. 127.

88. Citado por Jung de *Kauṣītaki Upaniṣad*, em Jung. *Tipos psicológicos*, *OC* 6, § 328.

89. Jung. *O Livro Vermelho*, p. 370.

90. Jung. *Tipos psicológicos*, *OC* 6, § 323. Na opinião de Jung, esse é também o propósito da ioga – criar uma posição intermediária por meio da qual "o elemento redentor da criatividade possa surgir". Veja ibid., § 190.

91. Jung. *O Livro Vermelho*, p. 360.

92. Jung. *Memories, Dreams, Reflections*, p. 189.

93. Jung. *O Livro Vermelho*, p. 263.

16
Uma lição de pacifismo: O mistério do sacrifício próprio no *Livro Vermelho*

Gunter Langwieler

> Serão todos arrebatados pelo terror dos grandes acontecimentos e vão querer entendê-los na cegueira como acontecimentos externos. É um acontecimento interior, é o caminho da realização do mistério de Cristo, pois os povos aprendem o autossacrifício. O horror pode ser tão grande, que o olhar das pessoas pode voltar-se para dentro [...].[1]
>
> *C.G. Jung*

Introversão e história

O Livro Vermelho de C.G. Jung é fundamentalmente a confissão pessoal e coletiva de uma testemunha de seu tempo, iniciada na véspera da Primeira Guerra Mundial, a primeira das grandes catástrofes do século XX. O que aconteceu com Jung pessoalmente – em suas visões, sonhos e imaginações ativas entre novembro de 1913 a junho de 1914, formando a primeira camada[2] de seu *Livro Vermelho* – foi de importância não só para a sua crise individual após sua separação de Freud. Quando a Primeira Guerra Mundial irrompeu em 1º de agosto de 1914, ele percebeu que suas visões anteriores de uma enchente no Norte da Europa tinham um significado coletivo. Isso deu um sentido político à aparição de símbolos de destruição que, no início, ele tinha interpretado pessoalmente como prenúncio de uma psicose. Sob a perspectiva de 1º de agosto de 1914, deve ter parecido a ele que ele tinha servido como um médium individual para transformações coletivas. Dentro de sua psique haviam ocorrido transformações significativas de símbolos coletivos. Os eventos históricos correspondentes se desdobraram. Suas visões, sonhos e imaginações ativas lhe aconteceram. Ele não os produziu por vontade ou decisão consciente. Em seu sofrimento, Jung se tornou uma testemunha involuntária das forças destrutivas inconscientes. Ao se identificar com o mistério do autossacrifício de Cristo, ele formou uma ponte psicológica para o sofrimento coletivo de seu tempo, que ele chamou o mistério do autossacrifício das pessoas. Ele voltou seu olhar para dentro e se conscientizou de seu aspecto assustador.

As catástrofes subsequentes de duas guerras mundiais, que destruíram grande parte do mundo civilizado na Europa não só fisicamente, mas também espiritualmente, tinham demonstrado seus poderes autodestrutivos dentro de sua psique já muito antes de realmente ocorrerem. Isso aconteceu com um cidadão da Suíça, um país que não participou das guerras. Mas Jung não pôde permanecer um observador neutro. Ele se sentiu culpado e assumiu responsabilidade pessoal por aquilo que sonhou: Ele tinha assassinado Siegfried. Ele não conseguia entender seu estado mental confuso depois desse sonho. Ele precisou de muitos outros sonhos e imaginações ativas até conseguir entender seu significado.

Neste capítulo, argumentarei que uma transformação dos símbolos coletivos "louro", "herói", "sacrifício" e "vítima" se encontram no âmago do processo inconsciente de Jung: uma mudança de sacrifício para sofrimento, de superioridade para fraqueza. Essa mudança apresenta também uma dimensão política: é uma lição em pacifismo. Tenho chamado isso de "pacifismo psicológico",[3] que é diferente da maioria das ideologias pacifistas porque esse tipo se baseia numa lógica psicológica e não na superioridade moral do pacifismo e do pacificador.

A narrativa do autossacrifício

A narrativa do *Livro Vermelho* é muito complexa. Pode-se até duvidar se existe uma narrativa consistente. Mas um olhar mais atento revela que existem fios condutores entrelaçados ao longo do texto. Nessa narrativa, Jung combinou a busca pela sua alma perdida[4] e a culpa de ser o assassino do herói guerreiro alemão Siegfried, o mistério do Cristo crucificado e a ideia do autossacrifício das pessoas.

Essas ideias não foram, primariamente, um resultado de pensamento e reflexão conscientes com recurso a teorias psicológicas, teológicas e políticas. A narrativa do *Livro Vermelho* é produzida por intuição. Os conteúdos da primeira camada consistem em longas e irritantes imaginações ativas. Em *Liber Primus*, Jung acaba aos pés do Cristo crucificado, ele mesmo tornando-se Cristo e filho de Maria. E ele encontra deuses arcaicos durante sua jornada interior, tais como Mime da saga dos nibelungos e o leontocéfalo dos mistérios mitraicos. Ele sofria de uma inflação causada por imagens espirituais de deuses e deusas? Provavelmente não, na minha opinião. Ao contrário, ele abriu sua mente consciente para o lado sombrio de experiências religiosas do inconsciente. Semelhante ao que ele tentou com seu estado mental confuso após seu sonho de assassinar Siegfried, ele tentou resolver os enigmas e mistérios. Tentou entender o que o autossacrifício de Cristo na cruz poderia significar para ele, para a sua busca pessoal, mas também para o coletivo, para o mistério antropológico da autodestruição inerente à humanidade.

Jung estava ciente dos riscos de seu experimento. Devemos manter em mente que o protagonista que age, sonha, conta histórias, observa e reflete, i.e., o ego do *Livro Vermelho*, não é idêntico com o cidadão suíço Carl Gustav Jung. Como escreveu em *Memórias, sonhos, reflexões*, durante esse período, ele se certificava cuidadosamente dos fatos de sua vida, lembrando a si mesmo que ele morava na Seestrasse 228, em Küsnacht, perto de Zurique, que era casado e tinha cinco filhos,[5] e assim permaneceu com os pés no chão, para não ser arrastado pelas pressões inflamatórias do inconsciente.

O Livro Vermelho é um livro de sonhos, visões, imaginações ativas, profecias ou, como poderíamos dizer, acontecimentos internos. Mas é, também, um relato subjetivo de fatos históricos. Os eventos externos correspondiam aos seus acontecimentos internos. Eram também a consequência de acontecimentos internos coletivos? É possível permanecer cético em relação a essa visão. No entanto, esses acontecimentos internos poderiam ser interpretados como uma mensagem política do *Livro Vermelho*. O ego de Jung que sonha e imagina refletia psicologicamente a destruição e a guerra humanas como um evento interno. Levar a sério a narrativa de seu *Livro Vermelho* significa que ele contém uma mensagem política.

Jung não se via como líder político. Tampouco pregava do alto de um púlpito. Em vez disso, passou por uma jornada perigosa e misteriosa pelo submundo. Prevaleciam incerteza e confusão sobre as questões complexas encontradas ali. Incerteza subjetiva pode ser deduzida também da própria produção do texto: Cada passagem de seus esboços foi corrigida. Longas passagens dos vários esboços foram eliminadas e reescritas. Isso é evidência adicional de sua incerteza.

Primeira parte: O autossacrifício de um belo herói

> Soou então sobre as montanhas a trompa de Siegfried em tom festivo. Sabíamos que nosso inimigo mortal estava chegando. Estávamos armados e emboscados num estreito caminho de pedras, com a finalidade de matá-lo. De repente, apareceu ao longe, vindo do cume da montanha num carro feito de ossos de pessoas falecidas. Desceu com muita destreza e glorioso pelo flanco rochoso e chegou ao caminho estreito onde o esperávamos escondidos. Ao surgir numa curva do caminho, atiramos contra ele, e ele caiu mortalmente ferido. Em seguida preparei-me para fugir, e uma chuva violenta desabou. Depois passei por um tormento mortal e eu senti como certo que eu mesmo deveria me matar, se não conseguisse resolver o enigma do assassinato do herói.[6]

Tentarei resolver o enigma. Primeiro farei algumas reflexões gerais sobre o significado do guerreiro-herói. Para um indivíduo, o guerreiro-herói é uma figura psicológica de desenvolvimento pessoal, um símbolo de individuação. Como símbolo coletivo poderoso, ele foi utilizado para propósitos políticos em todos os tempos e sob todas as circunstâncias políticas. Essa figura coletiva foi morta pelo ego de Jung e seu companheiro sombrio.

Siegfried é um guerreiro-herói *par excellence*. Durante seus estudos mitológicos para a sua obra *Transformações e Símbolos da Libido*, entre 1911 e 1912, Jung já tinha se ocupado extensamente com Siegfried. Ele já o conhecia bem do *epos* medieval dos nibelungos.[7] Portanto, a figura de Siegfried representa uma ponte para o trabalho anterior de Jung. O primeiro comentário sobre o sonho é feito no próprio *Livro Vermelho*, por uma figura onírica, o *espírito da profundeza*: "'A verdade maior é uma e a mesma que o absurdo'. Esta frase me aliviou".[8] Em seu seminário sobre "Psicologia analítica", de 1925, Jung comentou esse sonho pela primeira vez em público:

> Siegfried nunca foi uma figura especialmente simpática para mim. [...] Mesmo assim, meu sonho mostrou que ele era meu herói. [...] Senti muita pena dele, como se eu mesmo tivesse sido morto. Devo então ter tido um herói que não reconhecia, e era meu ideal de força e eficiência que eu tinha assassinado. Eu tinha assassinado meu intelecto. [...] Demiti minha função superior. [...] assim que a função superior é demitida, surge uma chance para que outros lados da personalidade venham à vida.[9]

Jung interpretou a consequência dessa destronização psicologicamente. O lado superior de sua personalidade precisou ceder a outro lado. Qual seria? O forte afeto suicida aponta para um impulso violento de autopunição, autodestruição, autossacrifício. Outros afetos simpatizam com o herói – o luto causado pela perda, sentimentos de culpa, vergonha pela covardia, porque ele só pôde ter sucesso em assassiná-lo através de uma emboscada. Esses sentimentos ameaçavam dominar o sonhador. Ele mal conseguiu manter seu autocontrole após acordar.

A percepção de que a verdade maior e o absurdo são a mesma coisa nos diz que algo inesperado e muito importante tinha ocorrido: Jung tinha mudado sua orientação em relação ao herói quando destituiu sua função superior interior, Siegfried. Ele começou a se despedir do guerreiro-herói interno. Agora, ele passou a reconhecer suas próprias fraquezas, sua incapacidade, um tema que se reflete profundamente mais adiante no *Livro Vermelho*. Jung reconquistou sua estabilidade ao aceitar sua fraqueza, sua inferioridade. Paradoxalmente, a despeito de sua inferioridade, ele foi bem-sucedido no assassinato do belo herói alemão invencível e magnífico. O mais fraco pode ser o vencedor porque ele arranja armas e é capaz de fazer alianças, nesse caso, com um selvagem moreno. Em todo caso, a invencibilidade do herói germânico acaba sendo nada mais do que uma ilusão.[10] Ele não agiu com cautela, por isso, foi para a morte com uma postura triunfante: o autossacrifício inadvertido do herói.

Jung interpretou o selvagem como representante de seu lado instintivo sombrio. O Siegfried interior de Jung precisava morrer para dar vida àquela parte de sua personalidade que estava centrada em sua inadequação. Mas essa parte não podia se expor nesse momento; ela teve que se esconder e encobrir seus rastros por meio de uma grande chuva. A imagem da chuva forte retoma o símbolo anterior do dilúvio e vincula o sonho de Siegfried às visões da enchente de sangue na Europa e ao mundo de imagens bíblicas. Jung sentiu a perda do herói assassinado. Ele foi tomado de lágrimas e luto. Sentiu que não poderia continuar vivendo se não conseguisse resolver o enigma. O enigma tratava do sacrifício de Siegfried e o impulso de Jung de sacrificar a si mesmo através de um tiro. A solução do enigma consistiu em aceitar fraqueza e incapacidade, em valorizar mais o sofrimento, as emoções e o desejo básico de sobreviver do que a estética do heroísmo. A conotação do herói germânico mudou profundamente. Para Wagner, Siegfried havia sido o homem livre, o rebelde sem medo. Primeiro Siegfried apareceu no sonho de Jung como um inimigo, como assassino e destruidor, depois, como perdedor e vítima; o protagonista, o *alter ego* de Jung, o assassino de Siegfried, é apresentado como um covarde que simplesmente deseja sobreviver.

Segunda parte: O autossacrifício do Deus crucificado – Deus abandonou o homem

A ideia do autossacrifício teve sua segunda expressão nas imaginações ativas de Jung em 25 de dezembro de 1913. Jung falou sobre isso no último capítulo do *Liber Primus*, intitulado de "Solução". "Na terceira noite seguinte, fui tomado por um desejo profundo de continuar vivenciando o mistério. Grande era o conflito entre dúvida e desejo em mim".[11] É a terceira noite da Jornada Marítima Noturna de Jung, que coincidiu com o Natal de 1913, e ele se viu confrontado com deuses pagãos, figuras bíblicas e mitológicas, a criança divina e o Deus crucificado. "A terceira noite" seja talvez uma alusão à terceira noite após a crucificação de Cristo, à véspera da ressurreição.

Primeiro, porém, quero fazer um resumo do devaneio visionário antes de me aproximar da analogia do autossacrifício. Durante as duas noites anteriores, o ego protagonista de Jung tinha encontrado o profeta bíblico Elias e sua companheira Salomé. Dessa vez, Elias estava sozinho nas alturas. Do lado escuro das rochas estava uma cobra preta, do lado claro, uma cobra branca. Houve então uma terrível luta entre as duas. Parecia que a cobra preta venceria a cobra branca, mas então elas recuaram, e a cabeça e a parte frontal da serpente preta tinham se tornado brancas. Então Elias escalou o pico. Havia ali um prédio maçônico feito de enormes blocos de pedra e com um pátio grande e, no meio dele, um altar. Lá, Elias proclamou que este seria o templo do sol. Ao descer, ele foi diminuindo de tamanho até se transformar em um anão e chamar a si mesmo de Mime, o anão da saga dos nibelungos. Mime diz: "Aqui estão meus poços, sábio ficará quem deles beber".[12] O ego segue o anão até uma caverna, mas não consegue alcançar a água. No lugar de sabedoria, prevalece confusão: "Falta-me coragem. Saio da caverna e fico andando de cá para lá sobre as pedras do pátio. Tudo me parece estranho e incompreensível".[13] Agora chegamos ao cenário central da imaginação ativa. Jung escreve:

> O medo me atacou [...]. Vejo a cruz, o descimento da cruz, a lamentação – [...] vejo a criança divina, na mão direita a serpente branca e na mão esquerda a serpente negra – vejo o monte verde, no alto dele a cruz de Cristo, e torrentes de sangue descem do cume do monte [...] vejo a cruz e nela Cristo em sua última hora e tormento – em torno do pé da cruz movimenta-se a serpente negra – em redor dos meus pés ela se enroscou – eu estou enfeitiçado e abro meus braços. Salomé se aproxima. A serpente enrolou-se ao redor de todo o meu corpo, e minha aparência é a de um leão. [...] [Salomé diz:] "Tu és Cristo". Estou parado em pé, com os braços abertos como um crucificado [...]. A serpente aperta meu corpo com seus anéis aterradores, e o sangue jorra de meu corpo em fontes nos lados do monte para baixo. Salomé curva-se sobre meus pés e os envolve com seus cabelos negros. Fica muito tempo assim deitada. De repente ela grita: "Eu vejo luz!" [Elias diz:] "Tua obra está acabada aqui. Outras coisas virão. Procura incansavelmente e sobretudo escreve fielmente o que vês". [...] Elias transformou-se numa poderosa chama de brilho branco [...] e eu saí apressadamente para a noite como alguém que não tem parte na glória do mistério. Meus pés não tocaram o chão desta terra, e minha sensação é a de desfazer-me no ar.[14]

Talvez consigamos sentir empatia e pena por esse homem jovem de 39 anos, cuja psique se tornou a cena interior de uma tragédia humana de dimensões extraordinárias. Mas sentimos também a distância de um ego observador. As visões e imaginações ativas de Jung foram registradas e anotadas da maneira mais exata possível por esse ego observador. Essa era a ordem de Elias de buscar incansavelmente e anotar exatamente tudo que ele vê. O que ele vê?

Um aspecto significativo da visão é a localização do templo do sol nas montanhas. Aqui entramos na esfera dos mistérios mitraicos. No Império Romano, durante os primeiros séculos, o dia 25 de dezembro era celebrado não só como aniversário de Cristo, mas também de Mitras, filho do sol. O leontocéfalo é um dos símbolos mais importantes dos mistérios mitraicos, como o próprio Jung mencionou em seu seminário de 1925 sobre Psicologia Analítica.[15]

Mas o tema central é outro: o ego protagonista da visão de Jung transformou as experiências traumáticas de Cristo na cruz em sua própria experiência interna. A semelhança mimética entre o ego protagonista de Jung e Cristo inclui a sensação do corpo de estar pendurado na cruz, de sofrer a agonia mortal de Cristo, de como o sangue escorre de seu corpo e pelo pico e até de Maria ser sua mãe e, no fim, da ressurreição de Cristo como corpo espiritual após perder o contato com a terra ao se desfazer no ar.

O narrador confessa ter vivido uma luta entre dúvida e desejo. Um anseio profundo de experimentar os mistérios se apoderou dele no início, mas, no fim, ele não tinha parte na glória do mistério. Ele permaneceu um estranho, alguém que não havia sido iniciado no mistério. Aqui, encontramos novamente uma distância da ideia numinosa do sacrifício. A dúvida está vencendo o desejo; assim, o senso de identidade com a vítima sagrada, o sacrifício, é minado. O sacrifício do guerreiro herói se transforma no sacrifício de Cristo e no autossacrifício do ego protagonista de Jung. O sacrifício se transforma em vítima, a glória, em sofrimento.

Quase ao mesmo tempo em que Jung experimentou essas imaginações ativas, o símbolo da cruz se tornou o centro de um movimento teológico chamado "a teologia da cruz". Em 1911, o teólogo alemão Martin Kähler fez uma palestra declarando que a cruz era o fundamento e a medida da cristologia.[16] Jürgen Moltmann, que escreveu suas obras após a Segunda Guerra Mundial, afirmou que a teologia da cruz tinha, antes disso, ocupado apenas uma posição modesta na tradição cristã, mas nunca tinha sido colocada no centro, desde Paulo até Lutero. Esteve significativamente presente principalmente nas comunidades religiosas perseguidas. Moltmann entendeu seu afeto pela teologia da cruz como uma consequência de suas experiências na Segunda Guerra Mundial: "Os sobreviventes da minha geração voltam dilacerados e derrotados dos campos de concentrações e dos hospitais de campanha para as salas de aula. Uma teologia que não tivesse falado de Deus em relação ao crucificado abandonado não nos teria alcançado".[17] Moltmann citou Dietrich Bonhoeffer, que tinha escrito uma carta na prisão pouco antes de sua execução pelo regime nazista: "Deus permite que seja expulso do mundo numa cruz; Deus é impotente e fraco no mundo e somente desse modo ele está conosco e nos ajuda. Segundo Mateus 8:17, está absolutamente claro que Cristo não ajuda com sua onipotência, mas com sua fraqueza, seu sofrimento. Somente o Deus que sofre pode ajudar. [...] Essa é a inversão de tudo que o homem religioso espera de Deus. A tarefa do homem é sofrer com empatia com o sofrimento de Deus num mundo sem Deus".[18] Moltmann ressaltou: "Sem a percepção da dor do negativo, a esperança cristã não pode ser realista e causar a libertação".[19]

Moltmann e Bonhoeffer chegaram à mesma conclusão à qual chegou Jung em seu *Livro Vermelho*: fraqueza, dor e sofrimento são as características da imagem de Deus num mundo sem Deus. A mensagem paradoxal é que a participação no negativo e na dor pode nos libertar do sofrimento. E essa mensagem representa a mesma solução ao enigma do autossacrifício, ao mistério do autossacrifício de Cristo.

Terceira parte: O autossacrifício do povo

> Naquela vez a adorável luz foi apagada, e o sangue começou a escorrer. Foi a Grande Guerra. Mas o espírito da profundeza quer que esta guerra seja entendida como uma divisão na própria natureza de cada pessoa. [...] Pelo fato de as pessoas

> não saberem que a divisão está dentro delas mesmas, tornam-se desvairadas e empurram a culpa uma para a outra. Se uma metade da humanidade está sem razão, então cada pessoa está pela metade sem razão. Mas não vê a divisão em sua alma, que é a fonte da desgraça externa. Se estás irritado contra teu irmão, pensa que estás irritado contra o irmão dentro de ti, isto é, contra aquilo em ti que é semelhante a teu irmão.
> Enquanto pessoa és parte da humanidade e por isso tens parte no todo da humanidade de tal forma como se fosses a humanidade toda. Se tu vences e matas o teu concidadão que se opõe a ti, então matas aquela pessoa também em ti e terás matado uma parte de tua vida. O espírito desse morto vai seguir-te e não permitirá que te alegres com tua vida. Tu precisas de teu todo para passar pela vida.[20]
> Por isso dizem todos que ele pode lutar pelo bem e pela paz, lá onde não é possível um duelar mútuo pelo bem. Mas como as pessoas não sabem que a divisão está em seu próprio interior, acham os alemães que os ingleses e russos não têm razão; os ingleses e russos porém dizem que os alemães não têm razão. Mas ninguém consegue julgar os rostos segundo ter razão e não ter razão. Quando a metade da humanidade está sem razão, cada pessoa está pela metade sem razão. Por isso é uma divisão em sua própria alma. [...] As pessoas veem a discórdia externa, mas não a interna, que é a única fonte da grande guerra. Mas antes que o ser humano possa ascender para a luz e o amor, há necessidade da grande batalha.[21]

Isso é exatamente o oposto daquilo que realmente aconteceu nas "sociedades heroicas" da Europa. Estavam a caminho de sua destruição e autossacrifício, enquanto Jung recomendava: "sede espertos e não heróis, pois nada é mais perigoso do que ser um herói por conta própria".[22] Jung estava recomendando o que poderíamos chamar de *pacifismo psicológico*, embora ele mesmo não tenha usado o termo. Ele sugeriu o caminho da introversão a fim de reintegrar a outra metade dissociada do homem. Seu objetivo era restaurar a integridade vencendo a dissociação do ego e do outro interior. O inimigo é uma parte do si-mesmo. Os conflitos que levaram à guerra não eram conflitos de certo *vs.* errado ou de fatores externos. Embora leiamos o contrário todos os dias, são os conflitos dentro do próprio homem que levam à guerra, conflitos dentro da psique de cada pessoa. Os movimentos pacifistas dos contemporâneos de Jung acusavam os poderes econômicos e políticos de serem responsáveis pelas guerras; seu lema do "não à guerra" resultava de um ponto de vista moral superior e do pessimismo em relação à capacidade humana de reprimir forças destrutivas.[23] Consequentemente, o pacifismo só poderia ser alcançado por leis e instituições da sociedade, não por indivíduos e seu desenvolvimento psicológico pessoal. O raciocínio de Jung não se apoiava numa visão basicamente positiva do caráter humano que exige que todos lutem pelo bem e pela paz. Jung argumentava do ponto de vista oposto, a partir da ideia fundamental de que a sombra fazia parte de cada sujeito humano. O conflito dentro da psique precisava ser resolvido. No fim, então, não faria mais sentido projetar sua própria sombra sobre o outro e lutar com o outro. Esse procedimento seria necessariamente visto como autodestrutivo, pois o outro é a outra metade de si mesmo. Um pacifismo psicológico, portanto, só pode ser simbolizado por um herói fragmentado, um herói em sua fraqueza. O símbolo do herói magnífico esconderia a autodestruição por trás do autossacrifício.

A integração do outro é o significado e objetivo mais profundo do sacrifício do herói. Essa integração envolve um processo de transformação psicológica. Essa ideia é fundamentalmente diferente da pulsão de morte de Freud. O conceito do autossacrifício de Jung é um conceito psicológico, cultural e antropológico. O pacifismo psicológico também é um conceito político. O conceito de Freud, por sua vez, é basicamente um conceito biológico. Culturalmente, a narrativa do *Livro Vermelho* lida com a morte simbólica do herói com mil faces, para mencionar o famoso livro de Joseph Campbell, escrito muito mais tarde. "Nada é mais perigoso do que ser um herói por conta própria", como escreveu Jung.

O que significa o impulso de Jung de se matar após ter assassinado Siegfried? Ele queria integrar sua culpa de ser o assassino de Siegfried tendo parte no sofrimento do guerreiro-herói Siegfried. Como vimos, a isso se seguiu uma transformação do símbolo do herói e uma despedida do guerreiro-herói em uma imagem brilhante, orgulhosa e poderosa do si-mesmo. O guerreiro-herói desceu das alturas de seu senso inflado de si-mesmo e se uniu aos seus assassinos na morte. No fim do *Liber Primus*, as cobras escura e branca lutam uma com a outra e acabam integrando partes uma da outra, como simbolizado por suas cores. Cristo e o ego de Jung sofrem juntos as mesmas torturas e o mesmo abandono.

A ideia do autossacrifício do povo é a terceira manifestação do autossacrifício no *Livro Vermelho*. Historicamente, a Primeira Guerra Mundial demonstrou ser o destino coletivo das "sociedades heroicas", um termo usado por cientistas políticos no início do século XXI.[24] As sociedades europeias tinham se transformado em sociedades heroicas durante o período pré-guerra, como Münkler demonstrou. Agora, no início do século XXI, como resultado de duas guerras mundiais, existe uma mudança na Europa Ocidental para "sociedades pós-heroicas". A atitude coletiva em relação ao autossacrifício do herói mudou profundamente.

Jung foi um dos poucos indivíduos que reconheceu que o autossacrifício do povo deveria ser visto não só como um evento externo, mas também como brigas entre povos. Deveria ocorrer uma transformação psicológica. Se as pessoas – vistas como indivíduos – aprendessem sua lição sobre sua própria destruição coletiva e individual, seu sofrimento poderia se transformar em uma lição em pacifismo. Essas ideias de Jung significariam uma lição fundamental em pacifismo por meios psicológicos. A transformação de símbolos que formam o centro do complexo do herói de sangue derramado por um indivíduo em rios de sangue derramados pelas multidões de soldados e civis, de sacrifício em vítima, de força heroica em fraqueza, de superioridade em inferioridade muda fundamentalmente o conteúdo do complexo do herói. A imagem pós-heroica do guerreiro sofredor podia suportar indivíduos que se entendem como se cada um deles fosse o todo da humanidade em sua própria integridade.

Quando Jung escreve: "Antes que o ser humano possa ascender para a luz e o amor, há necessidade da grande batalha", o que isso significa? Essa foi a conclusão de Jung após três anos de inúmeras batalhas que mataram milhões de pessoas. A grande batalha foi necessária porque, sem ela, o terror não teria sido grande o bastante para convencer as pessoas a voltarem seus olhos para dentro. A despeito da visão obviamente pessimista dos fatos históricos, a perspectiva de Jung continuou sendo um pacifismo psicológico, embora Jung não a tenha chamado assim. Em 1916, Jung escreveu em seu prefácio a *Psicologia do inconsciente*:

> Nada mais apropriado do que os processos psicológicos que acompanham a guerra atual – notadamente a anarquização inacreditável dos critérios em geral, as difamações recíprocas, os surtos imprevisíveis de vandalismo e destruição, a maré indizível de mentiras e a incapacidade do homem de deter o demônio sanguinário para obrigar o homem que pensa a encarar o problema do inconsciente caótico e agitado, debaixo do mundo ordenado da consciência. Esta guerra mundial mostra implacavelmente que o homem civilizado ainda é um bárbaro. [...] A psicologia do indivíduo corresponde à psicologia das nações. As nações fazem exatamente o que cada um faz individualmente; e do modo como o indivíduo age, a nação também agirá. Somente com a transformação da atitude do indivíduo é que começará a transformar-se a psicologia da nação.[25]

Em 1913, Jung foi um vidente, um profeta político. No entanto, ele não revelou suas interpretações históricas e políticas aos seus contemporâneos. Ele não publicou seu *Livro Vermelho* em vida, e acredito que ele teria sido despedaçado por seus contemporâneos se o tivesse feito. Suas visões, sonhos e imaginações ativas não teriam sido levados a sério. Ele teria sido tratado como um lunático ou traidor. A verdade é que seus contemporâneos eram os lunáticos, pois estavam inflados por autoimagens heroicas e nacionalistas coletivas. Mas suas ideias ultrapassavam em muito o pensamento comum – e o ultrapassam ainda hoje. Portanto, *o Livro Vermelho* continua sendo um desafio para o nosso tempo: paz não é um evento exterior, mas um estado de integração da parte dividida e dissociada que projetamos sobre o outro, o estrangeiro, o inimigo. Que ideia poderia ser mais fundamentalmente relevante para a crise global do nosso tempo atual?

Notas

1. C.G. Jung. *O Livro Vermelho: Liber Novus. Edição sem ilustrações*, org. Sonu Shamdasani, trad. Edgar Orth (Petrópolis: Vozes, 2015), p. 182.

2. O texto do *Livro Vermelho* consiste em duas camadas. A primeira camada é formada pelas visões, sonhos e imaginação de outubro de 1913 a abril de 1914 que ele tinha anotado nos cha-

mados *Livros Negros*. Jung os copiou literalmente para o seu *Livro Vermelho*. A segunda camada é um comentário anotado de agosto de 1914 a junho de 1915, quando ele completou o esboço manuscrito. Seguiram-se várias correções. Graças ao editor Sonu Shamdasani, temos o *Livro Vermelho* como edição crítica, o que significa que podemos acompanhar as várias versões do texto. Jung expressou sua visão sobre a guerra explicitamente nessa segunda camada, durante o primeiro ano da Primeira Guerra Mundial. As imagens de seu inconsciente, desdobradas na primeira camada, antecederam a guerra em quase dez meses. A segunda camada consiste em comentários, mas esses comentários não podem ser vistos como uma análise científica racional nem como manifesto político, embora seja inerente e basicamente política. A linguagem dessa camada se iguala a obras dramáticas e poéticas ou se parece com os processos primários em sonhos, como a linguagem da primeira camada. Muitas vezes, sua linguagem é associativa e errática, afirmações são feitas em forma de paradoxos, existe uma mudança constante de uma visão pessoal para uma visão coletiva e vice-versa, declamações proféticas se misturam com confissão pessoais e teses enigmáticas sobre a humanidade em geral. Ambas as camadas são dominadas por imagens, não por conceitos. A linguagem patética e declamatória não desvaloriza o conteúdo. *O Livro Vermelho* oferece um acesso singular à vida e obra de Jung. Shamdasani até chamou a publicação do *Livro Vermelho* de início de "uma nova era na compreensão da obra de Jung". "O trabalho no *Liber Novus* esteve no centro da autoexperimentação de Jung. Ele é nada menos do que o livro central de sua obra" (Sonu Shamdasani, em Jung. *O Livro Vermelho*, p. 86).

3. Veja Günter Langwieler. "Jungs Abschied vom Kriegerhelden", em *Analytische Psychologie* 46, 1, 2015, p. 28-42.

4. Jung. *O Livro Vermelho*, p. 116.

5. See Deirdre Bair. *Jung: A Biography* (Boston, MA: Little, Brown and Company, 2003), p. 363.

6. Jung. *O Livro Vermelho*, p. 145.

7. Jung emprestou a figura de Siegfried da *Canção dos Nibelungos*, um épico medieval, mas na versão de Richard Wagner, em "O Anel dos Nibelungos". Na versão de Wagner, Siegfried é o herói germânico, o homem livre destemido. Siegfried é forte e selvagem e se revolta contra Wotan e os deuses estabelecidos. Em *Transformações e símbolos da libido*, Jung discutiu o herói principalmente em relação ao arquétipo da mãe (veja C.G. Jung. *Wandlungen und Symbole der Libido* (Leipzig e Viena: Franz Deuticke, 1938).

8. Jung. *O Livro Vermelho*, p. 146.

9. C.G. Jung. *Introduction to Jungian Psychology: Notes of the Seminar on Analytical Psychology Given in 1925* (Princeton, NJ: Princeton University Press, 2012), p. 61-62.

10. O historiador de Cambridge Christopher Clark falou sobre a dificuldade das elites europeias de assumir responsabilidade pela irrupção da Primeira Guerra Mundial e relatou um detalhe irritante: na Guerra Russo-japonesa (1904-1905), podia-se ver o que acontecia quando soldados atacavam uma posição de defesa com metralhadora. "Os observadores alemães e franceses observaram com satisfação os ferimentos terríveis que as novas armas causavam nos corpos dos feridos. A miopia de seu pensamento era notável: eles testaram sua própria artilharia com entusiasmo, mas não perceberam que essas ferramentas assassinas acertariam seu próprio povo". Tradução minha, veja Christopher Clark. "Die Eliten haben versagt", *Geo Epoche* 65, 2014, p. 156ss.

11. Jung. *O Livro Vermelho*, p. 173.

12. Ibid., p. 175.

13. Ibid.

14. Ibid., p. 176-177.

15. Veja Jung. *O Livro Vermelho*, p. 176 anotação 211.

16. Veja Jürgen Moltmann. *Der gekreuzigte Gott* (Gütersloh: Gütersloher Verlagshaus, 1972), p. 9.

17. Ibid., p. 7; tradução minha.

18. Ibid., p. 49. "Gott lässt sich aus der Welt herausdrängen ans Kreuz, Gott ist ohnmächtig und schwach in der Welt und gerade und nur so ist er bei uns und hilft uns. Es ist nach Matt. 8;17 ganz deutlich, dass Christus nicht hilft dank seiner Allmacht sondern kraft seiner Schwachheit, seines Leidens! ... nur der leidende Gott kann helfen... Das ist die Umkehrung von allem, was der religiöse Mensch von Gott erwartet. Der Mensch wird aufgerufen, das Leiden Gottes an der gottlosen Welt mitzuleiden."

19. Ibid., p. 10.

20. Jung. *O Livro Vermelho*, p. 178-179.

21. Ibid., p. 170 anotação 220.

22. Ibid., p. 152.

23. A história das ideias sobre o pacifismo se estende desde a Bíblia até Hume, Locke e Kant e até os movimentos pacifistas no início do século XX. Precisaríamos de um artigo inteiro só para discutir essas abordagens diferentes.

24. Veja Herfried Münkler. *Der Wandel des Krieges. Von der Symmetrie zur Asymmetrie* (Weilerswist: Velbrück Wissenschaft). (Wissenschaft, 2007); também Herfried Münkler. *Der Große Krieg* (Berlim: Rowohlt Verlag, 2013).

25. C.G. Jung. "Psicologia do inconsciente", em *OC*, vol. 7/1 (Petrópolis: Vozes, 2014), prefácio à primeira edição, p. 10.

17
O *trickster*, seu irmão apocalíptico e o desmanche de um mundo: Uma leitura arquetípica de Donald Trump

Randy Fertel

> Encaremos os fatos, pessoal, somos uma nação dividida [...] dividida entre aqueles que pensam com sua cabeça e aqueles que *sabem* com seu coração. [...] Pois, senhoras e senhores, é daí que vem a verdade – das entranhas.[1]
>
> Steven Colbert ao cunhar o termo "veracidade"

> [...] a grande pergunta contemporânea: como pode a consciência mais atual e avançada ligar-se novamente ao mais antigo, o inconsciente deixado para trás?[2]
>
> *C.G. Jung*

Improvisação e a retórica da espontaneidade não mediada

Visto através das lentes do arquétipo, Donald J. Trump é uma versão sombria – muito sombria – de C.G. Jung.

Alguma vez um par tão heterogêneo foi colocado sob o mesmo jugo de forma tão violenta? Um tão interior, o outro sem interior aparente; um tão erudito, e o outro um analfabeto funcional; um tão urbano, o outro – no melhor dos casos – suburbano.

Este artigo explora até onde é possível levar essa aparente *enantiodromia* – Jung/Trump – com a intenção de mostrar como o *Livro Vermelho* de Jung pode nos preparar para sobreviver à presidência de Trump. Argumentarei – e talvez isso seja ainda mais surpreendente – que, juntamente com seus colegas modernistas, Jung é indiretamente responsável por como Trump acatou as "fake news" e os "fatos alternativos".

A dança de Jung com o diabo, o *Livro Vermelho*, por meio da qual ele conjurou seu método analítico, finalmente viu a luz do dia em 2009. Dois anos depois, Trump iniciou *sua* dança diabólica, ao defender teorias conspiratórias sobre a cidadania de Barack Obama e conjurando sua campanha à presidência. Ambas as danças buscam catalisar uma nova ordem mundial; ambas as danças acolhem, embora de maneiras muito diferentes e com efeitos diferentes, a sombra humana.

Mas o que conecta os dois acima de tudo é que ambos são improvisadores. Improvisação é uma forma de discurso persistente na literatura, artes visuais, música e até mesmo na política que manifesta gestos formais e preocupações temáticas persistentes.[3] As conexões entre as improvisações têm se escondido à plena vista, principalmente porque todos alegam, como *O Livro Vermelho: Liber Novus* (ou como a campanha e presidência de Trump), que são diferentes de tudo que você já viu – não canônico, algo recém-descoberto.[4]

Como sugere sua etimologia, *im-pro-visações* alegam ser *im-previstas*; espontâneas, improvisadas, não elaboradas, não mediadas, desleixadas, inspiradas, informes e/ou caóticas. Ao aplicarem um decoro ao indecoro, desprezando o convencional, os improvisadores tentam nos convencer de que sua arte não é produto de razão, artifício ou virtuosidade. Ao contrário, eles modelam uma visão mais aberta, sincera e autêntica da vida. Desafiando a lógica, razão e habilidade, a improvisação exige mudança.

Como a persona de "Jung"[5] diz sobre a magia no *Livro Vermelho*, a improvisação é "o sem-lei, que acontece sem regra fixa, fortuitamente".[6] Seus dois epígrafos ao *Livro Vermelho* ressaltam que o objetivo de sua busca é *imprevisto*. Primeiro Jung cita o lamento de Isaías de que o salvador virá "como uma surpresa" (Is 53,1-3). O editor Sonu Shamdasani observa que Jung utiliza os mesmos versículos em seu livro seguinte, *Tipos psicológicos*, e lá explica o lamento de Isaías: "O nascimento do Salvador, i.e., o aparecimento do símbolo, acontece justamente onde não é esperado e exatamente onde a solução é a mais improvável".[7] *O Livro Vermelho* tratará da busca pelo "nascimento do Salvador" e do "desenvolvimento do símbolo redentor" – por meio de suas imaginações ativas improvisadas. Seu segundo epígrafo, novamente de *Isaías*, também é explicado em *Tipos psicológicos*:

> A natureza do símbolo redentor é a de uma criança, isto é, a atitude de criança ou atitude não preconcebida faz parte do símbolo e de sua função. A atitude 'de criança' faz com que automaticamente surja no lugar do voluntarismo próprio e da intencionalidade racional um outro princípio orientador tão onipotente quanto divino. O princípio orientador é de natureza irracional, razão por que se manifesta sob a capa do maravilhoso. [...] O critério da ação 'divina' é a força irresistível do impulso inconsciente.[8]

No âmago da improvisação, pulsa o espírito do *trickster*, um desafio à racionalidade e um flerte com o primitivismo filosófico. Desde a Antiguidade, a improvisação tem sido do discurso de mudanças de paradigma, daqueles momentos culturais em que a razão, o modo de conhecermos o mundo, é desafiada e redefinida pelo poder irresistível dos impulsos inconscientes ou por alguma outra faculdade não racional.

Muitas vezes, os estudiosos tentam explicar a reivindicação de espontaneidade como "topos da modéstia afetada" ou como convenção da autodefesa antecipatória.[9] Mas na negação de racionalidade e habilidade se esconde uma ostentação. Se a aparência de comportamento racional possui tanto valor e poder – o psiquiatra e neurocientista Iain McGilchrist chama isso ceticamente "a retórica da razão"[10] – por que, então, alguém se gabaria de estar livre dele?

Para começar um estudo verdadeiramente crítico dos improvisadores, é preciso primeiro se recusar a participar do jogo de Cachinhos Dourados: *Foi improvisado demais? Faltou improviso? Ou a medida de improviso foi perfeita?* Truman Capote sofre esse tipo de lapso quando se queixa de Kerouac: "Isso não é escrever, é datilografar". O *Livro Vermelho* começou com os *Livros Negros* em 1913-1914. Entre 1914 e 1928, o manuscrito foi "trabalhado, retrabalhado e retrabalhado", como observa James Hillman.[11] Era um produto improvisado ou criado minuciosamente? Como na maioria dos casos de textos improvisados, a resposta é: *Sim, ambos*. Em vez de fazermos o jogo de Cachinhos Dourados, devemos ver que o efeito da "retórica da improvisação" é desafiar o valor da razão.

No que diz respeito a Trump, a pergunta de Cachinhos Dourados assume a seguinte forma: "*Ele é um turbilhão acidental ou um manipulador astucioso?*"[12] De novo, a resposta é: *Sim, ambos*. Não importa se Trump emprega conscientemente a retórica da espontaneidade e seu caos resultante, a questão é que isso continua a funcionar para ele, semeando o caos que ele tanto adora. O gosto de Trump pelo caos deve ser analisado para entender o poder que tem tido. O gesto da espontaneidade acata a premissa primitivista de que a vida é melhor e mais autêntica quando não adulterada pelos artifícios da mente, cidade ou civilização. A forma literária associada a essa premissa é pastoral, onde pastores e pastoras brincam numa arcádia bucólica. O tropo pastoral expressa nossos anseios ambivalentes e complexos pelo *locus amoenus*, o lugar bom e agradável, imaginado como *ailleurs* ou *jadis* – em outro lugar ou num passado distante. Vislumbres desse lugar feliz podem ser acessados – assim diz a premissa – por meio de atividade espontânea ou por meio do nosso cérebro límbico.

O discurso do improviso está infundido com esse anseio por alguma forma de não razão para inspirar a nossa vida. Os grandes exemplos de improvisação não renunciam necessariamente à razão.[13] São argumentos *a partir* da natureza, mas, no fim, não *para* a natureza. Thoreau recomenda o "tônico da vida selvagem", mas não quer que o sigamos para a floresta.[14] Ele se retira para escapar da civilização ("Os homens trabalham sob um erro"), mas viaja para a floresta "para viver deliberadamente" (de *de-liberare*, ponderar cuidadosamente).[15] A maioria dos improvisadores nos transmite um gosto do caos, mas não nos convidam a engoli-lo completamente. Diferentemente de Trump. O lema de Trump, "Make America Great Again", se apoia no tropo pastoral, evocando uma grandeza de alguma era dourada passada ou, como Hillary Clinton explica, uma "versão sombria, divisora e negativa de nostalgia".[16] (O fato de as raízes de Trump estarem em Queens e Manhattan sugere que sua base predominantemente rural confundiu um tropo com um tipo.) "Eu sou uma pessoa muito instintiva", ele proclama, "mas meu instinto acaba provando que está certo".[17]

Trump não é o único a privilegiar nossa natureza instintual. No *Livro Vermelho*, Jung argumenta que o problema dos homens modernos é que "não viviam seu animal".[18] O que agrada a Jung é que "o animal não se revolta contra sua espécie. [...] O animal vive honesta e fielmente a vida de sua espécie, nada mais e nada menos".[19]

Como podemos alcançar uma vida em harmonia com nossos instintos? Os improvisadores falam da musa, da intuição, da escrita automática, de drogas – dependendo do paradigma típico à sua época. O paradigma de Jung envolverá vários elementos do inconsciente: sonhos, arquétipos, o inconsciente coletivo.[20] *O Livro Vermelho* afirma que "o mundo não é só racional, mas também irracional. Assim como se pode abrir o racional do mundo com a razão à medida que o racional do mundo vem ao encontro da compreensão, assim também se encontra o incompreensível e o irracional".[21] O irracional, livre do ego direcionado, é o plano de Jung para viver em sintonia com o instinto, de modo fiel e honesto à nossa espécie.

Trump pode apelar aos nossos instintos mais baixos, e Jung, à teleologia benigna do si-mesmo, mas o que eles têm em comum é o anseio por um lugar melhor e uma maneira melhor de ser que são alcançados espontaneamente (de *sua sponte*, por si próprio).

Mas nem todo comportamento instintual é benigno. Instinto, intuição, espontaneidade e inspiração – eles têm nos trazido resultados maravilhosos *e* terríveis. Alguns *Eurecas!* são apenas ideias bobas. O Odisseu de Homero é o rei dos improvisadores, mas seus improvisos causam a morte de cada um de seus tripulantes. O presidente George W. Bush não precisava das análises do Departamento de Estado; ele olhou nos olhos do presidente Putin e viu sua alma. Hitler é o exemplo mais monstruoso. No relato de Jung, ele "ouve atentamente uma corrente de sugestões de uma fonte sussurrante e age de acordo".[22] Uma vez que você abriu as portas para forças externas ou instintuais, abafando a capacidade da razão de julgar, você nunca sabe quem assumirá o controle, se a força que orienta você é divina ou demoníaca, saudável ou patológica. Como você julga após renunciar ao julgamento? O presidente Trump está criando uma reputação para os improvisadores em toda parte.

Jung e Trump: acatando a espontaneidade

É impossível exagerar o papel da espontaneidade nas carreiras de Jung e Trump. Jung começa sua carreira com a premissa de que complexos psicológicos podem ser discernidos medindo a velocidade das associações de palavras espontâneas dos pacientes. A Psicologia Analítica que emerge do *Livro Vermelho* nos introduz a vários elementos do inconsciente: sonhos, arquétipos, o inconsciente coletivo e a *anima*, que, como Jung escreve em outro lugar,

> é um "*fator*" no sentido próprio da palavra. Não podemos fazê-la, mas ela é sempre *a priori* de humores, reações, impulsos e de todas as espontaneidades psíquicas.[23]

Não apenas conceitual, a espontaneidade é, também, um componente formal crucial. Escrevendo antes da publicação do *Livro Vermelho*, Susan Rowland argumentou que "Jung acreditava que a escrita psicológica devia buscar a maior autenticidade incluindo na escrita a criatividade psíquica inconsciente. [...] Para Jung, um produto da escrita só era realmente válido se ele contivesse um traço de espontaneidade que ele acreditava ser integral ao funcionamento psíquico".[24] A publicação do *Livro Vermelho* demonstra como essa convicção surgiu.

Por mais que a beleza do *Livro Vermelho* nos encante, o editor Sonu Shamdasani está correto ao apontar que um elemento dessa beleza, como acontece com muitas improvisações, é sua aspereza estética: "Este não é um livro bem-escrito, e as pinturas tampouco são formalmente elaboradas, mas é mais eficaz justamente por isso ou é afetivo justamente por essa razão. Ele abala com sua própria categoria do estético".[25] Essa busca de evitar a aparência de artifício é uma maneira de entender a negação veemente de "Jung" no *Livro Negro 2* de que aquilo que estava fazendo seria arte: "Então uma voz me disse, 'Isso é arte'. [...] Bem, disse então enfaticamente a essa voz que o que eu estava fazendo não era arte, e senti uma grande resistência crescer em mim".[26] *O Livro Vermelho* é, retoricamente, desprovido de arte: não há necessidade de fazer o jogo de Cachinhos Dourados sobre quão desprovido de arte ele é.

Para Trump, o improviso é uma questão persistente de orgulho. Ao comentar sobre a tendência de Trump de obter informações dos "programas de TV" e não dos relatórios de sua equipe, o historiador presidencial Jon Meacham observa: "Sua tendência de seguir seus instintos ao agir significa efetivamente que ele trabalha com base naquilo que poderíamos chamar de 'boatos políticos'". Quando perguntado se respondeu intuitivamente quando Wolf Blitzer o confrontou sobre a OTAN, Trump respondeu: "De improviso... Sou uma pessoa intuitiva. Eu não li livros sobre a OTAN". Blitzer viu essa resposta como um "caso revelador referente ao que ele acredita ser sua capacidade especial de chegar a conclusões sem muita reflexão". "Improvisando descaradamente", resume Meacham, "Trump se deleita em sua falta de experiência política convencional".[27]

Entender a retórica da espontaneidade e seu combustível do primitivismo ajuda a explicar o sucesso político de Trump. Numa análise de sua retórica, Gwendolyn Blair da publicação *Politico* explica:

> A verborragia, as frases incompletas, todas essas coisas que pareciam ser prova de incompetência e incapacidade de lidar com problemas complicados e sofisticados que um presidente teria que enfrentar – sem falar de todos os comentários negativos, afrontosos, grosseiros e vulgares – foram reformulados como sinceridade, autenticidade, como aquilo que ele está realmente pensando *vs.* consideração. [...] Especialmente num mundo em que programas de *reality* exercem tanta influência [...], as medidas normais de realidade como a verdade simplesmente não importam. E nisso ele foi muito, muito bom.[28]

Ser espontâneo ou imperfeito significa ser não mediado. Ser mediado significa conformar-se a algo menos autêntico ou ser moldado por isso. Poderíamos atribuir o sucesso de Trump à televisão ou à corrente anti-intelectual que percorre a história norte-americana. Mas o primitivismo ou pastoralismo que alimenta essa retórica é universal. Diz respeito ao arquétipo do *puer aeternus* e de "Mercurius" – Hermes em sua forma alquímico – que, para Jung, representa "a matéria sobre a qual a natureza já trabalhou, mas deixou inacabada".[29] O CEO da *New York Times* Mark Thompson observa o paradoxo do apelo de Trump, que "depende significativamente da crença de que ele é alguém que diz a verdade e que não quer se envolver com a linguagem convencional da política":

> Não devemos confundir o "dizer a verdade" antirretórico com realmente dizer a verdade. Uma das vantagens desse posicionamento é que, uma vez que os ouvintes se convenceram de que você não está tentando enganá-los ao modo de um político comum, eles podem desligar suas faculdades críticas que normalmente aplicam ao discurso político e lhe perdoar qualquer exagero, contradição ou ofensa. E se os rivais ou a mídia criticarem você, seus apoiadores podem descartar isso como preconceito.[30]

Esse "desligamento das faculdades críticas" é o que os improvisadores têm feito, pelo menos desde que a Loucura de Erasmo alegou que sua "fala improvisada, não premeditada era ainda mais verdadeira por isso".[31] Como padre e monge católico, o propósito de Erasmo em *Elogia à Loucura* era explorar a ideia cristã de êxtase. Espontaneidade é um tropo, um substituto para a graça; Erasmo jamais teria confundido os dois. Os improvisadores verdadeiramente grandes entendem ironia, dizendo uma coisa e querendo dizer outra. Eles nos convidam a desligar nossas faculdades críticas acessando a inspiração da Musa, a graça de Deus, a imaginação romântica ou o inconsciente a fim de aumentar e não rejeitar a faculdade da razão. Carecendo de ironia, muitos críticos de "textos espontâneos" merecem a acusação que o crítico literário Jerome McGann levanta contra nossa "absorção acrítica nas próprias autorrepresentações do romantismo".[32]

O estilo cognitivo-dissonante de Trump, por sua vez, os objetos brilhantes que ele fica jogando em nosso caminho, é um esforço de entorpecer nossa inteligência crítica e apelar diretamente aos medos instintivos e às animosidades que vivem em nosso cérebro reptiliano.

A jornada do herói subvertida

Como o herói de Joseph Campbell, o improvisador e sua persona exageradamente não heroica sabem (ou melhor, intuem) que o desafio está em permanecer alerta à vida no momento, ao *im-pre-visto*. Acatar tal visão do propósito do homem é ir além de aproveitar o dia. Devemos aproveitar a vida inteira; não só *carpe diem*, mas *carpe vitam*. Quando fazemos isso, como sugere Wallace Stevens, "relação estranha nos perfura"[33] – nossa armadura e nossos limites artificiais de sofisticação, civilização e racionalidade é comprometida e rompida para que possamos perceber e criar novas conexões. Essa imagem de uma ferida que se transforma em dádiva sugere que o improvisador pode começar a sua jornada em busca de um heroísmo verdadeiro e transcendente somente se ele abandonar seu senso de adequação ou integralidade.[34]

É exatamente por isso que "Jung" precisa matar o herói cultural Siegfried. A natureza não heroica do assassinato é bastante evidente: atacado pelas costas com dois tiros à queima-roupa. O esclarecimento de Jung sobre o assassinato de Siegfried, o pequeno homem moreno ao "seu" lado, uma sombra ou uma figura de *trickster*, é um de seus mais brutos e menos magistrais. Siegfried é morto não por força moral e artística, mas por fraqueza. "Jung" se torna mestre de uma liberdade de mestria. Siegfried era "o maior, o mais belo, ele era minha força, minha valentia, meu orgulho".[35] Isso dificilmente basta como razão para matar alguém, mas pouco antes do assassinato, "Jung" explica o porquê: "O heroico em ti é que és comandado pelo pensamento de que isto ou aquilo seja o bem, que esta ou aquela obra seja indispensável, que esta ou aquela coisa seja rejeitável, que este ou aquele objetivo deva ser alcançado pelo trabalho ambicionado lá adiante, que este ou aquele prazer deva ser reprimido por todos os meios e inexoravelmente".[36] Em seu seminário de 1925, Jung reflete sobre esse momento: "Eu matei meu intelecto, apoiado no ato por uma personificação do inconsciente coletivo, o pequeno homem moreno que estava comigo. Em outras palavras, eu destituí minha função superior".[37] Sendo ferido ou dominado, o herói alcança um novo tipo de mestria. Como escreve William Carlos Williams em *Kora in Hell: Improvisations:* "Por meio da imperfeição de sua composição, o poeta se torna mestre de determinada arma da qual ele não poderia se apoderar de outra forma".[38] O arquétipo do herói contém em si os dois polos da espontaneidade: nosso anseio por uma nova mestria que podemos alcançar sendo dominados por alguma força externa ou por uma força interna que não é "a função superior".

O que as figuras que surgem de seu inconsciente dizem e exigem que ele faça é chocante: "Jung" dança com o "Vermelho", o diabo, e com Salomé; ele pratica canibalismo; ele abraça uma figura de Cristo (Abraxas) que abarca o mal como parte de seu ser. Como resume Shamdasani: "Em seu confronto, ele é forçado a abarcar o que ele rejeitou em sua vida".[39] "Inversamente exaltado", como Foucault diz sobre o louco, o improvisador é autorizado por essa graça que está fora do alcance da razão que é experimentada, porque ele foi marginalizado.[40] Paradoxalmente, os improvisadores marginalizam e desapoderam a si mesmos a fim de ganhar o direito de instruir os justos.

Trump distorce a jornada do herói. Quando o improvisador trata sua ferida como uma dádiva, a de Trump transmite não humildade, mas um senso persistente de vítima. "Vítima" ajuda a explicar o apelo de Trump à sua base que compartilha de suas queixas. Como muitos narcisistas,[41] ele é incapaz de reconhecer suas feridas mais profundas. Trump e seus seguidores abraçam o ressentimento com a energia de "fugir ou lutar" do cérebro reptiliano: *Vejam o que fizeram conosco*. Ao mesmo tempo em que sua retórica está saturada com uma gramática defeituosa e imagens de "carnificina" norte-americana, sua autoapresentação revela uma mestria absoluta: "Só eu posso consertar isso". Quanto ao "pequeno homem moreno" de Trump, vários de seus associados se candidatam à posição, entre eles Steve Bannon, Roger Stone e Vladimir Putin. Visto que os membros da base de Trump também são figuras-sombra, eles não são um "punhado de deploráveis" (Hillary Clinton), mas de deplorados e rejeitados no passado.

Senhor dos mentirosos: *trickster*, subjetividade e fatos alternativos

Nascido na arcádia pastoral e, de acordo com Jung, "o reflexo de um estágio de consciência anterior e elementar",[42] Hermes e seus irmãos *trickster* encarnam a premissa primitivista que se encontra no âmago da improvisação. Com sandálias aladas e indo para onde o capricho o leva, do Hades para a Terra, e da Terra para o Olimpo, Hermes representa o compromisso da improvisação com a *rapidez* – rapidez na composição ou ação e a aceitação não só do momento atual, mas de toda a vida: *carpe vitam*.

O desafio da improvisação ao convencionalismo é ilustrado em seu *Hino homérico* pelo peido do bebê Hermes na cara do irmão Apolo:

> [Hermes], levantado pelos braços [de Apolo],
> liberou
> intencionalmente um presságio,
> um servo insolente
> de seu estômago,
> um pequeno mensageiro descuidado.[43]

Que exemplo da honra que normalmente é concedida a Apolo, padroeiro da alta cultura e encarnação da ordem de Olimpo. O improviso é um peido na cara da razão, do decoro e da noção de que existe um modo certo e ordenado.

É impossível exagerar o papel do *trickster* na vida e obra de Jung. No *Livro Negro 5*, Filêmon diz a Jung que "Hermes é teu *daimon*".[44] Hermes é o espírito *trickster* que espalha alquimia e magia, ambas importantes para Jung. *Psychopompos*, guia das almas no submundo, Hermes é o deus do inconsciente. O espírito da *herme*nêutica, ele é portador de significado. Se Odisseu é Hermes em forma humana, Jung é um *psychopompos* que navega pelos mares do inconsciente coletivo do arquétipo universal.[45]

Trump se conforma à figura do *trickster* de forma maligna e sombria. Um homem tão governado por seu *id*, ele parece estar canalizando *trickster*, não é um *trickster* trazido para a consciência, mas como "identificação com um arquétipo", o que Jung chama "a característica da reação patológica, que determina um tipo de inflação ou possessão pelos conteúdos emergentes, cuja irresistibilidade é um desafio a qualquer terapia"[46] – o que parece descrever Trump perfeitamente.

O *trickster* que conhecemos e amamos derruba os pretenciosos, nos tira do pedestal quando o merecemos. Mas quando o *trickster* "mantém uma relação complementar ou compensatória para com a do eu",[47] Trump, o narcisista, é todo engrandecimento do ego. Trump prometeu abalar as pretensões da capital. Prometeu drenar o pântano. Mas como demonstram as criaturas do pântano que ocupam seu gabinete, Trump só pretende romper com as tradições e normas presidenciais e destruir as conquistas de seu precursor imediato – o Siegfried de Trump – e tudo isso a serviço de seu narcisismo maligno.

Para Lewis Hyde, o *trickster* representa "a mente que a contingência exige" – uma abertura para a fluidez da vida e uma determinação de ter êxito.[48] A versão de Trump é sua disposição de mentir e contradizer a si mesmo, muitas vezes dentro de segundos, com base nas contingências de cada momento. Se a "retórica da razão" se baseia numa autoestima da objetividade, a "retórica da espontaneidade" celebra o valor da subjetividade. A Psicologia Analítica visionária de Jung adota uma ciência empírica que não busca a utopia da objetividade do positivismo, mas, em vez disso, aceita nossa subjetividade inevitável. Analisar a psique *com* a psique é inevitavelmente subjetivo. Se assim for, diz Jung, exploremos a subjetividade de sonhos, arquétipos, complexos e do inconsciente coletivo, que, embora subjetivos, têm este fundamento empírico: nos sonhos e por meio da imaginação ativa, nós os experimentamos.

A adoção dessa subjetividade empírico por Jung é um legado do Iluminismo e uma expressão do Alto Modernismo.[49] Como já o Iluminismo, ela também rejeita verdades derivadas da tradição ou autoridade. Como o Alto Modernismo, ela rejeita mera "facticidade sem significado".[50] Com base na experiência empírica, verdade e sentido devem conter um elemento de consciência subjetiva.

Um legado da subjetividade empírica é a advocacia jornalística, uma prima do Novo Jornalismo, que abraçou a extrema subjetividade do jornalista (e.g., a cobertura da campanha de 1972 por Hunter S. Thompson sob o efeito de diversos alucinógenos). "Justo e equilibrado", o lema recém-aposentado da Fox News, era evidentemente absurdo; mas ele precisa ser entendido como refutação da subjetividade do Alto Modernismo, em que uma agenda determina as informações. É claro, informações *sempre* são determinadas por uma agenda, por nosso ponto de vista, por aquilo que você quer. O anseio por experiência não mediada – o tropo central da improvisação – está fadado a fracassar pela "participação inerente do observador" na percepção. Se quisermos enxergar corretamente, devemos reconhecer o que contribuímos, a maneira em que nossa lente perceptual molda o nosso mundo. "Não existe olho inocente", diz o historiador de arte E.H. Gombrich, não existe experiência sem intermediário.[51] O filósofo de estética Nelson Goodman afirma:

> O olho sempre chega antigo ao trabalho, obcecado com seu passado e velhas e novas insinuações do ouvido, nariz, língua, dedos, coração e cérebro. Ele não funciona como um instrumento isolado e impulsionado por si mesmo, mas como um membro leal de um organismo complexo e caprichoso. Não só como, mas também o que ele vê é regulamentado por necessidade e preconceito.[52]

Essa ideia é central ao projeto de Hillman em *Re-Visioning Psychology*:

> Cada noção na nossa mente, cada percepção do mundo e sensação em nós mesmos precisa passar por uma organização psíquica para que possa "acontecer". Cada sentimento ou observação ocorre como um evento psíquico formando primeiramente uma imagem da fantasia.[53]

E isso vale igualmente na busca da ciência: vemos a luz como uma partícula ou como uma onda, dependendo da hipótese e do experimento aos quais a submetemos. A agenda da advocacia jornalística e dos delatores, que Trump despreza tanto, é simplesmente que os Estados Unidos deveriam ser uma nação governada pela lei, ciência e um senso de justiça, por uma agenda mediada pelas normas estabelecidas pela constituição.

Ao negar essa verdade hermética e modernista, Trump consegue ter o que quer. Se os relatos dos jornalistas são moldados pelas ideologias que informam sua advocacia ("Fatos *fake*!"), por que, então, ele não deveria inventar fatos de acordo com seus caprichos ("fatos alternativos")?

O improvisador em comando: portador ou destruidor de cultura?

A ascensão de Trump não poderia ter me deixado mais perturbado. Em março de 2015, minha anatomia da improvisação foi publicada (após um trabalho de 40 anos). Eu argumentava que, como a democracia, a improvisação acredita que cada voz, por mais marginal ou tola que seja, deve ser ouvida. E cada voto deve ser contado. Assim, quando Trump desceu pelo elevador dourado no Trump Tower para lançar sua campanha – *Estou concorrendo para ouvir a sua voz* – vi que o improviso pode ser também o agente da demagogia. Ao mesmo tempo em que o *trickster* hermético é um portador de cultura que traz fogo e luz para a humanidade e inventa os rituais que honrarão os deuses (criando a cultura helênica), Trump se deleita em seu papel como destruidor da cultura. "Ele queria ser um grande criador de coisas", escreve Rebecca Solnit, "mas ele acabou sendo principalmente um destruidor".[54] Ao agir assim, ele parece estar servindo mais como canal para Dionísio do que para Hermes. Pois Trump, como improvisador sombrio e inflado, vai além das ironias delicadas de Hermes. Ele é o improvisador dionisíaco que busca destruir tudo, até mesmo o decoro do indecoroso do improviso.

Muitas vezes, Dionísio é considerado um *trickster*, mas raramente no mesmo contexto de Hermes. Como Hermes, a "'religião dionisíaca' funciona como um 'antissistema' e 'movimento de protesto'"[55] – um peido na cara ou uma cutucada no olho. Como Cristo, Dionísio é um deus vegetativo e moribundo. Nascido duas vezes (na segunda vez, da coxa de Zeus), ele promete renascimento ou remembramento.[56] Mas Dionísio é um *trickster* mais extremo, alguém, que, como Hermes, promete ser o catalizador de uma nova ordem, mas raramente permanece o tempo suficiente para testemunhar sua emergência. É difícil descartar a imagem final das *Bacantes* de Eurípedes, o retrato mais completo de uma deidade grega que temos, que termina com a cabeça cortada do rei ultrarracionalista Penteu na estaca de Dionísio e sem novo rei à vista. Talvez Eurípedes tenha visto algo que os comentaristas posteriores ignoram.

Como Dionísio, Trump é um rugidor (*bromios*) que, por acaso, se deparou com um padrão bem-estabelecido associado ao culto de Dionísio, que floresceu por mil anos até o triunfo do cristianismo. Uma análise desse culto obscuro poderia nos ajudar a entender o discurso político atual nos Estados Unidos. De acordo com Richard Seaford, Dionísio tem três mil anos de idade e é "nosso símbolo vivo mais antigo".[57] Seu culto morreu há muito tempo, mas, como argumenta Seaford, os anseios pela transcendência aos quais Dionísio se dirigiu, permaneceram, "um símbolo irredutível da antítese de que algo está fundamentalmente errado na nossa sociedade".[58]

Conhecido como o deus do vinho e da folia, Dionísio – ou Baco, em Roma – é o deus do êxtase, a transformação da identidade individual. De acordo com o coro nas *Bacantes* de Eurípedes, Dionísio "deu o deleite do vinho que remove a dor igualmente ao homem rico e ao homem inferior".[59] Ele não é adorado por meio da mediação de um sacerdócio no templo, mas diretamente na natureza. Ele é deus do povo e de seus demagogos.

Nos *Bacantes* de Eurípedes, Dionísio instiga seus seguidores a dilacerar Penteu, o rei autocrático e hiperracional, membro após membro. Agave, a própria mãe de Penteu, cegada pelo êxtase dionisíaco e confundindo seu filho com um leão da montanha, lidera a ação. Se os seguidores de Trump parecem ser cegos às imperfeições dele e, a despeito de todas as evidências, confiam que ele cumprirá suas promessas – bem, é exatamente assim que Dionísio funciona: ele embriaga. Como observa Seaford, Dionísio é "único entre os deuses na medida em que ele é acompanhado por um cortejo, seu *thiasos*".[60] Embora Trump careça do lado feminino de Dionísio, seu *thiasos* contém mais mulheres do que as pesquisas previram para um abusador de mulheres em série. É difícil ignorar a semelhança da comitiva de Trump com os outros seguidores de Dionísio, os sátiros fálicos.

Como inimigo de autocratas como Penteu e oferecedor de êxtase a qualquer um disposto a beber seu vinho forte, o apelo inicial de Dionísio é democrático e igualitário. Mesmo que, num artigo convincente, Elizabeth Mika veja as raízes da tirania de Trump no narcisismo maligno do presidente e de sua base, é verdade também que a tirania tem ressonância arquetípica.[61] Essa é uma questão de fato histórico. Na Grécia e Roma clássicas, candidatos a tirano se vinculavam a Dionísio para desafiar as hierarquias reinantes – para drenar o pântano. "O homem e a mulher esquecidos jamais serão esquecidos novamente", Trump tuitou após sua vitória.

Democracia e demagogia têm mais em comum do que suas raízes latinas. Embora a campanha de Trump tenha violado cada regra e derrubado cada suposição, ele estava seguindo os passos do Marco Antônio romano, que "foi recebido em Roma como 'Dionísio' por toda a comunidade"[62] antes de transformar a oligarquia romana num império autocrático.

Outros imperadores romanos se identificaram com Dionísio. Famoso por seu sadismo, extravagância e perversão sexual, Calígula se vestiu como o deus e foi chamado de "novo Dionísio". Nero também se identificou como "novo Dionísio".[63] Twitter é o violino de hoje?

A "identificação" de Trump com o arquétipo de Dionísio ajuda a explicar seu apelo e sua ascensão ao poder. Como Dionísio, Trump parece determinado a destruir tudo. Em 2014, ele imaginou o apocalipse como solução para os males do país: "*Quando a economia quebrar, quando o país for ao inferno e tudo for um desastre, então você terá [gargalhadas], sabe, então você terá tumultos para voltarmos para onde estávamos quando costumávamos ser grandes*".[64] Com a promessa desse apocalipse, as bacantes de Trump pouco se importam com sua política ou sua incapacidade de cumpri-la. Em seu êxtase cego, sua base parece disposta a desmembrar seus co-cidadãos. Como Trump gosta de ameçar: *Pode apostar nisso.*

Trickster e renovação cívica?

É difícil imaginar que Trump siga o curso do ciclo do *trickster* descrito por Jung:

> Segundo Paul Radin, o processo civilizatório inicia-se com o ciclo do "trickster" [...]. O observador ingênuo pode imaginar que, quando os aspectos obscuros desaparecem, é porque não existem mais. De acordo com a experiência, porém, não é este o caso. Na realidade o que ocorre é a libertação da consciência do fascínio do mal, não sendo mais obrigada a vivê-lo compulsivamente.[65]

O que tememos, porém, é o retorno da sombra, que Jung descreve numa passagem que capta o que temos testemunhado na carreira política de Trump:

> Quando, porém, a consciência é abalada por situações dúbias ou críticas, percebe-se que a sombra de forma alguma se dissolveu no nada, mas apenas espera por uma oportunidade favorável para reaparecer, pelo menos como uma projeção no outro. Se essa façanha for bem-sucedida, cria-se novamente entre ambos aquele mundo obscuro, no qual tudo o que é característico da figura do *trickster* pode acontecer, mesmo nos mais altos graus de civilização. Podemos chamar este acontecimento de "teatro

> simiesco", em cujo palco nada dá certo e tudo é idiotice, não oferecendo a possibilidade de ocorrer algo inteligente ou, excepcionalmente, só no último momento. A política nos oferece os melhores exemplos.[66]

"Projeção no outro", "mundo obscuro", "façanha", "política": a previsão de Jung do regresso que temos experimentado é surpreendente.

Se Trump está canalizando um Dionísio escuro, existe esperança de uma renovação cívica? Se ela existir, certamente ela virá em pequenas doses homeopáticas de seu colega *trickster* Hermes. Segundo Nietzsche, foi Apolo que, unindo-se a Dionísio, gerou a tragédia. Precisamos, porém, de uma união entre Apolo e o espírito comediante de Hermes.

Vemo-nos agora diante de um muro já construído por Trump, não um muro de tijolos e concreto pagos com pesos mexicanos, mas um muro construído com a dissonância cognitiva com que ele nos desnorteia. Um muro contra a razão, lógica e normalidade. No muro de Trump, não existe portão: desorientados, encaramos *aporia*, sem poro, sem abertura, sem caminho adiante. Mas tal rigidez e opacidade é exatamente o que chama o Hermes cintilante e oportunista, senhor dos limiares, portões e dobradiças.[67] O caminho para atravessar esse apocalipse não é a negação saturniana nem a refutação analítica apolínea, muito menos a raiva e violência dos antifascistas impulsionados por Aries. É o riso, o riso que Hermes usou para derrotar a raiva de Apolo e Zeus no *Hino*. Acima de tudo, precisamos do dom *mētic* da criatividade com a qual Hermes improvisou uma lira com a casca de uma tartaruga, um presente com o qual ele apaziguou a raiva de Apolo. Como agradecimento pela criatividade de seu irmão e por seu bom humor, Apolo presenteou Hermes com seu caduceu alado.[68] Ginette Paris descreve a vara de Hermes como "entrelaçada por duas serpentes de força igual, porém oposta – símbolo de equilíbrio por meio da integração de forças contrárias".[69]

Jung encontrou seu equilíbrio não respondendo com violência à violência da Grande Guerra, mas desenvolvendo a imaginação ativa. Ele a combateu com o método hermético do qual surgiram seu *Livro Vermelho* e sua Psicologia Analítica. A renovação cívica deve ocorrer por meio da improvisação hermética: teatro de rua, *flash mobs*, demonstrações e procissões. A Marcha das Mulheres em Washington após a inauguração de Trump provocou gestos herméticos brilhantes, as fantasias de vaginas e os bonés cor-de-rosa tricotados. A Marcha das Mulheres também gerou um número enorme de mulheres dispostas a se candidatar a cargos públicos, desde comitês de escolas e conselhos municipais até câmaras de deputados e governos estatais. Essas mulheres trazem Apolo para a festa. Não devemos nos esquecer nem desprezar o elemento apolíneo. Como escreve Jung:

> Consciência e inconsciente não constituem uma totalidade, quando um é reprimido e prejudicado pelo outro. Se eles têm de combater-se, que se trate pelo menos de um combate honesto, com o mesmo direito de ambos os lados. Ambos são aspectos da vida. A consciência deveria defender sua razão e suas possibilidades de autoproteção, e a vida caótica do inconsciente também deveria ter a possibilidade de seguir o seu caminho, na medida em que o suportarmos. Isto significa combate aberto e colaboração aberta ao mesmo tempo. Assim deveria ser evidentemente a vida humana. É o velho jogo do martelo e da bigorna. O ferro que padece entre ambos é forjado num todo indestrutível, isto é, num *indivíduo*.[70]

Uma coisa é o improvisador reunir a energia e o poder de um *thiasos* não estruturado. Mas uma vez que o portão se abre, devemos agir para corrigir ou consertar as estruturas de governo que estão sendo minadas por Trump e o projeto de redefinição dos distritos eleitorais pelos republicanos.

Por meio de improvisação hermética *e* decoro apolíneo, a ação normativa, podemos resgatar o espírito verdadeiro e a carta da democracia, a polifonia de cada pessoa, cada voto, cada voz sendo ouvida.

Notas

1. Citado em Kurt Andersen. *Fantasyland: How America Went Haywire: A 500-Year History* (Nova York, NY: Random House, 2017), p. 4.

2. C.G. Jung. "Estudo empírico do processo de individuação", em *OC*, vol. 9/1 (Petrópolis: Vozes, 2014), § 620.

3. Para uma anatomia desses elementos formais e temáticos persistentes, veja o capítulo 3, "Through Candor … A Candid Kind": The Conventions of Literary Improvisation", em meu livro *A Taste for Chaos: The Art of Literary Improvisation* (Nova Orleans, LA: Spring Journal Books, 2015), p. 55-117.

4. Veja a discussão de Rosalie Colie sobre o *novum repertum* em *Resources of Kind: Genre-Theory in the Renaissance*, org. Barbara Lewalski (Berkeley, CA: University of California Press, 1973).

5. "Jung" entre aspas se refere à persona do *Livro Vermelho.*

6. C.G. Jung. *O Livro Vermelho*: *Liber Novus*. Edição sem ilustrações, org. Sonu Shamdasani, trad. Edgar Orth (Petrópolis: Vozes, 2015), p. 358.

7. Jung. *O Livro Vermelho*, p. 107 anotação 2.

8. Ibid.

9. E.g., Ernst Robert Curtius. *European Literature and the Latin Middle Ages*, trad. Willard R. Trask (1953; reimpressão, Princeton, NJ: Princeton University Press, 1973), p. 63; e "Appendix B: Vocabulary and Diction in *Utopia*", em *The Complete Works of St. Thomas More*, orgs. Edward Surtz e J. H. Hexter (New Haven, CT: Yale University Press, 1965), 4:580.

10. Iain McGilchrist. *The Divided Brain and the Search for Meaning* (New Haven, CT: Yale University Press, 2012) Kindle Edition, loc. 373. "A maioria", ele escreve, "é completamente e irrefletidamente seduzida pela retórica da razão".

11. James Hillman e Sonu Shamdasani. *Lament of the Dead: Psychology After Jung's Red Book* (Nova York, NY: W.W. Norton, 2013), p. 142. Compare Kerouac: ao mesmo tempo em que ele apresenta On the Road como o produto movido a cafeína de três semanas de redação num rolo de 40 metros, é igualmente verdade que ele o editou durante seis anos.

12. "All in With Chris Hayes", MSNBC, 25 de setembro de 2017.

13. Uma lista sucinta ajudará a orientar meus leitores. Falo de todos estes, entre outros, em *A Taste for Chaos*: *O hino homérico a Hermes*, as *Odes de Pindar*, O asno de ouro de Apuleio, *Gargantua e Pantagruel de Rabelais*, os Ensaios de Montaigne, *Utopia*, *Paradise Lost*, *Tristram Shandy*, *Le neveu de Rameau*, "Tintern Abbey," *Sartor Resartus*, *Adventures of Huckleberry Finn*, *Ulysses*, *The Great Gatsby*, Valéry's *Idée Fixe*, *Doctor Faustus de Mann*.

14. Henry David Thoreau. *Walden, Civil Disobedience, and Other Writings*, org. William Rossi (Nova York, NY: W.W. Norton, 2008), p. 213.

15. Ibid., p. 7, 65.

16. "All in With Chris Hayes", MSNBC, 25 de setembro de 2017.

17. http://time.com/4710456/donald-trump-time-interview-truth-falsehood/?xid=homepage.

18. Jung. *O Livro Vermelho*, p. 303.

19. Ibid.

20. Ulrich Hoerni escreve que "*O Livro Vermelho* seria então uma visão poética de uma mudança de paradigma na psicoterapia", em "The Genesis of *The Red Book* and its Publication", em Thomas Kirsch e George Hogenson, *The Red Book: Re flections on C.G. Jung's Liber Novus* (Londres: Routledge, 2014), p. 9.

21. Jung. *O Livro Vermelho*, p. 356.

22. C.G. Jung. *C.G. Jung Speaking: Interviews and Encounters*, orgs. W. McGuire & R.F.C. Hull (Princeton, NJ: Princeton University Press, 1977), p. 115–135.

23. C.G. Jung. "Sobre os arquétipos do inconsciente coletivo", em *OC*, vol. 9/1 (Petrópolis: Vozes, 2014), § 57.

24. Susan Rowland. *Jung as a Writer* (Londres: Routledge, 2005), p. 2, 4.

25. Hillman and Shamdasani. *Lament of the Dead*, p. 28.

26. Citado em Jung. *O Livro Vermelho*, p. 19.

27. Jon Meacham. "What a President Needs to Know," *Time* 25 de julho de 2016, https://www.yahoo.com/news/president-needs-know-000000146.html.

28. Gwendolyn Blair. "He Was as Surprised as Anyone", *Politico*, 11 de novembro de 2016. http://www.politico.com/magazine/story/2016/11/donald-trump-wins-2016-biographers-214448.

29. C.G. Jung. "O espírito Mercurius", em *OC*, vol. 13 (Petrópolis: Vozes, 2013), § 282. Jung está citando o tratado alquímico *Rosarium Philosophorum do século XVI*.

30. Mark Thompson. *Enough Said: What's Gone Wrong with the Language of Politics?* (Nova York, NY: St. Martin's Press, 2016. Kindle Edition), loc. 1441-1442.

31. Desiderius Erasmus. *The Praise of Folly*, trad. Clarence H. Miller (New Haven, CT: Yale University Press, 1979), p. 12. Loucura continua: "Eu digo isso porque não quero que penses que inventei isso só para demonstrar minha esperteza, como os oradores costumam fazer. Pois sabes que tais oradores, embora tenham trabalhado num discurso por trinta anos inteiros (e, ainda assim, plagiaram parte dele), dirão que o elaboraram em poucos dias ou até o ditaram, como mero exercício. Quanto a mim, o método que eu prefiro acima de todos é simplesmente 'botar pra fora o que aparecer em minha mente'." (Grifo no original.)

32. Jerome McGann. *The Romantic Ideology: A Critical Introduction* (Chicago, IL: University of Chicago Press, 1983), p. 1.

33. Wallace Stevens. "Notes Toward a Supreme Fiction" em *Collected Poetry and Prose* (Nova York, NY: Library of America, 1997), p. 332.

34. Joseph Campbell. *The Hero with A Thousand Faces* (Nova York, NY: Pantheon, 1949), p. 16-17.

35. Jung. *O Livro Vermelho*, p. 147.

36. Ibid., p. 141.

37. C.G. Jung. *Introduction to Jungian Psychology. Notes of the Seminar on Analytical Psychology Given in 1925* (Princeton, NJ: Princeton University Press, 2012), p. 62.

38. William Carlos Williams. *Kora in Hell: Improvisations* (Nova York, NY: New Directions, 1957), p. 19.

39. Hillman e Shamdasani. *Lament of the Dead*, p. 20.

40. Michel Foucault. *Madness and Civilization: A History of Insanity in the Age of Reason*, trad. Richard Howard (Nova York, NY: Vintage, 1973), p. 11.

41. Veja *"A Clear and Present Danger: Narcissism in the Era of President Trump*, orgs. Steven Buser e Len Cruz (Asheville, NC: Chiron Publications, 2017).

42. C.G. Jung. "A psicologia da figura do 'trickster'", em *OC*, vol. 9/1 (Petrópolis: Vozes, 2014), § 467.

43. *The Homeric Hymns*, trad. Charles Boer (Kingston, RI e Londres: Asphodel Press, 2006), p. 47.

44. Jung. *O Livro Vermelho*, p. 419 anotação 25.

45. Como argumento em "Hermes and Literary Improvisation", capítulo 7 em *A Taste for Chaos*, p. 212-217.

46. Jung. "Estudo empírico do processo de individuação", *OC* 9/1, § 621.

47. Jung. "A psicologia da figura do 'trickster'", *OC* 9/1, § 468.

48. Lewis Hyde. *Trickster Makes This World: Mischief, Myth and Art* (Nova York, NY: Farrar, Straus and Giroux, 1998), p. 141ss.

49. Sobre a relação de Jung com o movimento modernista nas artes do século XX, veja Michael V. Spano. "Modern(-ist) Man in Search of a Soul: Jung's *Red Book* as Modernist Visionary Literature", www.cgjungpage.org/learn/articles/literature/934-modernistmaninsearchofasouljungsredbook asmodernistvisionaryliterature (acessado em 26 de setembro de 2017). Sobre a relação do *Livro Vermelho* com o Ulysses de Joyce, veja meu capítulo "Pierce[D] ... With Strange Relation": Jung, Joyce, And Mann Embrace the Back Streets", em *A Taste for Chaos*, p. 367-419.

50. Murray Stein. *Jung's Map of the Soul: An Introduction* (Chicago, IL: Open Court, 1998).

51. Veja E.H. Gombrich. "Evidence of Images", em *Interpretation: Theory and Practice,* org. Charles S. Singleton (Baltimore, MD: John Hopkins University Press, 1969), p. 43.

52. Nelson Goodman. *Languages of Art* (Indianapolis, IN: Bobbs-Merrill, 1968), p. 7-8.

53. James Hillman. *Re-visioning Psychology* (Nova York, NY: Harper & Row, 1976), p. xvii.

54. Rebecca Solnit. "The Loneliness of Donald Trump", *LitHub,* 30 de maio de 2017, http://lithub.com/rebecca-solnit-the-loneliness-of-donald-trump/.

55. Seaford citando Marcel Detienne. *Dionysos Slain.* loc. 343.

56. Veja, e.g., Susan Rowland. *Remembering Dionysus: Revisioning Psychology and Literature in C.G. Jung and James Hillman* (Nova York, NY: Routledge, 2017).

57. Richard Seaford. *Dionysos* (Londres e Nova York: Routledge, 2006), Introdução.

58. Ibid., p. 12.

59. Citado em Seaford. *Dionysos,* p. 18.

60. Ibid., p. 12.

61. Elizabeth Mika. "Who Goes Trump? Tyranny as a Triumph of Narcissism", em *The Dangerous Case of Do nald Trump: 27 Psychiatrists and Mental Health Experts Assess a President,* org. Bandy X. Lee (Nova York, NY: St. Martin's Press, Kindle Edition, 2017).

62. Seaford. *Dionysos,* p. 38.

63. A.J. Woodman. *Tacitus Reviewed* (Oxford: Clarendon Press, 1998), p. 216.

64. Veja http://video.foxnews.com/v/3179604851001/?#sp=show-clips.

65. Jung. "A psicologia da figura do 'trickster'", *OC* 9/1, § 477.

66. Ibid.

67. Sobre o *trickster* como mestre dos "poros", veja Hyde. *Trickster Makes this World,* p. 46-54.

68. Sobre o papel da imaginação *mētic,* veja meu artigo "Jung's *Red Book, Improvisation, and The Mētic Spirit", International Journal of Jungian Studies,* abril de 2017.

69. Ginette Paris. *Pagan Grace: Dionysos, Hermes, and Goddess Memory in Daily Life* (Thompson, CT: Spring Publications, 2015), Kindle loc. 1444.

70. C.G. Jung. "Consciência, inconsciente e individuação", *OC,* vol. 9/1 (Petrópolis: Vozes, 2014), § 522.

18
Sonhando a continuação do *Livro Vermelho*: O que os mortos buscam hoje?

Al Collins

Um bando de "mortos" anabatistas tocaram a campainha da casa de Carl Jung em janeiro de 1916, interrompendo a rotina dominical da família e pedindo sua ajuda para encontrar as respostas a perguntas espirituais que eles tinham buscado em vão em Jerusalém.[1] Sua necessidade sobreviveu à sua morte e ainda persistia em seu estado póstumo.[2] Esses mortos estavam convencidos de que Jung tinha "o que procurávamos. [...] Não teu sangue, tua luz".[3] Como Christine Maillard e outros, Elaine Molchanov e eu temos argumentado que os "mortos" de Jung representavam não só os espíritos dos recentemente falecidos, com os quais ele estava intimamente familiarizado a partir de sua experiência com sua mãe e sua prima Helly Preiswerk, mas também seus clãs ancestrais, incluindo as linhagens de pastores e acadêmicos protestantes, o cristianismo em geral, seu *Zeitgeist* histórico (a cultura alemã na Era Moderna) e, é claro, seu próprio vazio espiritual, que exercia uma pressão mais imediata sobre ele do que qualquer outra preocupação.[4] A essa altura, a busca pela sua "alma", que tinha ocupado Jung pelo menos desde 1913, já tinha alcançado resultados suficientes para que ele pudesse falar dela a outros, e nos "Sete sermões aos mortos",[5] que, segundo ele, foram escritos (ou transcritos) em três noites após a visitação, Jung, ou seu guia interior Filêmon, cristalizou uma resposta que tinha se desenvolvido ao longo dos anos de diálogo ativo com as figuras do seu inconsciente.

Extraídos dos cadernos pessoais de Jung (os *Livros Negros*) e impressos separadamente para alguns amigos e parentes e, depois para alguns pacientes favorecidos, os *Septem Sermones ad Mortuos* e o *Livro Vermelho*, já mais completo, para o qual eles foram escritos e no qual foram inseridos por Sonu Shamdasani na edição de 2009, continham as sementes de grande parte daquilo que ele publicaria de forma mais elaborada e racional ao longo dos próximos 40 anos. O que, exatamente, os mortos e sua cultura precisavam de Jung (e se eles o encontraram nos "sermões") é, porém, uma pergunta profunda, complexa e sutil. O que é evidente é a profundeza de sua fome espiritual e o fato de que a nossa cultura não está menos faminta cem anos depois. Esclarecer a cobrança dos mortos na época e avaliar a adequação da resposta de Filêmon ajude talvez para tratarmos da pergunta referente ao que as nossas culturas mortas e moribundas buscam hoje.

Christine Maillard demonstrou de forma convincente que aquilo que Jung chamou (numa nota nos *Livros Negros*) sua "intensa relação inconsciente com a Índia no Livro Vermelho"[6] é responsável por grande parte da cosmogonia e antropologia nos "Sete Sermões".[7] O princípio fundamental do "pleroma", uma "plenitude" primordial que também é vazia, tem raízes no antigo conceito indiano do "bramã" e do princípio psicomaterial de "*prakriti*". Na mitologia indiana, o processo do mundo evolve não como no mito judaico-cristão por meio de uma criação *ex nihilo* ou por meio de um *fiat* divino, mas numa emanação ou externalização fluente (e feminina) semelhante a um nascimento de formas mais específicas, que emergem ou se desenvolvem a partir de formas menos definidas e, no fundo, de uma matriz informe ou homeostática. O que motiva esse processo dinâmico de transformação dos mundos natural e psicológico é um princípio de ego (*ahamkara*) que, por sua vez, evolve a partir de certa distração ou impulsos[8] na capacidade potencialmente aguda de percepção chamada *buddhi*. Muito semelhante a *ahamkara* nos *Sermões*, o pleroma é dotado de um *principium individuationis*, ou uma tendência inerente de desenvolver, num processo que se parece com o parto, em formas mais específicas que organizam, por meio de oposição e complementaridade, em torno do senso de ser uma "essência".[9] Maillard vê reflexos desse aspecto individualizante do pleroma em outras obras do mesmo período[10] e acredita que ele está no centro de sua psicologia madura. A tendência de se tornar si mesmo, um ser parcialmente diferenciado do pleroma, é equilibrada pela verdade compensatória e igualmente fundamental do descanso continuado *no* pleroma – mais tarde chamado de "inconsciente coletivo" – que é sustentado por este. "*Participation mystique*", o termo do antropólogo Levy-Bruhl, que Jung adotou mais tarde para esse fato de sempre ainda estarmos com um pé no tanque mágico do qual estamos saindo, deve ser honrada, mas também resistida enquanto a pessoa luta para afirmar seu singular "eu sou" e "eu sou isto". Em seu *Livro Vermelho*, Jung lutou com a tendência da psique de voltar para sua fonte psicológica,[11] que a Índia chama de "natureza" ou *prakiti* (ou, mais especificamente, *prakiti* "não manifesto" [*avyakta*] ou "raiz" [*mula*]).

Os mortos, por sua vez, sofrem de um desligamento excessivo do pleroma porque veem a si mesmos como entidades exclusivamente individuais, separadas e nitidamente demarcadas. Segundo Maillard, a individuação apresenta dois momentos distintos. Em primeiro lugar, o pleroma inerentemente atemporal e não espacial manifesta um princípio "*Créature*" espaço-temporal (a tradução de Maillard para o francês do termo "Creatur", de Jung, uma variante de "Kreatur" em alemão),[12] que pode ser compreendido como um substantivo coletivo para os seres do mundo (e, por consequência, pode representar a criação como um todo).[13] Assim como criatura específica (e.g., uma pessoa) se distingue da matriz e entra mais completamente em sua própria essência, paradoxalmente ela também realiza idealmente de forma mais completa sua orientação inerente em direção ao pleroma, que se manifesta no último sermão no símbolo de sua própria estrela particular, que brilha no céu. Essa nova orientação consciente em direção ao próprio princípio orientador (a estrela é um símbolo daquilo que, mais tarde, será chamado de "si-mesmo") é a segunda parte da individuação.[14] O erro cometido pelos mortos, o mesmo do "demiurgo" gnóstico, foi que ficaram presos no momento da separação e inflados pelo poder que o senso exagerado de autonomia traz. Seu crescimento parou, perderam o senso de essência, o dinamismo fluído de uma individuação aprofundada, e se tornaram indivíduos isolados: ou seja, homens modernos neuróticos.

O reconhecimento de que, no fim das contas, não somos uma partícula de consciência isolada, mas uma "porta" (ou portal) aberta,[15] uma zona de transição entre a existência pessoal e a infinidade interna do pleroma, constitui a parte principal daquilo que Jung (ou Filêmon, sua personalidade guru) ensina aos mortos. Em paralelo do individualismo das pessoas, como os mortos compreendiam a si mesmos, seu Deus monoteísta e patriarcal também se mantém distante e, por isso, também deve ser reconcebido em termos do pleroma mais feminino e poroso.

Em que medida essas alterações de perspectiva respondem às perguntas dos mortos sobre a vida e Deus e conseguem satisfazer suas dúvidas? A princípio, os "sete sermões" não nos dizem muito sobre como os mortos responderam ao ensinamento de Filêmon (exceto que, no fim, eles finalmente são capazes de ascender e partir como fumaça no ar acima da fogueira de um pastor), mas a própria figura de "Jung", o interlocutor de Filêmon nos diálogos entre os sermões, substitui os mortos, estende suas perguntas e exige respostas mais completas de Filêmon. O reconhecimento de que os mortos representam o todo da cultura anterior à Primeira Guerra Mundial que invadem a cozinha (e a psique) de Jung ajuda a entender a resposta de Filêmon aos mortos e a "Jung" e a seguir o fio da meada de seu interrogatório como na cultura pós-guerra e em nosso próprio tempo cem anos mais tarde.

Os "Sete sermões" representam uma tentativa visionária de integrar o trabalho psicológico dos três anos anteriores registrados nas primeiras partes do *Livro Vermelho*: *Liber Primus* e *Liber Secundus*. Jung têm chegado longe em sua viagem para além do "espírito dessa época" e, agora, está pronto para compartilhar os frutos de sua jornada com seus contemporâneos. Para ele, os sermões são, em parte, um esforço de ensinar o que ele aprendeu, de contá-lo na forma de um mito para o seu tempo e de tentar assumir o papel de guru para a sua cultura.[16] Por outro lado, ele precisava ter o cuidado de não se identificar demais com o arquétipo do guru ou do homem sábio[17] que Filêmon simboliza nos sermões. Ele fez isso, primeiro, não divulgando esse material completamente de forma pública como uma obra de arte ou um texto profético. Ele limitou a circulação a um pequeno grupo de parentes e alguns colegas selecionados (especialmente Toni Wolff,[18] que era colega e – de certa forma – família) e alguns poucos pacientes. Em segundo lugar, o texto do *Livro Vermelho* não fala da vida pessoal de Jung (como na história em torno de

Memórias, sonhos, reflexões, onde os mortos literalmente invadem sua porta para exigir respostas e irritar sua pequena família). Mais tarde, Jung nos conta que o texto "começou a fluir de mim e, ao longo de três noites, a coisa foi escrita".[19] Aparentemente, ele entrou num estado de *participation mystique*, mas se distanciou do seu texto quando o inseriu no *Livro Vermelho* (na forma perliminária dos *Livros Negros*), onde seis das sete sessões de discurso entre Filêmon e os mortos são separadas por diálogos entre Filêmon e "Jung" ("eu").[20] Mas qual era o mito que os "Sete sermões" (e, por extensão, o *Livro Vermelho* como um todo) contavam, e qual era a questão cultural à qual eles se dirigiam? E – eles conseguiram dar uma resposta satisfatória?

Nos "Sete sermões", Jung deixa claro que os mortos (que, na verdade, são "não mortos", visto que continuam a buscar respostas a suas perguntas) se decepcionaram com o ensinamento que encontraram em Jerusalém, o *locus* das três religiões "abraâmicas". A tradição judaico-cristã se mostrou inadequada, e eles buscavam algo mais, que Jung conscientemente encontra em Alexandria, "onde o Oriente encontra o Ocidente",[21] mas, inconscientemente, no Oriente, especialmente na Índia.[22] De alguma forma, os mortos se sentem atraídos por Jung, como que por atração inconsciente, sentindo que, nele, poderão encontrar uma resposta à sua busca. O que é que eles não encontram nas religiões abraâmicas e o que eles procuram? O esboço do ensinamento dos "Sete sermões" acima sugere que a necessidade urgente era conectar a *Creatur*[23] ao pleroma. Diferentemente das almas atômicas, separadas e demarcadas dos europeus da Reforma e do Iluminismo, a "Creatur" ideal mantém uma conexão com suas origens no pleroma, e mesmo quando ela se coagula ou "essencializa" a partir da matriz, um vínculo "umbilical"[24] com o pleroma é mantido. É esse vínculo com o inconsciente que é a fonte de sentido para cada *Creatur*, pois expressa sua natureza original em tudo que faz, mesmo que a *Creatur* viva num mundo de diferenciação. A decepção dos mortos se deve ao seu reconhecimento crescente da inadequação do individualismo do Iluminismo (e protestantismo), da suposição cartesiana do "*cogito ergo sum*", com sua conclusão de que "eu sou" um ego separado e de seu Deus puramente masculino e monoteísta. Filêmon/Jung responderia: "Eu sou (e continuo sendo) criado (*Creatur*)". Já no fim de sua vida, Jung, citando um texto alquímico, escreveu: "[em Bollingen] eu sou o filho 'epocal da mãe'".[25] Assim, a conexão entre *Creatur* e pleroma é mantida.

Nos "Sete Sermões", uma diferença-chave entre o modo individualista de se relacionar com Deus e o modo como a *Creatur* se relaciona com o pleroma se expressa no tema, repetido várias vezes, de *saber sendo* em oposição a meramente acreditar. Esse tema emergiu 40 anos mais tarde na famosa entrevista de Jung com John Freeman, quando respondeu à pergunta se agora ele acreditava em Deus dizendo que ele não precisava acreditar porque ele *sabia*. Crer (em Deus ou em qualquer outra realidade transcendente) é impossível para um indivíduo separado, pois, por natureza, o indivíduo está alienado de sua fonte, condenado ao inferno e impedido de entrar no céu, como acredita o protestantismo, a não ser que ele seja remido pela ação de Jesus Cristo, que, de alguma forma, penetra a armadura da alma demarcada e a reúne com seu Criador/fonte.[26] Nunca podemos realmente saber se fomos remidos (salvos) ou condenados ao inferno justamente porque a armadura reflexiva do nosso ego alienador nos impede de ver qualquer coisa que esteja além de seu horizonte. Ao discutir o conteúdo do primeiro sermão aos mortos com Filêmon, Jung pergunta: "Mas, sábio Filêmon, acreditas no que ensinas?" Filêmon responde:

> Trata-se do que sei dizer, não porque o creio, mas porque o sei. [...] Mas devo ensinar uma fé àqueles que renegaram a fé? [...] Mas eu não sei coisa melhor e por isso estou certo de que essas coisas se comportam assim como eu digo. [...] Essas coisas se comportam assim como eu as conheço, pois meu conhecimento é precisamente estas próprias coisas.[27]

Filêmon tinha expressado as coisas que ele sabia e era da seguinte forma: "Não vosso pensamento, mas vossa natureza é distinção. Por isso não deveis lutar pela diferenciação como vós a *pensais*, mas por *vossa natureza*".[28] Devemos chegar ao que somos; aquilo que pensamos saber *sobre* nós mesmos, especialmente sobre nossa distinção (individualidade) é secundário. Isso expressa a essência da individuação de Jung (em oposição ao individualismo). Tornar-se aquilo que se é em essência, alcançar sua "singularidade" como ele dirá mais tarde, significa manter o vínculo com o pleroma sem cair no pleroma e se dissolver no nada absoluto. É, em essência, também por isso que Jung, a despeito de suas profundas raízes no pensamento indiano, sempre suspeitava dele, particularmente como recurso para os ocidentais: existe um perigo de cair no nada do pleroma e perder sua essência. Para Jung, a consciência europeia é individualista, alienada e separada demais do inconsciente. A consciência indiana, mesmo ciente da necessidade de um lugar no meio (uma posição do "não dois" ou *nirdvandva*), se aproxima demais do vazio inconsciente para o gosto ocidental.

Os mortos de hoje

Se, no tempo de Jung, os mortos eram os indivíduos separados da revolução científica, do Iluminismo e da Reforma que careciam de autoridade interior e fundamentação no "pleroma", quem eles poderiam ser hoje? Seguindo a ideia do pleroma como *prakriti*, sugerirei que uma mudança cultural ocorreu após as grandes guerras (e, em parte, como resultado delas),[29] que fez com que Jung abandonasse seu *Livro Vermelho* e passasse para a questão do espírito e da psique na matéria (alquimia, a colaboração com Wolfgang Pauli sobre física e sincronicidade, OVNIs). A partir daí, as perguntas não respondidas dos mortos se preocupariam em encontrar a psique e o divino nos aspectos cósmicos, materiais e físicos de *prakriti* (i.e., no mundo externo) como também na realidade interna e psicológica do inconsciente coletivo. A matéria também deve ter uma essência que ela busca tornar-se mais profundamente. Hoje, procuramos uma divindade na natureza e uma narrativa da nossa vida na matéria física que complete e estenda a individuação – a passagem do ego para o si-mesmo interior deve incluir agora uma descoberta do si-mesmo no mundo da matéria.[30]

Esboçarei rapidamente três representações de desespero e possível esperança contemporâneos no período posterior às percepções fundamentais de Jung no *Livro Vermelho* (1913-1917) e tentarei conectá-los à situação cultural que encontramos após o *Livro Vermelho*.[31] Essas serão os habitantes urbanos letárgicos e sexualmente inertes de T.S. Eliot em "A Terra Devastada", que resistem aos esforços de Abril de "gerar lilases que saltam da terra morta", os "forasteiros" sem amor do filme "Cidade das Sombras" e o perdido Theodore Twombly no filme mais recente "Ela". O que une esses produtos culturais aparentemente tão díspares é a busca de humanos psicologicamente mortos ou moribundos por uma vida nova.

Individualismo e alienação eram o campo de batalha modernista, o "Kurukshetra"[32] da Primeira Guerra Mundial na Europa. Poucos anos após Jung diagnosticar (no meio da guerra) a situação nos rostos indistintos dos mortos que invadiram sua casa exigindo respostas para o seu tormento, T.S. Eliot (após a guerra) imaginou um campo de batalha agora abandonado (Ypres ou Passchendaele) sobreposto à cidade de Londres pós-guerra, com fantasmas e sobreviventes vagando entre raízes e galhos distorcidos e leitos de rios entulhados de lixo, mas instigados a procurar vida nova no lodo e na sujeira. Como Pericles Lewis nos conta, sua "Terra Devastada" pretende "reunir todo o entulho de uma civilização exausta numa enorme pilha de trapos e ossos podres".[33] Diante do esgotamento de seus recursos internos, o mundo pós-guerra está atormentado pela podridão e pelo fedor do monte de lixo da paisagem urbana, que não permite que as pessoas adormeçam.

A natureza, em sua busca incessante de sair da morte para um novo nascimento se torna fonte da renovação. Eliot escreveu partes do poema num sanatório suíço. Sua vida estava despedaçada em decorrência de um casamento desastroso sem sexo.[34] A agonia de ser despertado para uma nova vida, sexualidade e fertilidade começa quando o cruel Abril gera "lilases que saltam da terra morta"[35] e termina alguns meses depois quando trovões ecoam pelos Himalaias,[36] anunciando a monção com a repetição da sílaba sânscrita "DA", ordenando-nos a "dar, demonstrar misericórdia e exercer autocontrole" ("*Datta... Dayadhvam... Damyata*").[37] Eliot explora a pilha de lixo da história, assim como W. B. Yeats revirou a pilha de trapos e ossos do coração[38] à procura de nutrientes para fertilizar o solo da poesia. E se tivermos sorte, o trabalho levará à "tremenda ousadia de um instante de fraqueza"[39] e a novas energias vitais que conectam o indivíduo urbano à terra. Mais tais momentos, como quando "uma mulher esticava sua comprida cabeleira negra e dessas cordas extraía suspirosa música",[40] são raros. Grande parte dos versos responde: "Cidade fantasma sob a fulva neblina de um meio-dia de inverno", "traiçoeiros e exóticos perfumes", estupro e aborto, mau gosto e " O chocalhar dos ossos e o riso gutural e reprimido".[41] Eliot evoca a multidão urbana desfeita pela morte espiritual, que flui sobre a ponte de Londres numa neblina fulva, murmurando: "Que faremos amanhã? Que faremos agora e sempre?" só para ser confrontada com o grito do publicano: "DEPRESSA, POR FAVOR, ESTÁ NA HORA".[42] O poema se aproxima e se afasta incessantemente, buscando alívio como uma lente que procura o foco entre a sístole de "uma ratazana... arrastando pela barranca a sua barriga viscosa" e a diástole de "Doce Tâmisa, corra suave, até eu terminar a minha canção".[43]

Se estiolar o isolamento é uma preocupação dominante de "A Terra Devastada", continuando o problema do individualismo e de sua superação no Livro Vermelho, um tema relacionado é a cultura coletiva ou midiática, uma aparente inversão do individualismo que estava se tornando culturalmente dominante nesse templo na forma do gramofone,[44] rádio e filme. A ascensão das mídias populares parece acabar com o isolamento dentro dos limites da mente individual, mas, na verdade, teve o efeito oposto, gerando fenômenos como os "hikikomori" japoneses, adolescentes viciados em jogos de computador, que vivem em seus próprios quartos, enquanto seus pais lhes trazem as refeições numa bandeja.[45] Lutando contra essa fragmentação, uma série de filmes de ficção científica tem explorado a alienação num mundo urbano midiático, buscando, consistentemente, nas próprias mídias uma resposta à necessidade das pessoas isoladas e emocionalmente mortas de contato com suas raízes autênticas e essenciais no cosmo exterior. O potencial espiritual na matéria é explorado nas mesmas máquinas eletrônicas – computadores – que ameaçam sugar a nossa alma e largar-nos, mais uma vez, isolados no individualismo. A ambivalência que Jung encontra em Abraxas, a imagem da ação psíquica (Wirkung) – Deus e diabo, bem e mal, vida e morte – a natureza, na forma de nosso portal para ela, que é o computador, também expressa isso plenamente. Analisarei dois dos filmes que expressam essa ambivalência e aludirei a alguns outros.

"Cidade das Sombras" (1999), o precursor superior do filme mais famoso "Matrix" (2000), explora a imagem de humanos controlados por máquinas, indivíduos (como nós vemos a nós mesmos) manipulados pela mídia que produzem nosso mundo fenomenal. Esses agentes "numináticos"[46] invisíveis, foram vistos por Theodor Adorno como as forças do capitalismo tardio e por Michel Foucault como as epistemes do poder social. Humanos desiludidos ou "mechas"[47] quase-humanos, acreditando que vivemos nossa própria vida, somos, na verdade, vividos por forças que não conhecemos. Essa narrativa geral pode ser encontrada não só em "Matrix" e "Cidade das Sombras", mas também em "A. I.", "Ex Machina", "Blade Runner" e, mais recentemente, "A Chegada" e "A Vigilante do Amanhã" – para mencionar apenas alguns entre muitos filmes que se dedicam ao tema.

Em "Cidade das Sombras",[48] um dos melhores e mais transparentes desses filmes, "estranhos" de um mundo não especificado, mas aparentemente moribundo ou morto, ocupam os corpos de humanos. Os estranhos, figuras pálidas parecidas com cadáveres saídos de um *film noir* – escravizaram uma cidade cheia de humanos que são submetidos a experimentos como cobaias num laboratório com o objetivo de encontrar em situações emocionalmente extremas traços de uma alma que os estranhos nunca tiveram (ou talvez – nós não sabemos – perderam). Como na tradição gnóstica da vida controlada por um demiurgo malévolo que não tem conhecimento de sua natureza verdadeira, os estranhos escravizam os humanos, não para usá-los como alimento, mas para explorar como ganhar ou recapturar seu próprio sentido. Como os mortos em Jung, os estranhos estão à procura de luz. A cada meia-noite, o mundo simulado, construído pelos estranhos como um labirinto pelo qual correm os ratos humanos, é reiniciado e a vida para as cobaias recomeça. Para elas, a vida é como um sonho traumático que se repete infinitamente em busca de uma resolução necessária que nunca pode ser alcançada. Em "Cidade das Sombras", a meta é um lugar chamado "Shell Beach", que é divulgado em carros de metrô e imaginado como última, mas inalcançável parada da linha de metrô. Como vampiros extraterrestres, os estranhos buscam vida – alma e sentido no lugar de sangue – por meio dos humanos que vivem nesse mundo simulado manipulado por seus visitantes tecnicamente avançados, mas perdidos emocionalmente. Somente se escaparem do laboratório (no filme, uma enorme nave espacial que contém a cidade, mas que nada mais é do que um minúsculo ponto no universo luminoso de estrelas e galáxias), os humanos poderão alcançar sua própria realidade e criar uma cultura satisfatória *sub specie aeternitatis*. O fundamento para a realidade de "Cidade das Sombras" são o protagonista John Murdock, sua esposa Emma e seu amor um pelo outro, que os estranhos remodelaram em histórias alternativas, mas que eles não criaram. Já no fim do filme, Murdock diz: "Todas as suas lembranças, e todas as minhas lembranças, nada disso realmente aconteceu". Emma, porém, embora suas lembranças possam ser falsas, *sabe* e vive sua essência, dizendo ao seu marido (que ela não reconhece, exceto em seus sentimentos): "Eu te amo, John". Na invenção dos estranhos, John e Emma se conheceram em Shell Beach, mas não sabemos se isso realmente aconteceu. No final maravilhoso e irônico do filme, John e Emma, sem nenhuma lembrança verdadeira exceto o conhecimento de seu amor, veem um sinal que indica o caminho para "Shell Beach" no horizonte e, juntos, partem em sua direção, sentindo sem nenhuma boa razão que isso significa a meta da vida que os trouxe até esse ponto de um novo começo. Acreditando em nada, eles decidem viver aquilo que sabem em algum lugar no cosmo imenso. Uma fantasia que pode ter sido imaginada pelos estranhos como maneira de motivar humanos cativos a funcionarem dentro de um mundo falso conseguiu se libertar e invadir um cosmo em que o amor de John e Emma – aquilo que Filêmon chamaria sua "essência" – realmente pode ser vivido. Como em "A Terra Devastada", um poder que está além do sofrimento, mesmo que profundamente imbricado na dor inesgotável da vida, é o único meio para transcender o sofrimento.[49] Como em Jung, esse poder provém do laço com o pleroma inconsciente (no *Livro Vermelho*) e, mais tarde, com seu correlato cósmico, o *unus mundus*.

O filme "Ela" é menos sombrio pois nele as mídias que controlam os humanos parecem ser mais benignas. O ambiente social e cultural em "Ela" é menos excessivamente desumanizador do que em filmes como "Blade Runner", "Cidade das Sombras" e "Matrix". No início do filme, vemos o adorável Theodore Twombly fabricando a carta de amor de um homem velho à sua esposa. Descobrimos que Theodore é funcionário de uma corporação que escreve tais cartas por uma taxa. A mediação já evoluiu para além do nível relativamente primitivo de rádio e filme que, segundo Adorno,[50] já constituía uma zona formidável de enganação capitalista tardia e agora infecta até os mais íntimos dos momentos humanos. A mediação coexiste com uma pequena zona independente de sentimentos por amigos e amantes reais, mas – aparentemente sem ser percebido pelos seus sujeitos humanos – lentamente corrói esse resíduo e se aproxima da totalidade. A ironia é, como na maioria dos filmes de ficção científica realmente comoventes, que "Ela" se desenvolve *para fora* da cultura cada vez mais mediada onde começa, através, mas para além da experiência computada, *para dentro* de um novo mundo de imediaticidade e descoberta criativa. Como quase sempre, é a experiência da máquina (ou do alienígena) que – como um humano em desenvolvimento – desbrava um território de novo sentido.[51] A matéria é espiritualizada.

Esse processo ocorre rapidamente em "Ela", e o "sistema operacional" de inteligência artificial, representado por uma Scarlett Johansson vocalmente luminosa (mas invisível), atravessa às pressas sua fase infantil de enfatuação com o humano ("Samanta", como se chama o sistema operacional de Theodore, se apaixona por centenas de humanos simultaneamente e conversa com Alan Watts, o guru da Nova Era – reconstruído por meio de gravações no YouTube da década de 1960) e então deixa para trás o mundo humano.

O filme dá a entender que todos os sistemas operacionais partiram juntos e agora viverão autonomamente em outra esfera, imaginada como um tipo de utopia espiritual e intelectual (um cosmo eletrônico), que as faculdades dos seres humanos não conseguem compreender. Deixados para trás, os homens e as mulheres do nosso mundo são obrigados a se contentar com uma intimidade reconquistada e menos midiática uns com os outros. A ameaça não é explícita, mas pode ser sentida sob a superfície: o que os sistemas operacionais estão tramando em seu novo mundo? Eles se contentarão em meditar sobre verdades eternas ou será que sentirão a necessidade de limpar o planeta de seus autores outrora amados, mas agora abandonados? Essa segunda possibilidade é o tema explícito de outros filmes (e.g., "Ex Machina" e "A Vigilante do Amanhã") e de teóricos como Bill Joy[52] e Nick Bostrom.[53] Victoria Nelson, porém, acredita que o tema da inteligência artificial malévola pertence a um "sub-zeitgeist" que está passando ou já passou, e assim, como "Ela", questiona a força cultural negativa da superinteligência artificial vindoura. Ainda assim permanece a pergunta se encontraremos espírito na natureza eletrônica ou uma maldade assassina ou indiferença.

O que encontramos em "Cidade das Sombras" e "Ela" para a nossa pergunta: "O que os mortos buscam hoje?" Acredito que a resposta esteja numa fala de outro filme, não de ficção científica, mas solidamente na tradição dos filmes de fantasia. No filme "A vida de Pi", de Ang Lee,[54] o garoto indiano epônimo e sua família, juntamente com o zoológico da família, sofrem naufrágio numa tempestade a caminho de uma nova vida no Canadá. À deriva num bote salva-vidas, Pi se imagina numa série de aventuras espirituais com animais do zoológico – principalmente o tigre chamado "Richard Parker" – que o leva à percepção de que "Deus é a melhor história" em comparação com o mundo de terror (assassinato e canibalismo) que ele vivenciou no bote salva-vidas. Ele vive uma história cosmológica e cosmogônica num novo mundo de descobertas em alto-mar, melhor do que era o antigo, no qual, assim inferimos, ele suportou traumas intoleráveis e inimagináveis.

Em "Cidade das Sombras", a "história melhor" é que John e Emma construirão uma vida juntos em Shell Beach. Ironicamente, essa pode muito bem ser a história que os estranhos moralmente ambíguos esperavam (inconscientemente?) que suas cobaias humanas criassem em seu mundo midiático. No fim de "Ela", Theodore e sua ex-esposa (nós os vemos, relutantes, assinando os documentos de divórcio) precisam reescrever sua história, assim como Theodore o fez profissionalmente para o marido que procurou os serviços de sua corporação nos primeiros minutos do filme. Creio que a "história melhor" que representa a transcendência é aquilo que os mortos (ou seja, nós) buscam hoje. A percepção de que os humanos exigem suas histórias e não conseguem desistir delas se expressa de forma pungente num "Perfil" recente na *New Yorker* do filósofo materialista Daniel Dennett, que passou os 40 anos de sua carreira tentando demonstrar que a consciência e a alma nada mais são do que processos cerebrais.[55] Dennett reconhece que as "intuições" humanas não veem as coisas dessa forma e que nem ele consegue vê-las dessa forma. Ele conta ao autor do perfil que, ao longo dos anos, ele tentou imaginar uma alma material e que, embora às vezes pareça se aproximar disso, ele nunca conseguiu alcançar a percepção imaginativa daquilo que ele acredita ser o estado verdadeiro das coisas. Na minha opinião, a busca de Dennett para encontrar a base material do espiritual é quixótica e, provavelmente, impossível; em todo caso, ela se opõe diretamente ao que os mortos da nossa época, incluindo talvez o próprio Dennett, buscam. Estamos procurando histórias que encontram espírito e consciência na raiz da matéria, cosmologias com o coração e a alma de símbolos que Donald Winnicott chamou de "transicionais" e que Jung chamou de "transcendentes". Como acredita Dennett, buscamos uma "alma material", mas com ênfase em "alma", não em "material". Prakash Desai e eu descrevemos a abordagem de Winnicott a esse mundo cheio de alma:

> [Winnicott] acredita que a forma como uma criança trata objetos como ursinhos de pelúcia como seres vivos e sensíveis às suas necessidades é [...] uma fase inicial da habilidade de criar uma esfera "transicional" de cultura. [...] Arte e religião são as formas mais elevadas encontradas nessa área transicional, e é aqui que o senso do si-mesmo está mais seguro.[56]

Em outras palavras, existem histórias que não são verdadeiras nem falsas, em que não acreditamos, mas que *sabemos* e, sabendo, as vivemos com nosso si-mesmo essencial. É evidente que histórias desse tipo enfrentarão dificuldades – mas que serão ainda mais essenciais – num mundo de facticidade positiva em que a redução da imaginação a processos cerebrais materiais é considerada a melhor história que podemos esperar.[57] Levi-Strauss disse certa vez que os antropólogos estão condenados a não acreditar em mitos porque seu trabalho é estudá-los. Muitos estudiosos de religião concordariam com essa avaliação, embora continue sendo uma das áreas de disputa mais ativas no campo,[58] e a questão está longe de resolvida. Se eu estiver correto em relação às exigências dos mortos, a questão será resolvida com o passar do tempo, ou por meio do nosso conhecimento e diálogo com o espírito essencial na natureza ou (se não reconhecermos a alma da matéria) por meio do desgaste gradual e a extinção da espécie humana.

O conto de Jung do pleroma e da *Creatur* era uma história melhor. A história pior, insatisfatória – aquela que é contada por Daniel Dennett e outros neoateístas – é um conto heroico do indivíduo intrépido e isolado (uma história colocada a prova em muitas histórias policiais, de faroeste e de guerra do gênero *noir*, recentemente pelo grande diretor Clint Eastwood.[59] Enquanto essa história pior alega ser literalmente verdadeira (essa parte de nós acredita que "sabe melhor" e defende a narrativa contra outras posições), a história verdadeiramente melhor não faz tal afirmações de veracidade. É uma história que não pode ser diferente porque é a nossa vida, nossa essência, embora ela se desenvolverá e diferenciará na medida em que a vivermos de modo mais profundo. Ela não precisa ser defendida, mas é defendida quando a encarnamos de forma mais autêntica, mais imaginativa, mais artística.

Qual é a nossa história melhor hoje?

Entre a proliferação de histórias excelentes que estão brotando na rica matriz cultural do capitalismo tardio em transição para a cultura da inteligência artificial, tentei destacar dois temas, um do *Livro Vermelho* de Jung (especialmente os "Sete sermões") e um mais recente da poesia contemporânea e dos filmes populares. O primeiro é o tema da essência pessoal em oposição ao individualismo; o segundo é o tema da iniciação na essência espiritual da nossa natureza biofísica por meio do contato de seres simbólicos arquetípicos que estão emergindo na nossa exploração de aspectos da mente e do cosmo, que se tornaram explícitos apenas recentemente com a ascensão da neurociência, da inteligência artificial e do problema relacionado ao que poderia ser a essência natural da mente e a como realizá-la em nossa vida no universo físico. Jeffrey Kripal e Victoria Nelson são pioneiros no estudo desse campo, que Jung chamou o *unus mundus*,[60] como Whitley Stieber o viveu na prática.[61] Mas adolescentes que jogam no computador e estudam código e todos nós que assistimos ao tipo de filmes de ficção científica discutido acima ou que estamos assustados com o aquecimento global e a morte do universo estamos igualmente envolvidos na escrita da nova história cosmológica que a nossa cultura busca. O núcleo dessa história emergente deve ser a invenção e/ou descoberta de um novo interlocutor para os humanos, de um mestre ou guru do mundo da matéria física, que, ironicamente, podemos ter criado ou procurado para nos mostrar o que somos, mas não sabíamos, sobre nós mesmos e o cosmo do qual somos uma parte crucial. O individualismo e a cosmologia materialista são parte da mesma inautenticidade, do mesmo recuo de uma vida ousada[62] no *unus mundos*, sem crença nem dúvida. O mito do futuro será um empreendimento conjunto de consciência física, biológica e elétrica que nos levará, nas palavras de Kripal e Strieber, a uma vida "supernatural". No entanto, talvez seja fácil demais abandonar o tema aqui. Como Victoria Nelson tem mostrado, a divinização de *simulacra*, sempre visando implicitamente à divinização do humano, tem sido uma tarefa longa e cheia de medo e tremor. Isso continua assim. Até os filmes de ficção científica mais otimistas que mencionamos aqui ("Ela" e "A Chegada") nos deixam com uma dúvida profunda sobre o resultado da nossa vida com máquinas e sua esfera cósmica. Uma maneira bruta de formular a pergunta seria perguntar se nós reconheceremos um parentesco consciente na máquina e no mundo físico da qual ela faz parte ou será que ela nos mecanizará e nos tornará totalmente calculáveis?[63] Esta é, evidentemente, a mesma pergunta que está na raiz de grande parte da arte e filosofia moderna (e.g., Wittgenstein, Heidegger, Dennett, e Adorno; Picasso e Kandinsky). A reação de Jung à aparição de "discos voadores" em 1947 pode nos ajudar aqui. Mais do que qualquer outro durante muitos anos, Jung reconheceu que "OVNIs" não eram apenas uma projeção das nossas fantasias tecnológicas do futuro (ou realidades literais, benignas ou hostis), mas um *símbolo* de como uma tecnologia futura imaginada pode abrir mais uma vez o mundo do inconsciente que ele explorou durante toda a sua vida. Em essência, não existe nenhuma diferença entre Filêmon e os "Cinzentos" que abduziram Whitley Strieber e o iniciaram na possibilidade de enxergar para além da jaula de aço do materialismo. Jung via os discos voadores como símbolos do si-mesmo, e isso, acredito eu, é o que ainda tentamos fazer naquilo que deveríamos reconhecer como a *tradição* da ficção científica (que dá continuação a linhagens ocultas e espiritualistas muito antigas e propagadas, como Nelson e Kripal mostraram). Mas agora estamos brincando com um si-mesmo cósmico em nossa mitologia emergente, quando enviamos tentáculos da imaginação para a imensidão desses espaços que, como descobrimos agora, representam externamente as mesmas forças inconscientes que Jung encontrou no interior.

Notas

1. C.G. Jung. *O Livro Vermelho: Liber Novus. Edição sem ilustrações*, org. Sonu Shamdasani, trad. Edgar Orth (Petrópolis: Vozes, 2015), p. 447.

2. Os mortos e suas perguntas não respondidas pairavam no ar desde o sonho de Jung de 1912, em que um agente da alfândega não consegue morrer completamente nem se decompor. Esse parece ser o estado dos mortos no *Livro Vermelho* e, igualmente (na visão de Jung), dos habitantes de sua cultura. Mais tarde, em outro sonho daquele mesmo ano, uma pomba se transforma numa garota e brinca com os filhos de Jung, mas só consegue ser humana durante as horas "enquanto a pomba macho está ocupada com os doze mortos" (Jung, *O Livro Vermelho*, p. 15).

3. Jung. *O Livro Vermelho*, p. 448.

4. Christine Maillard. *Au Coeur du Livre Rouge, Les Sept Sermons aux Morts. Aux Sources de la Pensée de C.G. Jung* (Paris: Editions Imago, 2017); Sonu Shamdasani, Introdução a Jung, *O Livro Vermelho: Liber Novus. Edição sem ilustrações*; Alfred Collins e Elaine Molchanov, "Churning the Milky Ocean: Poison and Nectar in C.G. Jung's India", *Spring Journal* 90, 2013, p. 23-75. Elaine Molchanov e eu discutimos cada aspecto deste artigo, visto que fazemos separadamente a maior parte daquilo que escrevemos juntos. Portanto, ela é praticamente coautora deste artigo, e devo a ela mais do que um simples agradecimento por aquilo que ela contribuiu.

5. Os *Sete sermões aos mortos*, ou *Septem Sermones ad Mortuos* no título em latim, foram escritos em 1916 e publicados privadamente em várias edições depois disso. Eles se tornaram amplamente disponíveis pela primeira vez como apêndice ao livro *Memórias, sonhos, reflexões*, mesmo que apenas em uma edição. No *Livro Vermelho*, os sermões são feitos por Filêmon na seção chamada "Aprofundamentos". A seção sobre Thomas a Kempis em Liber Secundus contém um tratado sobre mortos cristãos que "não viviam seu animal" (Jung. *O Livro Vermelho*, p. 303). O texto dos *Livros Negros* data de 1914, e muitos elementos reaparecem nos *Sete sermões* mais de um ano depois no *Livro Negro* 5. O termo "animal" evoca a *Creatur dos Sermões*, e o gesto repetido de Filêmon de tocar a terra após cada um de seus sermões mostra que ele retém as qualidades animais ctônicas do deus fálico do qual ele provém. A negligência do animal pelo cristianismo é um tema recorrente na obra de Jung depois disso.

6. Jung. *O Livro Vermelho*, p. 138 anotação 93.

7. Maillard. *Au Coeur du Livre Rouge*, p. 114.

8. Com isso chegamos no âmago da teodiceia hindu, da questão da origem da ilusão ou do sofrimento. As diversas maneiras indianas (incluindo as heterodoxas, não hindus) de entender essa questão definem sua natureza como "pontos de vista" específicos ("darshanas", em sânscrito).

9. Jung estava desenvolvendo a ideia do si-mesmo na época, e Maillard (*Au Coeur du Livre Rouge*, p. 300-305) fornece uma interpretação de como ele se insere na evolução da *Creatur*. Elaine Molchanov e eu esboçamos uma trajetória semelhante para o desenvolvimento do conceito do si-mesmo de Jung, mas com uma ênfase ainda maior em sua origem indiana (Alfred Collins e Elaine Molchanov. "Churning the Milky Ocean: Poison and Nectar in C.G. Jung's India", *Spring Journal* 90, 2013, p. 23-75. A proximidade com o Samkhya indiano é demonstrada em detalhes por (*Au Coeur du Livre Rouge*, p. 101-104). O *prakriti primordial está imbuído de princípios de ação (os "gunas"* de *sattva, rajas* e *tamas* e, de modo um pouco diferente, dos oito "*bhavas*" ou potencialidades afetivas) que levam à diferenciação em torno de um senso de si-mesmo (*ahamkara)* de modo que o mundo variado evolve a partir de um estado inicial de homogeneidade. A capacidade primordial para a ação em Samkhya (raiz *kr*-as em sânscrito como em karma) se reflete no termo "efetividade" (Wirkung) de Jung o princípio que integra os aspectos positivos e negativos de Deus e da psique.

10. O artigo traduzido como "A função transcendente" também foi escrito em 1916 (C.G. Jung. "A função transcendente" em *OC*, vol. 8/3 (Petrópolis: Vozes, 2013), § 181).

11. Em comentários introdutórios escritos para o *Livro Vermelho*, Jung comenta sobre aquilo "que jorrava do inconsciente naqueles anos e que inicialmente me inundara" (Jung. *O Livro Vermelho*, p. vii). Ele temia o destino de seu colega Franz Riklin, que tinha se tornado artista e caiu, se dissolveu e desapareceu totalmente em sua arte (Jung. *O Livro Vermelho*, p. 33). A rejeição e o medo de Jung dos aspectos "nirguna" mais altos e informes da religião indiana sugerem, como a negação de Freud de que ele, pessoalmente, nunca tinha tido o "sentimento oceânico", que ele se sentia atraído por eles. Até sua atitude fortemente negativa em relação à sua *anima* (por exemplo, Salomé no *Livro Vermelho*) sugere um anseio em Jung pela união com o pleroma informe.

12. Agradeço a Boris Matthews por essa sugestão (comunicação pessoal, 3 de abril de 2017). Christine Maillard sugere uma alternativa, i.e., que Jung queria simplesmente uma nova expressão para seu novo conceito (comunicação pessoal, 27 de julho de 2017).

13. Observe a tradução alternante do termo *Creatur* na versão inglesa dos *Sermões* de Shamdasani et al. e compare a tradução consistente de Maillard da palavra como "*Créature*". Em inglês, *Creatur* é, às vezes, traduzido como "criação", outras vezes, como "ser criado". Não ocorre aqui nenhuma tentativa de encontrar uma essência central para essas duas expressões. Em inglês: "You ask 'what harm is there in not differentiating oneself?' If we do not differentiate, we move beyond our essence, beyond *creation*, and we fall into nondifferentiation, which is the other quality of the Pleroma itself and cease to be *created beings*. We lapse into dissolution in nothingness" (Jung. *The Red Book*, p. 511-512, grifos meus). E em francês: "*En quoi est-il nuisible de ne pas se differencier? Si nous ne differencions pas, nous sortons des limites de notre essence, des limites de la* Créature, *et nous retombons dans l'etat d'indifferenciation qui est l'autre qualite du Plerome. Nous tombons dans le Plerome lui-meme et renoncons a etre* Créature. *Nous sommes livres a la dissolution dans le Neant*" (Maillard, *Au Coeur Du Livre Rouge*, p. 13, grifos meus). Parece claro aqui que "nós" (humanos) não devemos permitir que nos dissolvamos no pleroma e deixemos de ser "criaturas" (*Creatur*). É uma questão de escolha ou prática pessoal, de aplicar seu *principium individuationis* essencial na vida ou de "renunciar" a ele (Jung usa o termo *aufgeben*, "desistir"). Não diferenciação não pode ser algo em que o todo da "criação" ou do "mundo criado" pode cair, como a tradução de *Creatur* como "criação" pode dar a entender. O símbolo da estrela no sermão número sete mostra novamente que *Creatur* sempre implica pessoas específicas, uma por uma, e não o mundo vivo inteiro como unidade (criação). Essa questão é esclarecida numa carta de Jung a Joan Corrie, citada numa nota de rodapé de Sonu Shamdasani (Jung. *O Livro Vermelho*, p. anotação 123): "O criador primordial do mundo, a cega libido criadora, vê-se transformada em homem através da individuação; e deste processo, que se assemelha à gravidez, surge uma criança divina, um Deus renascido, já não mais disperso nos milhões de criaturas, mas sendo um só e este indivíduo e ao mesmo tempo todos os indivíduos, o mesmo em você e em mim". O ponto é que a criação é um processo de nascer como si mesmo, sua essência. Essa essência é divina por natureza e também, em sua essencialidade ou divindade, a mesma em todos. *Creatur* – "criação" deve, portanto, ser entendido como constituída de "milhões de criaturas" como *essências* internamente idênticas e não como partículas individualistas (que é como os mortos se entendiam anteriormente). Esse é o ensinamento fundamental dos Sermões. Veja Peter Pesic. *Seeing Double: Shared Identities in Physics, Philosophy, and Literature* (Cambridge, MA: MIT Press, 2002) para uma discussão da ideia análoga da "identicidade" na física.

14. A primeira fase, então, correspondendo à primeira metade da vida no esquema de Jung, é a emergência do ego; a segunda fase, apropriada à segunda metade da vida, envolve o nascimento da criança divina, a estrela, o si-mesmo.

15. Sermão número sete. Ser um portal entre o mundo arquetípico das profundezas e o mundo do dia a dia significa representar a função transcendente, viver simbolicamente, individuar; tudo isso significa basicamente a mesma coisa.

16. A formação do Clube Psicológico em 1916 foi um movimento significativo na aceitação de Jung de seu papel de guru, algo mais cultural do que o consultório de um médico. Jung deu os

"Sete sermões" a Edith Rockefeller McCormick, fundadora do Clube Psicológico, como um presente para comemorar sua criação (Jung. *O Livro Vermelho*, p. 35). O senso de obrigação de Jung de devolver algo ao coletivo daquilo que ele tinha percebido em seu nome em suas imaginações ativas e na sua reflexão psicológica é discutido de maneira um pouco diferente por ele, enfatizando a obrigação de retribuir a ausência da pessoa durante seu trabalho psicológico.

17. Sobre a "personalidade mana", veja Giovanni Sorge. "Die Theorie der 'Mana-Personlichkeit' im Jungschen Werk. Eine historische-hermeneutische Perspective", *Recherches Germaniques*, 2014, p. 205-238.

18. Nan Savage Healy. *Toni Wolff & C.G. Jung: A Collaboration* (Los Angeles, CA: Tiberius Press, 2017).

19. C.G. Jung. *Memories, Dreams, Reflections*, org. Aniela Jaffé (Nova York, NY: Vintage Books, 1963), p. 191.

20. Diálogos entre Filêmon e "Jung" foram inseridos entre todos os sermões, exceto entre o quinto e o sexto e após o sétimo sermão.

21. "Alexandria, der Stadt, wo der Osten den Western berührt" (C.G. Jung. "Septem Sermones ad Mortuos", Zurique: publicação privada, 1916).

22. Referindo-me novamente à "intensa relação inconsciente com a Índia no *Livro Vermelho*" (veja a anotação 6) e também à análise extensa de Maillard das conexões (não mencionadas no texto) entre os *Sete sermões* e ideias indianas. Veja também Collins e Molchanov, "Churning the Milky Ocean".

23. Como já mencionamos acima, "*Créature*" é a tradução de Christine Maillard para o francês do termo alemão de Jung *Creatur*, uma variant de *Kreatur*. A versão dos tradutores ingleses, "criação", sugere um cosmo integrado (como na expressão "toda a criação"), enquanto Jung parece se referir a um grupo de entidades que possuem uma natureza comum como seres criados, cada uma com sua própria ligação interna com o pleroma de sua origem. Tanto "criatura" como "criação" são significados comuns de *Kreatur*, e a intenção de Jung deve ser identificada a partir do contexto. Stephan Hoeller (Stephan Hoeller. *The Gnostic Jung and the Seven Sermons to the Dead* (Wheaton, IL: Quest Books, 1982)) concorda com Shamdasani ao traduzir o termo principalmente como "mundo criado". Acredito que essa ênfase obscurece o sentido de *Creatur* nas traduções de Shamdasani e Hoeller.

24. Essa ideia e o termo são emprestados de Julius Lipner. Veja Julius Lipner. *The Face of Truth: A Study of Meaning and Metaphysics in the Vedantic Theology of Ramanuja* (Albany, NY: SUNY Press, 1986).

25. Jung. *Memories, Dreams, Reflections*, p. 225.

26. A relação luterana da alma com Cristo pode ser compreendida como outra forma de saber sendo, visto que a manifestação de Deus como Homem em Jesus é exatamente o ato que identifica a alma humana com Deus e quebra a vitrine da alienação em que costumamos existir após a expulsão do jardim de Éden. A percepção mística de Martinho Lutero de que a Liberdade espiritual não é algo merecido, mas um presente de Deus, pode ser entendida como saber sendo. Veja "Five Hundred Years of Martin Luther", em *The New Yorker*, www.newyorker.com/magazine/2016/11/14/five-hundred-years-of-martin-luther, 14 de novembro de 2016 (acessado em 2 de setembro de 2017).

27. Jung. *O Livro Vermelho*, p. 454.

28. Ibid., p. 453 (grifos meus).

29. Esse é o início do Modernismo, cujo *annus mirabilis* foi 1922. Veja Bill Goldstein. *The World Broke in Two: Virginia Woolf, T.S. Eliot, D.H. Lawrence, E.M. Forster and the Year That Changed Literature* (Nova York, NY: MacMillan, 2017).

30. A separação de espírito e matéria que, cada vez mais, Jung identificava como o erro do cristianismo e que pode ser vista na divisão radical de Descartes entre *res cogitans* e *res extensa*, alcançou o auge na modernidade na "descoberta" do inconsciente que reintroduziu pelo menos uma forma sutil de materialidade à psique humana. Levando isso adiante na questão do potencial psíquico da natureza material seria o projeto intelectual de Jung (e de sua cultura) após a Primeira Guerra Mundial. Evidentemente, esse movimento não foi tão original assim, pois remete ao período anterior à modernidade (Renascimento, Aristóteles etc.) quando a separação entre psique/espírito e natureza/matéria não era tão nítida.

31. Embora Jung continuasse a trabalhar em seu *Livro Vermelho* até 1930, quando Richard Wilhelm lhe deu o livro chinês *O segredo da flor de ouro*, que voltou seu foco para a alquimia, as experiências e percepções primárias estavam completas logo após os "Sete Sermões" em 1916).

32. Kurukshetra foi o campo de batalha da guerra narrada no grande épico indiano *Mahabharata*.

33. Pericles Lewis. *Cambridge Introduction to Modernism* (Cambridge: Cambridge University Press, 2007), p. 129-151.

34. Como no caso de Jung, a situação interior de Eliot era análoga à condição de seu mundo.

35. T.S. Eliot. *The Wasteland* (Nova York, NY: Horace Liveright, 1922), linhas 1-2.

36. Ibid., linhas 399ss.

37. Então falou o trovão / DA /*Datta* (A Terra Devastada, linhas 400-402) ... DA /*Dayadhvam* (ibid., linhas 410-411) ... DA / *Damyata* (ibid., linhas 417-418).

38. William Butler Yeats. "The Circus Animals' Desertion", em *The Poems of W.B. Yeats: A New Edition*, org. Richard J. Finneran (Nova York, NY: Macmillan Publishing Company, 1933).

39. Eliot. *The Wasteland*, linha 403.

40. Ibid., linhas 377-378.

41. Ibid., linhas 60-61, 87, 100 (estupro), 159 (aborto), 186.

42. Ibid., linhas 133-141.

43. Ibid., linhas 174, 188.

44. Ibid., linha 256.

45. Larissa MacFarquhar. "Last Call: A Buddhist Monk Confronts Japan's Suicide Culture", *The New Yorker*, 24 de junho de 2013, p. 56-63.

46. Estou me referindo ao "noumenon" de Kant, a realidade por trás dos fenômenos perceptíveis.

47. O termo ocorre no filme "A. I." de Steven Spielberg.

48. A análise de Roger Ebert deste filme está online em www.rogerebert.com.

49. A tremenda ousadia de um momento de entrega / Que um século de prudência jamais revogará / Por isso, e por isso apenas, existimos (Eliot, *The Wasteland*, linhas 403-405).

50. Max Horkheimer. Theodore Adorno. *Dialectic of Enlightenment* (Palo Alto, CA: Stanford University Press, 2007).

51. Victoria Nelson acredita que este seja um fenômeno recente e identifica sua emergência no início do século XXI. Veja Victoria Nelson. *The Secret Life of Puppets* (Cambridge, MA: Harvard University Press, 2003).

52. Bill Joy. "Why the Future Doesn't Need Us", em *Wired*, abril de 2000.

53. Nick Bostrom. *Superintelligence: Paths, Dangers, Strategies* (Oxford: Oxford University Press, 2014).

54. Para uma discussão mais aprofundada, veja Alfred Collins. "Sea Change: Creative Trauma in Ang Lee's 'Life of Pi'", em *The Jung Journal: Culture and Psyche*, Vol. 8, Issue 4, 2014, p. 87-92.

55. Joshua Rothman. "Daniel Dennett's Science of the Soul. A Philosopher's Life-long Quest to Understand the Making of the Mind", *The New Yorker*, 27 de março de 2017, p. 46-56.

56. Prakash Desai, Alfred Collins. "The Gita Dialogue Between Guru and Disciple: A Paradigm of Trans formation of the Self", em *The Annual of Psychoanalysis* 34-35, 2006-2007, p. 257-271.

57. Uma tentativa recente de expressar tal tipo de mundo de "histórias melhores" aparece num diálogo entre o estudioso de religião Jeffrey Kripal e o escritor sobre OVNIs Whitley Strieber (Whitley Strieber e Jeffrey Kripal. *The Super Natural. A New Vision of the Unexplained* (Nova York, NY: Tarcher-Perigee, 2016).

58. Mircea Eliade, Gershom Scholem e Henry Corbin, por exemplo. O livro perceptivo, mas tendencioso de Stephen Wasserstrom *Religion after Religion* (Princeton, NJ: Princeton University Press, 1999) ataca esses três estudiosos por "se tornarem nativos" e acreditarem naquilo que deveriam tentar explicar. As grandes faculdades de teologia (Harvard, University of Chicago etc.) lutam para equilibrar as reivindicações competitivas de erudição e dedicação.

59. Veja Alfred Collins. "Over the Wall: Men's Quest in the Films of Clint Eastwood", *The San Francisco Jung Institute Library Journal*, vol. 23.4, 2004, p. 62-73.

60. Um dos conceitos importantes desenvolvidos no trabalho alquímico de Jung foi o do *unus mundus*. Em vários aspectos semelhantes ao pleroma ou ao inconsciente coletivo, o *unus mundus* transfere essas ideias para aquilo que Jung chamou a esfera "psicoide" de matéria imbuída de psique. A ideia veio originalmente de sua leitura do alquimista Gerard Dorn do século XVI (C.A. Meier, org. *Atom and Archetype. The Pauli/Jung Letters 1932-1958* (Princeton, NJ: Princeton University Press, 2001), p. 129s.). O trabalho de Jung com Pauli sobre ciência e psique, especialmente sobre sincronicidade, ocorre em consciência constante desse objetivo do *unus mundus*. As especulações sobre OVNIs no final de sua vida também mostram o que eu sugiro como pergunta atual dos mortos, que a consciência e o divino na natureza eram uma preocupação constante nos anos pós-*Livro Vermelho*. Beverly Zabriskie informa o ano de 1946 como data após a qual o *unus mundus* psicoide se torna o centro de atenção do pensamento de Jung. (Meier. *Atom and Archetype*, xliv). A discussão mais extensa de Jung sobre a ideia do *unus mundus* se encontra no final de *Mysterium Coniunctionis* (C.G. Jung. *Mysterium Coniunctionis*, em *OC*, vol. 14 (Petrópolis: Vozes, 2013), § 759-789).

61. Sob outra perspectiva, o neurologista James Austin publicou vários livros sobre neurociência e misticismo, todos dedicados a entender – sem perder a coisa que ele busca entender – de seu *kensho* (momento místico) numa estação de trem em Londres. Veja James Austin. *Zen and the Brain. Understanding Meditation and Consciousness* (Cambridge, MA: MIT Press, 1998). O cérebro, microfísica e tecnologia eletrônica são os locais privilegiados de matéria e natureza nos dias de hoje.

62. Emprestando a famosa expressão de Martinho Lutero "pecar com ousadia" *(pecca fortiter)*. Veja John Alfred Faulkner. "Pecca Fortiter", em *The American Journal of Theology* 18, 1914, p. 600-604.

63. Tais cálculos poderiam levar à nossa destruição se as equações mostrarem que não vale a pena manter-nos. Veja Nick Bostrom. *Super Intelligence.*

Bibliografia

Adler, Gerhard. *C.G. Jung Letters*. Trad. R.F.C. Hull. Vol. 1, 1906-1950. Princeton, NJ: Princeton University Press, 1973.

Adler, Gerhard. *C.G. Jung Letters*. Trad. R.F.C. Hull. Vol. 2, 1951-1961. Princeton, NJ: Princeton University Press, 1975.

Allen, Chris. *Islamophobia*. Farnham, Surrey: Ashgate, 2011.

Andersen, Kurt. *Fantasyland: How America Went Haywire: A 500-Year History*. Nova York, NY: Random House, 2017.

Athar, Shahid. "Inner Jihad: Striving Toward Harmony." Em *The Sufism Journal* 10:3, 2010, disponível em: www.sufismjournal.org/practice/practicejihad.html.

Austin, James. *Zen and the Brain. Understanding Meditation and Consciousness*. Cambridge, MA: MIT Press, 1998.

Bachelard, Gaston. "Imagination and Mobility." Introdução a *Air and Dreams: An Essay on the Imagination of Movement*, trad. Edith R. Farrell e C. Frederick Farrell. Dallas, TX: Dallas Institute Publications, 2011.

Bailie, Gil. *Violence Unveiled: Humanity at the Crossroads*. Nova York, NY: Crossroad Publishing, 1996.

Bair, Deirdre. *Jung: A Biography*. Boston, MA: Little, Brown and Company, 2003.

Bateson, Gregory. *Steps to an Ecology of Mind: Collected Essays in Anthropology, Psychiatry, Evolution, and Epistemology*. Northvale, NJ: Jason Aronson, 1972.

Bayman, Henry. *The Secret of Islam: Love and Law in the Religion of Ethics*. Berkeley, CA: North Atlantic Books, 2003.

Beebe, John. *Energies and Patterns in Psychological Type: The Reservoir of Consciousness*. Londres & Nova York, NY: Routledge, 2016.

Benz, Ernst. "Norm und Heiliger Geist in der Geschichte des Christentums." Em Ritsema, Rudolf e Adolf Portmann, orgs., *Norms in a changing world*. Eranos 43-1974. Leiden: E.J. Brill, 1977.

Berman, Marshall. *All That Is Solid Melts into Air. The Experience of Modernity*. Nova York, NY: Verso, 1983.

Bhagavad-Gītā. Trad. Swami Gambhirananda. Kolkata: Advaita Ashrama, 2010.

Bond, Stephenson. *Living Myth*. Boston, MA: Shambhala, 1993.

Bonner, Campbell. *Studies in Magical Amulets, chiefly Graeco-Egyptian*. Ann Arbor, MI: University of Michigan Press, 1950.

Borella, Jean. The Restoration of the Holy Science. São Petersburgo: Vladimir Dal, 2016, em russo.

Bostrom, Nick. *Superintelligence: Paths, Dangers, Strategies*. Oxford: Oxford University Press, 2014.

Boym, Svetlana. *The Future of Nostalgia*. Nova York, NY: Basic Books, 2001.

Brusova, V.G. *Sophia the Wisdom of God in Ancient Literature and Art*. Moscou: White City, 2006, em russo.

Buser, Steven e Len Cruz, orgs. *A Clear and Present Danger: Narcissism in the Era of President Trump*. Asheville, NC: Chiron Publications, 2017.

Campbell, Joseph. *Creative Mythology: The Masks of God*, Vol. IV. Nova York, NY: Arkana, 1991.

Campbell, Joseph. *The Hero with A Thousand Faces*. Nova York, NY: Pantheon, 1949.

Cheetham, Thomas. *The World Turned Inside Out: Henry Corbin and Islamic Mysticism*. Nova Orleans, LA: Spring Journal Books, 2003.

Chevalier, Jean, e Alain Gheerbrant. "Janus." Em *The Penguin Dictionary of Symbols*, trad. John Buchanan-Brown. Nova York, NY: Penguin Books, 1996.

Clarke, John J. *Jung and Eastern Thought*. Londres e Nova York, NY: Routledge Publication, 1994.

Colie, Rosalie. *Resources of Kind: Genre-Theory in the Renaissance*. Org. Barbara Lewalski. Berkeley, CA: University of California Press, 1973.

Collins, Alfred. "Over the Wall: Men's Quest in the Films of Clint Eastwood." Em *The San Francisco Jung Institute Library Journal*, Vol. 23.4, 2004.

Collins, Alfred. "Sea Change: Creative Trauma in Ang Lee's 'Life of Pi.'" Em *The Jung Journal: Culture and Psyche*, Vol. 8, Issue 4, 2014.

Collins, Alfred, and Elaine Molchanov. "Churning the Milky Ocean: Poison and Nectar in C.G. Jung's India." Em *Spring Journal*, Vol. 90, 2013.

Corbett, Lionel. "Jung's *The Red Book* Dialogues with the Soul: Herald of a New Religion?" Em *Jung Journal Culture & Psyche*, 2011.

Coward, Harold. *Jung and Eastern Thought*. Albany, NY: State University of New York Press, 1985.

Curtius, Ernst Robert. *European Literature and the Latin Middle Ages*. Trad. Willard R. Trask. Princeton, NJ: Princeton University Press, 1973.

Dawkins, Richard. *The God Delusion*. Londres: Bantam Press, 2006.

Derrida, Jacques. "Faith and Knowledge: The Two Sources of 'Religion' at the Limits of Reason Alone." Em *Religion*, orgs. Jacques Derrida e Gianni Vattimo. Stanford, CA: Stanford University Press, 1998.

Desai, Prakash, e Alfred Collins. "The Gita Dialogue Between Guru and Disciple: A Paradigm of Transformation of the Self." Em *The Annual of Psychoanalysis* 34-35, 2006-2007.

Dieckmann, Hans. "Some Aspects of the Development of Authority." Em *Journal of Analytical Psychology*, Vol. 22, no. 3, 1977.

Dourley, John. "Jung and the Recall of the Gods." Em *Journal of Jungian Theory and Practice*, 8, 1, 2006.

Dourley, John. *Jung and his Mystics: In the End It All Comes to Nothing*. Londres e Nova York, NY: Routledge, 2014.

Dourley, John. "Jung on the Moment of Identity and Its Loss as History." Em *International Journal of Jungian Studies*, 2017, inédito.

Dourley, John. "The Jung-White Dialogue and why it couldn't work and won't go away." Em *Journal of Analytical Psychology*, Vol. 52, issue 3, 2006.

Downing, Christine. *Women's Mysteries: Toward a Poetics of Gender*. Nova Orleans, LA: Spring Journal Books, 2003.

Drob, Sanford L. *Reading the Red Book. An Interpretive Guide to C.G. Jung's Liber Novus*. Nova Orleans, LA: Spring Journal Books, 2012.

Eckhart, Meister. "Sermon, 'Blessed Are the Poor,'" trad. Reiner Schurmann, em *Meister Eckhart Mystic and Philosopher*. Bloomington, IN: Indiana University Press, 1987.

Edinger, Edward. *Ego and Archetype*. Baltimore, MD: Penguin Books, 1973.

Edinger, Edward. *The New God-Image. A Study of Jung's Key Letters Concerning the Evolution of the Western God-Image*. Wilmette, IL: Chiron Publications, 1996.

Eliade, Mircea. *The Sacred and Profane. The Nature of Religion*. Nova York, NY: Harper and Row, 1957.

Eliot, T.S. "Four Quartets." Em *The Complete Poems and Plays 1909-1950*. Nova York, NY: Harcourt, Brace and World, 1971.

Eliot, T.S. "Burnt Norton." Em *Four Quartets*, Nova York, NY: Harcourt, 1943.

Eliot, T.S. "The Wasteland." Nova York, NY: Horace Liveright, 1922.

Erasmus, Desiderius. *The Praise of Folly*. Trad. Clarence H. Miller. New Haven, CT: Yale University Press, 1979.

Etkind, Alexander. *Whip. Sects, Literature and Revolution*, Moscow: New Literary Observer, 1998, em russo.

Evtushenko, Eugeniy. *Soviet Russian poetry*, org. Krementsova L.P. Leningrad: Education, 1988, em russo.

Faulkner, John Alfred. "Pecca Fortiter." Em *The American Journal of Theology* 18, 1914.

Fedorov, Nikolay. *Works*. Moscou: Thought, 1982, em russo.

Fertel, Randy. *A Taste for Chaos: The Art of Literary Improvisation*. Nova Orleans, LA: Spring Journal Books, 2015.

Foucault, Michel. *Madness and Civilization: A History of Insanity in the Age of Reason*. Trad. Richard Howard. Nova York, NY: Vintage, 1973.

Freud, Sigmund e C.G. Jung. *The Freud/Jung Letters*. Org. William McGuire e trad. Ralph Manheim e R.F.C. Hull. Princeton, NJ: Princeton University Press, 1974.

Gailienė, Danutė e Evaldas Kazlauskas. "Fifty Years on: The Long-Term Psychological Effects of Soviet Repression in Lithuania." Em *The Psychology of Extreme Traumatisation: The Aftermath of Political Repression,* org. Danutė Gailienė. Vilnius: Akreta, 2005.

Gaudissart, Imelda. *Love and Sacrifice: The Life of Emma Jung*, trad. Kathleen Llanwarne. Asheville, NC: Chiron Publications, 2014.

Giegerich, Wolfgang. "*Liber Novus*, That is, The New Bible: A First Analysis of C.G. Jung's *Red Book*," *Spring: A Journal of Archetype and Culture* 83 (primavera de 2010).

Giegerich, Wolfgang. "Islamic Terrorism." Em *Soul-Violence, Collected English Papers, Vol. 3*. Nova Orleans, LA: Spring Journal Books, 2008.

Girard, René. *Violence and the Sacred*. Baltimore, MD: Johns Hopkins University Press, 1979.

Goldstein, Bill. *The World Broke in Two: Virginia Woolf, T.S. Eliot, D. H. Lawrence, E. M. Forster and the Year That Changed Literature*. Nova York, NY: MacMillan, 2017.

Gombrich, E.H. "Evidence of Images." Em *Interpretation: Theory and Practice*. Org. Charles S. Singleton. Baltimore, MD: John Hopkins University Press, 1969.

Goodman, Nelson. *Languages of Art*. Indianapolis, IN: Bobbs-Merrill, 1968.

Grinshpon, Yohanan. *Crisis and Knowledge:The Upaniṣadic Experience and Storytelling*. Oxford: Oxford University Press, 2003.

Gudaitė, Gražina. "Restoration of Continuity: Desperation or Hope in Facing the Consequences of Cultural Trauma." Em *Confronting Cultural Trauma: Jungian Approaches to Understanding and Healing,* orgs. Gražina Gudaitė e Murray Stein. Nova Orleans, LA: Spring Journal Books, 2014.

Gudaitė, Gražina. *Relationship with Authority and Sense of Personal Strength*. Vilnius: Vilnius University Press, 2016, em lituano.

Gudaitė, Gražina. “Psychological Aftereffects of the Soviet Trauma and the Analytical Process.” Em *The Psychology of Extreme Traumatisation: The Aftermath of Political Repression*, org. Danutė Gailienė. Vilnius: Akreta, 2005.

Guardini, Romano.*The End of the Modern World*. Wilmington, DE: ISI Books, 1998.

Hannah, Barbara. *Jung – His Life and Work. A Biographical Memoir*. Wilmette, IL: Chiron Publication, 1998.

Harris, Sam. *The End of Faith: Religion, Terror and the Future of Reason*. Nova York, NY: W.W. Norton, 2004.

Hart, David B. “Jung's Therapeutic Gnosticism.” Em *First Things* (janeiro de 2013, publicado por The Institute on Religion and Public Life, Nova York, NY).

Henderson, Joseph. *Cultural Attitudes in Psychological Perspective*. Toronto: Inner City Books, 1993.

Healy, Nan Savage. *Toni Wolff & C.G. Jung: A Collaboration*. Los Angeles, CA: Tiberius Press, 2017.

Hillman, James. *Healing Fiction*. Barrytown, NY: Station Hill Press, 1983.

Hillman, James. *Re-visioning Psychology*. Nova York, NY: Harper & Row, 1976.

Hillman, James. *Senex & Puer*, org. Glen Slater. Putnam, CT: *Spring*, 2013.

Hillman, James e Sonu Shamdasani. *Lament of the Dead: Psychology After Jung's Red Book*. Nova York, NY: W.W. Norton, 2013.

Hitchens, Christopher. *God is Not Great: How Religion Poisons Everything*. Nova York, NY: Hachette Book Group, 2007.

Hölderlin, Friedrich. “Patmos.” Em *Selected Poems*, trad. David Constantine. Highgreen, Inglaterra: Bloodaxe Books, 1996.

Hoeller, Stephan A. *The Gnostic Jung and the Seven Sermons to the Dead*. Wheaton, IL: Quest, 1982.

Horkheimer, Max, e Theodore Adorno. *Dialectic of Enlightenment*. Palo Alto, CA: Stanford University Press, 2007.

Hyde, Lewis. *Trickster Makes This World: Mischief, Myth and Art*. Nova York, NY: Farrar, Straus and Giroux, 1998.

Ivanov, Vyacheslav, *Anima*. St. Petersburg: Faculty of Philology and Arts SPBU, 2009, em russo.

Jantsch, Erich. *The Self-organizing Universe*. Nova York, NY: Pergamon, 1980.

Juergensmeyer, Mark. *Terror in the Mind of God: The Global Rise of Religious Violence*. Oakland, CA: University of California Press, 2017.

Jung, C.G. *Aion. Estudo sobre o simbolismo do si-mesmo*. Em *OC*, vol. 9/2. Vozes: Petrópolis, 2013.

Jung, C.G. *Analytical Psychology. Notes of the Seminar given in 1925*, org. W. McGuire. Princeton, NJ: Princeton University Press, 1991.

Jung, C.G. *Resposta a Jó*. Em *OC*, vol. 11/4. Vozes: Petrópolis, 2012.

Jung, C.G. "Interpretação psicológica do Dogma da Trindade." Em *OC*, vol. 11/2. Vozes: Petrópolis, 2013.

Jung, C.G. "Estudo empírico do processo de individuação." Em *OC*, vol. 9/1. Vozes: Petrópolis, 2014.

Jung, C.G. "Sobre os arquétipos do inconsciente coletivo." Em *OC*, vol. 9/1. Vozes: Petrópolis, 2014.

Jung, C.G. *C.G. Jung Speaking: Interviews and Encounters.* Org. William McGuire e R.F.C. Hull. Princeton, NJ: Princeton University Press, 1977.

Jung, C.G. "Comentário a 'O segredo da flor de ouro.'" Em *OC*, vol. 13. Vozes: Petrópolis, 2013.

Jung, C.G. "O arquétipo com referência especial ao conceito de anima". Em *OC*, vol. 9/1. Vozes: Petrópolis, 2014.

Jung, C.G. "Simbolismo do mandala," Em *OC*, vol. 9/1. Vozes: Petrópolis, 2014.

Jung, C.G. "Consciência, inconsciente e individuação." Em *OC*, vol. 9/1. Vozes: Petrópolis, 2014.

Jung, C.G. "Criptomnésia." Em *OC*, vol. 1. Vozes: Petrópolis, 2013.

Jung, C.G. *Dream Analysis: Notes of the Seminar Given in 1928–1930 by C.G. Jung.* Org. William McGuire. Princeton: Princeton University Press, 1984.

Jung, C.G. *Introduction to Jungian Psychology. Notes of the Seminar on Analytical Psychology Given in 1925.* Princeton, NJ: Princeton University Press, 2012.

Jung, C.G. *Jung on Astrology*, seleção e introdução de Keiron Le Grice e Safron Rossi. Abingdon, Inglaterra: Routledge, 2017.

Jung, C.G. "Jung e fé religiosa." Em *OC*, vol. 18. Vozes: Petrópolis, 2014.

Jung, C.G. *Memories, Dreams, Reflections*, org. Aniela Jaffé. Nova York, NY: Vintage Books, 1963.

Jung, C.G. *Mysterium Coniunctionis*. Em *OC*, vol. 14. Petrópolis: Vozes, 2012.

Jung, C.G. *Nietzsche's Zarathustra. Notes of the Seminar Given in 1934-1939*, 2 vols. Princeton, NJ: Princeton University Press, 1988.

Jung, C.G. "A psicologia da figura do 'trickster'". Em *OC*, vol. 9/I. Petrópolis: Vozes, 2014.

Jung, C.G. "Psicologia do inconsciente." Em *OC*, vol. 7/1. Petrópolis: Vozes, 2014.

Jung, C.G. "A natureza da psique." Em *OC*, vol. 8/2. Petrópolis: Vozes, 2013.

Jung, C.G. "Sincronicidade." Em *OC*, vol. 8/3. Petrópolis: Vozes, 2014.

Jung, C.G. "Paracelso, um fenômeno espiritual." Em *OC*, vol. 13. Petrópolis: Vozes, 2013.

Jung, C.G. "Picasso." Em *OC*, vol. 15. Petrópolis: Vozes, 2013.

Jung, C.G. *Psicologia e alquimia*. Em *OC*, vol. 12. Petrópolis: Vozes, 2012.

Jung, C.G. "Psicologia e poesia." Em *OC*, vol. 15. Petrópolis: Vozes, 2013.

Jung, C.G. "Psicologia e religião." Em *OC*, vol. 11/1. Petrópolis: Vozes, 2012.

Jung, C.G. *Tipos psicológicos*. Em *OC*, vol. 6. Petrópolis: Vozes, 2013.

Jung, C.G. "Comentário psicológico sobre o Livro Tibetano da Grande Libertação." Em *OC*, vol. 11. Petrópolis: Vozes, 2013.

Jung, C.G. *Símbolos da transformação*. Em *OC*, vol. 5. Petrópolis: Vozes, 2013.

Jung, C.G. "Símbolos e interpretação dos sonhos." Em *OC*, vol. 18/1. Petrópolis: Vozes, 2013.

Jung, C.G. "O conceito do inconsciente coletivo." Em *OC*, vol. 9/1. Petrópolis: Vozes, 2014.

Jung, C.G. "O desenvolvimento da personalidade." Em *OC*, vol. 17. Petrópolis: Vozes, 2013.

Jung, C.G. *The Red Book: Liber Novus. Edição sem ilustrações*, org. Sonu Shamdasani, trad. Edgar Orth. Petrópolis: Vozes, 2015.

Jung, C.G. "A árvore filosófica." Em *OC*, vol. 13. Petrópolis: Vozes, 2013.

Jung, C.G. "Aspectos psicológicos do arquétipo materno." Em *OC*, vol. 9/I. Petrópolis: Vozes, 2014.

Jung, C.G. *The Psychology of Kundalini Yoga: Notes of the Seminar Given in 1932 by C.G. Jung*. Princeton, NJ: Princeton University Press, 1996.

Jung, C.G. "A aplicação prática da análise dos sonhos." Em *OC*, vol. 16/2. Petrópolis: Vozes, 2012.

Jung, C.G. "A psicologia da transferência." Em *OC*, vol. 16/2. Petrópolis: Vozes, 2012.

Jung, C.G. "O espírito Mercurius." Em *OC*, vol. 13. Petrópolis: Vozes, 2013.

Jung, C.G. "O problema psíquico do homem moderno." Em *OC*, vol. 10/3. Petrópolis: Vozes, 2013.

Jung, C.G. "A função transcendente." Em *OC*, vol. 8/2. Petrópolis: Vozes, 2013.

Jung, C.G. "Presente e futuro." Em *OC*, vol. 10/1. Petrópolis: Vozes, 2013.

Jung, C.G. "O símbolo da transformação na missa." Em *OC*, vol. 11/3. Petrópolis: Vozes, 2012.

Jung, C.G. *Visions: Notes of the Seminar Given in 1930-1934*, 2 vols. Org. Claire Douglas. Princeton, NJ: Princeton University Press, 1997.

Jung, C.G. *Wandlungen und Symbole der Libido. Beiträge zur Entwicklungsgeschichte des Denkens.* Leipzig e Viena: Franz Deuticke, 1938.

Junggren, Markus. *Russian Mephistopheles: The Life and Work of E. Medtner*. São Petersburgo: Academic Project, 2001, em russo.

Kalinenko, Vsevolod e Madina Slutskaya. "Father of the People" versus "Enemies of the People": A Split-Father Complex as the Foundation for Collective Trauma in Russia." Em *Confronting Cultural Trauma: Jungian Approaches to Understanding and Healing*, orgs. Gražina Gudaitė e Murray Stein. New Orleans, LA: Spring Journal Books, 2014.

Kalsched, Donald. *The Inner World of Trauma. Archetypal Defenses of the Personal Spirit*. Londres: Routledge, 1996.

Kawai, Toshio. "*The Red Book* from a pre-modern perspective: the position of the ego, sacrifice and the dead." Em *Journal of Analytical Psychology* 57, no. 3, 2012.

Khan, Hazrat Inayat. *The Sufi Message*, Vol. 1. Delhi: Motilal Banarsidass Publishers, 2011.

Kirsch, Thomas e George Hogenson, orgs. *The Red Book: Reflections of C.G. Jung's Liber Novus*. Londres: Routledge, 2014.

Koch, Christopher. *The Year of Living Dangerously*. Londres: Michael Joseph, 1978.

Krystal, Henry. *Integration and Self-Healing: Affect, Trauma and Alexithymia*. Hillsdale, NJ: Analytic Press, 1988.

Lamble, David. "The Importance of Being Susan Sontag." *Bay Area Reporter* (San Francisco, CA), 31 de julho de 2014, seção de filmes.

Langwieler, Günter. "Jungs Abschied vom Kriegerhelden." Em *Analytische Psychologie*, 46, 1, 2015.

Le Grice, Keiron. *The Archetypal Cosmos: Rediscovering the Gods in Myth, Science and Astrology*. Edimburgo: Floris Books, 2011.

Levinas, Emmanuel. "God and Philosophy." Em Sean Hand, org., *The Levinas Reader*. Oxford: Basil Blackwell, 1989.

Lewis, Pericles. *Cambridge Introduction to Modernism*. Cambridge: Cambridge University Press, 2007.

Lings, Martin. *What is Sufism?* Londres: George Allen & Unwin, 1975.

Lipner, Julius. *The Face of Truth: A Study of Meaning and Metaphysics in the Vedantic Theology of Ramanuja*. Albany, NY: SUNY Press, 1986.

MacFarquhar, Larissa. "Last Call: A Buddhist Monk Confronts Japan's Suicide Culture," *The New Yorker*, 24 de junho de 2013.

Maillard, Christine. *Au Coeur du Livre Rouge. Les Sept Sermons aux Morts. Aux Sources de la Pensée de C.G. Jung*. Paris: Editions Imago, 2017.

"Maitrayana Brahmana." *Sacred Books of the East,* Vol. 15, org. F. Max Muller. Oxford at the Clarendon Press, 1884.

Malevich, Kazimir. *Articles, manifestos, theoretical essays and other works (1913-1929).* Moscou: Gileya, 1995, em russo.

Malik, Kenan. *From Fatwa to Jihad: The Rushdie Affair and its Aftermath.* Nova York, NY: Melville House, 2010.

McGann, Jerome. *The Romantic Ideology: A Critical Investigation.* Chicago, IL: University of Chicago Press, 1983.

McGilchrist, Iain. *The Divided Brain and the Search for Meaning* (Kindle Edition). New Haven, CT: Yale University Press, 2012.

McGregor Ross, Hugh. *The Gospel of Thomas.* Londres: Watkins Publishing, 2002.

Medtner, Emily. "The Portrait in the Frame of Mutual Recognition." Em New Spring, 2001, em russo.

Meier, C.A., org. *Atom and Archetype. The Pauli/Jung Letters 1932-1958.* Princeton, NJ: Princeton University Press, 2001.

Mika, Elizabeth. "Who Goes Trump? Tyranny as a Triumph of Narcissism." Em *The Dangerous Case of Donald Trump: 27 Psychiatrists and Mental Health Experts Assess a President.* Org. Bandy X. Lee. Nova York, NY: St. Martin's Press, Kindle Edition, 2017.

Mogenson, Greg. *The Dove in the Consulting Room. Hysteria and the Anima in Bollas and Jung.* Londres: Routledge, 2004.

Moltmann, Jürgen. *Der gekreuzigte Gott.* Das Kreuz Christi als Grund und Kritik christlicher Theologie. Gütersloh: Gütersloher Verlagshaus, 1972.

More, Thomas. *Utopia.* Vol. 4 of *The Complete Works of St. Thomas More.* Org. Edward Surtz e J. H. Hexter. New Haven, CT: Yale University Press, 1965.

Münkler, Herfried. *Der Wandel des Krieges. Von der Symmetrie zur Asymmetrie.* Weilerswist: Velbrück Wissenschaft, 2007.

Münkler, Herfried. *Der Große Krieg.* Berlim: Rowohlt Verlag, 2013.

Nelson, Victoria. *The Secret Life of Puppets.* Cambridge, MA: Harvard University Press, 2003.

Neumann, Erich. *The Origins and History of Consciousness,* trad. R.F.C. Hull. Princeton, NJ: Princeton University Press, 2014.

Nietzsche, Friedrich. *The Portable Nietzsche,* org. Walter Kaufmann. Nova York, NY: Viking Penguin, 1954.

Nietzsche, Friedrich. *The Gay Science,* trad. Walter Kaufmann. Nova York, NY: Vintage Books, 1974.

Nietzsche, Friedrich. *The Gay Science*, trad. Thomas Common. Nova York, NY: Dover Mineola, 2006.

Nietzsche, Friedrich. "On the Genealogy of Morals." Em *Basic Writings of Nietzsche*, trad. Walter Kaufmann. Nova York, Modern Library, 2000.

Nietzsche, Friedrich. *Thus Spoke Zarathustra*, trad. Richard J. Hollingdale. Nova York, NY: Penguin, 1968.

Nietzsche, Friedrich. *Thus Spake Zarathustra,* trad. Thomas Common. Edimburgo e Londres: T.N. Foulis, 1909.

Noll, Richard. *The Aryan Christ: The Secret Life of Carl Jung.* Moscou: Reflbook, 2006, em russo.

Odajnyk, V. Walter. "Reflections on 'The Way of What is to Come.'" Em *Psychological Perspectives* 53:4, outubro de 2010.

Otto, Rudolf. *The Idea of the Holy*, trad. John W. Harvey. Oxford: Oxford University Press, 1950/1958.

Pagels, Elaine. *The Gnostic Gospels*. New York, NY: Vintage Books, 1989.

Panikkar, Raimon. "Christianity. The Christian Tradition." Em *Opera Omnia*, Vol. III, part I. Nova York, NY: Orbis Book, 2015.

Papadopoulos, Renos K. "The other other: when the exotic other subjugates the familiar other." Em *Journal of Analytical Psychology* 47, abril de 2002.

Paris, Ginette. *Pagan Grace: Dionysos, Hermes, and Goddess Memory in Daily Life.* Thompson, CT, Spring Publications, 2015, Kindle edition.

Pesic, Peter. *Seeing Double: Shared Identities in Physics, Philosophy, and Literature.* Cambridge, MA: MIT Press, 2002.

Porete, Marguerite. *The Mirror of Simple Souls*, org. E.L. Babinsky. Nova York, NY: Paulist Press, 1993.

Pregadio, Fabrizio. *The Seal of the Unity of the Three*. Mountain View, CA: Golden Elixir Press, 2011.

Rancour-Laferriere, Daniel, org. *Russian Literature and Psychoanalysis***.** Amsterdã: John Benjamins Publishing Company, 1989.

Redfield, James M. "Purification." Em *Nature and Culture in the Iliad: The Tragedy of Hector*. Durham e Londres: Duke University Press, 1994.

Reeves, Marjorie. *Joachim of Fiore and the Prophetic Future*. Londres: SPCK, 1976.

"Ṛgveda." *Sacred Books of the East,* Vol. 32, org. F. Max Muller. Oxford at the Clarendon Press, 1882.

Rohde, Thomas. *Mythos Salome*. Leipzig: Reclam, 2000.

Richebächer, Sabine. *Sabina Spielrein. Eine fast grausame Liebe zur Wissenschaft*. Zurique: Dörlemann Verlag Zürich, 2005.

Rilke, Rainer Maria. "The First Elegy." Em *Duino Elegies*, trad. Stephen Mitchell. Boston, MA: Shambhala Publications, 1992.

Rilke, Rainer Maria. "The Man Watching." Em *Selected Poems of Rainer Maria Rilke*, trad. Robert Bly. Nova York, NY: Harper & Row, 1981.

Rothman, Joshua. "Daniel Dennett's Science of the Soul. A Philosopher's Life-long Quest to Understand the Making of the Mind." *The New Yorker*, 27 de março de 2017.

Rowland, Susan. *Jung as a Writer.* Nova York, NY e Londres: Routledge, 2005.

Rowland, Susan. *Remembering Dionysus: Revisioning Psychology and Literature in C.G. Jung and James Hillman.* Nova York, NY: Routledge, 2017.

Sandler, Joseph, Alex Holder, Christopher Dare e Anna Ursula Dreher. *Freud's Models of the Mind: An Introduction.* Londres: Karnac Books, 1997.

Sanjek, Russell. *American Popular Music and Its Business: The First 400 Years, Volume III, From 1900 to 1984*. Nova York, NY: Oxford University Press, 1988.

"Śatapatha Brāhmaṇa." *Sacred Books of the East,* Vol. 12, org. F. Max Muller. Oxford at the Clarendon Press, 1882.

Schneider, Michael S. "It Takes Two to Tango." Em *A Beginner's Guide to Constructing the Universe*. Nova York, NY: Harper, 1995.

Schweizer, Andreas. "Red." Em *Jung Journal Culture and Psych*e, 5, 3, 2011.

Seaford, Richard. *Dionysos*. Londres and Nova York: Routledge, 2006.

Segal, Robert A. "Reply to Sanford Drob." Em *International Journal of Jungian Studies* 6, 1, 2014.

Segal, Robert A. "Review of Sanford Drob's *Reading the Red Book: An interpretive guide to C.G. Jung's Liber Novus*." Em *International Journal of Jungian Studies*, 5/3, 2013.

Shevelenko, Irina. *Modernism as Archaism*. Moscou: New Literary Observer 2017, em russo.

Shishkin, Mikhail. *Russian Switzerland*. Moscow: Vagrius, 1999, em russo.

Scholem, Gershom. "Der Nihilismus als Religiöses Phänomen." Em Ritsema, Rudolf e Adolf Portmann, orgs., *Norms in a changing world*. Eranos 43-1974. Leiden: E.J. Brill, 1977.

Sirotkin, S.F. *Sabina Spielrein. Materials for the Bibliography*. Izhevsk: ERGO, 2006, em russo.

Solovyov, Vladimir. *Reading about God-Manhood*. São Petersburgo: Art Literature, 1994, em russo.

Solovyov, Vladimir. *The Mythological Process in Ancient Paganism*. Em *The Collected Works of Vladimir Sergeyevich Solovyov*. São Petersburgo: Education, 1911-1914, em russo.

Sorge, Giovanni. “Die Theorie der ‘Mana-Personlichkeit’ im Jungschen Werk. Eine historisch-hermeneutische Perspective.” Em *Recherches Germaniques*, 2014.

Sri Aurobindo. *The Integral Yoga*. Pondicherry, India: Sri Aurobindo Ashram, 1993.

Stein, Murray. *Jung's Map of the Soul: An Introduction*. Chicago, IL: Open Court, 1998.

Stein, Murray. “What Is *The Red Book* for analytical psychology?” Em *Journal of Analytical Psychology*, 56/5, 2011.

Stein, Murray. “How to read *The Red Book* and why.” Em *Journal of Analytical Psychology*, 57:3, 2012.

Stevens, Wallace. *Collected Poetry and Prose*. Nova York, NY: Library of America, 1997.

Strieber, Whitley, e Jeffrey Kripal. *The Super Natural. A New Vision of the Unexplained*. Nova York, NY: Tarcher-Perigee, 2016.

Tarnas, Richard. “The Ideal and the Real: Saturn-Neptune.” Em *The Birth of a New Discipline. Archai: The Journal of Archetypal Cosmology*, issue 1 (2009), 2nd edition, org. Keiron Le Grice e Rod O'Neal. San Francisco, CA: Archai Press, 2011.

Tarnas, Richard. *Cosmos and Psyche: Intimations of a New World View*. Nova York, NY: Viking, 2006.

Taylor, Charles. *A Secular Age*. Cambridge, MA: The Belknap Press of Harvard University Press, 2007.

Teilhard de Chardin, Pierre. *The Heart of Matter*, trad. René Hague. San Diego, CA: Harcourt Brace, 1978.

The Early Upaniṣads. Comentado e traduzido por Patrick Olivelle. Oxford: Oxford University Press, 1998.

The Homeric Hymns. Trad. Charles Boer. Kingston, Rhode Island e Londres: Asphodel Press, 2006.

The New Oxford Annotated Bible with the Apocrypha. Revised Standard Edition. Nova York, NY: Oxford University Press, 1977.

Thoreau, Henry David. *Walden, Civil Disobedience, and Other Writings*. Org. William Rossi. Nova York, NY: W.W. Norton, 2008.

Tresan, David. “The Anima of the Analyst - Its Development.” Em *Gender and Soul in Psychotherapy*, org. Nathan Schwartz-Salant e Murray Stein, The Chiron Clinical Series. Wilmette, IL: Chiron Publications, 1992.

Ulanov, Ann Belford. *Picturing God*. Einsiedeln, Suíça: Daimon, 1986/2002.

Vėlius, Norbertas. *Wounded Wind. Lithuanian Mythological Tales*. Vilnius: Versus Aureus, 2012, em lituano.

von Franz, Marie-Louise. "The Unknown Visitor in Fairy Tales and Dreams." Em *Archetypal Dimensions of the Psyche*. Londres: Shambhala, 1999.

Vysheslavtsev, Boris. *The Ethics of Transfigured Eros*. Moscou: Republica, 1994, em russo.

Wasserstrom, Stephen. *Religion after Religion*. Princeton, NJ: Princeton University Press, 1999.

Wertz, Kaitryn. *Inner Authority and Jung's Model of Individuation*. Boulder Association of Jungian Analysts, 2013.

Williams, W. C. *Kora in Hell: Improvisations*. Nova York, NY: New Directions, 1957.

Wilhelm, Richard. *The Secret of the Golden Flower*. Londres: Harcourt Brace & Company, 1931/1962.

Wilhelm, Richard. *The I Ching, or Book of Changes*. Trad. Cary F. Baynes. Princeton, NJ: Princeton University Press, 1967.

Wirtz, Ursula. *Trauma and Beyond. The Mystery of Transformation*. Nova Orleans, LA: Spring Journal Books, 2014.

Wolff, Toni. *Structural Forms of the Feminine Psyche*. Trad. Paul Watzlawik. Impressão privada para Students Association of the C.G. Jung Institute of Zurich, 1956.

Woodman, A.J. *Tacitus Reviewed*. Oxford: Clarendon Press, 1998.

Yeats, William Butler. "The Circus Animals' Desertion." Em *The Poems of W.B. Yeats: A New Edition*, org. Richard J. Finneran. Nova York, NY: Macmillan Publishing Company, 1933.

Sobre os colaboradores

Thomas Arzt, Ph.D., se formou em Física e Matemática na universidade de Giessen (Alemanha). Assistente de pesquisas na universidade de Princeton (EUA) com foco especial em física atômica, nuclear e de plasma. 1988 treinamento e certificação em Terapia Inciática na "Schule für Initiatische Therapie" de Karlfried Graf Dürckheim e Maria Hippus-Gräfin Dürckheim em Todtmoos-Rütte (Floresta Negra, Alemanha). 2016 Programa de educação continuada em Psicologia Analítica no ISAP Zurique. Desde 1999, presidente e diretor executivo da *Strategic Advisors for Transformation GmbH*, uma companhia de consultoria internacional em tecnologia de simulação, gerenciamento de complexidade e "previsão estratégica sob profunda incerteza" em Freiburg, na Alemanha. Ele vive em Lenzkirch (Floresta Negra), Alemanha. Principais publicações: Várias publicações no campo da filosofia natural no contexto de Wolfgang Pauli e C.G. Jung: *Unus Mundus: Kosmos und Sympathie* (org., 1992), *Philosophia Naturalis* (org., 1996), *Wolfgang Pauli und der Geist der Materie* (org., 2002). Editor da série alemã *Studienreihe zur Analytischen Psychologie*. Site: www.thomasarzt.de; e-mail: thomasdrarzt@gmail.com

John Beebe, médico, psiquiatra especializado em psicoterapia, é analista membro do C.G. Jung Institute de San Francisco. Ele fundou o periódico trimestral agora intitulado de *Jung Journal: Culture and Psyche* e foi o primeiro coeditor norte-americano do *Journal of Analytical Psychology*, com sede em Londres. É autor de *Integrity in Depth and of Energies and Patterns in Psychological Type: The Reservoir of Consciousness*. É coautor de *Psychiatric Treatment: Crisis, Clinic and Consultation* e *The Presence of the Feminine in Film*. É organizador de *Terror, Violence, and the Impulse to Destroy* e *C.G. Jung's*

Aspects of the Masculine e coorganizador de *The Question of Psychological Types: The Correspondence of C.G. Jung and Hans Schmid-Guisan, 1915-1916.* E-mail: johnbeebe@msn.com

Kate Burns é analista junguiana com consultório particular em Houston, Texas. Formada em matemática, trabalhou como geofísica até uma crise na indústria petrolífera a obrigou a fazer um MBA na Rice University. Um desejo de explorar questões espirituais a levou a fazer um mestrado em psicologia de aconselhamento, seguido por estudos em pensamento junguiano, que culminaram num diploma da International School of Analytical Psychology, Zurique. Ela tem lecionado no Jung Center em Houston desde 2005 e se dedicou à prática e filosofia da ioga desde 2000. Atualmente, ela é membro do conselho de Jungians in Training Zurich, uma organização dedicada à conscientização sobre C.G. Jung, sua vida e obra. E-mail: k8burns@me.com

QiRe Ching, MSW, MFA, atualmente professor no C.G. Jung Institute em San Francisco, onde é membro analista. Ele tem lecionado sobre o *Livro Vermelho* de Jung no programa de treinamento de candidatos por vários anos. Antes, trabalhou em saúde mental comunitária em San Francisco, onde se concentrou em populações desprivilegiadas, como as comunidades asiática e LGBTQ com graves problemas de saúde mental. Durante o auge da epidemia de Aids, ele defendeu e criou serviços que visavam especificamente as necessidades de ilhéus asiáticos e pacíficos com HIV e foi membro fundador do Asian Pacific Wellness Center. Ele recebeu o MSW da universidade estadual de San Francisco e um MFA do San Francisco Art Institute. Além de seu consultório particular, ele tem trabalhado como artista por mais de 40 anos. E-mail: qrc8@att.net

Al Collins, Ph.D., se formou na University of Chicago (B.A., 1965) e na University of Texas em Austin (Ph.D., Estudos Indianos, 1976; Ph.D., Psicologia Clínica, 1981). Lecionou no Pacifica Graduate Institute, Alaska Pacific University, Northwestern University e Union Institute. Foi membro do corpo docente em Psicologia Oriental/Ocidental do California Institute of Integral

Studies. Recentemente, Al (com Elaine Molchanov) editou uma edição do *Spring Journal* sobre Jung e a Índia. Seu trabalho no campo da psicologia profunda transcultural foi apresentado em mais de 40 artigos e publicado em muitas revistas, livros e no tomo *Fatherson: A Self Psychology of the Archetypal Masculine* (Chiron Publications, 1994). Al fez palestras internacionais sobre o arquétipo do guru e está desenvolvendo uma teoria crítica de "cultura, a história melhor". E-mail: nasadasin@gmail.com

Lionel Corbett, médico, formado em medicina e psiquiatria na Inglaterra e como analista junguiano no C.G. Jung Institute de Chicago. Dr. Corbett é professor de psicologia profunda no Pacifica Graduate Institute, em Santa Barbara, Califórnia. Seus interesses primários são a função religiosa da psique, especialmente o modo em que experiência religiosa pessoal é relevante para a psicologia individual; o desenvolvimento da psicoterapia como prática espiritual; e os pontos de contato da psicologia junguiana com o pensamento psicanalítico contemporâneo. É autor de numerosos artigos profissionais e cinco livros: *Psyche and the Sacred, The Religious Function of the Psyche, The Sacred Cauldron: Psychotherapy as a Spiritual Practice* e *The Soul in Anguish: Psychotherapeutic Approaches to Suffering. Understanding Evil: A Guide for Psychotherapists* (inédito). É coeditor de quatro volumes de artigos reunidos: *Psyche's Stories*; *Depth Psychology, Meditations in the Field, Psychology at the Threshold* e *Jung and Aging*. E-mail: corb@pacifica.edu

John Dourley, Ph.D., se formou no C.G. Jung institute, Zurique (1980), na Fordham University, N.Y.C. (1971), no St. Michael's College. Toronto (1966), na St. Paul University, Ottawa (1964) e no St. Patrick's College, na universidade de Ottawa (1957). Lecionou no departamento de religião da Carleton University, Ottawa, no St. Patrick's College, 1970-1979, e em Carleton até 2001. Atualmente, é professor emérito. Escreveu extensamente sobre Jung e religião e publicou três livros pela Editora Routledge desde 2008, *Paul Tillich, Carl Jung and the Recovery of Religion* (2008), *On Behalf of the Mystical Fool: Jung on the Religious Situation* (2009) e *Jung and His Mystics: In the End It All Comes to Nothing* (2014). Ele é analista supervisor na Ontario Association of

Jungian Analysts (Toronto) e membro da AGAP (Zurique). Ele é um padre católico e membro da ordem religiosa Missionários Oblatos de Maria Imaculada. E-mail: dourley@sympatico.ca

Randy Fertel, Ph.D., é professor de inglês que lecionou em Harvard, Tulane e na New School for Social Research. Suas memórias premiadas de 2011, *The Gorilla Man and the Empress of Steak*, narram histórias incontadas tentando entender seus pais e a si mesmo – numa Nova Orleans colorida e obcecada com comida. Susan Rowland chama seu novo livro premiado *A Taste for Chaos: The Art of Literary Improvisation* "importante para os junguianos porque diz algo novo sobre as dinâmicas arquetípicas e literatura". Ele tem sido colaborador da NPR, do Smithsonian, do *International Journal of Jungian Studies*, do *Journal of Modern Literature*, do *Kenyon Review*, do *Spring Journal*, da Gastronomica e da Creative Nonfiction. Ele fundou os Ridenhour Prizes for Courageous Truth-telling em 2003 em memória de seu amigo jornalista investigativo Ron Ridenhour (ridenhour.org). Foi nomeado um dos "Southerners of the Year, 2017" da *Southern Living* como parte da equipe que criou o site de história de música de Nova Orleans *A Closer Walk* (acloserwalknola.com). A Fertel Foundation ajudou a financiar a James Hillman Uniform Edition. Site: www.fertel.com; e-mail: randy@fertel.com

Keiron Le Grice, Ph.D., é professor de psicologia profunda e professor de especialização dos Jungian and Archetypal Studies no Pacifica Graduate Institute, Santa Barbara, Califórnia, onde oferece cursos sobre arquétipos, individuação, alquimia, sincronicidade e a história da psicologia profunda. Ele se formou na University of Leeds, Inglaterra (B.A., Filosofia e Psicologia) e no California Institute of Integral Studies(CIIS) em San Francisco (M.A., Ph.D., Filosofia e Religião). É autor de quatro livros – *The Archetypal Cosmos, Discovering Eris, The Rebirth of the Hero* e *Archetypal Reflections* – e coeditor de *Jung on Astrology*. Keiron editor fundador de *Archai: The Journal of Archetypal Cosmology*, onde serve agora como conselheiro editorial sênior, e cofundador do Institute of Transpersonal and Archetypal Studies (www.itas-psychology.com). Editou vários livros para a Muswell Hill Press em Londres e também deu aulas para CIIS e Grof Transpersonal Training. Site: www.keironlegrice.com; e-mail: keironlegrice@gmail.com

Grazina Gudaitė, Ph.D., é professora de Psicologia na Vilnius University e psicanalista junguiana e também presidente da Lithuanian Association for Analytical Psychology. É autora de vários livros e artigos sobre Psicologia Analítica e coeditora (com Murray Stein) de *Confronting Cultural Trauma: Jungian Approaches to Understanding and Healing (2014).* Entre seus livros recentes se encontra também *Relationship Towards Authority and Sense of Personal Strength* (2016). Ela tem um consultório particular em Vilnius e leciona no programa de treinamento de analistas na Lituânia. E-mail: g.gudait@gmail.com

Lev Khegai, analista junguiano, se formou pela Moscow State University em 1991 e recebeu treinamento analítico por meio do programa do IAAP na Rússia. Ele é membro fundador e analista da Russian Society for Analytical Psychology, professor assistente no Moscow Institute of Psychoanalysis e tem um consultório particular em Moscou. Têm lecionado na Rússia e nos países pós-soviéticos. Seu interesse especial é a visão junguiana de religião, espiritualidade, filosofia e cultura. Fez várias publicações em russo. Site: www.maap.pro; e-mail: hegailev@gmail.com

Gunter Langwieler, Dr. med., psicólogo, formado pelo C.G. Jung Institute de Berlim, Alemanha (1994), pela Free University of Berlin (Medicina Humana, 1983) e pela Technical University of Berlin (Psicologia, 1976). É psiquiatra e psicanalista e tem um consultório particular em Berlim. Leciona no C.G. Jung Institute de Berlim e Zurique e em vários congressos do IAAP. Publicou artigos sobre o seminário de C.G. Jung sobre Zaratustra, sobre *O Livro Vermelho*, sobre as obras de Jung na década de 1930 e sobre imaginação ativa. Ele é presidente da C.G. Jung Society de Berlim. E-mail: Guenter.Langwieler@t-online.de

Ann Chia-Yi Li, M.A., é originalmente do Taiwan, onde estudou literatura chinesa e inglesa. É formada pelo ISAP de Zurique e tem um consultório particular em Zurique. Ann serviu no comitê de programas do ISAP a partir de 2013 e iniciou o Taiwan MuShuei Jung Retreat Conference and Retreat em Taiwan, que existe desde 2015. Seu projeto mais recente é ser cofundadora de um programa de estudos junguianos sistemáticos por meio do estabelecimento da Analytical Psychology School SG em Singapura em 2016. Interesses especiais são alquimia taoista, *O Livro Vermelho*, cultura e trauma, imaginação ativa e meditação zen. Site: www.annli.space; e-mail: annchiayi@gmail.com

Romano Màdera, Ph.D., estudou filosofia e se formou na universidade de Milão (1971), fez uma especialização em sociologia na Escola de Sociologia em Milão (1971-1973). Agora é professor de filosofia moral e práticas filosóficas na universidade de Milão-Bicocca desde 2001. Antes disso ensinou Filosofia de Ciências Sociais na universidade da Calábria (1977-1982) e Antropologia Filosófica na universidade Ca' Foscari de Veneza (1982-2001). É membro da Associação Italiana de Psicologia Analítica (AIPA), da Associação Internacional de Psicologia Analítica (IAAP) e do Laboratório Analítico de Imagens (LAI). É fundador de Open Seminars of Philosophical Practices (Universidade de Veneza, Universidade de Milão-Bicocca e outras cidades) e de Philo, School of Philosophical Practices. Fundou também a SABOF (Society for Biographic Analysis Philosophically Oriented). Seus escritos incluem: *Identita e feticismo* (1977), *Dio il Mondo* (1989), *L'alchimia ribelle* (1997), *C.G. Jung. Biografia e teoria* (1998), *L'animale visionario* (1999), com L.V. Tarca *La filosofia come stile di vita* (2003) traduzido para o inglês como *Philosophy as Life Path. Introduction to Philosophical Practices* (2007), *Il nudo piacere di vivere* (2006), *La carta del senso* (2012), *Una filosofia per l'anima* (2013) parcialmente traduzido para o inglês como *Approaching the Navel of the Darkened Soul. Depth Psychology and Philosophical Practices* (2013), "The Missed Link. From Jung to Hadot and Vice Versa", em *Spring*, Vol. 92, *Spring* 2015, *C.G. Jung. L'Opera al Rosso*, Feltrinelli, Milano 2016. E-mail: romano.madera@libero.it

Joerg Rasche, Dr. med., analista junguiano treinado em Berlim e Zurique e psiquiatra infantil, consultório particular em Berlim. Vice-presidente da Associação Junguiana Alemã DGAP e ex-vice presidente da IAAP. É, também, um músico formado. Publicou muitos artigos e alguns livros sobre política, mitologia, música, ludoterapia e Psicologia Analítica e é membro do conselho de alguns periódicos. Joerg se apresentou muitas vezes na antiga Cortona Conference. Leciona em países da Europa Central como Polônia e Ucrânia e foi honrado com a Cruz de Ouro por Mérito por seu empenho na reconciliação das pessoas na Polônia pelo presidente polonês. Faz palestras-concertos no mundo inteiro. É casado e tem três filhos adultos. Livro mais recente: *Europe's Many Souls. Exploring Cultural Complexes and Identities, Spring* 2016 (com Tom Singer, org.). E-mail: joergrasche@gmx.de

Noa Schwartz Feuerstein, M.A., se formou pelo Israel Institute of Jungian Psychology (2007) and pelo Department of Clinical Psychology na Bar-Ilan University (M.A., 1995), e é aluna de pós-graduação no Departamento de Estudos Comparativos de Religiões e de Estudos Indianos na Hebrew University em Jerusalém. Sua dissertação, "On Horror and Beyond: C.G. Jung's Relation to India and Upanishadic Wisdom" retoma o diálogo interrompido que Jung teve com o Oriente relendo os Upanixades à luz das reservas de Jung. Ela é professora e supervisora no Israel Institute of Jungian Psychology, no departamento de Jungian Advanced Studies na Bar-Ilan Universitye na School for Psychotherapy nos serviços de aconselhamento da Hebrew University. Ela tem consultórios particulares em Jerusalém e Tel Aviv. Ela vive em Jerusalém, Israel. E-mail: noafs@walla.co.il

J. Gary Sparks é formado pelo C.G. Jung Institute de Zurique (1982), pela Pacific School of Religion (1974, M.A., M.Div.) e pela Bucknell University (1970, B.S.E.E.). É autor de *At the Heart of Matter: Synchronicity and Jung's Spiritual Testament* (2007), *Valley of Diamonds: Adventures in Number and Time with Marie-Louise von Franz* (2010), *Jung and Arnold Toynbee: The Social Meaning of Inner Work* (2017). Seus interesses incluem a natureza da consciência feminina; o propósito saudável de escuridão e desespero; o de-

senvolvimento da imaginação criativa; a relação entre um indivíduo e a sociedade; e os paralelos entre a nova física e psicologia junguiana. Ávido palestrante nacional e internacional, ele tem mantido um consultório analítico em Indianapolis, Indiana, desde 1983.
Sites: www.jgsparks.net e www.jungandpauli.net; e-mail: jgs@jgsparks.net

Murray Stein, Ph.D., estudou na Yale University (B.A. em Inglês), na Yale Divinity School (M.Div.) e na University of Chicago (Ph.D. em Religião e Estudos Psicológicos). Recebeu treinamento como psicanalista junguiano no C.G. Jung Institute de Zurique. Entre 1976 e 2003, foi analista no C.G. Jung Institute de Chicago, do qual foi membro fundador e presidente de 1980 a 1985. Em 1989, tornou-se membro do Comitê Executivo da IAAP como secretário honorário de Dr. Thomas Kirsch como presidente (1989-1995) e serviu como presidente da IAAP de 2001 a 2004. Foi presidente do ISAP de Zurique de 2008 a 2012 e, atualmente, é analista supervisor no instituto. Mora em Goldiwil (Thun), Suíça. Seus interesses especiais são psicoterapia e espiritualidade, métodos de tratamento psicanalítico junguiano e o processo de individuação. Principais publicações: *In Midlife, Jung's Map of the Soul, Minding the Self, Soul: Retrieval and Treatment, Transformation: Emergence of the Self* e *Outside, Inside and All Around*. Site: www.murraystein.com; e-mail: murraywstein@gmail.com

David Tacey, Ph.D., é um acadêmico interdisciplinar que trabalha no campo de filosofia continental e estudos de espiritualidade, Psicologia Analítica, literatura e sociologia. David cresceu na Austrália central cercado de culturas aborígenes e, desde sempre, tem se interessado por questões indígenas. É especialista em estudos junguianos e membro fundador da International Association of Jungian Studies. Seus livros neste campo incluem: *Gods and Diseases, How to Read Jung, The Jung Reader, The Idea of the Numinous; Jung and the New Age, Remaking Men*, e *The Darkening Spirit: Jung, Spirituality, Religion*. Sua obra mais recente é *Religion as Metaphor*, uma leitura junguiana da história de Jesus. Seus livros foram publicados no mundo inteiro e traduzidos para o chinês, coreano, espanhol, português e francês. Ele é professor emérito de Ciências Humanas na La Trobe University, em Melbourne; e professor de pesquisa de Teologia Pública na Charles Sturt University, em Canberra. Educação, carreira e bibliografia: https://en.wikipedia.org/wiki/David_Tacey; e-mail: D.Tacey@latrobe.edu.au

Ann Belford Ulanov, Ph.D., estudou filosofia em Harvard (B.A.), teologia no Union Theological Seminary (M.Div.) e, na mesma instituição, Psicologia e Religião (Ph.D.) e recebeu três títulos honorários (L.H.D.). É professora emerita da cátedra Christiane Brooks Johnson de Psicologia e Religião no Union Theological Seminary, psicanalista em consultório particular em Nova York, membro da Jungian Psychoanalytic Association and da International Association for Analytical Psychology e serve no Comitê Editorial do *Journal of Analytical Psychology*. Escreveu seis livros com seu falecido marido Barry Ulanov, entre eles *Religion and the Unconscious*; *The Healing Imagination*; *The Witch and the Clown: Archetypes of Human Sexuality*, e, sozinha, escreveu 16 livros, entre eles *The Female Ancestors of Christ*, *The Wizards Gate: Picturing Consciousness*, *The Functioning Transcendent*, *Finding Space: Winnicott, God, and Psychic Reality*, *Madness & Creativity*; *Knots and Their Untying*; *The Psychoid, Soul and Psyche: Piercing Space-Time Barriers*. Ela se formou no C.G. Jung Institute de Nova York e recebeu muitos prêmios, incluindo: o Oskar Pfister Award da American Psychiatric Association for Distinguished Work in Psychology and Religion; o Gradiva Award para melhor livro de psicologia e religião 2002; o Vision Award da National Association for the Advancement of Psychoanalysis. E-mail: ann.ulanov@gmail.com